KB088503

사회과학자를 위한

데이터 과학

R을 이용한 사회과학 자료분석

사회과학자를 위한

데이터 과학

R을 이용한 사회과학 자료분석

2020년 10월 15일 초판 1쇄 발행
2021년 10월 29일 초판 2쇄 발행

지은이 박종희

펴낸이 윤철호·고하영
펴낸곳 (주)사회평론아카데미
편집 김천희
표지 디자인 강찬규
본문 디자인 김진운
마케팅 최민규
등록번호 2013-000247(2013년 8월 23일)
전화 02-326-0333
팩스 02-326-1626
주소 03993 서울특별시 마포구 월드컵북로6길 56
ISBN 979-11-89946-76-0 93340

사전 동의 없는 무단 전재 및 복제를 금합니다.
잘못 만들어진 책은 바꾸어 드립니다.

사회과학자를 위한

데이터 과학

R을 이용한 사회과학 자료분석

박종희 지음

사회평론아카데미

요약 차례

차례

Part 2   자료에서 분석으로

chapter 04   독립성, 연관성, 그리고 상관성   132

Part 3   통계적 추론

Part 5　분석 방법의 확장

chapter

00

서문

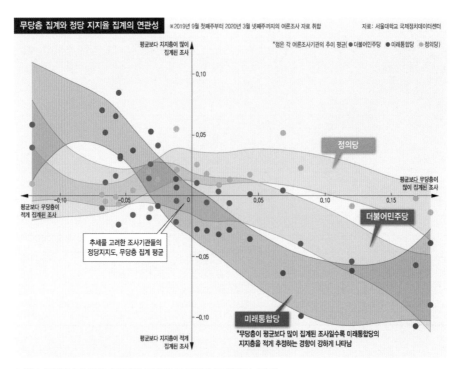

그림 1 무당층 표집정도(가로)와 정당별 조사기관 효과(세로, 컬러).
2020 총선 여론조사의 정당 지지율 조사자료를 이용한 베이지안 분석결과로 무당층을 과소 표집(왼쪽) 또는 과대
표집(오른쪽)하는 경향에 따라 각 조사기관의 특정 정당에 대한 편향이 달라지는 패턴을 시각화한 것이다. 출처:
한겨레신문, 2020년 3월 30일 (http://www.hani.co.kr/arti/politics/politics_politics_general/934748.html)

2010년 메릴랜드 대학 경제학과의 레인하트 교수(Carmen M. Reinhart)와 하버드 대학 경제학과의 로고프 교수(Kenneth S. Rogoff)는 정부부채 수준과 경제성장에 대한 중요한 논문을 발표하였다(Reinhart and Rogoff 2010). 논문의 핵심 발견은 정부부채 수준이 GDP의 90%를 넘는 경우, 실질경제성장률이 마이너스(-0.1%)가 된다는 것이었다. 논문이 제시한 부채 수준 90%는 레인하트-로고프 수(the Reinhart-Rogoff number)라고 회자되면서 즉각 미국과 유럽연합에서 금융위기 극복을 위한 재정팽창 정책을 비판하는 세력의 이론적 무기가 되었다.[1] 레인하트와 로고프는 이와 관련된 글을 모아 *This Time Is Different*라는 책(Reinhart and Rogoff 2011)을 2011년에 발표하였다.

2013년 4월 16일 미국 매사추세츠 암허스트 대학의 대학원생 헌든(Thomas Herndon)은 레인하트와 로고프의 자료를 분석하던 도중 몇 가지 중대한 오류를 발견하게 된다. 대부분의 오류가 자료 처리 과정에서 엑셀(Microsoft Excel) 조작 실수로 빚어진 것이었다. 예를 들어 평균 계산 시 엑셀 스프레드의 끝까지 선택하지 않아 20개 국가 중에서 5개 국가가 누락되었다. 실수를 보정해서 재분석한 결과 부채 수준이 GDP의 90%를 넘는 국가의 실질경제성장률은 -0.1%이 아니라 2.2%라고 발표하였다. 결국 레인하트-로고프 수는 근거가 없다는 것이 밝혀졌다(Herndon et al. 2013).

마우스 드래그 실수로 자료가 누락된 것은 사실 엑셀을 다루는 누구에게나 있을 수 있는 일이며 어느 정도 이해할 수도 있다. 이질적인 국가 간 자료를 찾아서 모으고 정리하여 하나의 깔끔한 분석 가능한 자료로 만들어 내는 것은 매우 힘든 일이다. 그러나 첨예한 정치적 논쟁이 걸린 주제를 연구하면서 복기(tracing)와 재현(replication)이 불가능한 자료 처리 및 변환 방식을 채택한 것은 이들의 치명적인 실수였다. 또한 수치적 정확성을 가장 중시하는 경제학자가 가중치와 평균 계산을 계산적 정확성에서 심각한 문제를 보이는 엑셀을 이용했다는 것도 매우 우려스럽다.[2]

....

1   "The 90% Question", *The Economist*, April 20, 2013(https://www.economist.com/finance-and-economics/2013/04/20/the-90-question).
2   엑셀의 계산 정확성 문제에 대해서는 위키피디아의 설명(https://en.wikipedia.org/wiki/Numeric_precision_in_Microsoft_Excel)을 참조하라.

레인하트와 로고프의 엑셀 조작 실수는 자료분석 환경의 변화에 제대로 적응하지 못한 연구자들에게는 항존하는 위험이다. 만약 자료분석이 아래와 같은 루틴에서 크게 벗어나지 않는 연구자라면 누구나 레인하트와 로고프가 범한 실수로부터 자유로울 수 없다고 봐야 한다.

오류 가능성이 높은 자료분석 루틴

1. 인터넷을 검색해서 자료를 다운로드한다.
2. 여러 가지 자료를 엑셀 스프레드 시트 형식으로 모두 저장한 뒤에 복사-붙여넣기로 하나의 시트에 모은다.
3. 엑셀의 함수 기능을 이용하여 자료 전처리를 진행한다.
4. 엑셀의 시각화 기능을 이용하여 시각화를 진행한다.
5. 가공된 자료를 통계 소프트웨어로 불러와서 분석을 진행한다.
6. 엑셀로부터 출력된 그래프와 통계 소프트웨어의 출력 결과를 모아서 문서를 작성한다.

"오류 가능성이 높은 자료분석 루틴"이 자료분석에 미치는 영향은 실로 지대하다. 몇 가지만 예를 들면,

1. 자료 전처리 과정에서 실수가 발생해도 탐지가 어렵고 중간 과정으로 복원이 어렵다.
2. 다른 연구자들이 전처리 과정을 재현할 수 없어서 분석 결과의 타당성에 대한 검토가 어렵다.
3. 엑셀이 제공하는 기본 시각화 문법에만 의존하기 때문에 자료들 간의 복잡한 관계를 시각적으로 확인하기 어렵다.
4. 지리정보 자료, 음성 자료, 이미지 자료, 텍스트 자료, 관계형 자료, 네트워크 자료와 같은 비정형 자료의 처리와 분석이 사실상 불가능하다.
5. 전처리가 끝난 엑셀 자료는 분석 중간에 다른 자료와 병합하는 것이 어려워서 처음 모은 자료에 국한된 연구만 고집하게 된다.

"오류 가능성이 높은 자료분석 루틴"은 자료분석 환경의 변화에 적응하지 못한 연구자의 모습을 반영한다. 대부분의 자료들이 이동저장장치(예: 플로피 디스크나 USB)에 저장되어 교류되던 시대는 정형화된 자료만을 분석하던 시대였고 자료 전처리는 오로지 연구자의 양심에 맡겨지거나 연구조교들이 전적으로

맡던 시대였으며 통계 소프트웨어는 드랍다운(drop-down) 메뉴에서 포인트 앤드 클릭(point and click)으로 작동하던 시대였다. "오류 가능성이 높은 자료분석 루틴"은 20세기 자료분석 환경에 최적화된 연구방법인 것이다.

이 책의 목적은 사회과학 연구자들이 "오류 가능성이 높은 자료분석 루틴"을 지양하고 21세기의 변화된 자료분석 환경에 걸맞는 새로운 사회과학 자료분석 루틴을 체득하도록 돕는 것이다. 여기서 21세기의 변화된 자료분석 환경이란 (1) 자료형태의 확대, 자료의 양적 증가, 그리고 자료처리 기술의 발전, (2) 모형의 복잡성과 다양성 증가, (3) 추정 방법의 다양화, 그리고 (4) 컴퓨터 연산 능력의 비약적 성장으로 요약할 수 있다. 필자는 지난 10여 년 동안 사회과학적인 데이터 과학 방법론을 고민하고 연구하고 교육해 왔다. 아직 그 고민은 현재 진행형이지만 그 과정에서 느끼고 깨닫고 배운 바를 교재의 형태로 중간 정리하는 것이 필요할 것 같다고 느껴서 집필을 시작하게 되었다.

"사회과학자를 위한 데이터 과학이란 무엇인가?"라는 질문에 답하기 위해서는 먼저 필자가 말하는 데이터 과학이 무엇인지 설명이 필요할 것이다. 데이터 과학에 대한 정의는 매우 다양하나 필자는 Donoho(2017)를 중요한 가이드로 삼고자 한다.[3]

도노호(David Donoho)는 데이터 과학이 다음 6가지 활동을 포괄하는 것임에도 불구하고 그동안 통계학자들은 "자료를 이용한 모형화"에만 주목했을 뿐, 자료 탐색, 자료 준비, 자료 표현, 자료 변환, 자료 시각화, 자료 프레젠테이션 등의 중요성을 인지하지 못했다고 비판한다:

1. 자료 탐색과 준비(Data Exploration and Preparation)
2. 자료 표현과 변환(Data Representation and Transformation)
3. 자료를 이용한 연산(Computing with Data)
4. 자료를 이용한 모형화(Data Modeling)
5. 자료 시각화와 프레젠테이션(Data Visualization and Presentation)
6. 데이터 과학에 대한 과학(Science about Data Science).

....

3   이 논문은 2015년 9월 18일 Tukey Centennial Workshop에서 발표된 내용을 바탕으로 한 것이다. 도노호는 Tukey(1962)의 질문에 대한 50년 뒤의 답변의 형태로 이 발표문을 준비했다고 밝히고 있다.

이 책에서 말하는 데이터 과학이란 좁은 의미의 통계 방법론 혹은 정량적 방법론이 아니라 도노호가 말한 데이터 과학의 6가지 활동을 모두 포괄하는 것이다.

그렇다면 사회과학자를 위한 데이터 과학 방법론이란 무엇인가? 이에 대해서는 1장에서 더 자세히 논의하겠지만, 여기서 간단히 언급하면 이 책은 사회과학자를 위해 쉽게 풀어쓴 데이터 과학 입문서나 통계적 방법의 사회과학적 응용을 소개하는 것을 목적으로 하지 않는다. 이러한 주제에 더 관심이 있는 독자라면 Bishop(2006)이나 Murphy(2012), Gelman and Hill(2007), Hastie et al.(2009), Taddy(2019)와 같은 책을 참고할 수 있을 것이다. 이 책이 데이터 과학에 대한 일반적인 책들과 다른 점은 사회과학 자료분석의 본질적 특징과 데이터 과학의 최신 연구방법이 어떻게 조화될 수 있을 것인가에 초점을 두고 있다는 점이다. 이를 위해서 이 책은 필요할 때마다 시간을 거슬러 올라가 19세기와 20세기 동안 새로운 과학적 분석방법이 사회과학에 어떻게 수용되었는지를 살펴볼 것이다. 빅데이터, 기계학습, 인공지능과 같은 새로운 자료분석 환경이 사회과학에 의해 어떻게 수용되어야 할 것인가라는 문제는 필자 혼자서가 아니라 사회과학 연구공동체의 합의에 의해 결정될 것이다. 이 책은 이에 대한 필자의 작은 제언이라고 해 두면 좋겠다.

> "To understand computations in **R**, two slogans are helpful:
> Everything that exists is an object.
> Everything that happens is a function call."
> —John Chambers

이 책에서는 자료분석 도구로 **R**(https://cran.r-project.org)을 사용할 것이다. 왜 **R**을 이용하는가에 대한 답변은 굉장히 많지만 존 챔버스(John Chambers)의 인용이 **R**이 가진 특징을 가장 잘 요약하고 있다.

- **R**은 객체지향적 프로그래밍(Object-oriented programming, OOP)으로 도노호가 말한 데이터 과학의 6가지 영역에서 두루 활용될 수 있다.

- **R**은 모든 코드가 함수형 프로그램(functional program)이다. 모든 작업을 함수화할 수 있다는 것은 코드의 작성, 관리, 확장의 측면에서 매우 큰 이점을 제공해 준다. 복잡한 작업을 단 몇 줄의 코드로 단순화할 수 있기 위해서는 함수를 중첩적(nested)으로 사용하는 것이 필수적인데, 함수의 중첩적 사용은 중간 과정에서 확인되지 않는 오류가 발생할 가능성이 매우 높고 코드 관리가 쉽지 않다. 함수형 프로그램은 이러한 어려움을 덜어주는 효율적인 해결책이다.

R이 가진 다른 중요한 장점들을 요약하면 다음과 같다.

- **R**은 전문가로 구성된 코어 그룹(R Core Group)에 의해 체계적으로 관리되면서도 무료로 제공되는 소프트웨어이다.[4]
- **R**은 사용자에게 최적의 분석 소프트웨어를 제공하기 위해 프로그램 환경의 변화에 발맞추어 지속적으로 업데이트되고 있다. 기본 소프트웨어와 부속 패키지를 통한 변화의 속도는 어떠한 상용 통계 소프트웨어보다 빠르다.
- **R**은 자료분석의 전 과정에서 두루 사용될 수 있는 효과적인 소프트웨어이다. 자료 입력, 자료 전처리, 자료 변환, 시각화, 통계분석, 사후분석 등 자료분석의 전 과정을 **R**을 통해 자유롭게 통제할 수 있다.
- **R**은 자료 시각화에 특화된 소프트웨어이다. **R**의 전신이라고 할 수 있는 **S**는 미국의 벨연구소에서 통계적 연산과 시각화에 적합한 언어로 챔버스(John Chambers)에 의해 개발되었다(Chambers 1998). 이후 ggplot2와 같은 다양한 시각화 패키지들이 추가되면서 **R**은 다양한 자료를 효과적으로 시각화할 수 있는 중요한 언어가 되었다.
- **R**은 매우 뛰어난 확장성을 가지고 있다. **C**, **C++**, **Fortran**, **LATeX**, **html**, **sql**과 같은 다른 프로그래밍 언어와 쉽게 연동될 수 있으며 병렬

---

4   **R** 코어 그룹은 2020년 5월 현재 Douglas Bates, John Chambers, Peter Dalgaard, Robert Gentleman, Kurt Hornik, Ross Ihaka, Tomas Kalibera, Michael Lawrence, Friedrich Leisch, Uwe Ligges, Thomas Lumley, Martin Maechler, Martin Morgan, Paul Murrell, Martyn Plummer, Brian Ripley, Deepayan Sarkar, Duncan Temple Lang, Luke Tierney, Simon Urbanek로 구성되어 있다.

연산과 같은 고성능연산도 쉽게 처리할 수 있다. 또한 프로그래밍과 문서작성을 동시에 진행할 수 있는 마크다운(markdown) 기능도 뛰어나서 자료분석의 전 과정을 문서화하고 이를 다른 연구자들과 공유하는 것이 매우 용이하다.

• **R**은 빅데이터와 기계학습과 같은 새로운 자료와 분석방법을 전통적 통계방법에 접목할 수 있는 훌륭한 환경을 제공한다. 대용량 자료, 텍스트 자료, 비정규 시계열 자료, 네트워크 자료, 이미지 자료와 같은 비정형 자료를 효과적으로 다룰 수 있으며 전통적 통계분석과 다양한 기계학습 분석을 하나의 플랫폼에서 진행하는 것을 가능하게 해준다.

오늘날 **R** 언어의 발전에 가장 중요한 공헌을 한 사람을 꼽으라면 단연 해들리 위캄(Hadley Wickham)일 것이다. 위캄은 **R**의 그래픽 패키지인 ggplot2를 시작으로 plyr, dplyr, tidyverse, stringr, reshape2, devtools, roxygen2 등 다양한 데이터 전처리 및 함수형 프로그래밍 패키지들을 개발하였다. 자료분석 프로그래밍에 대한 위캄의 접근법은 "tidy" 접근법으로 불리는데, 모든 자료의 열과 줄, 그리고 관측단위를 하나의 테이블로 보고 이를 이용해 전처리부터 분석, 시각화까지의 전 과정을 유기적인 함수형 프로그래밍으로 연결하는 통합적 틀을 제공하고 있다.[5] 그림 2는 위캄이 만든 패키지들을 이용한 자료분석의 흐름을 보여주는 그래프이다.

위캄의 패키지들과 그의 영향을 받은 패키지들은 **R** 프로그래밍의 문법을 완전히 바꾸어 놓았다. 이러한 공적을 인정받아 위캄은 2015년 미국 통계학회의 펠로우로 위촉되었다. 위촉 사유로 미국 통계학회는 위캄이 "통계 그래픽 및 컴퓨팅에 대한 혁신적이고 선구적인 연구를 통해 통계분석에 결정적인 기여(pivotal contributions to statistical practice through innovative and pioneering research in statistical graphics and computing)"를 했음을 인정했다.[6] 자료분석에 대한 위캄의 통합적인 "tidy" 접근법은 이 책이 추구하는 데이터 과학 방법론의 모습과 상당 부분 일맥상통한다고 볼 수 있다.

....

5   **R** 프로그래밍을 깊이 있게 공부하고자 하는 독자라면 위캄이 펴낸 일련의 책들이 큰 도움이 될 것이다 Wickham(2015; 2016); Wickham and Grolemund(2016); Wickham(2019).

6   이 언급은 https://en.wikipedia.org/wiki/Hadley_Wickham에서 재인용한 것이다.

R을 CRAN(https://cran.r-project.org)에서 다운로드 받아서 컴퓨터에 설치하면 **R Console** 인터페이스(그림 3)로 바로 사용할 수 있다. 가장 기본적인 사용 방법이자 버그가 적은 접근 방법이다. 본인이 선호하는 텍스트 편집기(text

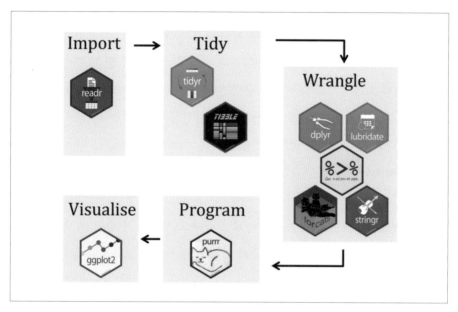

그림 2 tidy 접근법을 이용한 자료분석 플로우

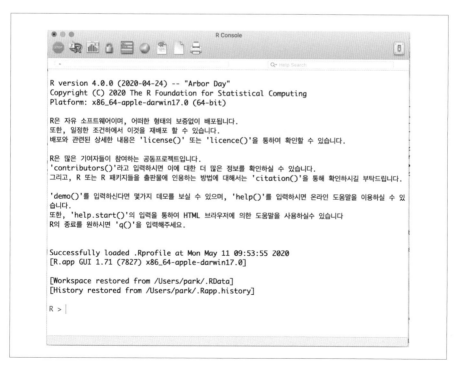

그림 3 **R Console** 인터페이스

editor)를 사용하여 자기만의 스타일로 코딩을 하고자 하는 독자들이라면 **R Console** 인터페이스와 선호하는 텍스트 편집기를 함께 사용하는 것이 좋을 것이다.[7]

    R Console은 기본적인 GUI(Graphical User Interface)가 작동하기 때문에 용량이 큰 자료나 메모리 부담이 큰 계산을 진행하면 느려질 수 있다. 또 용량이 큰 객체를 실수로 화면에 출력했을 때 갑자기 스크린이 멈출 수 있다. 이런 점이 불편하다고 생각하면, 커맨드명령 입력이 가능한 터미널을 이용해서 **R**을 작동시킬 수 있다. 이때도 역시 코드를 따로 편집할 수 있는 텍스트 에디터를 설치해서 코드관리를 하는 것이 좋다.

    R Console이나 터미널을 텍스트 에디터와 함께 구동하는 것이 불편하다면, **R**에 대한 통합 개발 환경(Integrated Development Environment, IDE)을 제공하는 **R** 스튜디오를 이용할 수 있다. **R** 스튜디오는 자료의 입력, 분석, 시각화, 그리고 문서작성을 하나의 플랫폼으로 통합한 매우 편리한 IDE이다. 특히 **R** 스튜디오는 마크다운(markdown)을 지원하기 때문에 문서 작성과 코딩을 결합하는 매우 훌륭한 환경을 제공한다. 다만 터미널이나 배치 모드와는 달리 속도가 느리고 메모리 소모가 크다는 단점이 있다.

    코드의 실행에 사용자의 개입이 필요 없다면 코드 전체를 배치(BATCH) 모드로 실행할 수 있다. 반복된 작업이나 시간이 많이 걸리는 작업을 배치 모드로 실행하면 다른 작업에 집중할 수 있어서 알아두면 매우 유용한 구동 방법이다. 리눅스나 맥과 같은 유닉스(UNIX) 환경이라면,

```
R CMD BATCH [options] your_script.R [outfile]
```

윈도우에서는 **R** 실행파일이 있는 곳을 지정해 준 뒤,

---

7   텍스트 편집기는 날로 개선되고 있기 때문에 독자들이 각자 연구환경과 플랫폼에 최적인 텍스트 편집기를 선택하는 것이 바람직하다. 대부분 하나의 편집기를 선택해서 적응한 뒤, 한동안 계속 사용하는 것이 일반적이다. 프로그래밍을 위한 텍스트 편집기의 2020년 기준 추천 리스트를 검색해 보면 다음과 같은 편집기들이 검색된다: Sublime Text, Atom, Visual Studio Code, Espresso, Brackets, Coda 2, Notepad++, Vim, BBedit, Ultraedit. 필자는 맥환경에서 Aquamacs를 사용하고 있다. 개인적인 경험에 비춰보면 텍스트 편집기의 선택에서 가장 중요한 기능은 자동 들여쓰기(auto-indenting)와 프로그램 언어에 맞는 객체 강조(syntax highlighting) 기능이다.

```
"C:\Program Files\R\R-4.0.0\bin\R.exe" CMD BATCH [options] your_r_script.
R [outfile]
```

로 실행하면 된다.[8] 이 외에도 **Python**에서 사용되는 IDE(예: 쥬피터 노트북(Ju-pyter Notebook))를 사용하여 **R**을 실행할 수 있다.

이 책에 등장하는 통계 용어는 최대한 국문으로 번역하여 독자들에게 그 뜻이 쉽게 전달될 수 있도록 하였다. 번역 기준은 한국통계학회 자료실(http://www.kss.or.kr/bbs/board.php?bo_table=psd_sec)을 참고하였다. 그러나 기존 번역이 없거나 매우 부자연스러운 경우, 필자가 생각하는 더 나은 번역어를 제시하고 그 이유를 설명하였다. 예를 들어 마르코프 체인에서 ergodicity는 "에르고딕성"이라고 불리지만 이 책에서는 이를 균일성으로, non-ergodicity는 비균일성으로 표기했다. 또한 sampling이라는 표현은 모집단으로부터 자료를 취하는 것과 관련될 때는 "표집"이라고 번역하는 것이 타당하나 몬테 카를로 방법과 같이 목표 분포에 대한 시뮬레이션을 의미하는 경우에는 "표집"이라는 표현이 어

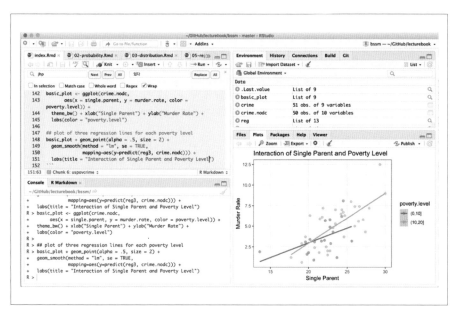

그림 4 R-스튜디오 인터페이스

....

8   배치모드에 대한 보다 자세한 논의는 https://stat.ethz.ch/R-manual/R-devel/library/utils/html/
     BATCH.html을 참조하라.

색해서 "샘플링"이라는 표현 또는 추출이라는 번역어를 사용하였다.[9]

이 책은 Part 1 "자료분석의 과학적 기초"에 대한 논의로부터 시작한다. Part 1은 필자가 생각하는 21세기 사회과학 자료분석 방법이 무엇인지에 대한 논의와 확률과 확률분포에 대한 논의를 전개하고 있다. 다른 책에 비하면 확률분포에 대한 논의가 상대적으로 많은 지면을 차지하고 있는데, 이는 사회과학 자료분석에서 모형 수립(model building)이 매우 중요하며 이를 위해서는 확률분포를 정확하게 이해하는 것이 매우 중요하다는 필자의 믿음 때문이다.

Part 2는 "자료에서 분석으로"라고 명명했다. 여기서는 연관성과 상관성에 대한 관심이 경험적 사회과학의 출발점이었으며 이를 경유해 선형 회귀모형이라는 중요한 사회과학 모형에 경험적 사회과학이 도달하는 과정을 설명하고 있다. 여기서 독자들은 회귀분석 모형과 회귀분석 모형의 추정을 분명히 구분해야 한다. 전자는 확률이론에 토대를 둔 통계모형이고 후자는 통계적 연산을 통해 모형의 모수를 계산하고 이를 해석하는 방법에 관한 것이다. 선형 회귀모형은 사회과학에서 가장 많이 사용되며 앞으로도 지속적으로 사용될 중요한 통계모형이다. 많은 복잡한 통계모형도 실은 선형 회귀모형의 기본 가정과 구조에 기반한 경우가 많다.

Part 3은 2가지 통계적 추론 방법을 소개하고 있다. 먼저 선형 회귀모형 추정을 위해 등장한 최소 제곱 추정법을 살펴보고 이를 보다 일반화해서 통계적 추론을 완성한 최대 우도 추정법을 검토할 것이다. 세 번째 중요한 추론 방법인 베이지안 추론은 Part 4에서 소개한다.

Part 4는 베이지안 사회과학 방법론을 소개하고 마르코프 체인 몬테 카를로 방법을 이용한 추정법을 설명하고 있다. 베이지안 분석의 기본 구조와 주요 추정 방법에 대한 소개를 다루고 있다.

Part 5는 Part 4의 논의를 토대로 정량적 역사연구에서 베이지안 방법을 이용한 구체적인 연구결과를 소개하고 있다. 먼저 사회과학의 시간성(temporality)

....

9   공분산이 일정한 시계열 자료인 stationary time series는 "정상(定常)" 시계열 자료라는 번역이 광범위하게 사용되고 있다. 그러나 "정상(定常)"은 "특별한 변동이나 탈이 없이 제대로인 상태"를 의미해서 영어의 normal에 더 가까운 개념이기 때문에 stationary와 매우 거리가 먼 번역이다. 시계열 자료의 stationary는 정상(定常)보다는 정체(停滯)의 의미가 더 강하다. stationary의 반대 개념인 nonstationary는 "비정상"으로 번역되는데 이 역시 공분산이 일정하지 않다는 원 뜻을 거의 전달하지 못한 번역이다. 그럼에도 불구하고 정상(定常)이라는 번역이 확고히 자리 잡았기에 해당 표현을 그대로 사용하였다.

에 대한 논의를 토대로 베이지안 전환점 분석방법이 가진 장점을 설명하고 이를 적용한 중요한 통계모형을 차례로 소개하고 있다. 11장과 12장에 등장하는 내용은 저널에 출판되었던 논문들에 바탕을 두고 있으나(Park 2009, 2010, 2011, 2012; Sohn and Park 2017; Park and Sohn 2020) 모형에 대한 설명과 그래프는 모두 책 저술 과정에서 새롭게 작성된 것임을 밝힌다.

이 책에 등장하는 코드는 필자에 의해 직접 작성되었거나 편집된 것이며 (기억과 기록으로) 추적이 가능한 경우 코드의 출처를 밝혀 두었다. 그러나 필자가 직접 작성한 많은 코드들도 결국은 코딩 거인들의 어깨 너머로 배운 결과물이므로 결국 이 책의 모든 코드는 프로그래머 공동체의 것이라고 하는 것이 맞을 것이다. 필자에게 프로그래밍의 재미와 힘을 알게 해준 거인들은 필자의 박사과정 지도교수인 마틴(Andrew D. Martin, Washington University in St. Louis)과 MCMCpack의 공동저자인 퀸(Kevin M. Quinn, University of Michigan, Ann Arbor), R 코어 그룹, R 패키지 저자들, 스택 오버플로(https://stackoverflow.com)에 코멘트를 남겨 준 많은 프로그래머들, github에 코드를 올려 놓은 프로그래머들, 그리고 통계와 R 코딩 관련 블로거들이다. 이들의 헌신적인 도움으로 이 책이 세상에 나올 수 있었음을 밝히며 깊은 감사의 인사를 드린다. 이 책에 등장하는 코드는 https://github.com/jongheepark/BayesianSocialScience에서 모두 다운로드 받을 수 있다.

정치학 박사과정을 위해 2002년 미국에 도착한 필자는 가을학기 첫 수업 중 하나로 "Introduction to Probability and Statistics"을 수강했다. 이 수업을 강의했던 마틴 교수는 수업을 듣는 학생들에게 당시에는 그렇게 알려지지 않았던 R과 베이지안 통계학을 공부하는 것이 앞으로 유용할 것이라고 조언을 했다. 당시 필자는 프로그래밍에 대한 기본 지식이 없던 때라 선뜻 R이라는 새로운 언어를 배우는 것이 부담스러웠다. 또 베이지안 통계학이라는 것도 낯설고 어렵게만 느껴졌다. 그러나 마틴 교수의 수업을 하나씩 들으면서 프로그래밍과 베이지안 통계학이 얼마나 재미있고 유용하고 강력한 도구인지 깨달을 수 있었다. 이 책은 필자가 20년 전 마틴 교수로부터 받았던 수업이 낳은 결과물이라고 볼 수 있다. 마틴 교수에게 다시 한 번 감사의 인사를 전한다.

지도교수의 조언을 따라 듣게 된 칩(Sid Chib, Washington University in St. Louis) 교수의 베이지안 통계학 수업은 필자에게 베이지안 모형화(Bayesian modeling)라는 것이 무엇이며 왜 베이지안 모형화가 가장 궁극적인 베이지안 연구인지를 깨닫게 해주었다. 필자의 베이지안 여정에서 칩 교수는 항상 냉철하고 현명한 안내자였다. 지금도 여전히 궁금증이 생기면 그의 논문과 강의노트를 가장 먼저 열어서 찾아보는 것이 필자의 습관이 되었다. 칩 교수에게 깊은 감사의 인사를 전한다.

서울대학교 정치외교부학부 대학원 제자들(김도은, 김성인, 박경태, 손상용, 신수안, 양혜인, 정회성, 오주원)이 소중한 시간을 내어서 이 책의 초고에 좋은 논평을 제공해 주었다. 제자들에게 깊은 감사를 드린다. 그림 하나 놓치지 않고 꼼꼼히 교정을 봐주신 사회평론아카데미의 김천희 소장님께도 깊은 감사의 인사를 드린다. 이 책의 저술작업은 교육부와 한국연구재단의 저술출판지원사업(NRF-2016S1A6A4A01019955)의 재정적 지원을 받았음을 밝힌다.

끝으로 이 책을 준비하는 과정을 끝까지 지켜봐 주고 응원해 준 아내 희진이와 아들 태현이 그리고 딸 준영이에게도 감사의 말을 전하고자 한다. 남편과 아빠로서 많은 시간을 같이해 주지 못하고 집에서도 컴퓨터 화면만 쳐다보는 모습을 보여줘서 미안하다는 말과 그 긴 시간이 이제 끝이 난 시점에 다음 책을 생각하는 남편과 아빠의 모습을 보여줘서 또 미안하다는 말을 전한다. 무엇보다도 사랑하는 우리 가족이 지금처럼 행복하게 지낼 수 있도록 노력하고 희생해준 아내 희진이에게 특히 고맙다는 말을 전하고자 한다. 책을 마감하던 2020년 늦겨울에 아버님이 소천하시면서 아들이 쓴 책을 보여드리겠다는 소박한 약속을 지키지 못하게 되었다. 통계업무를 처리하는 직업공무원으로 평생을 소박하게 살면서 성실과 근면이라는 삶의 자세를 자식들에게 남겨주신 아버지의 영전에 이 책을 바친다.

Part 1

자료분석의 과학적 기초

01

사회공학에서 사회과학으로

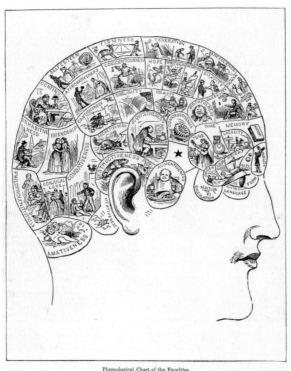

그림 1.1 이 그림은 1883년 골상학에서 개발된 차트이다. 골상학은 두개골의 모양을 통해 인간의 마음을 읽을 수 있다는 주장을 전개한 19세기 사회공학적 사고를 대표하는 학문이다. 출처: 위키피디아, 1883년 골상학 차트("An 1883 phrenology chart", https://en.wikipedia.org/wiki/Phrenology#/media/File:PhrenologyPix.jpg)

Phrenological Chart of the Faculties.

제1절
사회공학의 탄생

1786년 괴테(Johann Wolfgang von Goethe, 1749-1832)는 이탈리아 여행기(*Italian Journey*)에서 당시를 "통계적 사고에 사로잡힌 시대"(our statistically minded times)라고 불렀다(Hacking 1990, 16에서 재인용). 18세기 말부터 유럽에서는 질병 발병자나 출생자 수, 사망자 수 등을 기록하는 인구통계자료가 대거 등장하고 있었다. 이러한 인구통계자료를 생성하는 주체는 학자나 민간인들이 아니라 질병을 통제하고 세금 징수 대상이 되는 재산을 정확히 파악하며 징집 대상이 될 성인 남성의 수를 철저하게 확인하고자 한 국가였다. 근대의 국민국가는 통계를 집계하는 주체이며 국민국가의 경계는 통계의 수집 범위와 일치하였고 국민국가의 목표는 통계자료에 의해 설정되고 수정되고 확인되었다. 즉 근대국가의 등장과 통계의 등장은 그 궤를 같이한다고 볼 수 있다. 오늘날 통계라는 단어의 기원으로 간주되는 Statistik을 정초한 것으로 알려지고 있는 프로이센의 Gottingen 학파는 통계란 "국가에 대한 주목할 만한 사실들의 모음"이라고 정의했다(Hacking 1990, 24).[1]

"사회물리학(social physics)"이라는 표현이 등장한 것은 이즈음이었다. 기록상으로는 벨기에의 천문학자이자 수학자, 통계학자였던 케틀레(Adolphe Quet-

----

1   근대 국민국가의 형성 과정에서 통계의 역할에 대한 연구를 선구적으로 시도한 국내 학자로는 최정운 (2016)이 있다. 통계학의 등장에 대해서는 Stigler(1986), Porter(1986), 그리고 Hacking(1990)을 참고하라.

elet, 1796-1874)에 의해 처음 등장한 것으로 알려진다(Hacking 1990). 당대 많은 지식인들이 그러했듯이 케틀레 역시 통계학적 도구를 이용해 천체의 운동 법칙을 설명하는 자연과학에서의 성과에 매우 고무되어 있었다. 케틀레는 자살, 결혼, 그리고 범죄와 같은 사회현상도 통계학적 도구를 이용하면 하나의 숨겨진 법칙을 찾을 수 있을 것이라고 확신했다. 사회물리학에 의해 발견된 법칙을 통해 사회를 개조할 수 있다는 확신을 가지게 되면서 사회물리학은 사회공학(social engineering)이 된다.

통계와 확률에 대한 이론이 천문학과 측지학(測地學, geodesy)에 머물러 있던 당시, 경험적 사회과학은 채 등장하지 않았으며 이런 상황에서 사회현상에 대한 연구는 이론적이고 철학적인 작업이 주를 이루었다. 경험적 사회과학의 빈 자리를 사회물리학과 사회공학이 채운 것은 피할 수 없는 현상이었다. 18-19세기 동안 진행된 사회물리학과 사회공학의 시행착오를 거쳐서 경험적 사회과학은 20세기에 본격적으로 등장할 수 있었다. 이런 측면에서 볼 때, 사회물리학과 사회공학은 경험적 사회과학의 산파(midwife)였다고 볼 수 있다.

1.1 존 싱클래어: The quantum of happiness

18세기 말 유럽 국가들 안에서 "통계표"(statistical accounts)가 등장하여 인구 통계 자료가 체계적으로 축적되기 시작하자 통계표를 통해 사회현상의 "법칙"을 찾기 위한 과학적 관심이 폭증하였다. 그 중의 한 사람이 통계(statistics)라는 영어 단어를 처음 쓴 것으로 알려진 울스터의 제1대 준남작 존 싱클래어 경(Sir John Sinclair of Ulbster, 1st Baronet, 1754-1835)이었다.

1786년 그는 유럽 여행 동안 독일에서 "통계"라는 이름으로 진행되는 일련의 공적인 조사에 깊은 감명을 받게 된다. 그는 통계적(statistical)이라는 표현이 그 국가의 정치적 힘(political strength of a country)을 확인하기 위한 목적으로 국가의 현황을 조사한다는 의미를 가졌다는 것을 알게 된다. 싱클래어는 이 단어를 영국으로 가져와 국민들이 누리는 "행복의 양"(the quantum of happiness)을 확인하기 위한 국가 현 상태에 대한 조사라는 의미로 바꾼다(Osborne and Aiton 2014). 싱클래어는 "통계"라는 이 생소한 단어가 자연스러운 용어로 영어 안에 스며들기를 바랐는데 이 책을 읽는 독자들은 싱클래어의 이 소망이 얼마나 성공적으로 실현되었는지 너무 잘 알 것이다.

싱클래어에게 통계는 사회공학의 도구였다. 국민들의 미래 행복의 양을 높이기 위해서 반드시 필요한 것이 국민들의 삶에 대한 총체적인 조사였다. 이를 위해 싱클래어는 스코틀랜드의 모든 교구(parish)에 사는 사람들이 어떻게 살고 있으며 무슨 일을 하는지, 그리고 무슨 생각으로 살아가는지를 알고 싶었다. 그리고 그는 이를 실행에 옮겨 총 21권에 이르는 기념비적 저서 "스코틀랜드 통계편람"(*The Statistical Account of Scotland*)을 발간하게 된다. 매년 930여 개가 넘는 교구들에 사는 주민들에 대해 160여 개가 넘는 질문을 조사하고 이를 집계하였다. 그림 1.2는 스코틀랜드 통계편람에 나온 한 지역의 기대수명 자료를 보여주고 있다.

싱클래어의 통계조사는 계몽주의적 사회개혁 사상의 반영이자 당대에 크게 유행하던 공리주의적 세계관을 반영하여 교구 주민들의 삶에 대한 구체적인 질문으로 채워져 있다. 몇 가지 예를 보면 다음과 같다(Osborne and Aiton 2014).

- 132. 교구에서 구호를 받는 빈민의 수는 몇 명인가?
- 133. 매년 구호 활동에 사용하는 금액과 그 목적으로 사용될 예정인 기금은 얼마인가?
- 137. 결혼한 또는 그렇지 않은 보통 일꾼의 비용은 평균 얼마인가? 그가 받는 임금은 가족을 부양하기에 충분한가?
- 157. 사람들은 대체로 검약한가 아니면 사치스럽거나 낭비적인가? 사유재산, 특히 토지는 자주 변하는가? 보통 얼마의 가격으로 판매되는가?
- 158. 사람들은 인도적이고 관대한 행동을 하는가? 난파선을 보호하고 사람을 구하려고 하는가? 교구에서 발생한 사건 중에 인간 본성을 보여주는 사건이 있는가?
- 159. 사람들은 전체적으로 사회의 안락함과 장점을 합리적인 정도로 누리는가? 그들은 그들의 처지와 상황에 만족하는가?
- 160. 그들의 상태가 개선될 수 있는 수단이 있는가?

이렇게 수집된 사회 통계 자료는 지식인들에게 천체의 운동법칙과 같은 사회의 법칙을 찾을 수 있을 것이라는 낙관적 믿음을 주었다. 지식인들은 사회 통계 자료를 이용하여 지능, 성격, 유전(heredity), 신장(height), 보건, 인구증가 등의 영역에서 "법칙"을 발견하기 위한 사회공학적 연구를 대대적으로 진행하게 된다(Hacking 1990, Ch.4).

      of Tranent.

Fines for irregular marriages, exactions for private baptisms, marriages, &c. go for private uses, for which no funds are appropriated ;

	Males.	Fem.
Births in the same period of 30 years	1094	1055
Deduct deaths - - - -	794	826
Difference, mostly emigrated - -	300	229

TABLE II. showing the probability of the duration of life, at all ages, among males and females, in the parish of Tranent, taken from the foregoing abstract of deaths for a period of 30 years, the deaths taken as a radix.

Age.	Males.	Deaths.	Fem.	Deaths.	Age.	Males.	Deaths.	Fem.	Deaths.
0	794	101	826	110	25	391	4	498	4
1	693	85	716	71	26	387	4	494	4
2	608	53	645	35	27	383	3	490	4
3	555	44	610	23	28	380	3	486	4
4	511	20	587	18	29	377	3	482	3
5	491	14	569	12	30	374	3	479	3
6	477	10	557	6	31	371	4	476	3
7	467	8	551	4	32	367	4	473	3
8	459	6	547	2	33	363	4	470	3
9	453	3	545	2	34	359	4	467	4
10	450	3	543	2	35	355	4	463	4
11	447	3	541	3	36	351	4	459	4
12	444	3	538	3	37	347	4	455	4
13	441	3	535	3	38	343	3	451	4
14	438	3	532	3	39	340	3	447	4
15	435	3	529	3	40	337	3	443	4
16	432	3	526	3	41	334	3	439	4
17	429	3	523	3	42	331	3	435	4
18	426	3	520	3	43	328	3	431	4
19	423	4	517	3	44	325	3	427	4
20	419	5	514	3	45	322	3	423	4
21	414	6	511	3	46	319	3	419	4
22	408	6	508	3	47	316	3	415	4
23	402	6	505	3	48	313	3	411	4
24	396	5	502	4	49	310	4	407	4

Age.

그림 1.2 스코틀랜드 통계편람의 기대수명표(Life expectancy table for Tranent, East Lothian)
출처: Kim Traynor / Public domain(https://commons.wikimedia.org/wiki/File:O.S.A._Life_expectancy_Tranent.jpg)

1.2 토마스 맬더스: 빈곤의 자연 법칙

맬더스(Thomas Robert Malthus)의 인구론(*An Essay on the Principle of Population*)
이 출판된 것은 바로 그즈음(1789년)이었다. 맬더스의 유명한 주장은 식량자원
은 산술급수적으로 증가하는 반면 인구는 기하급수적으로 증가한다는 것이다.[2]
인구증가가 식량자원의 증가를 앞지르게 되는 것은 자연 법칙(laws of nature)
의 결과이며 인구증가가 식량자원의 증가를 앞지르는 시점에 인류는 기아와 폭
동, 전쟁과 같은 절멸적인 상황을 맞이하게 될 것이라고 맬더스는 우려하였다.
유럽의 통계 자료를 토대로 한 맬더스의 이러한 주장은 과학적인 것으로 받아
들여졌고 맬더스는 1834년 영국의 왕립 통계학회(the Royal Statistical Society)의
공동 발기인이 되었다.

이러한 비극을 막기 위해서 맬더스가 내린 사회공학적 처방은 식량부족으
로 가장 큰 고통을 치르게 될 빈곤층이 자녀수를 줄여야 한다는 것이었다. 이를
위해 맬더스는 금욕과 경제적 여유가 있을 때까지 결혼을 미루는 것이 필요하
다고 강조했다. 이런 입장에서 맬더스는 구빈법(the Poor Law)을 반대했다. 맬
더스는 빈민들에게 음식이나 돈을 나누어 주는 것은 결코 빈민의 수를 줄일 수
있는 방법이 되지 못한다고 비판했다. 빈민의 수를 통제할 수 있는 유일한 수단
은 자연 법칙인 빈곤이기 때문이다. 특히 빵의 가격과 한 남자의 자녀 수에 따
라 가난한 사람들을 구제하는 스핀햄랜드체제(The Speenhamland System)는 빈
민들의 수를 오히려 늘리는 효과가 있다고 비판했다.

대신 그가 제안한 사회공학적 대안은 감화원(workhouse)이었다. 그의 이
러한 사회공학적 주장은 1834년 구빈법개정(Poor Law Amendment Act)에 지대
한 영향을 주었다. 그러나 맬더스와 다른 정치경제학자들의 주장을 반영한 신
구빈법은 빈민의 수를 줄이지 못했다. 감화원에서는 강제노동과 학대가 이어지
는 일이 빈번하여 1830년대와 1840년대에는 반구빈법운동(The Anti-Poor Law
Movement)이라는 사회적 저항이 발발하였다. 폴라니(Karl Polanyi, 1886-1964)는
빈곤, 장애, 노령화로부터 인간을 보호하고자 했던 스핀햄랜드체제에서 감화원

....

2 "Population, when unchecked, increases in a geometrical ratio. Subsistence increases only in an
   arithmetical ratio" (Malthus, 1798, 14).

을 중심으로 한 신구빈법체제로의 전환을 인간의 상품화와 교환 대상화, 그리고 비인간화의 시작으로 본다(Polanyi 1944).

19세기 이후 인구증가는 맬더스가 우려하던 것보다 훨씬 느리게 진행되었고 식량 생산은 맬더스가 걱정하던 것보다 훨씬 더 빠르게 진행되었다. 농경사회가 산업사회로 전환되면서 자녀의 양보다 질이 부모에게 더 중요해졌고 유전공학이나 기계공학과 같은 과학기술의 발달로 농업생산성이 급격하게 향상되었다. 식량부족에 대한 우려가 커질수록 식량 생산성의 개선방법에 대한 사회적 보상도 커질 것이며 이에 따라 혁신적인 식량 생산방법이 등장할 가능성도 더 커진다. 인간의 창의성은 결정론적인 사회공학적 사고의 가장 중요한 난적이다. 인구증가가 식량자원의 증가를 앞지르는 맬더스의 함정(trap)은 오지 않았고 맬더스의 자연 법칙은 천체의 운동법칙과는 다른 운명을 맞이했다.

1.3 골상학: 두개골의 사회공학

두개골의 모양을 통해 인간의 마음을 알 수 있다는 골상학(骨相學)도 이즈음—정확히는 1796년—에 탄생했다. 내과의사였던 오스트리아의 갈(Franz Joseph Gall, 1758-1828)은 인간의 뇌를 마음의 장기(臟器)라고 보았다. 그리고 뇌 역시 다른 장기와 마찬가지로 각각의 기능을 수행하는 기관이 별도로 존재할 것이고 그 기관의 중요성에 따라 크기가 결정될 것으로 보았다. 뇌에 대한 체계적인 지식이 아직 등장하지 않았던 당시에 내과의사인 갈은 자신이 모은 두개골 자료와 환자 정보를 이용해서 두개골의 모양을 통해 인간의 마음을 알 수 있다는 과감한 주장을 전개하였다.

대중들이 쉽게 이해할 수 있는 직관적인 주장이, 비슷하게 어울리는 자료와 함께 나란히 제시될 때 유사과학은 과학으로 둔갑한다. 골상학이 바로 이와 같은 길을 걸었다. 골상학은 19세기 유럽과 미국의 식자층 사이에서 크게 유행하였다. 1887년에는 파울러(Lorenzo Niles Fowler, 1811-1896)에 의해 영국 골상학학회(the British Phrenological Society)가 설립되었고 미국에서는 파울러운동(Fowler movement)이라고 부를 정도로 골상학이 대중적으로 크게 유행하였다.

골상학의 가장 유명한 주장 중의 하나는 두개골의 앞부분에 선의(benevolence)에 해당하는 부분이 존재하고 이것이 튀어나온 정도를 통해 특정 개인의 선의의 정도를 감별할 수 있다는 것이다. 그림 1.1(26쪽)에 나온 골상학 차트는 골상학의 주장을 한눈에 알기 쉽게 요약한 것이다.

두개골의 모양을 통해 인간의 마음을 읽을 수 있다는 골상학의 주장에 따르면 범죄자가 될 가능성이 높은 사람을 미리 알아낼 수 있으며 우수한 학자나 예술가가 될 사람도 미리 알아낼 수 있다. 두개골에 대한 정보를 통해 사회적 현상을 예측할 수 있다면 이 정보를 이용해서 사회를 개조할 수도 있다. 사회공학은 골상학에 와서 높은 수준의 공학적 성취를 이룬 것이다. 우수한 두개골을 가진 사람들의 출산을 장려하고 그렇지 못한 사람들의 출산을 억제하면 그 사회는 몇 세대 뒤에 우수한 두개골을 가진 사람들이 더 많은 사회가 될 것이다. 바로 이런 이유로 골상학은 19세기 서구 지식인들의 사고에 지대한 영향을 준 우생학(eugenics)과 긴밀히 연결되어 있었다.

2차 대전 후 골상학은 과학으로서의 지위를 완전히 상실했다. 나치즘에 대한 반감은 그 뿌리가 되었던 우생학과 골상학에 대한 반감으로 자연스레 이어졌다. 특히 골상학의 대부분의 연구는 재현 불가능한 것이 많았으며 뇌에 대한 과학적 지식이 증가하면서 학자들은 골상학의 주장을 더이상 신뢰할 수 없는 것으로 기각했다. 최근 뇌과학자들이 뇌스캔기술을 이용하여 골상학의 주요 주장을 검토한 결과, 뇌의 활동과 두개골의 모양 사이에 어떠한 관련성도 찾을 수 없다는 결론을 내렸다(Jones et al. 2018).

제2절
열광, 희열, 그리고 공황

사회공학적 접근이 확산되는 과정은 열광(maniac)-희열(euphoria)-공황(panic)의 주기를 보이는 금융위기의 과정과 비슷하다(Kindleberger 1978). 먼저 특정 사회공학적 방법이 등장하여 사회과학이 풀지 못한 난제(예: 전쟁, 기아, 빈곤, 대량실업, 경제 공황, 대량학살)를 해결할 수 있다는 가능성이 시사되면 대중들은 열광한다. 미디어와 학계의 관심이 해당 사회공학적 방법으로 집중되고 자원과 인력 또한 집중된다. 다른 연구를 진행하던 학자들도 자원과 인력의 집중 현상을 버티기 어려워 주제를 돌려 해당 사회공학적 연구에 몰두한다. 몇 개의 획기적인 연구 결과가 나오면서 학자들과 대중들은 "희열"을 경험하고 자원과 인력의 집중, 미디어의 관심은 더욱 심화된다. 사소한 발견이나 방법론적 개선도 저널에 곧바로 게재되고 언론의 주목을 받는다. 자원과 사회적 관심을 두고 벌이는 학자들 간의 경쟁은 더욱 치열해져서 작은 학문적 발견도 큰 성과로 부풀려지고 논문 제목도 논문의 실제 내용보다는 거창한 함의를 기준으로 정하게 된다.

가상의 예를 하나 들어 보자. 시계열 자료를 이용한 사건 예측에 대한 연구를 진행하던 학자는 논문을 마감하던 도중 개발된 방법의 비교우위를 보여줄 적당한 사례를 찾지 못해 고민한다. 연구실에 있는 학생들과 공저자들을 통해 다양한 자료를 수집해서 분석해 봤지만 눈에 띄는 비교우위가 드러나지 않는다. 이때 박사과정 학생의 지인으로부터 테러 발생 자료에 대해 듣게 되어 해당 자료를 웹에서 다운 받아서 급히 분석해 보았더니 부분적인 비교우위를 시각화할 수 있다는 것이 확인되었다. 해당 자료가 어떤 자료인지, 부분적인 비교우위가 테러 연구에 어떤 기여를 할 수 있는지 천천히 들여다보기에는 밀려 있는 연구가 너무 많아서 한두 개의 패러그래프로 간단히 정리하고 논문을 마무리하여 저널에 투고한다. 이때 투고될 논문의 제목을 원래 제목인 "○○○을 이용한 사건 예측 방법의 개선"에서 "테러 예측의 새로운 패러다임"으로 바꾼다. 이 편이 편집자와 독자의 주목을 더 끌 수 있으며 게재만 되면 장차 국방 관련 연구에서도 연구지원을 받을 수 있을 것이라고 공저자들이 전해 준다.

저널에 투고된 논문은 테러 연구와는 관련 없는 학자들에 의해 심사되고, 작은 수정을 거쳐 게재가 확정된다. 저널은 새로 게재될 논문의 제목과 초록을 뽑아서 웹사이트에 게시하고 해당 게시물을 본 ○○신문의 기자는 테러 예측에 대한 논문을 기사로 작성해 보기로 한다. 기자는 교신저자에게 전화를 걸어 5분 정도 통화하면서 논문 내용을 전해 듣는다. 그리고 "내일 뉴욕이 테러당할 확률은 얼마인가?"라는 기사를 작성한다. 기사 내용에는 교신저자가 부탁한 대로 이 연구가 얼마나 혁신적이며 테러 예측의 새로운 패러다임인지를 전하는 내용을 담는다. 이렇게 테러에 대해서 평생 연구한 적이 없는 학자가 테러전문가로 변하고 테러 연구에서 최신 방법론을 적용하는 혁신적인 연구자로 격상된다. 국방부와 정보기관에서는 해당 저자에게 다음 분기 예산을 배정하여 테러조기경보 시스템 구축에 대한 자문을 부탁한다.

여기까지는 "열광"과 "희열"의 단계이다. 여기서 이야기가 끝날 수 있다면 사회공학이 사회과학을 대체하는 것이 그리 큰 문제는 아닐 수 있다. 그러나 이제 "공황"으로 접어들 수 있는 시나리오를 몇 가지 이야기해 보자. 먼저 이 연구자의 분석이 틀릴 가능성을 생각해 보자. 가장 간단하게 테러 공격을 작정한 세력이 해당 연구결과를 이해하는 순간 예측력은 사라지게 된다. 또한 해당 연구는 지금까지 발생한 테러 공격 자료만을 토대로 하기 때문에 전혀 새로운 유형의 테러단체가 등장하거나 새로운 유형의 국제갈등이 시작되면 설명력을 잃는다. 그렇지만 조기경보 시스템과 예측 시스템은 과거의 자료로 미래를 볼 뿐, 아직 일어나지 않은 미래를 모형 안에 담을 수 없다.

문제는 여기서 그치지 않을 수 있다. 금융위기에서도 그렇듯이 학계에서도 성공을 위한 자본이 한쪽으로 집중되면 부정한 유인(perverse incentive)을 가진 학자들이나 준비가 되지 않은 학자들이 유사한 연구를 쏟아내게 된다. 이제 테러전문가가 100명에서 만 명 이상으로 늘어나고 온갖 현란한 방법들이 적용되기 시작하지만 이들의 정확성과 타당성을 엄정하게 평가해 줄 수 있는 테러전문가들은 점점 주변으로 밀려나고 소외된다. 이제 테러연구는 유사 전문가들과 전문가들이 뒤섞여 있으며 이들의 연구에서 옥석을 가려내기는 점점 어려워진다. 테러 공격의 가능성에 대한 상충되는 예측, 묵시록적인 예측, 지나친 낙관론이 난무하다가 논문게재와 연구용역 수주에서 월등한 방법이 등장하면서 하나의 결론으로 수렴한다. 다른 결론을 도출한 학자들이 논문 게재와 연구용역 수주에서 밀려나면서 해당 결론은 정책과 제도로 굳어진다. 이제 그 사회는 해당 방법이 틀리지 않기만을 바라야 할 뿐, 다른 선택의 여지가 없다.

빅데이터와 기계학습과 같은 분석기술의 혁신으로 소비, 투표, 범죄, 테러 공격, 결혼, 자살 등과 같은 사회현상들이 "설명"되고 "예측"될 수 있을 것이라는 믿음이 확산되는 21세기에 사회과학은 다시 한 번 사회공학과 조우하고 있다. 뉴욕타임스의 영향력 있는 칼럼니스트 데이비드 브룩스(David Brooks)는 "데이터의 철학(The Philosophy of Data)"이라는 칼럼에서 다음과 같이 말하고 있다.

만약 독자들이 오늘날 부상하는 철학이 무엇이냐고 묻는다면, 나는 그것은 바로 데이터주의(data-ism)라고 부르고자 한다. 우리는 지금 엄청난 양의 자료를 모을 수 있는 능력을 가지고 있다. 이 능력은 측정될 수 있는 모든 것은 측정되어야 하며 데이터는 우리의 감정과 이데올로기를 여과해 낼 수 있는 투명하고 믿을 만한 렌즈이며, 미래를 미리 보는 것과 같은 엄청난 것을 할 수 있도록 도와 준다는, 어떤 특정한 문화적인 가정을 가지고 있는 것처럼 보인다.[3]

자료와 기술에 대한 낙관적 기대와 찬사가 쏟아지는 21세기 초에, 이 책이 "사회과학 자료분석이란 무엇인가?"라는 다소 원론적이고도 고루한 질문을 던지는 이유는 자료와 기술에 대한 우리의 낙관이 열광-희열-공황으로 이어지지 않도록 하기 위함이다.

제3절
맬더스 트랩은 존재하는가

인구증가와 식량 생산에 대한 역사적 정량자료를 수집하여 맬더스가 제기한 가설이 자료와 얼마나 일치하는지 **R**로 분석해 보자. 가장 먼저 19세기부터 현재까지 세계인구의 증가를 보여줄 수 있는 자료를 찾아야 한다. 전 세계의 다양한 보건, 인구, 경제 통계 관련 공공자료는 갭마인더(**Gapminder**, https://www.gapminder.org)를 통해 쉽게 다운로드 받을 수 있다. 갭마인더는 스웨덴의 보건의료 전문가이자 데이터 과학자인 한스 로즐링(Hans Rosling, 1948-2017)에 의해 처음 개발된 공공 데이터 분석 소프트웨어이다. 로즐링은 빈곤에 대한 우리의 인식과 현실 사이에 엄청난 격차(gap)가 있음을 강조하며 자료에 대한 정확한 수집과 분석을 통해 그 격차를 좁혀야 한다고 강조해 왔다. 그런 이유로 "격차를 인식하는 도구"라는 의미로 "갭마인더"라는 이름을 붙였다고 한다. 갭마인더가 제시한 시각화 문법은 오늘날 자료분석가들의 공공자료 시각화에 중대한 영향을 주었다.

인구자료가 갭마인더에 xlsx 파일 형태로 웹에 존재하기 때문에 `download.file()` 함수를 이용하여 xlsx 파일을 컴퓨터에 먼저 다운로드한 다음,

....

3   *New York Times*, 2013년 2월 5일(https://www.nytimes.com/2013/02/05/opinion/brooks-the-philosophy-of-data.html?smid=tw-nytdavidbrooks&seid=auto).

readxl 패키지를 이용하여 불러들일 것이다. 자료를 확인해 보면, 전 세계 인구자료는 두 번째 시트에 있기 때문에 sheet=2라는 옵션을 집어넣어서 저장할 것이다. 오류 가능성이 높은 자료분석 루틴을 피하기 위해 자료가 몇 번 시트에 있는지 확인하는 것 외에 우리가 엑셀을 통해서 진행하는 작업은 하나도 없다. 이렇게 불러온 자료는 앞으로 분석에서 계속 사용할 것이므로 world_pop라는 이름을 가진 객체(object)로 현재 환경(environment)에 저장한다.[4]

```
## xlsx 파일 자료를 읽을 수 있는 readxl 패키지 로딩
library(readxl)

## 원자료 다운로드
download.file("http://gapm.io/dl_pop", destfile = "pop1800_2100.xlsx")

## 다운로드된 xlsx 파일의 두 번째 시트 불러오기
world_pop = read_xlsx("pop1800_2100.xlsx", sheet = 2)
```

world_pop의 클래스는 data.frame이자 tibble 클래스이다.

```
## 객체 클래스 확인
class(world_pop)
```

```
## [1] "tbl_df"      "tbl"           "data.frame"
```

tibble 클래스는 tidyverse 패키지에 의해 재정의된 데이터프레임 클래스이다. 데이터프레임은 **R**에서 자료를 저장하는 가장 기본적인 클래스로 수학적 형식은 행렬 형태를 취하고 있다. 데이터프레임의 열(column)은 변수를 의미하고 줄(row)은 관측 단위를 의미한다. head()은 처음 6줄의 자료만을 보여주라는 명령어이다. 화면에 프린트된 결과를 보면 4개의 변수로 구성된 데이터프레임으로 처음 두 개의 변수는 문자형 변수(<chr>)이며 다음 두 개의 변수

....
4   환경(environment)이란 객체의 저장 위치와 객체 이름의 탐색 경로를 결정하는 경계를 말한다. 하나의 환경에 중복되는 이름을 가진 객체는 존재할 수 없고 텅빈 환경(empty environment)을 제외하면 모든 환경은 상위의 부모환경(parent environment 또는 parent frame)을 갖는다. 부모환경보다 상위의 환경은 조상 환경(ancestor environment)이라고 부른다. **R**의 환경에 대한 더 자세한 논의는 Wickham(2019)의 7장을 참조하라.

는 실수형 변수(<dbl>)임을 알 수 있다. chr은 "character"의 줄임말이며 dbl은 "double"의 줄임말이다.

```
## 데이터 프레임의 첫 6줄만 보여주기
head(world_pop)
```

```
## # A tibble: 6 x 4
##    geo   name   year Population
##    <chr> <chr> <dbl>      <dbl>
## 1 world World  1800  946764816
## 2 world World  1801  950949353
## 3 world World  1802  955168653
## 4 world World  1803  959430074
## 5 world World  1804  963726376
## 6 world World  1805  968055764
```

불러들인 자료에서 2019년 자료까지의 정보만 사용하여 간단한 그림을 그려보자. 이 책에서는 자료의 시각화를 위해 ggplot2 패키지를 주로 이용할 것이다. ggplot2 패키지의 가장 큰 장점은 세 가지이다.

- 시각화 작업을 모듈화(modularization)할 수 있다는 점. 대부분의 자료 시각화 작업은 뒤에서 살펴보는 바와 같이 기본 2차원 그래프 위에 선, 점, 색, 그룹, 패널 등의 층(layer)을 얹어 나가는 작업이라고 볼 수 있다. ggplot2는 그래프 시각화의 모듈화를 사용자가 이해하기 쉽고 사용하기 쉬운 방식으로 구현한 훌륭한 패키지이다.
- 파이프 연산작업(pipe operation)이 가능하다는 점.
- 함수형 프로그래밍이 가능하다는 점. 시각화 작업에서 함수형 프로그래밍은 복잡하고 다양한 시각화를 효율적으로 진행할 수 있도록 만들어 주는 중요한 역할을 한다.

모듈화

모듈화란 다양하고 복잡한 처리 작업을 분절되고 쉽게 이식 가능한 블록들의 결합으로 만드는 것이다.

파이프 연산 작업

파이프 연산 작업이란 여러 개의 함수가 사용되는 복잡한 처리 과정을 개별적으로 진행하지 않고 중위 연산자(infix-operators), %>%를 이용하여 하나의 흐름으로 진행하는 것을 말한다. **R**의 base패키지에서는 여러 개의 함수를 동원한 연산은 객체를 계속 생성하거나 덮어쓰는 방식으로 진행하게 되므로 메모리 관리의 측면에서나 코드관리의 측면에서 매우 비효율적인 방식이다.

함수형 프로그래밍

함수형 프로그래밍이란 함수에 의해 거의 모든 작업을 진행하도록 프로그램하는 것을 말한다. **R**의 가장 중요한 특징은 바로 모든 연산을 함수화할 수 있다는 점이다. 함수형 프로그래밍을 쉽게 이해하기 위해 아래 예를 살펴보자.

```
## 비함수형 프로그래밍
1 + 2

## [1] 3
```

이제 이 연산을 함수형 프로그램으로 진행해 보자.

```
## 함수형 프로그래밍
`+` (1, 2)

## [1] 3
```

비함수형 프로그래밍에서는 단순히 두 수를 더해 주었지만 함수형 프로그래밍은 +이라는 함수형 연산자를 (1, 2)라는 벡터에 적용하고 있다. 대용량의 자료에 대한 연산이나 복잡한 연산의 경우 비함수형 프로그래밍 접근은 오류가 많고 시간이 오래 걸리는 반면 함수형 프로그래밍은 훨씬 효율적인 방법이다.

이제 세계 인구 변화를 ggplot2를 이용해서 시각화해 보자. 먼저 2019년까지의 자료만을 이용하기 위해 자료의 범위를 filter()를 이용하여 정한다. 그리고 파이프 연산자를 통해 범위를 정한 자료를 시각화 작업으로 넘긴다. 시각화 작업은 총 5단계의 작업으로 구분할 수 있다.

```
## 0. 2020년 이전 자료만 따로 저장
world_pop %>% filter(year < 2020) %>%

  ## 1. 자료와 x축과 y축 변수를 정의
  ggplot(aes(x = year, y=Population)) +

  ## 2. 라인 그리기
  geom_line(size=2, alpha=0.6, color="forestgreen") +

  ## 3. 레이블 입력
  labs(caption = "원자료: Gapminder") +

  ## 4. 그래프의 형식 지정
  theme_jhp(base_size = 10, base_family = "sans") +

  ## 5. 축이름 지정
  xlab("연도") + ylab('인구')
```

그래프의 형식 지정 단계에서 등장한 theme_jhp는 미국의 정치웹저널인 FiveThirtyEight(https://fivethirtyeight.com)의 그림 형식인 theme_fivethirtyeight을 필자(jhp)의 취향에 맞게 부분 수정한 것이다.[5]

시각화의 결과는 그림 1.3에 제시되어 있다. 맬더스가 우려했던 것과는 달리 전 세계의 인구는 20세기 중반까지 매우 완만하게 증가하다 20세기 중반부터 급격히 증가하는 분절적인 양상을 보이고 있다.

원자료만 봐서는 지수적 증가 여부에 대한 정확한 판단이 어렵기 때문에, 양변에 로그를 취해서 확인해 보자. 처음 인구를 y_0라고 하고 증가율을 r이라고 하면

....

5　theme_jhp는 이 책의 깃허브에서 다운 받을 수 있다: https://raw.githubusercontent.com/jongheepark/BayesianSocialScience/master/index.R

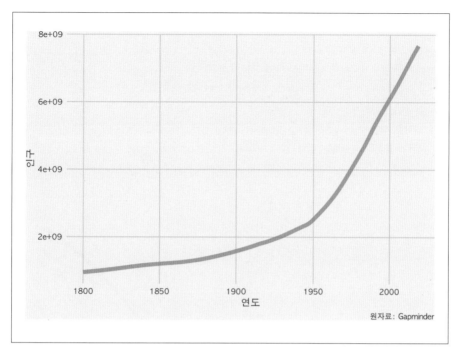

그림 1.3 세계 인구 증가: 1800-2019

$$y_t = y_0 e^{rt}.$$

양변에 로그를 취해 주면,

$$\log y_t = \log(y_0) + rt$$
$$y_t^* = \alpha + \beta t$$

즉, 시간에 대한 선형 함수로 변하게 된다.

```
## 인구자료 로그 변환하여 데이터 프레임에 새 변수로 지정
sub <- subset(world_pop, year < 2020)
sub$log.pop <- log(sub$Population)
```

로그 변환된 자료를 기존 데이터 프레임에 새로운 변수로 첨가하는 방법은 $을 이용하는 것이다. 새로운 변수 이름을 $ 뒤에 넣고 자료를 지정하면 그 이름을 갖는 변수가 데이터 프레임에 생성된다. 뒤에 이 자료를 사용하기 위해 sub

라는 새로운 데이터 프레임 객체를 생성해서 분석을 진행해 보자.

```
ggplot(sub, aes(x = year, y=log.pop)) +
  geom_line(size=2, alpha=0.8, color="forestgreen") +
  geom_smooth(method="lm", color = "firebrick2") +
  labs(caption = "원자료: Gapminder") +
  theme_jhp() + xlab("연도") + ylab('인구 (log)')
```

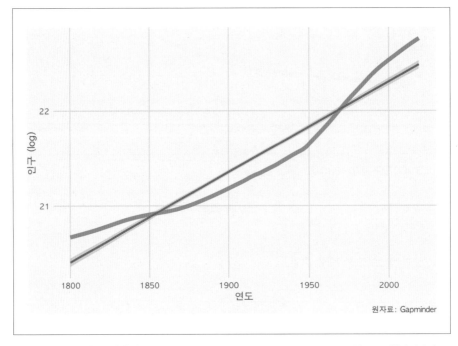

그림 1.4 로그 변환된 세계 인구, 1800-2019. 붉은 선은 선형 회귀분석선이고 초록색 선은 로그 변환된 세계 인구

그림 1.4의 붉은색 회귀분석선을 200년 동안의 세계 인구 증가의 평균적인 패턴이라고 본다면, 세계 인구는 1950년대 이전에는 평균보다 느리게 증가하다가 1950년대 이후부터 평균보다 빠르게 증가했다는 점을 쉽게 확인할 수 있다.

이제 1950년대라는 분기점의 영향을 보다 더 정확하게 확인하기 위해 자료를 1950년대 이전과 이후로 각각 나누어 살펴보도록 하자.[6] ifelse라는 명령어는 주어진 조건을 만족하면 '결과 1'을 취하고 그렇지 않으면 '결과 2'를 취한다.

....

6   이보다 더 나은 방법은 전환점의 위치를 자료로부터 직접 추정하는 전환점 분석이다. 이에 대해서는 이
     책의 10-11장을 참고하라.

```
ifelse(주어진 조건, 결과 1, 결과 2)
```

우리가 설정하고자 하는 주어진 조건은 (sub$year < 1951)이고 결과 1은 "Before-1950", 결과 2는 "Post-1950"이다. 이를 이용하여 1950년 이전과 이후를 구분하는 이분변수(period)를 생성해 보자.

```
## 1950년을 기점으로 구분하는 더미변수 생성
sub$period <- ifelse(sub$year < 1951, "Before-1950", "Post-1950")

## x축과 y축 자료 지정, 그룹 정보와 색 정보도 지정
ggplot(sub, aes(x = year, y=log.pop, group=period, color=period)) +
  geom_line(size=2, alpha=0.8, color="forestgreen") +
  geom_smooth(method="lm", color = "firebrick2") +
  labs(caption = "원자료: Gapminder") +
  theme_jhp() + xlab("연도") + ylab('인구 (log)')
```

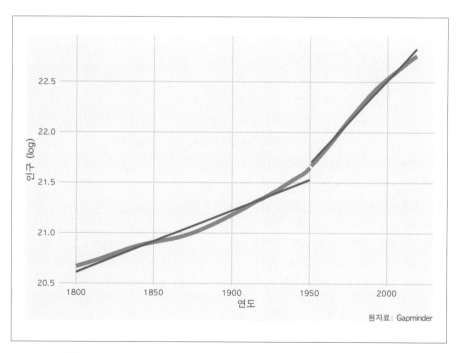

원자료: Gapminder

그림 1.5 세계 인구 증가. 1950년 분절점을 이용하여 두 개의 선형 모형으로 근사

그림 1.5를 통해 두 개의 서로 다른 기울기를 가진 직선이 로그 변환된 인구증가 자료를 매우 정확하게 근사하고 있음을 확인할 수 있다. 1950년대 이전

의 기울기는 1950년대 이후의 기울기보다 훨씬 작다는 점이 1950년대 이후 전 세계의 인구가 폭발적으로 증가했다는 점을 보여준다.

맬더스 이론의 또 다른 축을 이루는 것은 식량 생산의 선형 증가이다. 19세기부터 현재까지 전 세계의 식량 생산 자료를 정확하게 집계하는 것은 매우 힘들다. 이에 대한 대안으로 Our World in Data(https://ourworldindata.org)에서 제공하는 영국의 곡물 생산 자료(https://ourworldindata.org/crop-yields)를 이용하여 식량 생산의 역사적 추이를 살펴보도록 하자. 농지의 크기가 중대한 변화를 겪지 않았다는 전제하에 밀의 헥타르당 생산량(톤 단위)이 영국 농업의 총 생산량의 변화를 보여줄 수 있다. 인구 자료와 비교 시기를 맞추기 위해 1800년 이전 자료는 절삭하였다.

```
## 자료 불러오기
uk_crop = read.csv("long-term-cereal-yields-in-the-united-kingdom.csv")

## 1800년 이후 자료만 따로 저장
sub_crop <- subset(uk_crop, Year > 1799)

## 새로 저장된 자료 살펴보기
head(sub_crop)
```

```
##              Entity Code Year Wheat..tonnes.per.hectare.
## 478 United Kingdom  GBR 1800                      0.914
## 479 United Kingdom  GBR 1801                      1.416
## 480 United Kingdom  GBR 1802                      1.450
## 481 United Kingdom  GBR 1803                      1.295
## 482 United Kingdom  GBR 1804                      0.953
## 483 United Kingdom  GBR 1805                      1.368
##     Barley..tonnes.per.hectare. Oats..tonnes.per.hectare.
## 478                        1.61                      1.89
## 479                        2.15                      2.61
## 480                        2.19                      2.52
## 481                        2.02                      1.44
## 482                        2.07                      1.37
## 483                        2.21                      1.42
```

위에서 그린 그림과 같은 방식으로 점과 선을 이용하여 전체 자료를 시각화하면 그림 1.6과 같다.

```
## 1. x축과 y축 자료 지정
ggplot(sub_crop, aes(x = Year, y=Wheat..tonnes.per.hectare.)) +

## 2. 선 그리기
geom_line(size=0.5, color="forestgreen") +

## 3. 점 그리기
geom_point(size=1.5, alpha=0.2, color="forestgreen") +

## 4. 레이블 달기
labs(caption = "자료출처: Our World In Data") +

## 5. 그래프 형식 지정
theme_jhp() +

## 6. 축 이름 달기
xlab('연도') + ylab('헥타르당 톤')
```

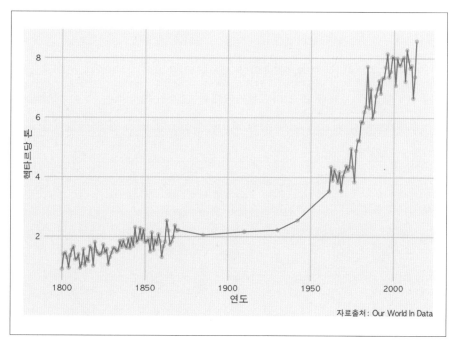

그림 1.6 영국 밀 생산. 헥타르당 생산량

19세기 중반부터 20세기 중반까지 자료가 누락된 연도가 꽤 많기 때문에 정확한 분석은 어렵지만 추세를 보면 밀의 헥타르당 생산량이 19세기와 20세기를 거치면서 비약적으로 증가했음을 확인할 수 있다. 인구증가와 유사하게 19세기와 20세기 자료의 증가 패턴이 매우 상이하다는 점도 확인할 수 있다. 19세기에는 매우 완만한 증가세를 보였다면 20세기 중후반에는 밀의 단위당 생산량이 급격히 증가한 뒤에 헥타르당 8톤 언저리에서 정체되고 있다.

이제 인구자료에서 했던 것과 마찬가지로 1950년을 분기점으로 삼아 밀의 단위당 생산량을 이전과 이후로 나누어 두 개의 선형 모형으로 추정해 보자.

```
## 1950년 이전과 이후를 구분하는 더미변수 생성
sub_crop$period <- ifelse(sub_crop$Year < 1951, "Before-1950", "Post-
1950")

## x축과 y축 자료 지정, 그룹 정보와 색 정보도 지정
ggplot(sub_crop, aes(x = Year, y=Wheat..tonnes.per.hectare.,
                     group=period, color=period)) +
  geom_line(size=0.5, color="forestgreen") +
  geom_point(size=1.5, alpha=0.2, color="forestgreen") +
  geom_smooth(method="lm", color="firebrick2") +
  labs(caption = "자료출처: Our World In Data") +
  theme_jhp() + xlab('연도') + ylab('헥타르당 톤')
```

그림 1.7은 영국에서 밀의 단위당 생산량의 증가가 1950년대 이후에 급격하게 변화했음을 보여주고 있다. 1800년대를 살았던 맬더스는 식량 생산의 증가가 1950년 이전 자료에 대한 선형 회귀분석선처럼 매우 완만한 직선을 보일 것이라고 생각했다.

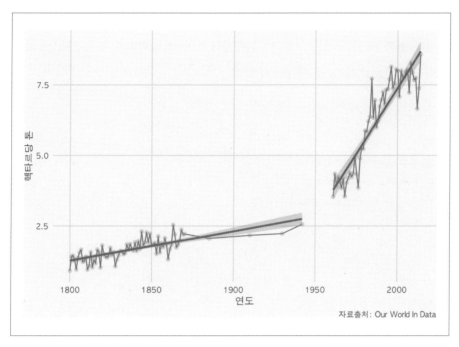

그림 1.7 영국 밀 생산: 1950년이라는 분기점을 이용하여 두 개의 선형 모형으로 근사

이제 맬더스의 인구증가와 식량 생산의 역사적 관계에 대한 주장을 검토하기 위한 마지막 단계에 도달했다. 인구자료와 단위당 밀 생산량 자료를 서로 같은 척도로 변환한 뒤 하나의 그래프 위에 그리면 두 변수의 역사적 증가 패턴을 쉽게 비교할 수 있다. 맬더스가 우려한 대로 인구증가가 식량 생산의 더딘 증가에 의해 제약되었는지를 시각화 기법을 통해 쉽게 확인할 수 있다.

두 변수를 동일한 척도로 비교하기 위해서 정규화(normalization)를 진행할 것이다. 정규화 변환에서 실수를 줄이기 위해 center()라는 정규화 함수를 써서 두 변수에 적용할 것이다.

R 함수

R 함수는 입력값(argument), 연산 알고리듬(body), 출력값을 기본 요소로 갖는다. 출력값은 return이라는 명령어로 마지막에 함수 밖으로 내보내지만 다른 객체는 모두 함수 호출이 끝남과 동시에 지워진다.

R함수를 이해하기 위해 mirror()라는 아주 간단한 함수를 작성해 보았다.

이 함수는 입력값을 그대로 출력하는 함수이다. 그런데 입력값이 주어지지 않으면 오류가 생길 수 있으므로 이를 예방하기 위해 입력값이 없을 때 호출되면 출력시킬 값으로 NULL을 지정해 주었다.

```
## mirror: function name
## x: argument
## NULL: default value
## return: output object
mirror <- function(x=NULL)\{
  return(x)
}


## test
mirror("cat")
```

```
## [1] "cat"
```

```
mirror(1)
```

```
## [1] 1
```

```
## function(x=NULL)이 아니고 function(x)라면
## 아래 코드는 에러가 발생하나 여기서는 NULL을 출력함
mirror()
```

```
## NULL
```

```
## 정규화 함수 작성
center <- function(x=NULL){
  out <- (x - mean(x,na.rm=TRUE))/sd(x, na.rm=TRUE)
  return(out)
}
```

center는 입력 자료인 x의 평균을 구한 뒤 원자료에서 평균을 차감하여 표준편차로 나누는 연산을 진행한다. 출력값은 정규화 변환이 마무리된 값 out이다. na.rm=TRUE는 변수에 누락 자료(missing data)가 있을 경우 해당 부분을 제외하고 연산을 진행하라는 명령이다. 누락 자료에 대한 일관되지 않은 함수

옵션은 복잡한 함수를 작성할 때 오류가 발생하는 주 원인인 경우가 많으므로 매번 꼼꼼하게 확인하는 것이 중요하다.

아래 코드는 정규화된 인구증가와 밀 생산 자료를 하나의 그래프(그림 1.8)에 시각화하기 위한 것이다.

```
## 1. 인구자료와 밀생산 자료를 연도와 분절점 기준으로 결합
malthus <- sub %>% left_join(sub_crop, by = c("year" = "Year",
  "period" = "period"))

## 2. 인구와 밀생산 자료를 표준화
malthus$center.pop <- center(malthus$Population)
malthus$center.wheat <- center(malthus$Wheat..tonnes.per.hectare.)

## 3. ggplot을 이용한 시각화
ggplot(malthus, aes(x = year, y=center.pop)) +
  geom_line(size=2, alpha=0.6, color="firebrick2") +
  geom_line(aes(x = year, y=center.wheat), size=0.5,
  color="forestgreen") +
  geom_point(size=1, alpha=0.6, color="firebrick2") +
  geom_point(aes(x = year, y=center.wheat), size=1.5, alpha=0.2,
color="forestgreen") +
  labs(caption = "자료출처: Gapminder와 Our World In Data") +
  theme_jhp() + xlab('연도') + ylab('표준화 지수')
```

그림 1.8은 맬더스 트랩이 인구증가와 밀 생산의 역사적인 변화와 일치하지 않는다는 점을 잘 보여준다. 굵은 붉은 선으로 그려진 인구증가의 패턴과 초록색으로 그려진 밀의 단위당 생산량 증가의 패턴은 21세기 초를 제외하면 거의 비슷한 궤적으로 움직여 왔음을 알 수 있다. 밀이 세계 인구의 주 식량자원으로서의 중요성이 감소한 20세기 말을 제외한다면 지난 200여 년 동안 인구증가와 밀 생산은 비슷한 패턴을 보여 왔다고 볼 수 있다. 맬더스와 그의 추종자들이 살았을 19세기로만 한정한다 하더라도 이 두 변수는 급격한 격차를 보이지 않는다.

사실 자료를 보지 않더라도, 사회과학의 정치경제적인 관점에서 맬더스 주장의 허구는 쉽게 간파할 수 있다. 식량 생산과 인구증가는 서로 뗄 수 없는 유기적 관계를 맺고 있어서 어느 하나가 다른 하나로부터 급격하게 이탈하는 것

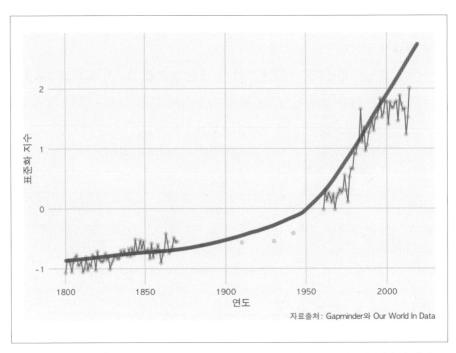

자료출처: Gapminder와 Our World In Data

그림 1.8 맬더스 트랩의 오류. 인구증가와 밀 생산의 역사적 변화를 정규화 변환 뒤에 나란히 그린 것이다. 세로축의 표준화 지수는 표준 정규분포의 z 스코어이다. 인구증가는 붉은색 선으로 표시되었고 밀 생산은 초록색 점과 선으로 표시되었다. 인구증가가 식량 생산을 추월할 것이라는 맬더스의 주장이 역사적 사료와 맞지 않음을 단적으로 보여준다.

은 상상하기 어렵다. 이렇게 시계열 자료가 중장기적으로 서로 종속적인 관계를 맺는 것을 오늘날의 통계학 용어로 공적분(cointegrated)이라고 부른다(Engle and Granger 1987). 주식가격과 그와 연동된 선물 상품의 가격이나 소비지출과 소득의 관계가 공적분 관계의 대표적인 예이다. 식량 생산과 인구증가는 장기적으로 공적분의 관계에 있음을 쉽게 짐작할 수 있다. 인구증가가 식량 생산을 압도하면 식료품의 가격이 상승하여 식량 생산방법의 개선에 대한 경제적 유인이 증가할 것이며 식료품 가격이 상승하면 자녀양육에 대한 비용이 증가하므로 출산에 대한 유인이 감소하여 인구증가를 억제할 것이다. 이런 이유로 이 두 변수는 국지적인 이탈 외에 파국적인 이탈이 나타날 가능성은 매우 낮다.

　21세기 사회과학자의 관점에서 놀랍고 안타까운 점은 맬더스가 자신이 당대까지 수집된 자료를 통해 찾은 패턴을 결정론적 사회법칙으로 확신하고 이에 기반하여 미래를 예측했다는 점이다. 산업화가 진행되고 자본주의가 발전하면서 인구증가가 둔화될 가능성, 농업생산이 혁명적으로 개선될 수 있는 가능성, 그리고 식량 생산과 인구증가가 경제적 유인과 제도로 서로 상호 연관되어 있을 가능성을 보지 못한 채, 미래를 과거의 단순한 연장으로 보았던 것이다.

맬더스의 결정론적 사회 법칙은 논리적으로도, 경험적으로도, 역사적으로도 상당한 오류를 드러냈음에도 불구하고 당대 빈민정책의 형성 과정에 지대한 영향을 주었고 1832년과 1834년의 구빈법 개혁의 이론적 토대가 되었다. 바로 이 점이 사회공학이 경험적 사회과학의 산파가 될 수는 있지만 사회과학을 대체할 수 없는 이유이다.

사회과학 자료분석의 세 가지 장

사회과학 연구 방법은 크게 기술과 측정(description and measurement), 설명(explanation), 그리고 예측과 해석(prediction and interpretation)이라는 세 가지 장(field)으로 구성되어 있다. 연구 주제와 대상, 그리고 맥락에 따라 특정 장이 더 우선시될 수는 있으나 어느 하나의 장이 다른 장보다 더 우월하다고 주장하는 것은 위험하다. 기술과 측정 없이 설명은 불가능하며 기술과 측정, 설명이 된 후에야 유의미한 예측과 해석이 가능하다. 예보와 예측이 빗나간 경우 연구자는 기술과 측정, 혹은 설명단계에서 잘못된 점이 무엇인지 면밀히 검토하게 된다. 아래에서는 이 세 가지 장들을 간단히 소개하고 이들 간의 연결고리를 살펴볼 것이다.

4.1 기술과 측정

기술과 측정(Description and Measurement)은 연구대상을 정확하고 정밀하게 오랜 시간에 걸쳐 관찰한 후 그 관찰의 결과를 체계적으로 정리하는 과정이라고 볼 수 있다. 자료를 어떤 형태로 기록하고 연구자가 구상하는 특징을 어떻게 자료를 통해 측정할 것인가의 문제는 매우 복잡하고 어려운 문제이다. 예를 들어 국가 간의 전쟁을 0과 1이라는 이분형 자료로 간주하고 그 발생연도를 기록한다는 것은, 국가 간의 전쟁이 그 원인과 결과, 전개 과정의 차이에도 불구하고 어떤 공통점(예: 국가 간의 갈등이 전쟁으로 비화하느냐 아니면 협상과 대화에 의해 회피되느냐)이 존재한다고 가정하는 것이다. 반면 전쟁이 갖는 이질성에 주목한다면 위와 같은 이분형 자료로의 정리는 지나친 단순화이다. 내전과 국가 간 전쟁을 나누고 전쟁 진행방식의 종류를 전면전, 국지전, 게릴라전 등으로 세분화해야 하며, 전쟁 참여 국가의 수, 사상자 수, 민간인 피해 정도, 전쟁의 지속 시간, 전쟁 수행 방식 등을 더 세분화해서 기록해야 할 것이다.

기술의 대상이 하나 이상이며 그들 간의 유사점과 차이점을 구분해 볼 수 있다면 연구자는 기술을 기술적 추론(descriptive inference)의 형태로 발전시킬 수 있다. 여기서 "추론"이라는 매우 중요한 개념이 등장한다. 추론이란 우리가 알고 있는 정보로부터 아직 알지 못하는 정보를 도출하는 것을 말한다. 가장 대표적인 기술적 추론의 방법은 비교의 방법(comparative method)이다. 비교의 방법은 복수의 관측단위에 대해 연구자가 핵심적으로 관찰하고자 하는 변수(variable)의 변이를 살펴보는 것이다. 복수의 관측단위에서 오는 분석적 이점은 매우 크다. 과학적 연구의 출발점은 복수의 관측단위에 대한 분석에서 시작한다고 볼 수 있다.

기술에서 중요한 결정이 관측단위(unit of anlaysis)를 어떻게 설정할 것인가이다. 관측단위는 대개 분석 외적인 요인에 의해 물리적으로 결정되기도 하지만 많은 부분 연구자에 의해 조정될 수 있다. 예를 들어 단 하나의 행위자(국가)를 관측하는 경우에도 관측단위를 보다 미시적인 결정단위(지역이나 집단)로 나누어 볼 수도 있고 시간에 따라 나누어 볼 수도 있다. 많은 우수한 사회과학 연구들이 관측단위의 재조정을 통해 등장한 것은 결코 우연이 아니다. 예를 들어 Wilkinson(2006)은 선거경쟁과 힌두-이슬람 폭동사태의 발생을 연구하기 위해 인도의 마을 또는 지역을 분석단위로 설정함으로써 인도라는 단일 연구대상으로부터 다수의 관측단위를 추출해 낼 수 있었다. 또한 불평등에 대한 연구에서는 불평등을 기술하는 관측단위를 개인으로 할 것인지, 임금노동자로 할 것인지, 가구(household)로 할 것인지, 아니면 그보다 더 큰 사회집단(소득층위, 계층, 계급)으로 할 것인지에 따라 연구결과가 달라지기도 한다.

측정은 연구자가 관심을 가진 대상의 속성을 범주나 정량적인 수치로 할당하는 작업을 말한다. 범주로 할당하는 경우 명목(nominal)자료가 되고 서수적인 성격을 부여하면 서수(ordinal)자료가 된다. 정량적인 수치를 부과하는 경우에는 낮은 차원의 유클리드 공간을 사용하는 것이 일반적이다. 예를 들어 정치인의 이념적 경도(ideological slant)는 보통 보수와 진보의 일차원 공간으로 나누는데, 보통 보수적 경도를 양의 실수공간에, 진보적 경도를 음의 실수공간에 위치시키는 것이 일반적이다(http://www.voteview.com). 또 민주주의의 발전 정도를 측정하는 POLITY 스코어(https://www.systemicpeace.org/polityproject.html)는 정치제도를 21개의 척도로 구분하여 세습왕정은 가장 낮은 값인 −10을, 성숙한 민주주의는 가장 큰 값인 +10을 부여하고 있다.

과학의 발전 과정에서 측정이 가진 중요성은 실로 지대하다. 이에 대한 가장 중요한 연구로는 장하석의 온도의 등장에 대한 연구가 있다(Chang 2004). 여기서 장하석은 온도라는 척도의 등장 과정이 어떤 절대적이고 객관적인 기준에 의한 것이 아니라 하나의 자기수정적 과정(self-correcting process)이었다고 기술하고 있다(Chang 2004, 6). 과학자들의 끊임없는 실험과 혁신적 사고, 논쟁, 그리고 재구성적 성찰의 과정에서 하나의 고정점(fixed point)에 대한 합의가 등장할 수 있었다는 것이다. 오늘날 사회과학에서 사용되고 있는 많은 측정치들(IQ, 지니계수, GDP, NOMINATE 스코어 등)도 이러한 자기수정적 과정의 산물이라고 볼 수 있다.

4.2 설명

하나 이상의 관측단위로부터 기술과 측정을 수행할 수 있을 때, 우리는 그 단위들 간의 유사성과 차이점을 비교할 수 있다. 기술과 측정의 다음 단계는 기술과 측정에서 드러난 유사점과 차이점을 설명하는 것이다. 사회과학 연구에서 설명(Explanation)이란 연구자가 생각하는 연구질문(research question)에 대한 체계적, 일반적, 논리적인 답변이라고 볼 수 있다. 체계적이지 않은 설명은 이미 확증된 것으로 간주되는 다른 종류의 설명에 배치되거나 상충하는 것이며, 일반적이지 않은 설명은 해당 사례를 벗어나서는 적용할 수 없는 제한성을 가진 것이고, 마지막으로 논리적이지 못한 설명은 전제로부터 결론에 이르는 과정이 불투명하거나 일관되지 않은 것이다.

"이사하는 날에 비가 오면 부자가 된다"는 주장은 이사하는 날에 비가 온다는 사실과 부자가 될 수 있는 요인 사이에 논리적인 연결고리가 존재하지 않고, 부자의 기준이 불명확하며, 부자가 되는 시점이 애매하기 때문에 과학적 설명이 되기 어렵다. 위 사항을 모두 충족하는 설명이 부연된다 하더라도 한 가지

과학적 설명이란?

다음 두 개의 질문은 모두 우리가 일상적으로 접하는 원인−결과 혹은 조건−반응의 논리적 명제이다. 자료를 통해 경험적으로 확인하기 전에, 어떤 주장이 더 과학적 설명에 가까운가? 그 이유는 무엇인가?

- 이사하는 날에 비가 오면 부자가 된다.
- 투표하는 날에 비가 오면 투표율이 떨어진다.

중요한 문제가 여전히 남는다. 그것은 바로 "부자가 된다"라는 예측이 집합적이거나 확률적인 예측이 아니라 개별적 예측이라는 점이다.

반면 "투표하는 날에 비가 오면 투표율이 떨어진다"는 주장은 체계성, 일반화 가능성, 그리고 논리적 일관성을 가지고 있다. 비 오는 투표일에는 거의 모든 사람들이 외출을 하고 싶은 욕구가 감소할 것이며 비를 피할 수 있는 이동수단의 유무에 따라 그 영향은 더 커질 것이다. 투표율이란 매우 정확하게 측정될 수 있는 개념이며 투표율이 관측되는 시점 역시 매우 명확하다. 마지막으로 이 명제는 개인에 대한 예측이 아니라 투표율이라는 유권자 전체의 평균적 특성에 대한 예측을 담고 있는 확률적인 예측이다.

설명의 방법에서 가장 많이 사용되는 틀은 인과적 설명방법이다. 인과적 설명방법은 원인(cause), 결과(outcome), 과정(causal process), 그리고 맥락(causal context)이라는 네 가지 구성요소로 이루어진다. 그림 1.9는 이들의 관계를 도식화해서 보여주고 있다.

원인이란 연구질문에서 연구대상에 작용을 가하는 가장 근원적인 변수이며 결과란 원인에 의해 영향받는 변수이다. 원인과 결과를 지나치게 가깝게 정하면 동어반복이 되어 과학적으로 가치가 없는 연구가 되기 쉽다. 예를 들어 제노사이드(genocide)가 일어나는 원인이 무엇인가를 설명하기 위해 그 원인을 전쟁에서 찾는다면 거의 모든 제노사이드가 전쟁에서 발생하기 때문에 사실상 동어반복이 된다. 보다 나은 질문은 제노사이드가 일어나는 전쟁의 특징은 무엇인가? 또는 전쟁이 어떤 경우에 제노사이드를 야기하는가?와 같은 형태가 되어야 할 것이다. 반대로 원인을 너무 멀리서 찾는 것도 과학적 가치가 취약한 연구가 될 수 있다. 예를 들어 제노사이드의 원인을 인간의 사악한 본성에서 찾는다면

그림 1.9 인과적 추론의 구성요소. 원인, 결과, 인과적 과정, 인과적 맥락

그 사이에 존재하는 수 많은 다른 요인들의 복잡한 효과(상쇄효과 또는 확증효과)를 확인하기 어려워, 사실상 검증 불가능한 질문이 될 것이다.

　인과적 설명의 세 번째 구성요소인 과정은 원인이 결과에 영향을 미치는 시간적, 공간적, 혹은 논리적 절차(sequence)를 의미한다. 인과적 과정에 대한 명료한 언급이 설명에서 중요한 이유는 바로 "왜?" 또는 "어떻게?"라는 질문에 대한 답을 찾는 것이 설명의 목적이기 때문이다. 예를 들어, 학교교육에 대한 투자의 증가가 청소년의 일탈을 줄인다는 연구가 있다고 가정하자. 교육에 대한 투자가 청소년의 일탈을 줄이는 이유는 여러 가지일 수 있다. 교육시설의 개선으로 학생의 학업성취욕구가 높아졌을 수 있거나 교사 임금의 상승으로 직업만족감이 높아져 교육의 질이 향상되었을 수 있다. 또는 교육 관련 고용이 증가하여 보조교사나 교구재의 질이 향상된 것이 이유일 수 있다. 이 모든 가능성 중에서 어떤 경로가 가장 중요했는지 아는 것은 원인을 아는 것 이상으로 중요할 수 있다. 사회과학에서 매개변수(mediating variables), 경로추적(process tracing), 그리고 매개분석(mediation analysis)이라고 불리는 방법들 모두 인과적 과정에 대한 사회과학자들의 관심을 반영하는 것이다.

　인과적 설명의 마지막 구성요소는 인과적 맥락이다. 인과적 맥락은 어떤 인과성이 작동되는 환경 또는 배경을 말한다. 예를 들어 학교교육에 대한 투자증가가 청소년의 일탈을 줄였다는 연구가 진행된 시간과 장소, 그리고 행위자들에 대한 정보가 그것이다. 이 정보들 중에서 인과적 효과와 유관할 수 있는 제반의 정보가 매우 구체적으로 제시되어야 한다.

effects of causes vs. causes of effects

추론의 방향에 따라 인과적 추론은 다음 두 가지로 구분될 수 있다(Dawid, 2000). 실업율의 변화와 민주당 하원의원 후보들의 평균 득표율 간의 인과적 관계를 연구한다고 가정하면, 다음 두 가지의 인과적 추론을 생각해 볼 수 있다.

- 인과효과 측정(estimation of effects of causes): X(실업율의 변화)의 Y(민주당 하원의원 후보들의 평균 득표율)에 대한 인과적 효과를 측정하는 것으로 이에 해당하는 연구질문의 예는 "다른 요인들의 영향을 모두 통제했을 때, 실업율의 변화는 민주당 하원의원 후보들의 평균 득표율에 어떤 영향을 주는가?"이다.
- 추적(investigation of causes of effects): Y(민주당 하원의원 후보들의 평균 득표율)의 변화에 대한 원인을 X(실업율의 변화)에 귀속시킬 수 있는지를 추적하는 것으로, 이에 해당하는 연구질문은 "이번 선거에서 민주당 하원의원 후보들의 득표율이 예상보다 매우 낮게 나왔다. 그 원인을 우리는 실업율의 증가에서 찾을 수 있을까?"가 될 수 있다.

경제학이나 공공정책에서 사용되는 프로그램 평가(program evaluation)는 인과효과 측정에 해당되고 역학(epidemiology)의 관찰적 연구는 추적에 해당된다.

그 이유는 크게 두 가지인데, 하나는 인과적 연구가 가진 단선적(linear), 일원적(monolithic) 설명의 한계를 인정하는 것이다. 우리가 가진 인과적 지식이 앞으로 과학적 진보와 학문발전에 따라 계속 개선되어 나간다고 가정하면, 현재의 인과적 설명이 확장되고 보완될 수 있는 정보를 제공함으로써 연구의 의의와 한계에 대해 분명하게 소통하는 것이 필요하다. 두 번째 이유는 연구자가 고려하지 못한 복잡한 인과적 상호작용이나 맥락적 효과의 가능성을 열어두기 위함이다. 여기서 중요한 연구방법은 다양한 하위집단(subgroup)에서 인과적 효과가 어떻게 다르게 나타나는지, 변수들 간의 상호작용이 어떻게 다르게 나타나는지를 보는 것이다.

4.3 예측과 해석

기술과 설명을 거친 이론은 내적 타당성(internal validity)을 인정받았다고 볼 수 있다. 예를 들어, 교육에 대한 투자의 증가가 청소년의 일탈을 줄이는 효과를 설명하는 이론이 수립되었고 그 맥락과 과정이 관측자료를 통해 비교적 정확하게 확인되었다고 가정하자. 이제 연구자는

- "과연 이러한 발견이 다른 장소와 시간에서도 반복되어 재현될 수 있는 가?"
- "현재의 청소년 일탈 수준을 절반 이상 줄이기 위해서는 교육에 대한 투자가 어느 정도나 증가해야 하는가?"
- "교육에 대한 투자의 증가가 청소년 일탈에 미치는 영향은 지속적으로 나타나는가 아니면 한계체감하는가?"

와 같은 외적 타당성(external validity)에 대한 질문에 맞닥뜨리게 된다. 기술을 통해 문제에 대해 정확한 이해를 한 뒤, 설명으로 그 인과적 과정을 분석하였다면, 이제 그 설명을 통해 얻게 된 분석의 결과가 실제 자료의 세계에서 타당성을 인정받을 수 있는지 살펴봐야 한다. 실제 세계에서 모형의 세계로 들어간 뒤, 다시 실제의 세계로 나오는 변증법적 과정이 사회과학 연구라면, 예측과 해석은 모형을 거쳐 새로운 세계에 도달하는 과정이라고 할 수 있다.

예측과 해석이 중요한 이유는 크게 세 가지로 나눠볼 수 있다. 먼저 관측자료에 대한 설명에만 지나치게 집중할 경우, 과적합(overfitting)의 문제가 발생할 수 있다. 즉 관측된 사건의 설명력을 높이기 위해 가능한 많은 조건들 또는 변수들을 나열할 경우 이미 일어난 사건의 설명에만 최적화된, 그러나 미래 혹은 미지의 사건들과는 매우 동떨어진 설명이 될 수 있다. 통계학에서 편차와 분산 사이에 상쇄관계가 존재한다는 점은 잘 알려진 사실이다. 마찬가지로 자료분석에서 내적 타당성과 외적 타당성 사이에도 상쇄관계가 존재한다. 실제 자료 생성 과정을 정확하게 알지 못하는 한, 내적 타당성에 최적화된 연구는 외적 타당성에서 상당한 문제점을 노출할 수 있다.

예측과 해석이 중요한 두 번째 이유는 설명의 시간적 제한성 때문이다. 합리적 인간들은 과거의 규칙성을 학습한 후, 그에 대한 서로의 반응을 예측하고 이에 맞춰 행동할 것이다. 루카스(Robert Emerson Lucas Jr, 1937-) 비판으로 잘 알려진 거시경제 예측모형에 대한 비판은 이러한 시간적 제한성에 대한 다른 표현이라고도 볼 수 있다. 주어진 조건(인플레이션의 증가)에 대한 인간의 집합적 선택(실업의 감소)에 대한 설명은 시간적 지평(미래 인플레이션 수준에 대한 경제행위자들의 예측)에 의해 제약될 수밖에 없다는 것이다. 과거의 사건이 미래에도 동일하게 전개될 것이라는 설명은 대부분 인간의 예측이 개입되는 시간적 지평을 도외시한 경우가 많다.

예측과 해석이 중요한 세 번째 이유는 사회과학적 설명은 결정론적일 수 없기 때문이다. 미래 혹은 미지의 실제 자료는 다양한 연관효과와 상호작용을 동반하여 생성된 것이고 이는 모형의 세계에서 구축된 가상의 자료와 다를 수밖에 없다. 모형의 세계에서 구축된 가상의 자료는 모형 내 불확실성(within-model uncertainty)만을 반영한 것이라면 실제 세계에서 관측된 자료는 근본적 불확실성(fundamental uncertainty)을 포함하기 때문이다. 추정된 모수가 가진 표집분포(sampling distribution)가 모형 내 불확실성의 예이다. 모형 내 불확실성은 우리가 이미 알고 있는 불확실성(knonwn unknowns)인 반면 근본적 불확실성은 우리가 알 수 없는 불확실성(unknonwn unknowns)이다.[7]

제5절
21세기 사회과학 자료분석 방법론

새로운 자료분석 기술의 전면적인 등장이라는 점에서 사회과학은 18-19세기 전환기와 비슷한 도전에 직면해 있다. 정보기술의 발전과 휴대용 통신장비의 대규모 확산, 그리고 컴퓨터를 이용한 자료의 수집, 처리, 저장기술의 발전은 21세기를 자료의 시대라고 부를 만큼 큰 변화를 가져오고 있다. 이러한 변화에 발맞추어 데이터 사이언스, 기계학습, 인공지능 등을 활용한 새로운 분석 방법이 쏟아져 나오고 있다.

21세기에 진행되고 있는 자료분석 환경의 급격한 변화는 분명 사회과학 연구자들에게 인간행동과 선택, 그리고 사회현상을 보다 더 잘 이해할 수 있는 무궁무진한 가능성을 시사하고 있다. 그러나 동시에 이러한 변화가 사회공학적 접근으로 이어질 수 있는 위험 또한 상존한다. 18-19세기 전환기와 한 가지 다른 점이 있다면 현재의 사회과학은 각 분과학문이 체계적으로 분화되었고 각 분과영역에서 통계와 확률이론에 기반한 연구방법이 1세기에 걸쳐 완전

----

7   예를 들어 동전의 앞면이 나올 확률이 0.5이면, 우리는 동전 100번 던지기를 100 차례 반복하면 그 평균이 대략 다음과 같은 정규분포를 따를 것이라고 알고 있다: $N(0.5, 0.05)$. 그러나 특정한 동전 던지기에서 앞면이 나올 것인지 아니면 뒷면이 나올 것인지는 영원히 알 수 없다. 그것을 결정하는 것이 바로 근본적 불확실성이고 그것은 우리가 영원히 알 수 없는 불확실성이다.

히 자리를 잡았다는 점이다. 경제학의 계량 경제학(econometrics), 정치학의 정치학 양적 방법론(political methodology), 사회학의 사회조사 방법론(social research methodology), 심리학의 심리측정학(psychometrics) 또는 계량 심리학(quantitative psychology), 보건학의 역학 방법론(epidemiology) 등이 그 대표적인 예이다.

이 책의 목적은 자료분석 환경의 급격한 변화라는 도전이 사회과학의 위기와 사회공학의 부활로 이어지는 것이 아니라 사회과학 연구영역의 확장과 연구내용의 질적 향상으로 이어질 수 있는 하나의 가이드를 제시하는 것이다. 그렇다면 사회공학과 구분되는 사회과학 자료분석은 구체적으로 어떤 모습인가?

필자가 생각하는 사회과학 자료분석의 원칙을 간단히 정리하면 다음과 같다.

사회과학 자료분석의 원칙

- 자료의 양(quantity)보다는 질(quality)을,
- 연구 방법(research method)보다는 연구 설계(research design)의 중요성을,
- 성급한 일반화보다는 맥락의 중요성을,
- 자료생성 규칙(data generating process)에 대한 이해의 중요성을,

그리고 마지막으로

- 모든 상관성이 인과성이 아니라는 점을 항상 명심하는 것이다.

연구자는 실제 세계에서 연구질문과 분석자료를 구해 기술과 측정의 장에서 분석자료를 깊이 이해하고 재구성하게 된다. 연구자가 자료의 세계(data world)로 진입한 것이다. 자료의 세계에 진입한 연구자는 설명의 장에서 변수들 간의 관계를 이론에 기반한 확률모형으로 구성하게 된다. 자료의 세계에서 모형의 세계(model world)로 넘어 온 것이다. 저명한 통계학자 박스(George E. P. Box, 1919-2013)는 "모든 모형은 틀린 것이며 다만 그 중에 몇 개는 유용할 뿐이다(All models are wrong, but some are useful)"고 말했다. 즉 모형은 자료에 대한 근사치이지만 자료를 완벽하게 재현하는 것은 불가능하다. 모형은 우리가 가진 이론적 지식으로 재구성한, 확률변수로 구성된 자료에 대한 하나의 스케치에 불과하다. 모형의 타당성은 그것이 자료의 세계를 설명하고 예측하

는 데 얼마나 유용한가에 의해 평가될 뿐이다. 그 유용성을 평가하는 단계가 바로 예측과 해석이며 이 세계는 재구성된 자료의 세계인 예측의 세계(prediction world)이다. 즉 모형의 세계에서 다시 자료의 세계로 돌아오는 것이지만, 도착한 자료의 세계는 처음 출발했던 곳과 다른 새로운 곳이다. 도착지는 변수와 확률모형에 의해 재구성된 자료의 세계로 우리가 처음 출발했던 자료의 세계와 비교함으로써 우리가 가진 지식이 얼마나 증가했는지를 이해할 수 있는 기회를 제공한다. 그림 1.10은 이 세 가지 세계들 간의 관계를 도식화해서 보여주고 있다.

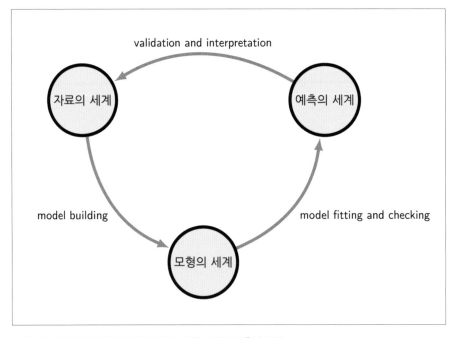

그림 1.10 자료분석의 세 가지 세계. 자료, 모형, 그리고 예측의 세계.

요약 │ 사회공학적 연구로 흐르지 않기 위해 사회과학 자료분석 시에
유의해야 할 점

- 사회과학자는 자신이 연구하는 주제에 대한 이론적 성찰을 먼저 진행한다. 이론적 성찰은 연구방법의 선택, 기존 연구에 대한 검토, 변수의 선택, 개념의 명료화, 인과적 주장의 논리적 타당성 검토 등의 과정을 모두 포괄한다.
- 사회과학에서 찾고자 하는 규칙성은 본질적으로 불확실하다는 점을 인정한다.
- 사회과학자는 자신이 예측한 법칙적 규칙성이 자신이 수집한 자료로부터 확인된다고 하더라도 이를 섣불리 일반화하지 않는다. 수집한 자료는 특정한 시공간 속에서 생성된 것이며 해당 시공간을 벗어나는 경우 법칙적 규칙성은 다른 형태로 발현될 수 있기 때문이다. 특히 시간성(temporality) 문제는 사회과학자에게 치명적인 도전이다. "같은 강물에 두 번 발을 담글 수 없다"는 헤라클레이토스(Heraclitus of Ephesus, 기원전 535-475년)의 말처럼 사회과학 자료는 시간성의 제약으로부터 영원히 자유로울 수 없다.
- 사회과학 연구는 내생성(endogeneity) 혹은 누락된 핵심변수(omission of critical variables)의 위험에 특히 취약하다. 관측된 상관성이 제3의 변수에 의해 야기될 가능성이 상존하며 그 영향을 완전히 차단하는 것은 매우 어렵다.
- 사회과학 자료분석은 기술과 측정, 설명, 그리고 예측과 해석이라는 세 가지 장을 끊임없이 순환하는 변증법적 과정이다. 자료의 세계에서 모형과 이론의 세계로, 그리고 다시 재구성된 자료의 세계로 돌아오는 이 과정에서 연구자는 사회현상에 대한 이해와 지식을 높이고 이론을 정제한다.

02

확률

그림 2.1 2016년 미국 대선 3일 전, 언론은 클린턴 후보의 당선 가능성을 "99% 이상"이라고 보도했으나 클린턴 후보는 낙선하였다. 승리확률 보도는 자기실현적(self-fulfilling) 효과를 낳을 수도 있고 자기부정적(self-defeating) 효과를 낳을 수도 있다. 자기실현적 효과라면 클린턴 후보의 상대인 트럼프 지지자들이 낙심하여 투표를 포기하는 현상이 나타나는 것이고 자기부정적이라면 클린턴 지지자들이 방심하여 투표를 포기하는 것이다. 이와 같이 사회과학에서 아직 발생하지 않은 사건의 발생 확률은 객관적으로 존재하는 것이 아니라 상호주관적이다. 그림 출처: 인디펜던트 2016년 11월 5일(https://www.independent.co.uk/news/world/americas/sam-wang-princeton-election-consortium-poll-hillary-clinton-donald-trump-victory-a7399671.html)

제1절

확률의 역사

일상적인 의미에서 사용되는 우연성 혹은 운(chance)에 대한 인간의 관심은 정확한 추적이 어려울 만큼 그 역사가 매우 오래되었다. 반면 수학적 개념으로서의 확률은 대략 17세기경에 등장하여 19세기에 정립된 것으로 간주된다(Hacking 1998, 1990; Stigler 1986). 확률이란 우리가 관심을 가지고 있는 사건이 발생할 가능성을 [0, 1]이라는 실수 범주 안에서 표현한 것이다. 발생 가능성이 없는 사건(0)과 항상 발생하는 사건(1)이라는 두 직관적인 경계값을 토대로 사건의 발생 가능성을 그 사이의 실수(real number)로 표현한 것이다.

확률의 역사에서 빼 놓을 수 없는 것이 바로 도박이다. 동전 던지기나 주사위 던지기는 17-19세기에 확률을 연구하던 거의 모든 학자들에게 하나의 이상적 실험상황으로 기능했다. 확률이론의 발전에서 동전 던지기의 기원은 확률이론과 통계학의 발전에 몇 가지 중요한 흔적을 남긴다.

1. 확률을 이해하는 가장 표준적인 해석은 주사위나 동전 던지기와 같이 쉽게 반복해서 실행할 수 있는 실험에서 관측되는 빈도(frequency)가 되었다. 이런 이유로 물리학의 중력상수와 같이 확률 역시 실재하는 고정값으로 받아들이는 시각이 주류를 이루었다. 동전 던지기와 같은 독립된 이산형 자료(discrete data)에서 각각의 사건이 등장할 확률을 계산하는 것은 빈도나 비율로 쉽게 계산할 수 있기 때문에 확률의 실재값이 존재할 것이라는 믿음은 전혀 이상한 것이 아니었다.

2. 초창기 확률이론과 통계학의 발전에서 동전 던지기와 같은 이분형 자료(binary data)는 가장 많은 연구가 진행된 주제이다. 그러나 이분형 자료에 대한 연구가 연속형 자료(continuous data)로 이어지는 과정에 중요한 단절이 존재했다. 많은 학자들은 이분형 자료에서 개발된 수학적 발견이 연속형 자료에 과연 적용될 수 있는지를 확신하지 못했고 이것이 가능하게 된 것은 라플라스(Pierre-Simon, marquis de Laplace, 1749-1827)와 가우스(Carl Friedrich Gauss, 1777-1855)와 같은 뛰어난 수학자의 기여에 의해서였다.

확률을 추상적 개념이나 주관적 믿음이 아니라 객관적 실재로 보는 시각은 당대를 지배하고 있던 뉴튼주의적 세계관의 반영이라고 볼 수 있다. 뉴튼주의적 결정론적 세계관과 확률에 대한 객관적 실재론은 하나의 맞쌍을 이루며 확률이론 발전에 중요한 족적을 남기게 된다.

제2절
확률의 전복

이러한 패러다임을 뒤흔드는 중요한 발견이 18세기 영국과 프랑스 학자에 의해 각각 진행된다. 먼저 영국에서는 비국교도(Nonconformist) 주교였던 토마스 베이즈(Reverend Thomas Bayes, 1701-1761)의 유작 원고가 1763년 12월 23일 왕립학회에서 발표되었다. 이 논문을 발표한 사람은 프라이스(Richard Price, 1723-1791)였는데, 이 논문에는 오늘날 베이즈 정리(The Bayes' Theorem)로 알려진 내용이 최초로 등장했다.[1] 베이즈의 논문은 완성된 형태의 증명이라기보다는 추정에 가까운 내용이었고 이분자료가 아닌 다른 일반적 자료에 그 정리를 적용하는 것이 가능할 것인가에 대해 아직 정확한 설명을 가지고 있지 않았다.

그로부터 10여 년이 지난 뒤 프랑스에서는 천재 수학자인 라플라스가 확률에 대한 원고(*Memoir on the Probability*)를 집필하고 있었다. 1770-80년에 이르는 동안 라플라스의 주된 관심은 사건의 발생을 설명하는 법칙을 설명하려면

....
[1]   베이즈 정리에 대한 자세한 논의는 이 책의 8-9장을 참고하라.

오차(error)에 대한 정확한 설명이 필요하다는 것이었다. 만약 관측자료가 고정 값과 오차에 의해 생성된 것이라면,

$$관측자료 = 고정값 + 오차.$$

따라서 관측자료에서 오차를 제거하면 우리가 알지 못하는 고정값을 계산할 수 있다. 즉,

$$고정값 = 관측자료 - 오차.$$

이것이 라플라스의 관심사였다. 따라서 라플라스에게 확률이론은 오차의 학문이었다. 라플라스가 베이즈의 원고를 읽었거나 알고 있었는지는 분명하지 않으나 라플라스는 자신만의 방식으로 베이즈와 같은 결론에 도달한다. 우리가 알지 못하는 고정값(θ)은 그것에 확률을 부여함으로써($p(\theta)$) 유추할 수 있다는 것이다. 우리가 관측한 자료를 D라고 하고 우리가 알고자 하는 확률값을 θ라고 하면, 라플라스는 다음과 같은 확률의 전복(inversion)을 통해 확률값에 대한 정보를 얻을 수 있다고 보았다:

$$p(\theta|D) = \frac{p(D|\theta)p(\theta)}{p(D)}.$$

이러한 전복을 통해 라플라스는 베르누이(Jacob Bernoulli, 1655-1705)로부터 시작된 이항확률(binomial probability)에 대한 확률적 접근을 통계적 추론(statistical inference)으로 한 단계 발전시키는 역사적인 기여를 할 수 있었다. 기지의 정보로부터 미지의 정보를 얻어내는 것이 추론이라면 확률이론을 체계적으로 이용하여 주어진 자료에서 미지의 정보(이항분포의 확률)를 체계적으로 도출하는 방법이 등장한 것이다. 이것이 바로 근대적인 의미의 통계적 추론의 시작점이었다.[2]

....

2 20세기 통계학의 발전에 지대한 공헌을 한 피셔는 확률의 전복에 기반한 베이지안 통계학을 격렬히 반대했던 것으로 유명하다. 그러나 우리가 7장에서 볼 것처럼 피셔의 최대 우도 추정법 역시 확률의 전복

그러나 그 못지 않게 중요한 발견은 바로 미지의 확률값을 실재하는 고정 값으로 본 것이 아니라 확률분포를 따르는 임의변수($p(\theta|D)$)로 가정했다는 점이다. 이러한 관점은 훗날 확률에 대한 주관적 해석으로 이어졌다. 확률에 대한 주관적 해석은 확률이 객관적으로 실재하는 것이 아니라 위험(risk)과 같은 주관적 믿음이라고 간주한다. 그러나 주관/객관의 대립보다 더 중요한 점은 바로 미지의 확률값을 고정된 것이 아니라고 봄으로써 결정론적 세계관에서 벗어날 수 있는 중요한 도약점이 탄생했다는 것이다.

즉 사회현상이 하나의 객관적 법칙과 확률론적 오차에 의해 발생되는 것이 아니라 우리가 결정론적이라고 믿는 법칙 자체가 사실은 확률론적 세계 안에 있다는 것이다. 이는 뉴튼주의적 세계관이나 신은 주사위를 던지지 않는다 ("God does not play dice.")고 믿었던 아인슈타인의 세계관을 넘어서서 하이젠베르크의 불확정성의 원리에 기반한 양자역학적 세계관과 맥을 같이한다고 볼 수 있다. 그리고 이러한 라플라스에 의한 확률의 전복은 오늘날 베이지안 통계학 (Bayesian statistics)에 와서 완성된 형태를 취하게 된다.

그러나 확률이 주관적인가 아니면 객관적인가 하는 논쟁은 확률에 대한 "해석"의 문제일 뿐이며 두 해석 모두 뒤에서 소개하는 동일한 수학적 공리에 기반하고 있다는 점을 독자들은 명심해야 할 것이다.

제3절
확률이론

19세기에 정립된 확률이론은 20세기 초에 와서 오늘날 우리가 알고 있는 형태로 정리되는데, 그 수학적 문법은 측도론(measure theory)이다.[3] 이산자료 뿐만 아니라 연속자료와 같은 다양한 자료에 대해 확률을 체계적으로 적용하고, 그 집합의 크기를 비교하기 위해서는 집합 사이의 연산을 설명하는 측도론의 문법

....

에 기반한 것이다. 통일된 통계적 추론의 체계를 완성하고자 했던 피셔는 결국 확률의 전복이라는 프레임을 벗어나서는 통계적 추론 체계를 구축하는 것이 어렵다는 것을 알고 있었다.

3   확률론과 측도론(measure theory)을 결합한 것은 콜모고로프(Andrey Nikolaevich Kolmogorov, 1903-1987)의 중요한 공헌이다(Kolmogorov 2013).

이 필요했다. 측도론적 지식이 없는 독자들도 중고등학교 시절에 배운 집합이론은 대부분 숙지하고 있을 것이기 때문에 이 책에서는 측도론에 대한 깊이 있는 논의를 지양하고 최대한 이해하기 쉬운 집합이론적 표기로 확률에 대한 논의를 진행하고자 한다.

발생할 수 있는 모든 가능한 사건의 집합을 표본 공간(sample space, X)이라고 부르는데, 이것은 하나의 집합으로 이해할 수 있다. 예를 들어 주사위를 한 번 던지는 실험의 표본 공간은 $X=\{1, 2, 3, 4, 5, 6\}$라고 쓸 수 있다. 일어날 수 없는 사건의 표본 공간은 공집합이다. 이로부터 확률의 공리를 다음과 같이 도출할 수 있다.

확률의 공리

- 공리 1. 모든 사건 A에 대해 $\Pr(A) \geq 0$.
- 공리 2. 만약 $A \subset X$이라면, $\Pr(X)=1$.
- 공리 3. 서로 겹치지 않는 사건(disjoint events)의 무한 배열(infinite sequence) $A_1, A_2, \ldots$에 대해,

$$\Pr\left(\bigcup_{i=1}^{\infty} A_i\right) = \sum_{i=1}^{\infty} \Pr(A_i).$$

이로부터 다양한 확률의 속성이 도출될 수 있다. 예를 들면,

- 모든 사건 A에 대해 $\Pr(A^C)=1-\Pr(A)$이며 $\Pr(A \cap B)=\Pr(A)+\Pr(B)-\Pr(A \cup B)$이다.

제4절
순열

순열(Permutation)이란 어떤 집합의 원소를 순서 있게 나열하는 방법이다. 예를 들어 $k(k \in \{2, 3, \cdots\})$명의 사람들이 있는 집단에서 적어도 p명의 사람의 생일이 같을 사건(A)의 확률을 계산해 보자. 생일을 기준으로 사람들을 배열한다는 점에서 이 사건은 순열문제로 이해할 수 있다. 생일 문제의 순열연산을 위한 두 가지 가정은

1. 생일은 365일 중 어느 날이나 가능하며 특정한 날에만 생일이 집중되어 있지 않다: $X = \{1, ..., 365\}$.[4]

2. 서로의 생일은 연관되어 있지 않다. 예를 들어, 출생일의 분포에 영향을 준 대규모 사건이 없었다고 가정하는 것이다.

먼저 k명의 사람이 모두 다른 생일날을 가질 사건(B)의 확률을 구한 다음 전체 사건의 확률(1)에서 이를 빼줄 것이다. 즉 $\Pr(A) = 1 - \Pr(B)$. 모든 사람의 생일이 서로 다를 사건(B)의 경우의 수는 365개의 구슬이 든 상자에서 k개의 구슬을 빼는 방법만큼 존재한다. 이를 무복원추출(sampling without replacement)이라고 부르며 그 가지의 수는 $P_{n,k}$(the number of permutations of n elements taken k at a time)으로 정의된다.

$$P_{n,k} = \frac{n!}{(n-k)!}.$$ \hfill (2.1)

식 (2.1)에서 분자는 n개의 구슬을 나열하는 가지의 수이며 분모는 $(n-k)$개의 구슬을 나열하는 방법이다. 예를 들어 10개의 구슬 중에서 2개를 고르는 방법은 먼저 아무거나 하나를 고른 다음, 나머지 9개에서 또 아무거나 하나를 고르는 것으로 생각할 수 있다. 여기서 첫 번째 선택의 가지의 수는 10이고 두 번째 선택의 가지의 수는 9이다. 왜냐하면 하나를 이미 고른 뒤에 따로 빼 놓았기 때문(without replacement)이다. 이를,

$$10 \times 9 = 10 \times 9 \times \frac{8 \times 7... \times 1}{8 \times 7... \times 1}$$

과 같이 쓸 수 있다. 따라서 일반적인 경우로 확장하면 식 (2.1)이 도출된다.

이제 모든 사람의 생일이 서로 다를 사건(B)의 확률을 구해보자. 이는 매우 간단한데, 전체 사건의 경우의 수에서 B사건 경우의 수의 비율(ratio)이다. 전체

4   따라서 2월 29일이 생일인 사건은 분석에서 배제된다. 2월 29일을 포함하기 위해서는 2월 29일에 태어날 가능성이 다른 365일의 1/4이라고 전제하고 계산을 진행할 수 있다. 그러나 윤년은 400년에 100년이 아니라 97년이므로 97/400이라고 해야할 것이다.

사건이란 k명의 사람(사실은 그 부모)이 365개의 생일을 마음대로 선택할 수 있는 경우의 수(unordered sampling with replacement)로, 이는 365^k이다.

따라서 우리가 알고자 하는 사건의 확률은

$$\Pr(A) = 1 - \frac{P_{365,\,k}}{365^k} = 1 - \frac{365!}{365^k(365-k)!}$$

이 문제를 **R**을 이용해서 풀기 위해 함수를 작성하면 다음과 같이 쓸 수 있다.

```
birthday_problem_test <- function(k){
  ## k: 그룹안의 사람 수
  n <- 365
  numerator <- factorial(365)
  denominator <- n^k*(factorial(365-k))
  out <- 1 - numerator/denominator
  return(out)
}
```

R에서 이 코드를 돌려보면 아마도 제한된 시간 안에 결과값을 얻을 수 없을 것이다. 이 코드의 연산이 느린 이유는 **R**의 factorial이 다음과 같은 정의를 따라 계산을 진행하기 때문이다:

$$365! = 365 \times 364 \times \ldots 2 \times 1.$$

이 계산을 365번 반복하는 것은 대단히 비효율적임을 금방 알 수 있다.

어떻게 하면 좀더 효율적인 함수를 쓸 수 있을까? 여러 가지 방법이 있겠으나 그 중에서 다음과 같은 두 가지 점에 착안한 함수를 작성해 보자.

- 자연수에 대한 팩토리알은 감마함수로 계산할 수 있다:

$$\Gamma(x+1) = x!.$$

- 전체 연산을 로가리듬(logarithm)을 이용하면 속도를 높일 수 있다.

lgamma()는 로그 감마함수를 계산하는 함수이다. 이를 이용해서 함수를 다시 작성해 보면 다음과 같이 쓸 수 있다.

```
birthday_problem <- function(k){
  n <- 365
  log.numerator <- lgamma(365+1)
  log.denominator <- log(n^k) + lgamma(365-k + 1)
  out <- 1 - exp(log.numerator - log.denominator)
  return(out)
}
start_time <- Sys.time()

birthday_problem(k=20)
```

```
## [1] 0.411
```

```
Sys.time() - start_time
```

```
## Time difference of 0.00358 secs
```

20명에 대한 생일확률을 계산하는 데에 0.006초 정도밖에 걸리지 않았다. 20명 중에서 생일이 같은 사람이 적어도 한 쌍 이상 존재할 가능성은 0.411이나 됨을 알 수 있다.

윤년을 고려한 계산은 어떻게 달라지는지 궁금한 독자들이 있을 것이다. 윤년을 고려한 생일 문제를 윤년이 정확히 4년에 한 번 오는 것이 아니므로 순열로 푸는 것은 쉽지 않다. 대신 시뮬레이션을 이용해서 간단히 근사값을 구할 수 있다.

윤년을 고려한 계산은 아래 코드와 같이 쓸 수 있다.

```
birthday.simulator <- function(n, total.sim = 1000000){
  probs <- c(rep(1/365.2425,365), (97/400)/365.2425)
  anyduplicated <- function(ignored)
    any(duplicated(sample(1:366, n, prob=probs, replace=TRUE)))
```

```
  out <- sum(sapply(seq(total.sim), anyduplicated))/total.sim
  return(out)
}
birthday.simulator(20)
```

[1] 0.41183

20명 중에 생일이 같은 확률은 0.411로 계산된다. 위 코드에서 any(dupli-cated())는 중복되는 원소가 하나라도 있을 경우 TRUE값이 되는 함수이다. 시뮬레이션에서의 차이를 확인하기 위해 윤달을 고려하지 않은 코드를 써 보면 다음과 같다.

```
birthday.simulator2 <- function(n, total.sim = 1000000){
  probs <- c(rep(1/365, 365))
  anyduplicated <- function(ignored)
    any(duplicated(sample(1:365, n, prob=probs, replace=TRUE)))
  out <- sum(sapply(seq(total.sim), anyduplicated))/total.sim
  return(out)
}
birthday.simulator2(20)
```

[1] 0.412664

20명에 대한 생일 문제 확률이 0.412664로 윤달을 고려했을 때보다 높게 나온다.

생일 문제(birthday problem)는 일반인들이 쉽게 받아들이기 힘든 비직관적인 결과여서 생일역설(birthday paradox)로 알려져 있다. 생일 문제를 믿지 못했던 미국의 유명한 토크쇼 호스트였던 쟈니 카슨(Johnny Carson)은 자신의 쇼에서 직접 생일 문제 실험을 진행한 적도 있다.[5]

....

5   관련 영상은(https://www.cornell.edu/video/the-tonight-show-with-johnny-carson-feb-7-1980-excerpt
     과 https://www.cornell.edu/video/the-tonight-show-with-johnny-carson-feb-8-1980-excerpt)에서 볼 수
     있다.

제5절
조합

순열이 순서를 고려한 경우의 수를 생각하는 확률적 사고라면 조합(Combinations)은 순서를 고려하지 않고 집합 내에서 부분집합의 경우의 수를 고려하는 확률적 사고이다. 예를 들어, 10명의 사람 중에서 3명의 대표를 뽑는 것을 생각해 보자. 이는 위에서 고려한 순열과 중요한 차이를 갖는다. $P_{n,k}$(the number of permutations of n elements taken k at a time)에서는 3명의 순서가 중요하지만 조합에서는 그 순서는 고려하지 않는다. 즉 그 세 명을 차례로 뽑든 동시에 뽑든, 그 순서는 무시해도 되기 때문에 $P_{n,k}$의 경우에서 k의 순서를 매기는 경우의 수만큼 나누어 주어야 한다. 즉,

$$C_{n,k} = \frac{P_{n,k}}{k!}.$$

이것이 바로 이항계수이며 다음과 같이 계산된다:

$$\binom{n}{k} = \frac{n!}{k!\,(n-k)!}.$$

뒤의 확률분포에서 자세하게 논의하겠지만, 이항계수는 확률의 역사에서 매우 중요한 역할을 해 왔다. 확률에 대한 고민이 최초에는 이산형 자료(discrete data)로부터 시작되었기 때문이다. 이산형 자료에서 축적된 확률에 대한 체계적인 지식이 연속형 자료로 확장되어 오늘날 우리가 사용하는 확률분포에 대한 이론으로 정리되었다고 볼 수 있다.

조합에 대한 계산은 크게 미리 뽑은 선택지를 표본 추출에 다시 포함시키는 경우와 그렇지 않은 경우의 두 가지로 나뉜다.

5.1 순서 없는 무복원 표본추출 (Unordered Sampling without replacements)

n개의 대상에서 k개의 샘플링을 대체 없이 선택할 수 있는 방법은 $C_{n,k}$이다. 하나의 개체가 이 선택에 포함될 확률은 이 하나를 떼어 놓은 나머지 $n-1$개의 대상에서 $k-1$개를 뽑는 가지의 수를 $C_{n,k}$로 나누어 주어서 다음과 같이 구할 수 있다:

$$\frac{\binom{n-1}{k-1}}{\binom{n}{k}} = \frac{n-1!}{k-1!\,(n-k)!} \times \frac{k!\,(n-k)!}{n!} = \frac{k}{n}.$$

또는

$$\frac{C_{n-1,\,k-1}}{C_{n,\,k}} = \frac{k}{n}.$$

5.2 순서 없는 복원 표본추출 (Unordered Sampling with replacements)

n개의 대상에서 k개의 샘플을 반복해서 선택할 수 있는 방법은 $C_{n+k-1,\,k}$이다. 예를 들어 10명의 사람 중에서 5개의 샘플을 취하는 방법을 알기 위해 바둑알 4개와 성냥개비 10개를 준비한다. 먼저 바둑알 4개를 놓고 그 처음과 끝, 그리고 사이마다 성냥개비 10개를 나누어 놓는 방법을 생각한다. 총 14개의 물체 중에서 9개(바둑알 4개와 성냥개비 5개)를 순서에 상관없이 놓는 방법은 $C_{n+k-1,\,k}$가 된다.

정리하면 이산자료의 표본추출 방법과 경우의 수는 표 2.1과 같다.

표 2.1 이산자료의 표본추출 방법과 경우의 수

표본추출 방법	경우의 수
순서 고려한 복원추출 (ordered sampling with replacement)	n^k
순서 고려한 무복원추출 (ordered sampling without replacement)	$P_{n,k}$
순서 없는 무복원추출 (unordered sampling without replacement)	$C_{n,k}$
순서 없는 복원추출 (unordered sampling with replacement)	$C_{n+k-1,k}$

제6절
확률변수

우리는 경우의 수를 계산하는 다양한 방법을 살펴보았다. 생일 문제의 예에서 본 것처럼, 경우의 수를 통해 확률에 대한 기초적인 이해를 할 수는 있지만 우리가 논의하게 될 확률이라는 개념은 그보다 더 포괄적이고 일반적이어야 한다. 우리가 생각하는 발생 가능한 모든 사건에 대해 확률을 생각할 수 있어야 한다. 예를 들어 내일 비가 올 확률이나 특정 후보의 당선 가능성과 같은 사건의 발생확률은 경우의 수로 생각할 수 없다. 이를 위해서 우리는 이산변수와 연속변수를 포괄하는 보다 추상적인 개념으로 확률을 생각해야 하고 이를 위해 확률변수(random variable)라는 개념을 이해해야 한다.

확률계산이 필요한 사건들의 종류는 매우 다양하지만 이 사건의 결과값들은 모두 실수로 변환해서 생각할 수 있다. 예를 들어 동전 던지기의 앞면과 뒷면을 0과 1로 표현하고 주사위 던지기의 결과를 1부터 6으로 표현하는 것, 그리고 학생의 몸무게를 67.65kg으로 기록하는 것 등이 그 예이다. 이렇게 확률변수는 확률의 대상이 되는 사건을 실수로 표현하는 통계학의 표현법이라고 볼 수 있다.

— **Definition** 6.1 —

확률변수

확률변수 X는 표본 공간 Ω로부터 실수로 연결하는 하나의 함수이다: $X: \Omega \to \mathbb{R}$.

확률변수는 다음 세 가지 개념과 연결되어 있다.

- 표본 공간(sample space, Ω): 우리가 관심 있는 결과의 모든 가능한 집합이다. 예를 들어 동전을 한 번 던지는 경우에는 {앞면, 뒷면}의 두 가지가 표본 공간이다.
- 사건(event, E): 표본 공간의 부분집합으로 대개 E와 같이 대문자로 표시한다. 예를 들어, 동전을 세 번 던져 앞면이 두 번 나오는 경우는 {(앞면, 뒷면, 앞면), (뒷면, 앞면, 앞면), (앞면, 앞면, 뒷면)}이다.
- 확률 함수(probability function, P): 사건집합의 하나인 E라는 사건에 [0, 1]의 확률값을 할당하는 함수이다.

표본 공간은 확률 함수를 통해 (0, 1)의 확률 공간으로 연결되고 확률변수를 통해 실수 공간으로 연결된다. 따라서 표본 공간은 확률 공간과 실수 공간을 이어주는 중간 고리라고 생각할 수 있다:

$$\text{확률 공간} \xleftarrow{\text{확률 함수}} \text{표본 공간} \xrightarrow{\text{확률 변수}} \text{실수 공간}.$$

요약 | 확률

- 확률이란 우리가 관심을 가지고 있는 사건이 발생할 가능성을 [0, 1]이라는 실수범주 안에서 표현한 것이다.
- 확률변수란 어떤 사건에 대한 정보를 구체적인 숫자값 또는 문자값으로 나타내는 것으로 그 각각의 값들에 대해 특정한 확률을 가지고 있다. 앞으로 우리는 확률변수를 X와 같은 대문자로 표기할 것이다.
- 확률변수가 가질 수 있는 모든 가능한 값의 집합을 표본 공간이라고 부르고 이를 X로 표기한다.
- 확률변수가 구체적으로 실현된 값으로 나타난 경우 소문자 x로 표기한다.
- 표본 공간은 확률 함수를 통해 확률 공간으로 연결되고 확률변수를 통해 실수 공간으로 연결된다.

chapter

03

확률분포

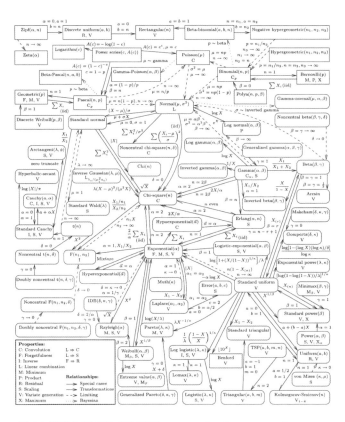

그림 3.1 확률분포와 자료 생성 과정(Leemis and McQueston 2008)

제1절
확률분포와 자료 생성 과정

자료분석에서 우리는 관측하는 세계(건물이 위치하게 될 토지와 주변환경)와 그로부터 얻어진 관측 자료(대상 토지와 건축 자재)를 가지고 확률모형(건축물)이라는 가상의 세계를 건설한다. 이 가상의 세계에 대한 설계도는 관측세계에 대한 우리의 지식에 기반하지만 동시에 관측 자료에 의해 제한된다. 웅장하고 세련된 건축물을 짓고자 하나 주변 환경과 대상 토지, 그리고 건축 자재에 의해 그것이 뒷받침되지 않는다면 이러한 구상은 한낱 몽상에 불과할 것이다. 마찬가지로 우리가 관측 자료를 통해 수행하고자 하는 작업(예: 이론 검증, 가설검정, 인과적 추론, 예측적 추론)은 관측 대상으로부터 얻어지는 자료 생성 과정(data generating process, DGP)에 대한 고려 없이는 진행될 수 없다. 여기서 자료 생성 과정이란 관측 자료가 생성되는 과정을 우리가 가진 확률모형의 틀 안에서 재현(re-pre-sentation)한 것을 말한다.

　자료 생성 과정을 확률모형 안에서 재현하는 도구가 확률분포이다. 생성되는 자료의 사건적 특성, 즉 표본 공간의 특성을 고려하여 알맞은 확률분포를 선택하는 것이 매우 중요하다. 이 장에서 우리는 확률분포에 대해서 알아볼 것이다. 확률분포는 최대 우도 추정(7장)이나 베이지안 분석(Part 4)에서 특히 중요한 역할을 한다.

─ Definition 1.1 ─

확률분포

확률분포(probability distribution)란 확률변수가 취할 수 있는 모든 사건에 대해 일정한 확률을 할당한 것이다.

예를 들어, 주사위 한 번 던지기(X)에서 일어날 수 있는 모든 사건은 1, 2, 3, 4, 5, 6이다. 이 사건들은 1/6이라는 동일한 확률을 가지고 있다. 따라서 주사위 한 번 던지기의 확률분포는

$$\Pr(X=x)=\begin{cases} \dfrac{1}{6} & \text{만약 } x=0, 1, 2, ..., 6 \\ 0 & \text{그외의 경우.} \end{cases}$$

확률분포의 종류는 확률변수가 가진 표본 공간의 특징에 따라 이산확률분포(discrete probability distribution)와 연속확률분포(continous probability distribution)로 나눌 수 있고 확률분포의 측정방법에 따라 각 확률변수에 대한 대응값을 표시하는 연속확률분포와 확률변수의 최소값에서 특정 확률변수까지의 누적된 확률을 표시하는 누적확률분포로 나뉜다.

제2절
이산확률분포

동전 던지기에서 앞면이 나오는 사건이나 주사위에서 짝수가 나오는 사건과 같이, 확률변수 X가 이산형 값을 취할 때 사용된다.

$\Pr(X \in A)$는 확률변수 X가 A라는 부분집합에 속하게 될 확률이다. 이는 s라는 구체적인 결과(realized outcome)가 A에 속하는 확률이라고 쓸 수 있다:

$$\Pr(X \in A) \equiv \Pr\{s : X(s) \in A\}.$$

확률변수 X가 취하는 구체적인 값을 x라고 하면,

$$f(x) = \Pr(X = x).$$

이제 다음과 같은 표현을 쉽게 이해할 수 있을 것이다:

$$\sum_{i=1}^{\infty} f(x_i) = 1$$

모든 가능한 사건의 확률을 더하면 1이 된다. 특정한 사건(A)이 일어날 확률은 그 사건에 속하는 개별 확률들의 합으로 구할 수 있다:

$$\Pr(X \in A) = \sum_{x_i \in A} f(x_i).$$

이산 확률변수의 기대값은

$$E(X) = \sum_{x_i \in A} x_i f(x_i)$$

이며, 분산은

$$\mathrm{Var}(X) = E[(X - E(X))^2].$$

2.1 베르누이 분포(Bernoulli Distribution)

이산분포에서 가장 기본이 되는 확률분포는 베르누이 분포이다. 뒤에서 살펴볼 다양한 이산분포는 거의 대부분 베르누이 분포를 확장한 것이다. 베르누이 확률변수는 동전 던지기로 흔히 표현되는 성공(1)과 실패(0), 두 가지 값을 취하는 확률변수이다.

베르누이 확률함수

성공확률 p를 가진 베르누이 분포의 확률 함수는

$$f(x|p) = p^x (1-p)^{1-x}. \tag{3.1}$$

베르누이 확률변수의 기대값은 $E(X) = p$, 분산은 $\text{Var}(X) = p(1-p)$이다.

2.2 이항분포(Binomial Distribution)

성공확률 p를 가진 베르누이 확률변수가 n번 중 x번 관측될 확률을 계산하는 데에 사용되는 것이 이항분포이다. 예를 들어 동전을 10번 던져서 앞면이 나올 횟수 X는 이항 확률변수이다. 이항확률변수의 표본 공간은

$$\Omega = \{0, 1, 2, ..., n\}.$$

이항분포의 확률밀도함수

$$f(x|p) = \begin{cases} \binom{n}{x} p^x (1-p)^{n-x} & x = 0, 1, 2, ..., n \\ 0 & \text{그 외의 경우.} \end{cases} \tag{3.2}$$

이항확률변수 X의 기대값은 $E(X) = np$이고 분산은 $\text{Var}(X) = np(1-p)$이다.

수식 (3.2)을 수식 (3.1)과 비교해 보면, 이항분포의 확률밀도함수(probability distribution function, pdf)는 성공확률 p의 베르누이 확률 함수를 n번 시도했을 때, 성공한 횟수 (x)를 확률변수로 갖는 분포라는 점을 쉽게 알 수 있다. 이항확률변수의 모수는 p와 n, 2개이다.

이항확률변수는 **R**에서 rbinom()을 통해 생성할 수 있다. rbinom()에서 r은 무작위 생성을 의미하는 random generation의 약자이며 binom은 binomial distribution의 약자이다. 확률변수의 밀도를 계산하는 함수는 앞에 d를 붙이고 (dbinom()), 분위수(quantile)는 q를 붙여 qbinom()이며, $-\infty$부터 q까지의 확률밀도함수의 적분값은 p를 붙여 pbinom()으로 계산된다. lower.tail = FALSE 인 경우 q부터 ∞까지의 확률밀도함수의 적분값을 계산한다.

예제

동전 던지기를 10번 했을 때 앞면이 나오는 경우의 수(X)를 기록하는 실험을 200번 반복한다고 가정하자. R에서 확률 $p=0.5$와 실험 수 $n=10$를 가진 이항 확률변수를 200번 추출하는 것은 다음과 같이 진행할 수 있다.

```
set.seed(1999)
n = 10
p = 0.5

## 확률 p=0.5와 n=10를 가진 이항 확률변수를 200번 추출
df.binom <- data.frame(x = rbinom(200, n, p))
table(df.binom)
```

```
## df.binom
##  1  2  3  4  5  6  7  8  9
##  2  4 16 30 61 40 30 14  3
```

실험결과는 df.binom라는 객체에 저장되어 있다. df.binom는 10회 동전 던지기 실험을 200번 반복했을 때 앞면이 나온 경우의 수를 저장하고 있다. 예상한 바와 같이 10회 동전 던지기에서 앞면이 5회 나오는 경우가 61로 가장 많았고 4회 혹은 6회 나오는 경우가 40으로 그 다음으로 많았다. 앞면이 단 한 번밖에 나오지 않은 경우는 2번, 뒷면이 단 한 번 나오는 경우는 3번으로 매우 드문 사건임을 확인할 수 있다. 결과에 0이나 10이 없는 것을 보면, 앞면이 단 한 번도 나오지 않은 경우나 10번 모두 앞면이 나오는 경우는 없었음을 확인할 수 있다.

df.binom에 저장된 자료를 시각화하면 그림 3.2와 같다.

```
ggplot(df.binom, aes(x)) +
  geom_histogram(binwidth=0.3) +
  theme_jhp() + xlab("동전의 앞면이 나온 횟수") + ylab("빈도") +
  ## x축의 눈금을 1에서 9까지 한 칸씩 표시
  scale_x_continuous(breaks=seq(1,9,1))
```

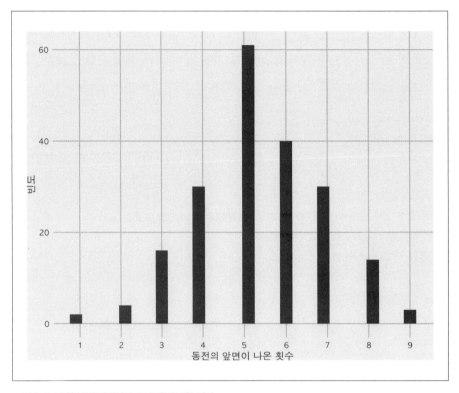

그림 3.2 10회 동전 던지기를 200번 반복한 결과

2.3 **다항분포**(Multinomial Distribution)

이항분포가 성공과 실패라는 두 가지 결과에 대한 복수의 베르누이 실험이었다면, 다항확률변수 $Y=(Y_1, ..., Y_k)$는 k개의 서로 다른 확률($p=(p_1, ..., p_k)$)을 갖는 베르누이 실험들을 집계한 것으로 생각할 수 있다. 즉 다항분포는 이항분포를 2개 이상의 선택에 대해 일반화한 것이다.

다항분포의 확률밀도함수

$$p(y_1, y_2, ..., y_k | n, p_1, ..., p_k) = \frac{n!}{y_1! y_2! ... y_k!} p_1^{y_1} ... p_k^{y_k}. \qquad (3.3)$$

다항확률변수 X_i의 기대값은 $E(X_i) = np_i$이고 분산은 $\text{Var}(X_i) = np_i(1-p_i)$이다.

예제

예를 들어 79명의 유권자가 세 명의 후보에 대해 28, 28, 23표를 각각 던질 확률을 다항분포를 이용해서 구해 보자. 세 명의 후보가 표를 얻을 확률이 모두 같다고 가정하면, 아래 코드로 확률을 구할 수 있다.

```
dmultinom(x=c(28,28,23), prob=c(1/3, 1/3, 1/3))
```

```
## [1] 0.00756
```

2.4 기하분포(Geometric Distribution)

기하분포는 하나의 성공을 얻기 전까지 시도된 실패 횟수를 확률변수로 갖는 분포이다. 예를 들어 동전의 앞면이 1번 나올 때까지 실패한 횟수는 기하분포의 확률변수이다.

기하분포의 확률밀도함수

$$f(y|p) = (1-p)^{y=0, 1, 2, \cdots} p, \ \ y=1, 2, ... \qquad (3.4)$$

이며 기대값은 $E(Y) = \dfrac{1}{p}$, 그리고 분산은 $\text{Var}(Y) = \dfrac{1-p}{p^2}$이다.

dgeom()은 1번의 성공이 있기까지 총 y번의 실패가 있을 확률의 밀도값을 계산하는 명령어이다. (rgeom())은 기하분포의 확률변수를 생성하고, (pgeom())은 확률을 계산하며, (qgeom())은 분위값을 측정하는 함수이다.

동전 던지기 실험을 예로 들면, 앞면이 나오기 전까지 뒷면이 0번 나올 확률은 0.5이고 1번 나올 확률은 $0.5^2=0.25$이다. 0부터 5까지의 실패가 나올 확률을 계산해 보면 다음과 같다.

```
p <- .5
x <- 0:5
dgeom(x, p)
```

```
## [1] 0.5000 0.2500 0.1250 0.0625 0.0312 0.0156
```

이를 시각화하면,

```
df.geom <- data.frame(x = x, y = dgeom(x, p))
ggplot(df.geom, aes(x=x, y=y)) +
  geom_line() + geom_point(size=3, alpha=0.3) +
  theme_jhp() + xlab("Y") + ylab("밀도")
```

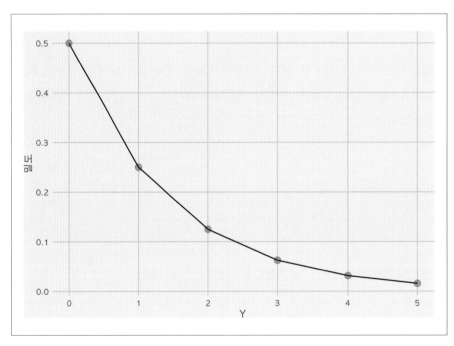

그림 3.3 기하분포, $p=0.5$, $n=5$

기하분포의 확률변수는 무기억성(memoryless property)의 특징을 갖는 유

Definition 2.1

확률변수의 무기억성

h와 t는 양의 정수일 때,

$$P(Y > h + t \mid Y > h) = P(Y > t). \tag{3.5}$$

일한 이산 확률변수이다.

과거의 실패 횟수가 다음 단계의 성공을 예측하는 데에 영향을 주지 않는 것을 확률변수의 무기억성이라고 한다. 기하분포의 확률변수는 무기억성을 특징으로 갖는다. 예를 들어, 첫 번째 동전의 앞면을 얻는 데에 총 10번의 실패가 있었다고 하더라도 두 번째 동전의 앞면을 얻는 확률분포는 첫 번째 실패 횟수가 0번이었던 경우와 같다. 기하분포의 이러한 특징은 뒤에서 살펴볼 연속확률분포인 지수분포에서도 찾을 수 있다.

2.5 초기하분포(Hypergeometric Distribution)

초기하분포의 확률변수는 유한집단에서 무복원 표본추출(sampling without replacement)의 형태로 진행되는 베르누이 실험에 의해 생성된다. 예를 들어 상자 안에 검은색과 흰색, 두 가지 색깔을 가진 공이 있다고 하자. 초기하분포의 확률변수는 이 상자로부터 공을 하나씩 꺼내서 색깔을 확인한 뒤, 바깥에 그대로 두는 식으로 n번 추출을 했을 때, 집계되는 공의 수로 정의된다. 우리가 찾고자 하는 색깔을 검은색으로 정의하면 검은색 공의 추출은 성공으로, 흰색 공의 추출은 실패로 생각할 수 있다.

초기하분포를 이해하기 위해 기호를 먼저 정리하면 다음과 같다.

- N은 전체 모집단 크기(상자 안의 공의 수 = 흰색 공의 수 + 검은색 공의 수)
- k는 모집단에서 성공횟수(상자 안의 검은색 공의 수)
- n은 실험에서 시도된 횟수(꺼낸 공의 수)
- y는 관측된 성공 횟수(꺼낸 공 중에서 검은색 공의 수)

초기하분포의 확률밀도함수

$$f(y|N, k, n) = \frac{\binom{k}{y}\binom{N-k}{n-y}}{\binom{N}{n}}. \tag{3.6}$$

기대값은

$$E(Y|N, k, n) = n \times \frac{k}{N},$$

분산은

$$\mathrm{Var}(Y|N, k, n) = n \times \frac{k}{N} \times (1 - \frac{k}{N}) \times \frac{N-n}{N-1}. \tag{3.7}$$

식 (3.7)의 마지막 요소인 $\frac{N-n}{N-1}$은 유한 모집단 보정 계수(finite population correction factor)라고 불리는 것으로, 모집단의 크기가 크지 않은 경우 이로부터 오는 편차를 보정하기 위해 도입되는 것이다. 예를 들어 노동조합 조합원 모집단이 1,000명인 조사에서 100명의 사람들에게 단독 입후보한 조합장 선거후보에 대한 선호도를 물어봤다고 가정하자. 표본 평균이 0.52이고 표본 표준편차가 0.05일 때, 모집단 평균에 대한 95% 신뢰구간을 구해 보면 다음과 같다:

$$\bar{Y} \pm t_{\alpha/2, n-1} \frac{s}{\sqrt{n}} \left(\frac{N-n}{N-1} \right).$$

뒤에 자세히 논의하겠지만 $t_{\alpha/2, n-1}$는 자유도가 $n-1$인 스튜던트 t분포의 $\Pr(X > |t|) < \alpha/2$에 해당되는 t 통계값을 의미한다.

R을 통해 이 예제에 대한 유한 모집단 보정 계수를 직접 계산해 보도록 하자.

```
## 유한 모집단 보정 계수 함수 (N = 모집단 크기, n = 샘플크기)
fpcf <- function(N, n){
  sqrt((N-n)/(N-1))
}
n = 100
s = 0.05
## 보정 계수
fpcf(N=1,000, n=100)
```

```
## [1] 0.949
```

```
tvalue <- qt(0.975, df=(n-1))
## 보정 전의 신뢰구간
ci.raw <- c(0.52 + (tvalue*s/sqrt(n)),
            0.52 - (tvalue*s/sqrt(n)))
ci.raw
```

```
## [1] 0.53 0.51
```

```
## 보정 후의 신뢰구간
ci.correct <- c(0.52 +(tvalue*s/sqrt(n))*fpcf(N=1,000, n=100),
                0.52 -(tvalue*s/sqrt(n))*fpcf(N=1,000, n=100))
ci.correct
```

```
## [1] 0.529 0.511
```

보정 계수가 약 0.95로 나와서 신뢰구간의 크기가 보정 전에 비해 줄어들었음을 알 수 있다. 보정 전의 신뢰구간과 보정 후의 신뢰구간을 그래프로 비교하는 함수를 작성해 보면 아래와 같다. 함수는 작업이 진행되는 과정을 4단계로 나누어 보여주고 있다.

```
par(mfrow=c(2,2))
par (mar=c(3,3,2,1), mgp=c(2,.7,0), tck=-.01)
## plot 1
plot(x = ci.raw, y = c(2, 2), ylim=c(0, 3), type="l",
     ylab="", xlab="", lwd=3, axes=FALSE)
```

```
## plot 2
plot(x = ci.raw, y = c(2, 2), ylim=c(0, 3), type="l",
     ylab="", xlab="", lwd=3, axes=FALSE)
axis(1); grid()
## plot 3
plot(x = ci.raw, y = c(2, 2), ylim=c(0, 3), type="l",
     ylab="", xlab="", lwd=3, axes=FALSE)
axis(1); grid()
lines(x = ci.correct, y = c(1, 1), lwd=3, col="brown")
## plot 4
plot(x = ci.raw, y = c(2, 2), ylim=c(0, 3), type="l",
     ylab="", xlab="", lwd=3, axes=FALSE)
axis(1); grid()
lines(x = ci.correct, y = c(1, 1), lwd=3, col="brown")
text(mean(ci.raw), 1.75, "보정 전 신뢰구간", adj=0)
text(mean(ci.raw), 0.75, "보정 후 신뢰구간", adj=0)
```

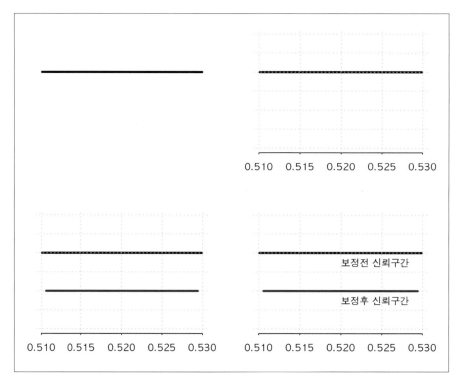

그림 3.4 유한 모집단 보정 전후의 신뢰구간 비교

초기하분포의 확률밀도는 **R**에서 dhyper()로 계산할 수 있다. dhyper()는 꺼내고자 하는 검은색 공의 수, 전체 검은색 공의 수, 전체 흰색 공의 수, 그리고 지금까지 꺼낸 공의 수의 순서로 입력값을 갖는다. 검은색 공 20개와 흰색 공 30개가 든 자루에서 4개를 꺼냈을 때 나올 수 있는 검은색 공이 2개 나올 확률은 0.359이다.

```
dhyper(2, 20, 30, 4)
```

```
## [1] 0.359
```

차를 감별하는 숙녀(The Lady Tasting Tea)

초기하분포는 피셔에 의해 개발되었는데 그 유래가 흥미롭다. 1920년대 영국의 한 카페에서 피셔와 지인들은 브리스톨(Muriel Bristol, 1888-1950)이라는 여성 심리학자의 주장을 놓고 논쟁을 벌인다. 브리스톨은 자신이 차에 우유를 먼저 넣은 것과 나중에 넣은 것을 맛을 통해 구분할 수 있다고 주장했는데, 피셔는 브리스톨의 주장을 검증하기 위해 근대적 실험방법의 기초를 이루는 무작위배분의 원리를 적용한다. 4개의 차에는 우유를 먼저 넣고 다른 4개의 차에는 우유를 나중에 넣은 다음 무작위로 차를 배치한 뒤에 맛을 통해 우유를 먼저 넣은 차를 구별하도록 하는 실험이었다. 실험결과 그 여인은 8개의 차 중에서 우유를 먼저 부은 3개와 나중에 부은 3개를 정확하게 맞혔다고 한다 (Salsburg 2002). 확률에 대해 깊은 지식이 없는 사람이라면 이 결과가 매우 인상적이라고 생각할 수 있다. 그러나 근대통계학을 확립한 통계학의 거인이었던 피셔는 달랐다. 먼저 피셔는 초기하분포를 이용하여 이 여인이 능력이 없음에도 불구하고 우연히 3개 이상의 우유가 먼저 들어간 차를 맞출 확률을 계산하였다.

```
dhyper(3, 4, 4, 4) + dhyper(4, 4, 4, 4)
```

```
## [1] 0.243
```

그 확률은 놀랍게도 약 0.24이다. 결코 적지 않은 확률이다. 그렇다면 여인의 능력을 인정할 수 있으려면 8번의 시도에서 적어도 어느 정도의 성공이 있어야 하는가? 여기서 피셔는 근대통계학에서 가장 중요한 역할을 하는 p값이라는 개념을 도입한다. 피셔는 적어도 우연히 맞출 수 있는 확률이 지극히 낮은 사건일 경우에만 여인의 차 감별 능력을 인정할 수 있다고 보았다. 지극히 낮은 확률은 정확히 정의하기 힘들지만 적어도 0.05보다 작고 0.01에 거의 가까운 값이 되어야 할 것으로 가정했다. 차 감별 실험에서 우연히 4개의 정답을 모두 맞출 수 있는 확률을 초기하분포를 이용해서 계산해 보면 0.0143임을 알 수 있다.

```
dhyper(4, 4, 4, 4)
```

[1] 0.0143

따라서 피셔는 4개의 정답을 모두 맞추었을 때에만 여인의 차 감별 능력을 인정할 수 있다고
보았다.

2.6 푸아송분포(Poisson Distribution)

푸아송분포의 확률 함수는 음이 아닌 정수($Y \notin \mathbb{Z}^-$)를 취하는 이산확률분포로
주로 일정 기간 동안 발생한 사건의 수를 분석하는 데에 사용된다. 이항분포에
서 n이 무한으로 가고 성공확률이 0으로 가는 경우, 그 극한이 푸아송분포라고
볼 수 있다. 이런 이유로 상대적으로 발생 가능성이 낮은 사건을 연구하는 데에
유용하다.

푸아송분포의 확률밀도함수

$$f(y|\lambda) = \begin{cases} \dfrac{\lambda^y e^{-\lambda}}{y!} & y=0,\ 1,\ \dots \text{인 경우.} \\ 0 & \text{그 외의 경우.} \end{cases} \qquad (3.8)$$

푸아송 확률변수의 기대값은 $E(Y)=\lambda$, 분산은 $\mathrm{Var}(Y)=\lambda$이다.

푸아송분포의 중요한 특징은 분산과 기대값이 같다는 것이다. 즉 푸아송분
포의 확률변수는 사건발생의 기대값과 분산이 항상 동일하게 증감한다는 가정
에 기반해 있다. 그러나 우리가 관측하는 사건자료에서는 분산의 증가가 기대
값의 증가를 추월하는 경우가 대부분인데, 이를 과확산(overdispersion)이라고
부른다. 사건발생이 과확산을 따르는 경우, 뒤에 살펴볼 음이항분포를 사용하거
나 변형된 푸아송분포를 사용하는 것이 바람직하다.

R에서 푸아송분포의 확률변수는 rpois()로 생성할 수 있다. 그림 3.5는

평균이 18인 푸아송분포로부터 1,000개의 자료를 생성하여 시각화한 것이다. dpois()는 푸아송분포의 확률밀도를 계산하는 함수이다.

```
set.seed(1990)
lambda <- 18
n <- 1,000
x <- rpois(n, lambda)

df.pois <- data.frame(x = x, y = dpois(x, lambda))
ggplot(df.pois, aes(x=x, y=y)) +
  geom_line() + geom_point(size=3, alpha=.1) +
  theme_jhp() + xlab("Y") + ylab("밀도")
```

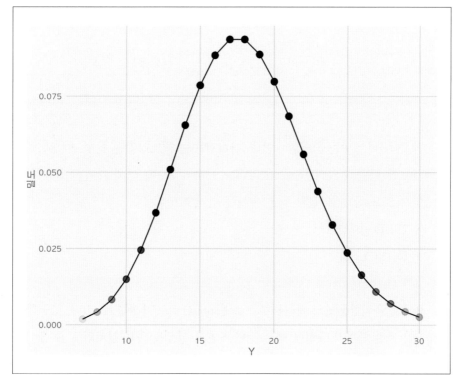

그림 3.5 푸아송분포, 평균 = 18

푸아송분포는 사건의 발생 횟수를 종속변수로 하는 사회과학 연구에서 매우 빈번히 사용된다. 예를 들어, 전쟁이나 내전의 발발 횟수, 대통령의 행정명령 횟수, 내각의 교체 횟수 등과 같은 사회과학 자료들이 종속변수인 경우, 푸아송분포를 기반으로 모형을 만들 수 있다.

2.7 음이항분포(Negative Binomial Distribution)

음이항분포는 기하분포가 확장된 것이라고 생각할 수 있다. 즉, 기하분포가 한 번의 성공을 위해 시도된 베르누이 실험의 수라면, 음이항분포는 r개의 성공을 얻는 과정에서 나타난 실패의 수를 확률변수로 갖는다. 예를 들어 주어진 과녁에 10발의 화살을 꽂기까지 과녁에 맞지 않은 화살의 수가 음이항분포의 확률변수이다. 당연히 그 수는 궁수의 실력(p)에 따라 달라지고 총 몇 발을 성공(r)시켜야 하는지에 따라 달라질 것이다. 따라서 음이항분포의 모수는 p와 r이다.

음이항분포의 확률밀도함수

$$f(x|p, r) = \frac{\Gamma(x+r)}{\Gamma(r)x!} p^r (1-p)^x \tag{3.9}$$

이며 기대값은 $E(X) = \dfrac{r(1-p)}{p}$ 이고 분산은 $\mathrm{Var}(X) = \dfrac{r(1-p)}{p^2}$ 이다.

식 (3.9)에서 Γ는 감마함수인데, 감마함수는 팩토리알을 실수 전체에 대해 정의하고자 했던 오일러(Leonhard Euler, 1707-1783)에 의해 개발된 함수이다. 감마함수(gamma())는 다음과 같은 속성을 가지고 있다.

- $\Gamma(n) = (n-1)!$
- $\Gamma(1) = 1$
- $\Gamma(1/2) = \sqrt{\pi}$

R에서 음이항분포의 확률변수는 rnbinom()으로 생성할 수 있다. 성공확률이 0.5인 동전 던지기 실험을 예로 들면, 5번의 성공을 위한 실패의 수를 음이항 확률변수로 생성하면 다음과 같다.

```
rnbinom(10, 5, 0.5)
```

```
## [1]  2  1 15  0  4  2  7  4  2  4
```

음이항분포의 확률밀도는 dnbinom()으로 계산할 수 있다. 아래 코드는

$r=5$, $p=\dfrac{1}{2}$인 음이함분포로부터 자료를 생성하여 시각화하는 코드이다. 시각화의 결과는 그림 3.6에 그려져 있다.

```
x <- 1:50
y <- dnbinom(x, 5, 0.5)
df.nbinom <- data.frame(x = x, y = y)
ggplot(df.nbinom, aes(x=x, y=y)) +
  geom_line() + geom_point(size=3, alpha=.3) +
  theme_jhp() + xlab("Y") + ylab("밀도")
```

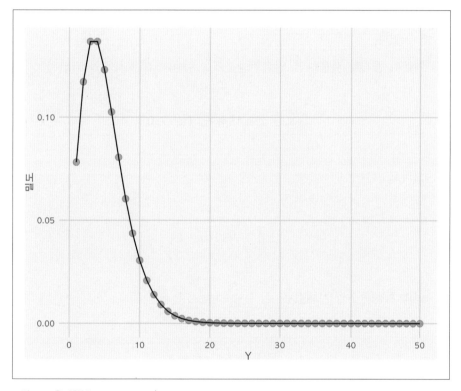

그림 3.6 음이항분포, r=5, p=1/2

제3절

연속확률분포

확률변수가 연속적인 경우에는 확률변수가 특정값을 취할 가능성은 0이다. 따라서 확률계산은 영역(range)으로 진행해야 한다. 예를 들어 확률변수 X가 실수 a와 b 사이에 위치할 확률은

$$\Pr(a < X \le b) = \int_a^b f(x)\,dx$$

로 쓸 수 있다.

확률의 공리를 적용하면, 연속확률분포는 다음과 같은 특징을 지닌다:

$$\text{모든 } x \text{에 대하여, } f(x) \ge 0.$$

그리고,

$$\int_{-\infty}^{\infty} f(x)\,dx = 1.$$

연속 확률변수의 기대값은

$$E(X) = \int_{-\infty}^{\infty} x f(x)\,dx$$

이며, 분산은

$$\text{Var}(X) = E\left[(X - E(X))^2\right].$$

3.1 균등분포(Uniform Distribution)

균등분포는 가장 간단하면서도 중요한 연속확률분포이다. 균등분포는 주어진 구간 안의 확률값이 모두 같은 연속확률분포로 정의된다.

균등분포의 확률밀도함수

$$f(x)=\begin{cases} \dfrac{1}{b-a} & a\leq x\leq b\text{인 경우} \\ 0 & \text{그 외의 경우.} \end{cases} \tag{3.10}$$

균등분포함수의 기대값은 $E(X)=\dfrac{1}{2}(a+b)$이고 분산은 $\mathrm{Var}(X)=\dfrac{1}{12}(b-a)^2$이다.

균등분포의 확률변수는 **R**에서 runif()로 생성할 수 있다. 그림 3.7은 (0.1)과 (0.2)를 지지집합(함수의 정의역 중에서 0을 취하지 않는 부분집합, support)으로 갖는 균등분포를 비교한 것이다.

```r
set.seed(2000)
## unif(0,1)
curve(dunif(x, 0, 1), lwd = 2, xlim=c(0, 4), ylim=c(0,1 ),
      ylab="밀도", xlab="Y", col= 1)
grid()
## unif(0,2)
curve(dunif(x, 0, 2), lwd = 2, add=T, col=2)
## unif(0,3)
curve(dunif(x, 0, 3), lwd = 2, add=T, col=3)
## unif(0,4)
curve(dunif(x, 0, 4), lwd = 2, add=T, col=4)

## 그래프 레전드
legend("topright", lwd=2, bty="n",
       legend = c('Unif(0, 1)','Unif(0, 2)','Unif(0, 3)','Unif(0, 4)'),
       col=1:4)
```

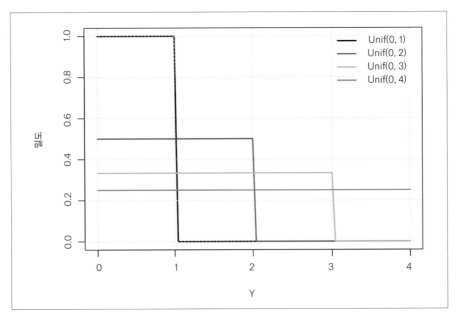

그림 3.7 균등분포

3.2 베타분포(Beta Distribution)

베타분포는 [0, 1]의 제한된 영역에서 정의되는 연속확률분포이다. 예를 들어, 확률이나 비율(proportion)과 같이 [0, 1]의 영역에서만 정의되는 확률 함수가 있다면 베타분포를 통해 모형화할 수 있다. 베타분포는 분포의 모양을 결정하는 두 개의 모수(α, β)를 갖는다.

베타분포의 확률밀도함수

$$f(x \mid \alpha, \beta) = \begin{cases} \dfrac{1}{B(\alpha, \beta)} x^{\alpha-1} (1-x)^{\beta-1} & 0 \leq x \leq 1\text{인 경우} \\ 0 & \text{그 외의 경우.} \end{cases} \tag{3.11}$$

베타분포의 기대값은 $E(X) = \dfrac{\alpha}{\alpha+\beta}$ 이고 분산은 $\mathrm{Var}(X) = \dfrac{\alpha\beta}{(\alpha+\beta)^2(\alpha+\beta+1)}$ 이다.

식 (3.11)에서 베타함수 $B(\alpha, \beta)$ 는 이항계수 $x^{\alpha-1}(1-x)^{\beta-1}$를 정규화하

는 상수(normalizing constant)로 다음과 같은 형태를 취한다:

$$\mathrm{B}(\alpha, \beta) = \int_0^1 x^{\alpha-1}(1-x)^{\beta-1}\,dx = \frac{\Gamma(\alpha)\Gamma(\beta)}{\Gamma(\alpha+\beta)}. \tag{3.12}$$

베타분포의 확률밀도는 **R**에서 dbeta()로 계산할 수 있다. 베타분포는 α와 β의 상대적, 절대적 크기에 따라 다양한 모양을 취한다. [0, 1]의 제한된 영역에서 정의되고 분포의 모양이 다양하다는 점 때문에 베타분포는 확률에 대한 사람들의 믿음을 표현하는 데에 매우 유용하다. 예를 들어 그림 3.8을 보면 Beta(2, 2)는 기대값인 0.5를 중심으로 볼록한 대칭형 모양을 취하고 있으나 Beta(1, 1)은 기대값은 0.5로 같지만 0과 1 사이에 균등한 확률을 부과하고 있다. 따라서 기대값 0.5에 대한 믿음이 Beta(2, 2)보다 Beta(1, 1)에서 더 낮다고 볼 수 있다.

```
set.seed(2000)
curve(dbeta(x, 2, 2), lwd = 2, xlim=c(0, 1), ylim=c(0, 3),
      ylab="밀도", xlab="Y", col=1)
grid()
curve(dbeta(x, 3, 1), lwd = 2, add=T, col=2)
curve(dbeta(x, 1, 3), lwd = 2, add=T, col=3)
curve(dbeta(x, 1, 1), lwd = 2, add=T, col=4)
legend("top", lwd=2, bty="n",
       legend = c('Beta(2, 2)', 'Beta(3, 1)', 'Beta(1, 3)', 'Beta(1,
1)'),
       col=1:4)
```

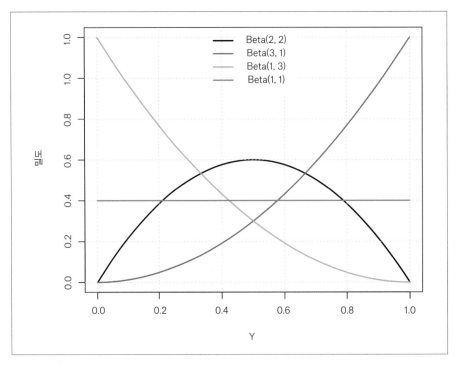

그림 3.8 베타분포

3.3 **지수분포**(Exponential Distribution)

지수분포는 대기시간의 형태를 취하는 확률변수를 표현하는 확률분포이다. 특정한 사건 사이의 시간이나 어떤 사건이 일어나기까지의 시간을 추정하는 데 사용된다.

지수분포의 확률밀도함수

$$f(x) = \begin{cases} \lambda \exp(-\lambda x) & x \geq 0 \text{인 경우} \\ 0 & \text{그 외의 경우.} \end{cases} \quad (3.13)$$

지수분포의 기대값은 $E(X) = \dfrac{1}{\lambda}$ 이고 분산은 $\mathrm{Var}(X) = \dfrac{1}{\lambda^2}$ 이다.

지수분포함수에서 모수 λ는 평균대기시간의 역수를 표현하고 있다. 그 값이 클수록 다음 사건의 발생이 빨리 진행된다.

예제

확률변수 X를 의회 법안이 통과되는 데에 걸리는 시간이라고 가정하자. X의 지지집합은 $X \in [0, \infty)$로 표현할 수 있다. 만약 법안통과에 걸리는 시간이 평균 3000시간 정도라면, 지수분포를 이용하여 법안통과에 걸리는 시간을 다음과 같이 표현할 수 있다.

$$f(x) = \frac{1}{3000} e^{-\frac{x}{3000}} \text{ for } x \geq 0.$$

여기서 연구자의 관심은 앞으로 상정될 특정 법안이 300시간 안에 통과될 확률이다. 법안이 300시간 안에 통과되는 사건을 A라고 부르면, 우리가 계산하고 싶은 것은 지수분포를 따르는 확률변수가 이 사건의 집합에 속할 확률, 즉 $\Pr(X \in A)$이다. 이는 지수분포의 확률밀도함수를 이용하여

$$\Pr(0 < a < 300) = \int_0^{300} \frac{1}{3000} e^{-\frac{a}{3000}} da$$

라고 쓸 수 있다. 이 적분값은 pexp()를 이용하여 쉽게 계산할 수 있다.

```
pexp(300, rate=1/3000)
```

```
## [1] 0.09516258
```

따라서 평균 법안통과 시간이 3000시간인 의회에서 법안이 300시간 안에 통과될 가능성은 약 0.095라고 볼 수 있다.

모수의 변화에 따라 지수함수의 모양이 어떻게 달라지는지 살펴보기 위해 그림 3.9에 4개의 서로 다른 지수함수를 그렸다. 모수의 크기가 1부터 4까지 증가할 때, 확률분포의 왜도(skewness)가 커지는 모습을 확인할 수 있다.

```
set.seed(2000)
curve(dexp(x, 7), lwd = 1, xlim=c(0, 4), ylim=c(0,5),
      ylab="밀도", xlab="Y", col=addTrans('firebrick4', 50))
grid()
curve(dexp(x, 5), lwd = 2, add=T, col=addTrans('firebrick4', 100))
curve(dexp(x, 3), lwd = 3, add=T, col=addTrans('firebrick4', 150))
curve(dexp(x, 1), lwd = 4, add=T, col=addTrans('firebrick4', 200))
legend("topright", lwd=1:5, bty="n",
       legend = c('Exp(7)', 'Exp(5)', 'Exp(3)', 'Exp(1)'),
       col=c(addTrans('firebrick4', 50), addTrans('firebrick4', 100),
             addTrans('firebrick4', 150), addTrans('firebrick4', 200)))
```

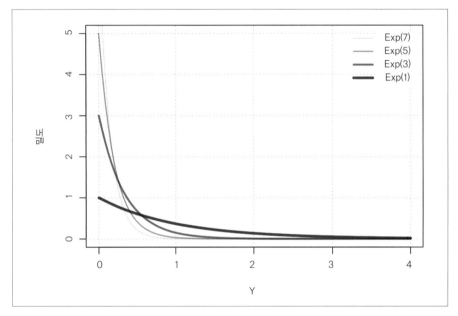

그림 3.9 지수분포

확률변수의 변환

여기서 확률변수의 변환이라는 문제에 대해 잠깐 생각해 보자. 과거 개인용 컴퓨터가 보급되지 않았던 시절에 연구자들은 확률에 대한 계산을 위해 표준 확률밀도 함수표를 이용했다. 표준화된 확률분포함수를 이용하기 위해서는 자료를 "정규화" 또는 "표준화"해야 하는데, 이는 곧 확률변수를 변환(transformation)함을 의미한다.

일반적으로 확률변수 X의 $Y=g(X)$ 변환은 타겟 변수인 Y의 누적 확률밀도함수(cumulative density function, CDF)를 출발변수 X로 표현하는 것으로부터 도출될 수 있다:

$$F_Y(y)=\Pr(Y \le y)=\Pr(g(X) \le y)=\Pr(X \le g^{-1}(y))=F_X(g^{-1}(y)).$$

$g^{-1}(\cdot)$이 단조증가함수라고 가정하고 체인규칙(the chain rule)을 이용하면,

$$f_Y(y)=\frac{d}{dy}F_Y(y)=\frac{d}{dy}F_X(g^{-1}(y))=f_X(g^{-1}(y))\frac{d}{dy}g^{-1}(y).$$

$g^{-1}(\cdot)$이 단조감소함수일 경우,

$$f_Y(y)=-f_X(g^{-1}(y))\frac{d}{dy}g^{-1}(y).$$

결국 이 두 경우를 종합하면,

$$f_Y(y)=f_X(g^{-1}(y))\left|\frac{d}{dy}g^{-1}(y)\right|.$$

확률변수의 변환은 역변환 샘플링(inverse transform sampling)에서 사용된다. 역변환 샘플링은 특정 확률분포로부터 무작위로 확률변수를 추출해 내는 샘플링 방법으로 모든 통계 소프트웨어에서 무작위 확률변수 추출에 사용되고 있다. 확률분포 $f_X(x)$로부터 샘플을 추출하는 역변환 샘플링 방법은 다음 두 단계로 진행된다.

1. 균등분포 U(0, 1)로부터 확률변수를 추출한다.
2. $X=F_X^{-1}(U)$.

위에서 언급한 법안 통과 문제를 표준 지수함수와 변수 변환을 이용해 풀어보도록 하자. 먼저 새로운 확률변수 u를 다음과 같이 정의하자:

$$u = \frac{a}{3000}.$$

그렇다면, 300시간 안에 법안이 통과될 확률은

$$\Pr(0 < a < 300) = \Pr\left(\frac{0}{3000} < \frac{a}{3000} < \frac{300}{3000}\right) = \Pr(0 < u < 0.1).$$

미분을 이용하면 우리는 변환된 변수(u)와 원래 변수(a) 사이에 다음과 같은 관계가 있음을 알 수 있다:

$$\frac{da}{du} = s'(u).$$

$$ds = s'(u)\,du.$$

이를 이용하면 모수가 1인 표준 지수분포 확률변수가 0에서 0.1 사이에 위치할 확률은

$$\int_0^{.1} \frac{1}{3000} e^{-u} \times 3000\,du = \int_0^{.1} e^{-u}\,du = 0.09516258.$$

3.4 정규분포(Normal Distribution)

정규분포는 아마도 지금까지 이야기한 확률분포 중에서 가장 중요한 분포라고 볼 수 있는데 그 이유는 제4절에서 이야기할 중심극한정리(central limit theorem)와 관련되어 있다. 여기서의 논의는 정규분포를 하나의 연속확률분포로만 소개하는 것으로 한정하고자 한다.

정규분포의 확률밀도함수는 라플라스(Pierre-Simon, marquis de Laplace,

1749-1827)와 가우스(Johann Carl Friedrich Gauss, 1777-1855)에 의해 발견되었는데, 오늘날 우리가 알고 있는 함수형태는 가우스에 의해 완성되었다. 이를 기념하여 과거 독일의 10마르크 지폐(그림 3.10)에는 가우스의 얼굴과 정규분포의 확률밀도함수가 인쇄되어 있었다.

정규분포의 확률변수는 모든 실수값에 대해 정의되는 연속 확률변수로 평균과 분산이라는 두 개의 모수를 가진다.

정규분포의 확률밀도함수

$$\Pr(Y \leq y \,|\, \mu,\, \sigma^2) = \int_{-\infty}^{y} \frac{1}{(2\pi\sigma^2)^{\frac{1}{2}}} \exp\left\{ -\frac{1}{2}\left(\frac{(y-\mu)^2}{\sigma^2} \right) \right\} dy. \tag{3.14}$$

기대값은 $E(Y) = \mu$ 분산은 $\mathrm{Var}(Y) = \sigma^2$ 이다.

그림 3.10 독일 지폐에 인쇄된 정규분포와 가우스

라플라스는 관측단위의 수가 매우 많고 자료에 영향을 주는 독립적 요인들이 무수히 많은 경우, 정규분포로 자료를 근사할 수 있다고 생각했다. 천체 관측 시의 측정오차와 같이 오차를 구성하는 요인들은 모두 서로 독립적이며 수가 매우 많고 그 영향의 크기가 크지 않을 것으로 생각되었다. 따라서 라플라스는 오차를 구성하는 요인들이 정규분포를 따른다고 가정하였다. 즉, 정규분포는 오차의 분포로 처음 등장하였다.

라플라스의 가정을 이해하기 위해 미국 국립 당뇨 및 소화 신장 질환 연구소(National Institute of Diabetes and Digestive and Kidney Diseases)에 의해 수집된 피마 인디안 당뇨 자료(Pima Indians Diabetes Database)를 살펴보도록 하자. 이 자료는 총 768명의 피마 인디언에 대한 생체정보를 가지고 있다. 이 중에서 체질량지수(Body mass index, 몸무게/키$(m)^2$)의 분포를 보도록 하자. 체질량지

```
require(mlbench)
data(PimaIndiansDiabetes)
ggplot(PimaIndiansDiabetes, aes(x=mass)) +
  geom_density(fill="brown", alpha=0.3) +
  geom_vline(xintercept = mean(PimaIndiansDiabetes$mass, na.rm=TRUE),
             linetype="dashed", color = "blue", size=1)+
  stat_function(fun=dnorm, color="red",
                args=list(mean=mean(PimaIndiansDiabetes$mass),
                          sd=sd(PimaIndiansDiabetes$mass))) +
  labs(caption = "자료출처: PimaIndiansDiabetes") +
  theme_jhp() + xlab("Y") + ylab("밀도")
```

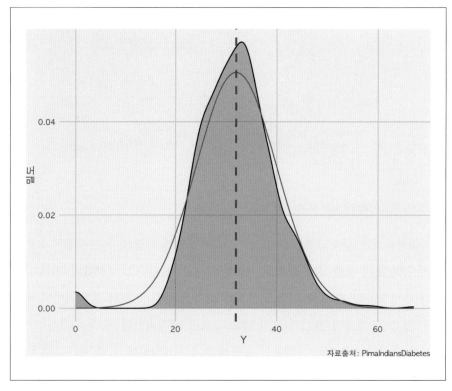

자료출처 : PimaIndiansDiabetes

그림 3.11 피마 인디언 체질량지수의 분포. 세로 점선은 평균, 음영처리된 커브는 관측자료의 경험적 분포, 붉은 실선은 관측자료의 평균과 분산을 이용해 그린 정규분포 확률밀도함수

수를 결정하는 요인이 무수히 많고 그들의 영향이 독립적이라고 가정하면 768명의 체질량지수 분포는 정규분포를 따를 것으로 추정해 볼 수 있다.

그림 3.11을 보면 체질량지수의 분포가 평균(세로 점선)을 중심으로 좌우대칭을 이루고 있으며 벨 모양의 정규분포와 매우 흡사하다는 점을 확인할 수 있다. 자료의 평균과 분산을 이용해 정규분포함수를 그려보면(그림에서 붉은색 실선) 실제 자료와 차이가 크지 않음을 확인할 수 있다.

분산의 크기에 따라 정규분포의 산포도가 결정되는데, 이를 그림으로 살펴보면 그림 3.12와 같다.

```r
curve(dnorm(x, 0, 0.5), lwd =2, xlim=c(-6,6), ylim=c(0, .8),
      ylab="밀도", xlab="Y", col=1)
grid()
curve(dnorm(x, 0, 1), lwd = 2, add=T, col=2)
curve(dnorm(x, 0, 2), lwd = 2, add=T, col=3)
curve(dnorm(x, 0, 3), lwd = 2, add=T, col=4)
legend("topleft", legend = c('N(0, 0.25)', 'N(0, 1)', 'N(0, 4)', 'N(0, 9)'),
      lwd=2, bty="n", col=1:4)
```

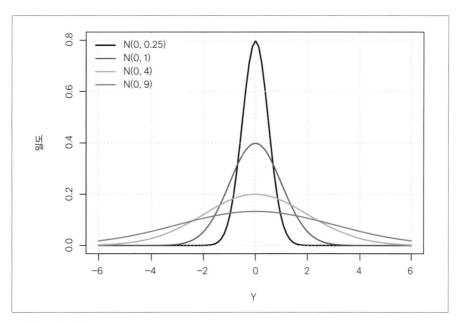

그림 3.12 정규분포

정규분포의 중요한 특징은 다음과 같다.

- 정규분포는 최빈수(最頻數, mode)와 평균, 중앙값이 모두 같다.
- 정규분포는 좌우대칭이다.
- 서로 다른 정규분포를 더하거나 빼도 여전히 정규분포이다. 즉, $Y_1 \sim N(\mu_1, \sigma_1^2)$, $Y_2 \sim N(\mu_2, \sigma_2^2)$가 서로 독립적이면, $Y_1 \pm Y_2 \sim N(\mu_1 \pm \mu_2, \sigma_1^2 + \sigma_2^2)$가 된다. 평균은 산술적 연산의 결과를 따르지만 분산은 항상 더해진다는 점에 주의하자.[1]

3.5 디리클레분포 (Dirichlet Distribution)

디리클레분포는 베타함수가 다수항으로 확장된 것으로 이해할 수 있다. 디리클레분포는 $K \geq 2$의 선택지를 선택하는 확률을 표현하는 데에 적합하다. 디리클레 확률변수 $(X_i = X_1, \cdots, X_K)$의 지지집합은 K차원 벡터로 표현되며, 모든 원소는 $(0, 1)$ 구간의 실수를 취하고 그 합은 항상 1이기 때문이다. $\alpha = (\alpha_1, \cdots, \alpha_K)$를 모수로 취하는 디리클레분포는 다음과 같은 확률밀도함수를 갖는다.

디리클레분포의 확률밀도함수

$$f(\boldsymbol{x}|K, \alpha) = \frac{1}{B(\alpha)} \prod_{i=1}^{K} x_i^{\alpha_i - 1}. \tag{3.15}$$

기대값은

$$E(X_i) = \frac{\alpha_i}{\sum_{k=1}^{K} \alpha_k},$$

분산은

$$\mathrm{Var}(X_i) = \frac{\tilde{\alpha}_i(1 - \tilde{\alpha}_i)}{\alpha_0 + 1}.$$

여기서 $\tilde{\alpha}_i = \frac{\alpha_i}{\sum_{k=1}^{K} \alpha_k}$ 그리고 $\alpha_0 = \sum_{i=1}^{K} \alpha_i$.

....

1   분산은 항상 확률 함수를 제곱한 결과이기 때문에, $\mathrm{Var}(-Y) = (-1)^2 Var(Y) = Var(Y)$라고 생각할 수 있다.

$K=2$이면 디리클레분포는 베타분포가 된다. 그림 3.13은 $\alpha=c\,(2,\,2,\,2)$의 디리클레분포로, 3차원 자료를 2차원 히트맵으로 시각화한 것이다.[2] 디리클레 확률변수는 모두 $(0,\,1)$ 사이에 위치하고 그 합은 1이라는 특징을 갖는다. 따라서 K차원의 단체 혹은 심플렉스를 이룬다.

```r
require(plot3D);
require(MCMCpack);
require(akima);
require(rgl)
set.seed(1999)
# 디리클레 모수
alpha_params = c(2,2,2)
# 심플렉스에 그릴 정규화된 그리드 변수 작성
granularity = 20
draws <- matrix(ncol=3,nrow=(granularity*granularity*granularity)-1)
i=0
for (x in 1:granularity){
  for (y in 1:granularity){
    for (z in 1:granularity)\{
      draws[i,] <- c(x,y,z) # point on grid
      draws[i,] = draws[i,] / sum(draws[i,]) # normalize
      i = i+1
    }
  }
}
x <- draws[,1]
y <- draws[,2]
z <- draws[,3]
density <- ddirichlet(draws, alpha_params)
# 유클리드 공간으로 심플렉스를 변환
x <- .5 * (2*x+y)
y <- .5 * y * sqrt(3)
# (100x100) grid
grid <- interp.new(x,y,density,duplicate="strip",linear=FALSE,
                   xo=seq(min(x),max(x),length=100),
                   yo=seq(min(y),max(y),length=100))
```

----

2   그림 코드는 (https://wiki.cs.byu.edu/cs-401r/plotting-a-dirichlet)에서 참고하였다.

```
# heatmap
image2D(x=grid$x, y=grid$y, z=grid$z)
```

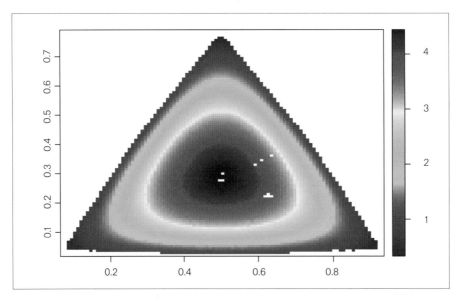

그림 3.13 디리클레분포 (2, 2, 2)을 시각화한 것: 확률밀도는 히트맵으로 표현되어 있으며 세 개의 확률변수가 삼각형의 꼭지점으로부터 출발하며 모수가 1보다 크기 때문에 중앙에서 가장 밀도가 높으며 세 모수가 모두 같아서 대칭적인 모습을 보여준다.

3.6 스튜던트 t 분포(Student t Distribution)

스튜던트 t 분포는 기네스(Guinness) 맥주회사의 수석 양조자로 일하던 고셋 (William Sealy Gosset, 1876-1937)에 의해 개발된 확률분포이다. 맥주 제조 과정에서 맥주의 맛을 결정하는 데에 가장 중요한 것은 맥아 발효 시에 정확한 이스트의 양을 유지하는 것이다. 이스트가 너무 많으면 쓴맛이 너무 강해 좋지 않은 맥주가 되고 너무 적으면 발효가 충분히 되지 않아 밋밋한 맛이 된다. 그러나 이스트 세포는 증식하는 속도가 빨라서 각 탱크마다 정확한 양을 유지하는 것이 쉽지 않았다. 취할 수 있는 표본의 크기는 적었고 진행할 수 있는 실험의 수도 제한적이었다. 이 상태에서 이스트 세포의 수에 대한 확률분포를 고민하던 고셋은 평균을 표준편차로 나눈 확률변수가 취하는 분포에 대한 고민을 이어가다 오늘날 현대 응용통계학에서 가장 많이 사용되는 분포인 스튜던트 t 분포를 개발하게 되었다.[3]

3   스튜던트라는 이름은 경쟁회사가 맥주 제조 기술을 알아내는 것을 두려워한 기네스사의 방침 때문에

스튜던트 t분포의 확률변수는

$$\frac{z}{\sqrt{\dfrac{\chi^2}{\nu}}}$$

로 정의되는데, 여기서 분자의 z는 표준 정규분포의 확률변수이고 분모에 있는 χ^2는 카이제곱분포의 확률변수, 그리고 ν는 자유도를 나타낸다.

정규분포를 사용하고 싶으나 분산(σ^2)을 모르는 경우, 분산 대신 표본분산 ($S^2 = \dfrac{1}{n-1}\sum_{i=1}^{n}(X_i - \overline{X})^2$)을 사용해야 하는데, 이때 표본이 작거나 실험 횟수가 적으면 일정한 편향이 발생할 수 있다. 스튜던트 t분포는 이러한 편향을 줄이기 위해 등장했다.

스튜던트 t분포의 확률밀도함수

$$f(x|\nu) = \frac{\Gamma(\frac{\nu+1}{2})}{\sqrt{v\pi}\,\Gamma(\frac{\nu}{2})}\left(1 + \frac{x^2}{\nu}\right)^{-\frac{\nu+1}{2}}. \tag{3.16}$$

기대값은 $E(Y) = 0$, 분산은

$$\begin{array}{ll}\dfrac{\nu}{\nu-2} & \nu > 2 \text{인 경우} \\ \infty & 1 < \nu \leq 2 \\ \text{정의되지 않음} & \text{그 외의 경우}\end{array} \tag{3.17}$$

자유도가 증가함에 따라 스튜던트 t분포는 표준 정규분포로 수렴한다. 그림 3.14는 이를 잘 보여주고 있다. 자유도 10의 스튜던트 t분포는 표준 정규분포에 매우 가까운 모습을 보여주고 있다.

....

고셋이 가명으로 사용한 것이다. 고셋은 이 논문("The Probable Error of the Mean")을 당대 최고의 통계 저널이었던 *Biometrika*의 편집장인 피어슨(Karl Pearson)의 도움을 받아 마무리하여 투고할 수 있었다. t분포라는 이름은 피셔에 의해 작명된 것으로 알려지고 있으며 t분포 확률함수도 피셔에 의해 정리되었다. 서로 불편한 관계였던 피어슨과 피셔가 스튜던트 t분포의 등장 과정에서 서로 의도하지 않은 협력을 한 것이다. 이상의 내용은 Salsburg(2002)와 Stigler(2016)에서 참고하였다.

```
curve(dt(x, df = 1), lwd =1, xlim=c(-6,6), ylim=c(0, .45),
      ylab="밀도", xlab="Y", col=1)
grid()
curve(dt(x, df = 5), lwd = 1, add=T, col=2)
curve(dt(x, df = 10), lwd = 1, add=T, col=3)
curve(dt(x, df = 30), lwd = 1, add=T, col=4)
curve(dnorm(x, 0, 1), lwd = 5, add=T, col=addTrans(6, 50))
legend("topleft",
       legend=c('t(0,1,1)', 't(0,1,5)', 't(0,1,10)', 't(0,1,30)',
'N(0,1)'),
       lwd=c(1,1,1,1,5), bty="n", col=c(1:4, addTrans(6, 50)))
```

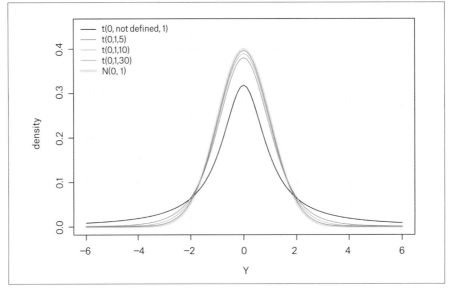

그림 3.14 스튜던트 t 분포. 평균과 분산을 0과 1에 고정시킨 후, 자유도의 크기에 따른 분포의 변화를 비교하고 있다.

3.7 코시분포(Cauchy Distribution)

코시분포는 자유도가 1인 스튜던트 t분포라고 볼 수 있다. 코시분포는 비율분포(ratio distribution)의 대표적인 예이다. 정규분포를 따르는 두 확률변수의 비는 코시분포를 따른다.

코시분포 확률밀도함수

위치(location)모수 m, 척도(scale)모수 s에 대해

$$f(x|m, s) = \frac{1}{\pi s\left[((x-m)/s)^2 + 1\right]} \cdot$$

(3.18)

기대값과 분산은 정의되지 않는다.

그림 3.15에서 척도가 1인 표준 코시분포는 자유도가 1인 t분포와 일치한다는 점과 척도가 증가함에 따라 꼬리의 두께가 더 두터워지는 특징을 확인할 수 있다.

```
curve(dcauchy(x, scale = 1), lwd =1, xlim=c(-8,8), ylim=c(0, .35),
      ylab="밀도", xlab="Y", col=1)
grid()
curve(dcauchy(x, scale = 2), lwd = 1, add=T, col=2)
curve(dcauchy(x, scale = 3), lwd = 1, add=T, col=3)
curve(dcauchy(x, scale = 4), lwd = 1, add=T, col=4)
curve(dt(x, df = 1), lwd = 5, add=T, col=addTrans(6, 50))
legend("topleft",
legend=c('Cauchy(0,1)','Cauchy(0,2)','Cauchy(0,3)','Cauchy(0,4)',
't(0,1,1)'),
lwd=c(1,1,1,1,5), bty="n", col=c(1:4, addTrans(6, 50)))
```

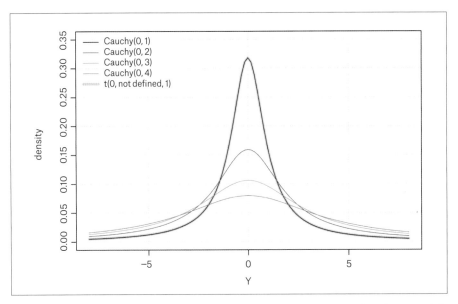

그림 3.15 척도 증가에 따른 코시분포의 변화: 척도가 1인 경우 자유도가 1인 t분포와 일치하며 척도가 증가함에 따라 점차 평평한 모습으로 변화한다.

3.8 **라플라스분포**(Laplace Distribution)

라플라스분포는 이중 지수분포(double exponential distribution)라고도 불린다.

라플라스분포 확률밀도함수

m은 위치(location) 모수이며 s는 척도(scale) 모수라고 하면,

$$f(x|m, s) = \frac{1}{2s}\exp\left(-\frac{|x-m|}{s}\right). \tag{3.19}$$

기대값은 m 분산은 $2s^2$이다.

그림 3.16은 척도 모수가 증가함에 따라 라플라스분포가 어떻게 변화하는지를 보여주고 있다. 그림 3.16을 보면 라플라스분포가 왜 이중 지수분포라고 불리는지를 쉽게 이해할 수 있다. 지수분포를 거울 모양으로 맞붙여 놓은 모양을 띠고 있다.

```
require(rmutil)
curve(dlaplace(x, s=1), lwd =1, xlim=c(-8,8), ylim=c(0, .55),
      ylab="밀도", xlab="Y", col=1)
grid()
curve(dlaplace(x, s=2), lwd = 1, add=T, col=2)
curve(dlaplace(x, s=3), lwd = 1, add=T, col=3)
curve(dlaplace(x, s=4), lwd = 1, add=T, col=4)
legend("topleft", legend = c('Laplace(0, 1)', 'Laplace(0, 2)',
                             'Laplace(0, 3)', 'Laplace(0, 4)'),
       lwd=1, bty="n", col=1:4)
```

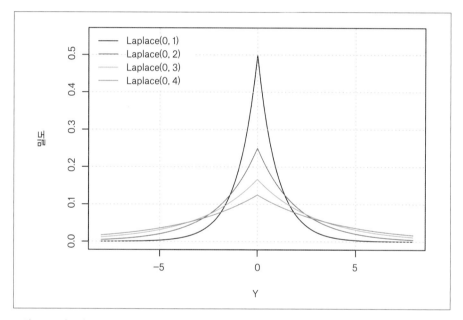

그림 3.16 라플라스분포. 척도 모수가 증가에 따른 분포 모양의 변화

제4절
중심극한정리

정규분포가 중요한 이유는 중심극한정리(The Central Limite Theorem)라고 불리는 확률변수의 중요한 속성 때문이다. 중심극한정리는 특정 확률분포로부터 독립적으로 추출된 확률변수의 표본평균은 해당 확률분포의 종류에 상관없이 정규분포에 근

접한다는 설명이다.[4]

Theorem 4.1

중심극한정리

서로 독립적이고 유한한 평균(μ)과 분산(σ^2)을 공유하는 확률변수
$X_1, X_2, ..., X_n$의 표본평균은 n이 무한으로 감에 따라 다음과 같은 정규분포로
수렴한다:

$$\mathcal{N}\left(\mu, \frac{\sigma^2}{n}\right).$$

중심극한정리에서 가장 핵심적인 표현은 "해당 확률분포의 종류에 상관없이"
와 "확률변수의 표본평균"이다. 즉 중심극한정리의 설명 대상이 되는 확률변수는
다양한 확률분포의 표본평균($\bar{Y}$)이다. 중심극한정리는 확률변수 Y가 유한한 분
산을 가지고 있기만 하면, 어떤 확률분포를 따르는지와 관계없이 성립한다. 중
심극한정리가 근대통계학의 가장 중요한 발견이라고 평가되는 이유는 바로 이
러한 특징 때문이다.

중심극한정리에 "유한한 분산을 가지고 있는 한"이라는 단서가 붙은 이유
는 코시분포 때문이다. 코시분포는 평균과 분산이 정의되지 않는 유일한 분포이
다.[5]

중심극한정리가 획기적인 발견인 이유는 자명하다. 먼저 통계적 추론을 자
료에서 관측된 통계값을 이용해 우리가 아직 모르는 모수에 대한 지식을 넓혀
가는 작업으로 정의하도록 하자. 매우 작은 표본자료에서 얻은 정보를 통해 모집단

....

4　중심극한정리에 대한 정의는 여러 가지 버전이 있는데 여기서 소개하는 내용은 가장 유명한 린데베르
　그-레비의 중심극한정리(Lindeberg–Lévy central limit theorem)이다.

5　이를 가장 직관적으로 이해하는 방법 중의 하나는 두 표준 정규분포 확률변수 X_1과 X_2의 비를 생각해
　보는 것이다. 셀트만(Howard Seltman)의 강의노트(http://www.stat.cmu.edu/~hseltman/files/ratio.
　pdf)에 나온 2차 테일러 급수 전개를 이용하면,

$$E\left[\frac{X_1}{X_2}\right] \approx \frac{E(X_1)}{E(X_2)} \times \left(1 - \frac{Cov(X_1, X_2)}{E(X_1)E(X_2)} + \frac{Var(X_2)}{E(X_2)^2}\right).$$
$$E\left[\frac{X_1}{X_2}\right] \propto \frac{E(X_1)}{E(X_2)}.$$

　오른쪽 항은 $\frac{0}{0}$이 되어 정의되지 않는다는 점을 쉽게 알 수 있다.

에 대한 통계적 추론이 가능한 이유는 바로 중심극한정리 때문이다. 표본자료의 특성에 관계없이 표본자료를 요약한 통계값이 반복되는 표집에서 정규분포를 따를 것이기 때문에, 표본자료로부터 모집단에 대한 통계적 추론은 정규분포에 대한 지식만으로도 충분히 가능한 것이다.

R을 이용해서 중심극한정리를 확인해 보자. 아래 코드는 필자의 대학원 수업을 들었던 신수안 학생이 과제로 제출한 것을 동의하에 옮겨 놓은 것이다.[6] 중심극한정리 시뮬레이션은 코드 진행이 복잡하기 때문에 작업을 4단계로 나누어 설명한다. 이 시뮬레이션에서 집중적으로 사용할 함수는 switch()이다. switch()는 ifelse()를 여러 개의 조건에 대해 확장한 것으로, 위에서부터 만족되는 조건이 있는 경우에 이를 실행하고 해당 지점에서 함수를 종료한다.

> **1 단계**
>
> my.samples() 함수는 확률밀도함수를 이용해 확률변수를 생성시키는 함수이다. 8개의 확률밀도함수가 입력되어 있다.

```
my.samples <- function(dist, r, n, param1, param2=NULL){
   set.seed(123) # 코드 재현을 위한 시드 넘버 설정
   switch(dist,
         "Exponential" = matrix(rexp(r*n,param1),r),
         "Normal" = matrix(rnorm(r*n,param1,param2),r),
         "Uniform" = matrix(runif(r*n,param1,param2),r),
         "Poisson" = matrix(rpois(r*n,param1),r),
         "Binomial" = matrix(rbinom(r*n,param1,param2),r),
         "Beta" = matrix(rbeta(r*n,param1,param2),r),
         "Gamma" = matrix(rgamma(r*n,param1,param2),r),
         "Chi-squared" = matrix(rchisq(r*n,param1),r),
         "Cauchy" = matrix(rcauchy(r*n,param1, param2),r)
         )
}
```

---

6   이 코드의 기본 포맷은 https://www.r-bloggers.com/sampling-distributions-and-central-limit-theo-rem-in-r/에 게시된 코드를 바탕으로 한 것이다.

평균과 표준편차를 계산하기 위해 mu()와 sigma()를 작성하였다. mu()는 각 확률변수의 평균을 계산하고 sigma()는 표준편차를 계산한다.

```r
mu <- function(dist, param1, param2=NULL){
  switch(dist,
          "Exponential" = param1^-1,
          "Normal" = param1,
          "Uniform" = (param1+param2)/2,
          "Poisson" = param1,
          "Binomial" = param1*param2,
          "Beta" = param1/(param1+param2),
          "Gamma" = param1/param2,
          "Chi-squared" = param1,
          "Cauchy" = param1)
}
sigma <- function(dist, param1, param2=NULL){
  switch(dist,
          "Exponential" = param1^-1,
          "Normal" = param2,
          "Uniform" = sqrt((param2-param1)^2/12),
          "Poisson" = sqrt(param1),
          "Binomial" = sqrt(param1*param2*(1-param2)),
          "Beta" = sqrt(param1*param2/((param1+param2)^2*(param1+par
am2+1))),
          "Gamma" = sqrt(param1/(param2)^2),
          "Chi-squared" = sqrt(2*param1),
          "Cauchy" = sqrt(param2))
}
```

CLT()함수는 주어진 확률밀도함수(dist)에 대해 1부터 6, 10, 50, 100의 표본크기를
가지는 다양한 표본을 10,000번 추출하는 시뮬레이션을 진행한다. 그리고 그 결과를
히스토그램과 커브로 시각화한다.

```r
CLT <- function(dist, param1, param2=NULL, r = 10000) {
  ## dist = 확률밀도함수
  ## r = 반복추출횟수
  par(mfrow = c(3,3), mgp = c(1.75,.75,0),
      oma = c(2,2,2,2), mar = c(3,3,2,0), xpd = NA)
  for (n in c(1:6,10,50,100)) {
    samples <- my.samples(dist, r, n, param1, param2)
    ## 표본평균 계산
    sample.means <- apply(samples, 1, mean)
    ## 표본평균 히스토그램
    hist(sample.means, col=ifelse(n<=10,gray(.1*(11-n)), rgb(0,0,n,max=110)),
         freq=FALSE, xlab="Sample Mean", main=paste("n=",n))

    ## CLT 정규분포 그리기 N(mean=mu, sd=sigma/sqrt(n))
    x <- seq(min(sample.means),max(sample.means),length=100)
    curve(dnorm(x, mean=mu(dist, param1, param2),
                sd=(sigma(dist, param1, param2))/sqrt(n)),
                col="red", lwd=2,add=TRUE)
  }
  ## 확률분포 이름 레이블
  mtext(paste(dist," Distribution (",
              param1,ifelse(is.null(param2),"",","),
              param2,")",sep=""), outer=TRUE, cex=1)
}
```

4 단계

함수를 실행해 보자. 가장 먼저 지수함수로부터 다양한 크기의 표본을 추출하여 그 표본평균의 분포를 정규분포와 비교할 것이다. 중심극한정리에 따르면 표본크기가 커감에 따라 표본평균의 분포(막대)가 점차 정규분포(붉은 선)에 가까워지는 것을 확인할 수 있어야 할 것이다. 표본크기를 고정하고 샘플링의 크기를 늘려나가는 방식으로 실험을 해도 이와 유사한 패턴을 찾을 수 있다.

```
CLT("Exponential",1)
```

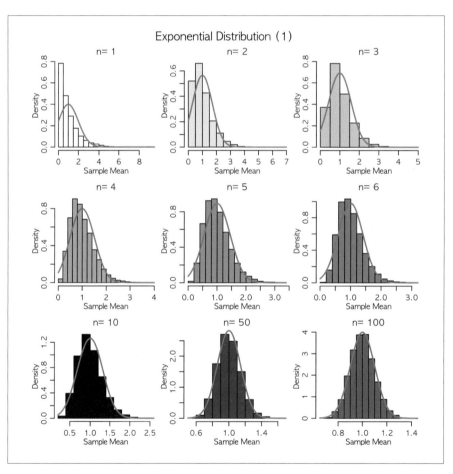

그림 3.17 지수분포를 이용한 중심극한정리 시뮬레이션. 9가지 서로 다른 표본크기로부터 10,000번의 표본 추출 결과

그림 3.17은 지수분포의 표본평균 분포(막대)를 중심극한정리에서 제시한

정규분포(붉은 선)와 비교해서 보여주고 있다. 표본크기가 증가함에 따라 표본 평균의 분포가 정규분포와 매우 유사해짐을 확인할 수 있다.

균등분포의 경우에도 이와 비슷한 양상을 보이는지 확인해 보자. 아래에서는 (1, 5)를 지지집합으로 갖는 균등분포의 표본평균이 정규분포를 따르는지 확인해 볼 것이다.

```
CLT("Uniform",1, 5)
```

그림 3.17과 마찬가지로 표본크기가 커짐에 따라 균등분포의 표본평균도 정규분포로 점차 수렴된다는 점을 그림 3.18에서 확인할 수 있다. 독자들이 해당 코드를 직접 구동해 보면, 다른 분포도 같은 방식으로 중심극한정리가 적용된다는 점을 쉽게 확인할 수 있다. 다만 코시분포는 평균과 분산이 정의되지 않

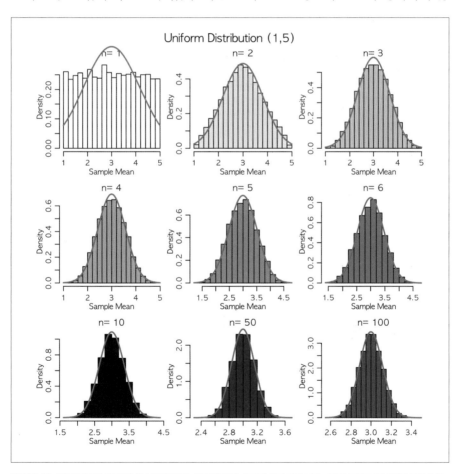

그림 3.18 균등분포를 이용한 중심극한정리 시뮬레이션. 9가지 서로 다른 표본크기로부터 10,000번의 표본 추출 결과

기 때문에 중심극한정리를 따르지 않는다. 이를 시뮬레이션을 통해 직접 확인해 보자.

```
CLT("Cauchy",1, 1)
```

그림 3.19는 표본크기를 증가시켜도 코시분포로부터 추출한 평균이 정규분포를 따르지 않는다는 점을 잘 보여주고 있다. 코시분포의 표본평균은 다시 코시분포를 따른다.

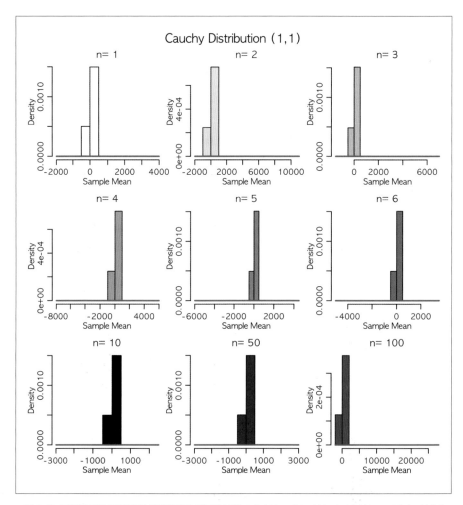

그림 3.19 코시분포를 이용한 중심극한정리 시뮬레이션. 9가지 서로 다른 표본크기로부터 10,000번의 표본 추출 결과

확률분포의 확장

5.1 누적분포(Cumulative Distribution)

앞서 소개한 확률밀도함수는 하나의 확률변수가 취할 수 있는 모든 값의 가능성을 밀도(density)의 형태로 표현한 함수이다. 여기서 밀도란 어떤 함수가 특정값에 위치할 가능성이 어느 정도인지를 표시하는 양적 개념으로 그 범위가 0보다 큰 모든 실수이다. 이산 확률변수의 경우 밀도가 곧 확률을 가리킨다. 즉 주사위 한 번 던지기에서 6의 확률밀도값은 1/6이고 확률도 1/6이다. 그러나 연속확률변수의 경우 확률변수가 특정한 값을 취할 가능성은 이론적으로 0이다. 예를 들어 소수점 이하 1억자리까지 측정이 가능한 저울이 있다고 가정하면 몸무게가 정확히 65.0000…0kg인 사람이 존재할 가능성은 0에 가까울 것이다. 따라서 확률밀도함수의 함수값을 봄으로써 연속 확률변수의 확률을 추정하는 것은 가능하지 않다. 그렇다면 밀도로부터 확률을 표현하는 일반적인 방법은 무엇인가?

여기서 우리는 확률분포의 정의상, 확률밀도함수의 곡선 아래 면적의 합은 항상 1이라는 사실을 기억할 필요가 있다. 이를 이용해서 특정 확률변수구간의 면적을 계산하면 확률을 계산할 수 있다는 것을 알 수 있다. 이산확률분포의 경우 구간 면적은 밀도값의 합으로 쉽게 구할 수 있으며 연속확률분포의 경우 면적은 확률밀도함수에 대한 적분을 통해 구할 수 있다. 좌극한으로부터 특정 확률변수값까지의 면적을 함수로 표현한 것이 누적분포함수이며 누적분포함수는 해당 확률변수값까지의 사건이 일어날 확률의 합으로 정의된다.

누적분포함수는 다음과 같은 속성을 갖는다.

- 누적분포함수는 항상 우로부터 연속적이다.
- $\Pr(X=x)=F(x^+)-F(x^-)$: 특정 확률변수에 대한 확률은 우로부터의 한계점−좌로부터의 한계점으로 구할 수 있다.
- $F(x)$는 항상 증가하거나 일정하다(weakly monotone).

- $\lim_{x \to -\infty} F(x) = 0$

- $\lim_{x \to \infty} F(x) = 1$

- $\Pr(X > x) = 1 - F(x)$

- $\Pr(x_1 < X < x_2) = F(x_2) - F(x_1)$

누적분포함수 F는 다음과 같이 정의된다:

Definition 5.1

누적분포함수

이산 확률변수 X의 경우,

$$F(x) = \Pr(X \leq x) = \sum_{i=0}^{x} f(i) \tag{3.20}$$

연속 확률변수 X의 경우,

$$F(x) = \Pr(X \leq x) = \int_{-\infty}^{x} f(t) \, dt. \tag{3.21}$$

연속 누적분포를 확률변수(의 구현값)로 미분하면 확률밀도함수가 된다. 반대로 확률밀도함수를 적분하면 연속 누적분포를 얻을 수 있다.

$$F'(x) = \frac{dF(x)}{dx} = f(x)$$

예제

예를 들어, 모수가 $\frac{1}{\lambda}$인 지수분포의 누적확률분포를 구해 보자. 먼저 지수분포의 확률밀도함수는

$$f(y) = \frac{1}{\lambda} e^{-\frac{y}{\lambda}}, \; y > 0, \; \lambda > 0.$$

지수분포의 확률밀도함수를 누적분포 공식에 대입하면,

$$F(y)=\int_{-\infty}^{y} f(t)\,dt=\int_{0}^{y}\frac{1}{\lambda}e^{-\frac{t}{\lambda}}dt.$$

$\int_{0}^{\infty}e^{-ax}\,dx=\dfrac{1}{a}$ 라는 성질을 이용하면, 위 식을

$$\frac{1}{\lambda}(-\lambda)\,e^{-\frac{t}{\lambda}}\Big|_{0}^{y}$$

으로 쓸 수 있다. 이제 적분공식을 적용해서 정리하면,

$$-e^{-\frac{t}{\lambda}}\Big|_{0}^{y}=-e^{-\frac{y}{\lambda}}-(-e^{0})=1-e^{-\frac{y}{\lambda}}$$

임을 알 수 있다.

5.2 결합분포(Joint Distribution)

어떤 사건에 대한 정의가 두 개 이상의 확률변수에 의해서 이루어지는 경우를 생각해 보자. 예를 들어, 몸무게가 65kg 이상이고 키가 170cm 이상인 학생들의 분포는 몸무게와 키라는 두 개의 연속 확률변수에 의해 동시에 정의된다. 이렇게 두 개 이상의 확률변수의 분포를 동시에 고려하기 위해 등장한 것이 결합분포(joint distribution)이다.

결합분포의 가장 간단한 예는 이변량분포(bivariate distribution)이다. 예를 들어 내일 비가 오면서 바람이 초속 10m/s 이상으로 불 확률을 생각해 보자. 비가 오는 사건과 바람이 부는 사건이 서로 독립적이라면 두 사건의 확률을 곱하면 될 것이다. 그러나 비가 오는 날 바람이 불 확률이 더 높거나 낮다면, 쉽게 계산하기 어렵다. 즉 두 사건이 서로 종속적인 경우, 우리는 두 사건이 동시에 일어날 가능성을 고려한 결합분포를 고려해야 한다.

Definition 5.2

결합분포

이산 확률변수의 경우,

$$f(x, y) = \Pr(X = x \text{ and } Y = y) \tag{3.22}$$

그리고

$$\sum_{all\,x,\,y} f(x, y) = 1.$$

연속 확률변수의 경우,

$$\Pr[(X, Y) \in A] = \int_A \int f(x, y)\,dxdy \tag{3.23}$$

그리고

$$\int_{-\infty}^{\infty} \int_{-\infty}^{\infty} f(x, y)\,dxdy = 1.$$

그림 3.20은 세 개의 이변량 표준 정규분포를 3차원과 2차원으로 각각 시각화한 것이다. 먼저 가장 위에 있는 분포는 서로 독립관계에 있고, 가운데에 있는 분포는 두 변수의 상관성이 0.8이며, 바닥에 있는 분포는 상관계수가 -0.8인 이변량 표준 정규분포이다.

5.3 한계분포(Marginal Distribution)

한계분포는 결합분포에서 특정 변수의 확률만을 별도로 고려하는 경우에 사용된다. 이 장에서 소개한 확률밀도함수는 모두 한계분포의 형태로 소개되었다. 한계분포는 결합분포를 한계화(marginalizing out)한 것으로 정의된다. 한계화란 다양한 변수들$(X_1, X_2, ..., X_K)$이 동시에 영향을 미치는 결합분포에서 단 하나의 변수(X_1)에 대한 확률분포를 도출해 내는 것을 말한다. 다른 변수의 영향을 모두 통제하고 그 변수가 취하는 특정 값에 대해서만 계산이 이루어지기 때문에 이를 한계화 또는 평균화(averaging out)라고 부른다. 한계화 또는 평균화는 베이지안 분석에서 매우 중요한 표현이며 이 책에서 종종 등장할 것이다.

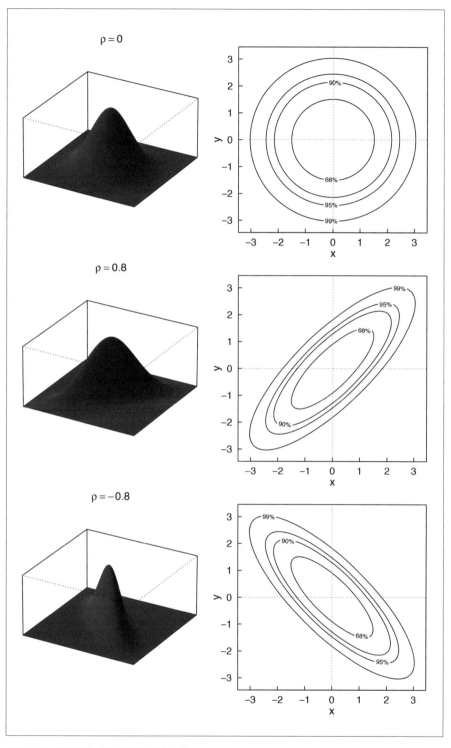

그림 3.20 상관성이 다른 이변량 정규분포들

Definition 5.3

결합분포의 한계화

이산확률변수의 경우,

$$f(x)=\sum_y \Pr(X=x \text{ and } Y=y)=\sum_y f(x, y). \qquad (3.24)$$

$$\sum_{all\,x,\,y} f(x, y)=1.$$

연속확률변수의 경우,

$$f(x)=\int_{-\infty}^{\infty} f(x, y)\,dy, \qquad (3.25)$$

$$f(y)=\int_{-\infty}^{\infty} f(x, y)\,dx. \qquad (3.26)$$

5.4 조건부 분포(Conditional Distribution)

마지막으로 살펴볼 확률분포는 조건부 분포이다. 조건부 분포란 하나의 사건을 전제로 다른 사건의 발생 가능성을 가늠하기 위해서 만들어진 개념이다. 이변량분포와 달리 두 변수들의 지위는 상이한데, 조건을 만들어주는 확률변수와 조건 속에서 확률을 구성하는 확률변수가 구분되어야 한다. 8장에서 살펴볼 베이즈 정리는 바로 조건부 분포에 대한 정의라고 할 수 있다.

Definition 5.4

조건부 분포

이산확률변수의 경우,

$$\Pr(X=x\,|\,Y=y)=\frac{\Pr(X=x \text{ and } Y=y)}{\Pr(Y=y)}=\frac{f(x, y)}{f(y)}. \qquad (3.27)$$

그리고 연속 확률변수의 경우,

$$g(x|y)=\frac{f(x, y)}{f(y)}, \quad -\infty<x<\infty. \qquad (3.28)$$

두 변수의 위치를 바꾸면,

$$g(y|x)=\frac{f(x, y)}{f(x)}, \quad -\infty<y<\infty. \qquad (3.29)$$

식 (3.27)은 베이즈 정리와 동일한 내용을 담고 있다. 즉, 베이즈 정리는 조건부분포의 정의를 통계적 추론의 영역으로 일반화한 것에 불과하다. 조건부 분포를 잘못 이해하여 범하게 되는 대표적인 통계적 오류는 바로 검사의 오류(prosecutor's fallacy)이다(Thompson and Schumann 1987). 검사의 오류를 통해서 조건부 분포의 특징과 용법을 이해해 보자.

1994년 1월 29일 새벽 1시경, 네바다 주의 9살 소녀 제인 도(Jane Doe)가 자신의 트레일러에서 잔인하게 강간당하는 사건이 발생했다. 검찰은 이 사건의 범인으로 근처 트레일러에 살고 있던 트로이 브라운(Troy Brown)을 기소했고 그는 유죄판결을 받았다. 제인은 범인을 정확히 보지 못했고 제인의 진술은 트로이와 일치하지 않는 부분이 있었으나 배심원은 현장에서 검출된 체액과 트로이의 DNA가 일치한다는 DNA 검사 결과를 신뢰하여 유죄 평결을 내렸다. DNA검사를 맡은 검찰 측 전문가 증인 르네 로미오(Renee Romero)는 범죄 여부와 무관하게 우연히 DNA가 일치할 확률, 즉 "임의 일치 확률(random match probability)은 3,000,000번 중 한 번"에 불과하다고 진술했다. 트로이 가족이 신청한 DNA검사 역시 일치했으며 이 검사의 임의 일치 확률은 10,000번 중 한 번이었다.

2010년 1월 11일 미국 대법원은 트로이의 항소심을 심리하였다. 이 항소심에서 대법원은 트로이에 대한 출처 확률(source probability)로 간주하는 검사의 오류를 범했다고 판단했다.

"임의 일치 확률이 피고인이 DNA 표본의 당사자가 아닐 확률과 같다고 보는 것은 검사의 오류이다. (중략) 배심원이 범인이 아닌 일반인이 동일한 DNA를 가질 확률(임의 일치 확률)이 10,000명 중 1명이라고 들었을 때, 배심원은 이를 피고인 이외의 다른 사람이 범죄 현장에서 발견된 DNA의 출처일 확률(출처 확률)이라고 판단하여 검사의 오류에 빠졌다.(중략) 검찰은 (평결 직전) 최종 발언에서 배심원들에게 해당 증거는 99.999967% 확실하다고 발언했다."[7]

트로이 재판에서 나타난 검사의 오류를 조건부 분포로 표현해 보자. 여기서 E는 사건 현장에서의 DNA와 피검사자의 DNA가 일치하는 사건, I(innocent)와 G(guilty)는 트로이의 범죄 사실에 대한 확률변수의 두 결과값이다.

- $\Pr(I|E)$: DNA가 일치했음에도 트로이가 무죄일 가능성(출처 확률)
- $\Pr(E|I)$: 피검사자가 무죄임에도 DNA가 일치할 가능성(임의 일치 확률)
- $\Pr(I)$: 검사 결과와 무관하게 트로이가 무죄일 가능성(알 수 없음)
- $\Pr(E)$: 트로이의 유무죄와 관계없이 DNA가 일치할 가능성(알 수 없음)
- $\Pr(G|E)$: DNA가 일치했을 때 트로이가 유죄일 가능성

DNA가 일치했음에도 트로이가 무죄일 가능성, 즉 출처확률은

$$\overbrace{\Pr(I|E)}^{\text{출처확률}} = \overbrace{\Pr(E|I)}^{\text{임의 일치 확률}} \cdot \overbrace{\frac{\Pr(I)}{\Pr(E)}}^{\text{알 수 없는 확률}} . \tag{3.30}$$

여기서 검사는 $\Pr(I|E)$가 $\Pr(E|I)$와 같다고 판단하여 $\Pr(G|E)$를 다음과 같이 계산하였다:

$$\Pr(G|E) = 1 - \Pr(E|I) = 1 - \frac{1}{3000000}.$$

그러나 $\Pr(I|E)$가 $\Pr(E|I)$와 같기 위해서는 $\Pr(I) = \Pr(E)$이어야 한다. 검사의 오류에 빠지지 않는 올바른 계산은

7 *McDaniel v. Brown*, 558 U.S. 120 (2009) (https://supreme.justia.com/cases/federal/us/558/120/)

$$\Pr(G|E)=1-\Pr(I|E)=1-\frac{1}{3000000}\cdot\frac{\Pr(I)}{\Pr(E)}.$$

만약 우리가 무죄 추정의 원칙에 따라 사전무죄확률($\Pr(I)$)을 0.95로 보고 유무죄와 관계없이 DNA가 일치할 가능성 $\Pr(E)$을 임의 일치 확률과 같다고 본다면,

$$\Pr(G|E)=1-\frac{1}{3000000}\cdot\frac{0.95}{\frac{1}{3000000}}=0.05.$$

무죄 추정의 원칙에 따르면 트로이가 유죄일 가능성은 0.05에 불과하다.[8] 검사의 오류에 따른 계산결과와 엄청난 차이가 있음을 쉽게 확인할 수 있다.

요약 | 확률분포

- 확률분포란 확률변수가 취할 수 있는 모든 사건에 대해 일정한 확률을 할당한 것이다. 확률분포는 확률변수가 가진 표본 공간의 특징에 따라 이산확률분포와 연속확률분포로 나눌 수 있다.
- 확률변수가 이산변수인 경우, 확률은 $\Pr(Y=y)=p(y)$라고 표기한다. 여기서 y의 함수 $p(y)$를 Y의 확률밀도함수라고 부른다.
- 확률변수가 연속변수인 경우 특정 값에 대한 확률이 정의될 수 없기 때문에, 확률은 구간에 대해서 정의된다. 예를 들어 a와 b에 확률변수가 놓일 확률은, $\Pr(a\leq Y\leq b)=\int_{a}^{b}p(y)\,dy$로 표기한다.
- 중심극한정리는 특정 확률분포로부터 독립적으로 추출된 확률변수의 표본 평균은 해당 확률분포의 종류에 상관없이 표본 평균의 수가 무한으로 감에 따라 정규분포로 수렴한다.

....

8   비슷한 사건으로 다음 기사를 참조하라. "How DNA evidence creates victims of chance" *New Scientist*, August 18, 2010 (https://www.newscientist.com/article/mg20727743-300-how-dna-evidence-creates-victims-of-chance/?ignored=irrelevant).

- Y의 X에 대한 조건부 분포 $(Y|X)$란 X가 특정 값을 취할 때 그 값에 대응하는 Y의 확률분포라고 볼 수 있다.
- X와 Y의 결합분포는 X와 Y의 모든 가능한 조합에 대해 각각 확률을 부여하는 확률분포이다.
- 확률밀도함수와 누적분포함수의 관계는 적분과 미분의 관계로 쉽게 설명할 수 있으며 어느 하나를 알면 다른 하나를 쉽게 도출할 수 있다. 그러나 결합분포와 한계분포, 그리고 조건부 분포의 관계는 이와 다르다. 이를 정리하면 다음과 같다.
    1. 확률밀도함수로부터 누적분포함수를 도출하는 방법: 적분
    2. 누적분포함수로부터 확률밀도함수를 도출하는 방법: 미분
    3. 결합분포로부터 한계분포를 도출하는 방법: 한계화
    4. 한계분포로부터 결합분포를 도출하는 방법: 없음
    5. 결합분포로부터 조건부 분포를 도출하는 방법: 없음.

Part 2

자료에서 분석으로

Part 1에서 자료분석의 과학적 기초로 확률, 확률변수, 그리고 확률분포에 대해서 살펴보았다. Part 2에서는 이러한 지식을 이용하여 자료를 분석하는 방법을 논의할 것이다. 자료분석은 자료에서 드러나는 패턴을 찾아 읽고 해석하는 작업으로부터 시작되는데, 패턴해석의 기초개념은 연관성과 상관성이다. 상관성 분석을 확장하면 회귀분석에 다다르게 된다. 사회과학 분석 방법의 꽃이라고 불리는 회귀분석에 대해 집중적으로 살펴보면서 왜 회귀분석이 20세기 사회과학방법론의 가장 중요한 방법론이 되었는지를 설명할 것이다.

chapter

04

독립성, 연관성, 그리고 상관성

그림 4.1 칼 피어슨(Karl Pearson, 1857-1936). 통계학이 사회공학에서 사회과학으로 넘어오는 결정적인 전환점은 두 개의 확률변수가 서로 독립적인지 아니면 종속적인지를 확인하는 것으로부터 시작되었다. 그 전환점을 만든 사람이 바로 피어슨이다. 골튼의 열렬한 추종자였으며 사회주의와 우생학에 심취했던 그는 근대 통계학의 핵심 개념들(회귀분석 계수, 상관성 계수, 카이제곱 검정, 표준편차, 주성분분석 등)의 개발에 지대한 공헌을 한 뛰어난 통계학자였다. 그림 출처: https://simple.wikipedia.org/wiki/Karl_Pearson

통계적 추론이란 확률변수와 그 분포에 대한 지식을 이용하여 관측 자료로부터 미지의 정보를 얻는 것을 말한다. 여기서 "미지의 정보가 무엇인가?"라는 질문이 대두된다. 즉, 우리가 관측 자료를 통해 알고자 하는 것은 무엇인가? 단순한 기술통계를 제외한다면 변수 간의 관계에 대한 정보가 미지의 정보에 해당된다.

이 장에서 우리는 변수 간의 관계에 대한 정보에서 가장 기본적이면서 가장 중요한 개념인 독립성, 연관성, 그리고 상관성에 대해 살펴볼 것이다. 먼저 변수 간의 관계에 대한 4가지 통계적 개념을 정리해 보자.

변수 간의 관계에 대한 4가지 통계적 개념

- 독립성(independence): X에 대한 정보는 Y에 대한 아무런 정보도 주지 못한다. 두 변수가 독립적일 경우 다음과 같이 표기한다: $X \perp\!\!\!\perp Y$.
- 연관성 또는 종속성(association or dependence): 연관성이란 X에 대한 정보가 Y에 대해 유의미한 정보를 제공한다는 것을 의미한다. 이는 두 변수가 통계적으로 종속적이라는 것과 같은 의미이다. 독립성과 연관성은 서로 배타적이다. 따라서 모든 변수는 독립적이거나 종속적이다. 두 변수가 종속적인 경우 특별한 표기법이 존재하지는 않으나 다음과 같이 쓸 수 있다: $X \not\!\perp\!\!\!\perp Y$.
- 상관성(correlation): 연관성이 독립성 여부에 대한 통계적 판단이라면 상관성은 이를 정량화한 것이다. 상관성은 X의 증감이 Y의 증감에 미치는 영향을 측정한다. 대표적으로 피어슨 상관성은 선형종속(linear dependence) 관계에 대한 측정치로 -1을 가장 낮은 값으로 $+1$을 가장 큰 값으로 갖는다. 독립성은 0으로 측정된다. 두 변수의 상관성은 $\rho(X, Y)$로 표기한다.

- 인과성(causality): X와 Y가 서로 연관성을 가진 관계 중에서, X가 Y의 변화를 일으키는 관계를 말한다. 제 3의 요인에 의해 두 변수가 함께 변화하는 것은 연관성이지만 인과성은 아니다. 인과성에 대해서는 다양한 표기법이 존재하지만 이 책에서는 $X \overset{c}{\longrightarrow} Y$로 표기하도록 한다.

위 개념 중에서 가장 혼돈을 일으키는 것은 연관성과 상관성이다. 위 정의와 함께 이 두 개념이 사용되는 방법을 이해하면 두 개념의 차이를 더욱 확연히 알 수 있다. 연관성은 범주변수(categorical variable)와 정량변수(quantitative variable) 모두에 대해서 적용되는 반면 상관성은 정량변수에 대해서만 측정 가능하다.

제1절
연관성

표 4.1은 미국 일반사회조사(General Social Survey)의 1991년 자료에서 성별 정당일체감(party identification)을 요약한 것이다. 가로축은 성별 구분을, 세로축은 정당일체감을 보여주고 있다. 정당일체감은 민주당(Democrats, D), 무당파(Independents, I), 그리고 공화당(Republicans, R) 순으로 나열되어 있다. 이렇게 범주에 따라 빈도를 요약한 표를 빈도표(contingency table) 또는 크로스탭(cross tab)이라고 부른다. 빈도표는 범주변수의 분포를 살펴보는 대표적인 방법이다.[1]

빈도표에서는 독립변수에 해당되는 자료를 가로축에 종속변수에 해당되는 자료를 세로축에 표시하는 것이 관례이다. 연관성 연구에서는 아직 종속변수와

....

[1] 위키피디아에 따르면 cotingency table이라는 말은 피어슨(Karl Pearson)의 "On the Theory of Contingency and Its Relation to Association and Normal Correlation"(1904)에서 기원한 것이라고 한다 (https://en.wikipedia.org/wiki/Contingency_table). 한국통계학회 자료실의 통계용어 번역기준(http://www.kss.or.kr/bbs/board.php?bo_table=psd_sec)에서는 contingency table을 "분할표" 또는 "우발표"로 번역할 것을 제안하고 있다. 분할표는 전체 빈도를 나누어 표기했다는 의미를 강조한 것이고 우발표는 contingency에 해당되는 우리말이 불확실성이나 우발성이기 때문에 이를 직역한 것으로 추측된다. 그러나 이 두 번역 모두 현대 국어의 표현방법과 잘 맞지 않고 의미전달도 쉽게 되지 않는다. contingency table이란 사실 두 가지 확률변수의 빈도를 표시한 표를 의미하기 때문에 "빈도표"라는 번역이 더 적합한 것으로 보인다.

표 4.1 미국 유권자의 성별 정당일체감

	여성	남성
민주당 (D)	279	165
무당파 (I)	73	47
공화당 (R)	225	191

자료출처: 미국 일반사회조사(1991)

독립변수의 구분이 없지만 정당일체감에 따라 성별이 변화하는 것은 상식적으로 맞지 않기 때문에 정당일체감을 종속변수로, 성별을 독립변수로 보는 것이 타당할 것이다.[2] 우리의 관심은 성별 구분에 따라 정당일체감이 변화하는지를 확인하는 것이다.

연관성 분석을 위해서는 먼저 두 변수의 조건부 분포를 살펴보는 것이 유용하다. 특정 정당에 대한 일체감을 전제한 뒤, 해당 응답자가 여성일 가능성과 남성일 가능성(p(성별|정당))이 어떤지 살펴보자. 이를 위해서 빈도표를 비율로 계산해서 보여주는 prop.table()을 이용하여 해당 자료를 가로축으로 계산하였다.

```
t(apply(dt, 1, prop.table))
```

```
##    female  male
## D   0.628 0.372
## I   0.608 0.392
## R   0.541 0.459
```

조건부 분포이므로 각 줄의 확률을 모두 더하면 1이 됨을 알 수 있다. 즉 특정 정당에 대한 일체감을 기준으로 이에 대한 각각의 조건부 분포를 보여주고 있다. 공화당과 일체감을 가진 응답자가 여성일 가능성(0.54)이 민주당에 대한 일체감을 가진 응답자가 여성일 가능성(0.62)에 비해서 더 낮음을 알 수 있다.

반대로 성별을 전제하고 특정 당에 대한 일체감을 가질 확률(p(정당|성별))

....

2   종속변수를 세로항에 위치시키는 관례는 연속변수의 산포도(scatter plot)를 그릴 때에도 적용되니 독자들은 이 관례를 꼭 기억해서 사용하기 바란다.

을 계산하면 다음과 같다.

```
apply(dt, 2, prop.table)
```

```
##    female male
## D  0.484 0.409
## I  0.127 0.117
## R  0.390 0.474
```

p(성별|정당)와는 반대로 p(정당|성별)의 경우에는 세로축의 합이 1임을 알 수 있다. 성별에 대한 정당일체감의 조건부 분포를 보여주고 있다. 남성인 경우 공화당과 일체감을 가질 확률(0.47)이 여성인 경우(0.39)보다 월등히 높다는 점을 알 수 있다. 반면 민주당과 일체감을 가질 확률은 남성에서 여성으로 바뀌는 경우 0.41에서 0.48로 상승한다는 점을 알 수 있다.

두 변수 각각의 조건에 대해 자료의 분포를 동시에 살펴보는 방법은 결합분포(joint distribution)이다. 결합분포에서 관측될 수 있는 사건의 수는 모두 6가지이다.

- 남성-민주당
- 남성-무당파
- 남성-공화당
- 여성-민주당
- 여성-무당파
- 여성-공화당

이 6가지 사건이 표본 공간이기 때문에 6가지 사건에 대한 확률을 모두 더하면 1이 된다.

결합분포의 계산은 prop.table()로 쉽게 할 수 있다.

```
prop.table(dt)
```

```
##    female  male
## D 0.2847 0.168
## I 0.0745 0.048
```

```
## R 0.2296 0.195
```

무작위로 아무 응답자나 한 명을 뽑는다면 여성-민주당일체감 응답자가 뽑힐 확률이 가장 높고 남성-무당파 응답자가 뽑힐 확률이 가장 낮음을 알 수 있다.

성별과 정당일체감을 두 축으로 하는 $x-y$ 평면을 그리고 결합분포의 확률을 그 위에 세로축으로 그려 넣은 3차원 그래프를 연상해보면 결합분포의 의미를 쉽게 이해할 수 있다. 아래 코드는 성별과 정당일체감의 결합분포를 3차원 그래프로 그리는 방법을 보여주고 있다. 시각화 결과물은 그림 4.2이다.

```r
library(scatterplot3d)

## x, y, z 변수를 지정
x <- c("D", "I", "R")
y <- c("Female", "Male")
z <- prop.table(dt)
library(scatterplot3d)

## x, y, z 변수를 지정
x <- c("D", "I", "R")
y <- c("Female", "Male")
z <- prop.table(dt)

## 데이터 프레임으로 변환
mydat = data.frame("정당일체감" = as.vector(row(dt)),
                   "성별" = as.vector(col(dt)),
                   "확률" = as.vector(unlist(z)))

## 3d 그래프 그리기
scatterplot3d(mydat, type = "h", lwd = 2,
              x.ticklabs = c("민주당","","무당파","","공화당"),
              y.ticklabs = c("여성","","","","","남성"),
              col.axis="blue", col.grid="lightblue", angle= 60, pch=20,
              y.margin.add = 0.5, cex.symbols=3, color = "brown", box = F)
```

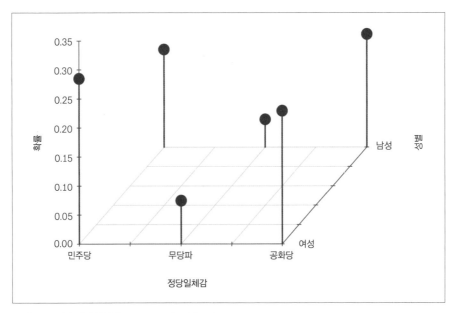

그림 4.2 성별 정당일체감. 미국 일반사회조사 (1991)

1.1 두 범주변수 간의 독립성 검정

성별과 정당일체감의 조건부 분포와 결합분포를 검토하면서 우리는 두 변수가
서로 독립적이지 않다는 징후적 증거를 발견하였다. 그러나 시각화 결과나 빈
도표만을 통해 두 변수의 종속성(혹은 독립성)을 확정적으로 단정하는 것은 어렵
다. 그 이유는 두 변수가 종속적이라고 판정할 수 있는 객관적 기준이 분명하지
않기 때문이다. 종속성에 대한 객관적 기준을 찾으려고 한 것이 오늘날 사회과
학 자료분석의 기원이라고 할 수 있다.

먼저 독립성을 확률적으로 정의해 보자. 확률이론에서 독립된 사건이란 한
사건의 발생이 다른 사건의 발생 가능성에 영향을 주지 않는 것을 말한다. 이는 조건
부확률로 쉽게 표현할 수 있다. 사건 A의 한계확률분포가 사건 $A|B$라는 조건
부확률분포와 같다면 사건 A와 B는 독립된 사건이라고 말할 수 있다.

$$\text{독립사건: } \Pr(A) = \Pr(A|B)$$

우리의 예제에 이를 적용하면, 성별의 한계분포가 정당일체감을 전제로 성
별의 조건부 분포와 같다면 성별은 정당일체감과 독립적이라고 할 수 있다. 성

별의 한계분포를 보면 다음과 같다.

```
prop.table(apply(dt, 2, sum))
```

```
## female    male
##  0.589   0.411
```

결국 이 한계분포가 각 조건부 분포와 얼마나 비슷하게 분포되어 있는지가 판정의 기준이 된다. 현실에서는 존재하기 어렵지만 조건부 분포가 성별의 한계분포와 완벽하게 일치하는 경우가 독립성 검정의 객관적 기준이 된다.

1.2 카이제곱 검정

두 범주변수 간의 독립성 검정에 사용되는 분포는 카이제곱분포(Chi-sqared distribution)이다. 카이제곱분포는 독립된 표준 정규분포 확률변수의 제곱합(sum of the squares)이 따르는 분포이다. 카이제곱분포의 모수는 자유도(degree of freedom)이다. 그림 4.3은 자유도에 따른 카이제곱분포의 변화를 보여주고 있다. 카이제곱분포의 모양이 자유도가 작을 때에는 매우 치우친 모습을 보이다가, 커짐에 따라 점차 정규분포와 비슷한 모습을 보임을 알 수 있다.

```
par(mar=c(3,3,2,1), mgp=c(2,.7,0), tck=.02)
curve(dchisq(x, 1), from = 0, to = 100, lwd = 2, ylab="f(y)", xlab="y",
      col=addTrans('firebrick4', 50))
curve(dchisq(x, 5), from = 0, to = 100, lwd = 2, add=T,
      col=addTrans('firebrick4', 100))
par(mar=c(3,3,2,1), mgp=c(2,.7,0), tck=.02)
curve(dchisq(x, 1), from = 0, to = 100, lwd = 2, ylab="f(y)", xlab="y",
      col=addTrans('firebrick4', 50))
curve(dchisq(x, 5), from = 0, to = 100, lwd = 2, add=T,
      col=addTrans('firebrick4', 100))
curve(dchisq(x, 10), from = 0, to = 100, lwd = 2, add=T,
      col=addTrans('firebrick4', 150))
curve(dchisq(x, 50), from = 0, to = 100, lwd = 2, add=T,
      col=addTrans('firebrick4', 200))
```

```
legend("topright",
       legend = c('df = 1', 'df = 5', 'df = 10', 'df = 50'),
       lwd=2, bty="n",
       col=c(addTrans('firebrick4', 50), addTrans('firebrick4', 100),
             addTrans('firebrick4', 150), addTrans('firebrick4', 200)))
```

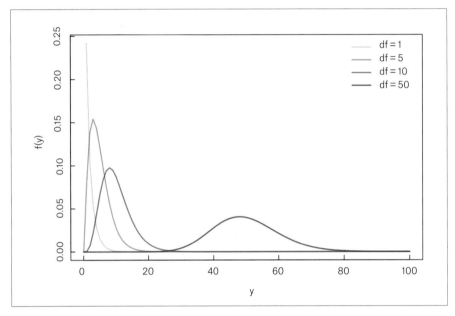

그림 4.3 카이제곱분포

카이제곱분포를 이용한 독립성 검정에서 자유도는 $(r-1)(c-1)$인데, 여기서 r은 빈도표에서 줄의 수를, c는 칸의 수를 각각 나타낸다. 위의 예제를 단순화하여 성별과 정당일체감 중 공화당-민주당 사이의 독립성 검정을 진행한다고 가정하자. 2×2 빈도표에서 자유도는 1이 된다. 그 이유는 무엇인가?

먼저 우리가 성별과 정당일체감의 한계분포를 안다고 가정해 보자.

정당	여성	남성	합계
민주당	?	?	444
공화당	?	?	416
합계	504	356	860

앞서 설명했듯이 한계분포의 정보로부터 조건부 분포나 결합분포를 정확하게 도출하는 것은 불가능하다. 후술하겠지만 한계분포에서 조건부 분포를 잘못 유추하는 것을 생태학적 오류(ecological fallacy)라고 부른다. 일반인들이 가장 흔하게 범하는 통계적 오류 중의 하나가 바로 생태학적 오류이다.

만약 우리가 민주당-여성 셀에 대한 정보를 알고 있다고 가정하자. 그렇다면 나머지 물음표를 채우는 것은 어렵지 않다.[3]

정당	여성	남성	합계
민주당	279	?	444
공화당	?	?	416
합계	504	356	860

이렇게 2 × 2 빈도표에서는 하나의 셀에 대한 정보만 있으면 나머지 모든 물음표를 채울 수 있으며 3 × 2 빈도표에서는 두 개의 셀에 대한 정보만 있으면 나머지 모든 물음표를 채울 수 있다. 이것이 자유도이다.

카이제곱분포를 이용한 독립성 검정(줄여서 카이제곱 검정)의 목표는 독립성 검정이다. 카이제곱 검정을 위해서는 먼저 기대 빈도(expected frequencies, f_e)를 계산해야 한다.

Definition 1.1

기대 빈도

$$f_e = \frac{\text{줄 합계} \times \text{열 합계}}{\text{총합계}}. \tag{4.1}$$

기대 빈도란 두 변수가 독립적일 때 예상되는 각 사건의 가상적 관측값이다. 즉, 자료의 조건부 분포가 가로 또는 세로 어떤 경우에서든 모두 같을 때의 빈도값이 기대 빈도가 된다. 이 기대 빈도로부터 관측값이 얼마나 이탈하는지가 종속성 혹은 연관성 판단의 기준이 된다.

여기서 한 가지 유의할 점이 있다. 카이제곱 검정의 중요한 전제 조건은

---
3   독자들은 펜을 들고 직접 채워보기 바란다.

각 사건마다 최소 5개 이상의 관측치가 있어야 한다는 것이다. 왜냐하면 어느 한 셀에서 관측치가 지나치게 작은 경우 기대 빈도 예측이 잘 맞지 않기 때문이다. 이 가정이 맞지 않는 작은 표본의 경우에는 피셔의 정확도 검정(Fisher's exact test)을 사용하여 독립성 검정을 진행할 수 있다.

카이제곱 검정 통계는 기대 빈도가 관측빈도(observed frequencies, f_o)와 얼마나 가까운지를 수치화한다.

Definition 1.2

카이제곱 검정 통계

$$\chi^2 = \sum \frac{(f_o - f_e)^2}{f_e}.$$

(4.2)

카이제곱 검정을 할 때, 잔차(residuals = difference between observed and expected frequency)를 이용하면 결과의 해석이 매우 용이하다. 특히 표준잔차(standardized residuals)를 계산하면 연관성의 방향을 살펴볼 수 있다.

Definition 1.3

표준잔차

$$표준잔차 = \frac{f_o - f_e}{\sqrt{f_e (1 - 줄\ 비율(\text{row proportion})) \times (1 - 열\ 비율(\text{column proportion}))}}.$$

(4.3)

표준잔차는 표준 정규분포의 통계값으로 해석이 가능하다.

이제 성별 정당일체감 자료를 이용해서 카이제곱 검정을 진행해 보자. chisq.test()는 카이제곱 검정을 진행하는 함수이다. 검정 결과 객체에는 기대 빈도와 관측빈도, 통계값, p값 등의 정보가 모두 저장되어 있다.

먼저 기대 빈도를 계산해 보자.

```
test0 <- chisq.test(dt)
test0$expected
```

```
##    female  male
## D   261.4 182.6
## I    70.7  49.3
## R   244.9 171.1
```

성별 정당일체감 자료에서 카이제곱 검정 통계값을 살펴보면,

```
test0
```

```
##
##   Pearson's Chi-squared test
##
## data:  dt
## X-squared = 7, df = 2, p-value = 0.03
```

카이제곱 검정통계값이 7.0095이고 p값은 0.03005가 나온다. p값이 0.05보다 작다는 것은 통상적으로 7.0095라는 카이제곱 검정값이 매우 극단적임을 의미한다. 즉 모집단의 두 변수가 서로 독립적일 경우 우리가 관측한 이 자료 또는 이보다 더 극단적인 자료를 보게 될 가능성은 매우 희박하다는 것이다.

성별 정당일체감 자료에서 표준화된 잔차를 계산하면 다음과 같다.

```
test0$stdres
```

```
##    female   male
## D   2.293 -2.293
## I   0.465 -0.465
## R  -2.618  2.618
```

무당파의 경우 성별에 따른 잔차의 분포가 유의미하지는 않지만, 민주당 지지자와 공화당 지지자의 경우 성별에 따른 잔차의 분포가 독립된 자료의 경우와 통계값 2 이상의 큰 차이를 보인다. 부호를 보면 남자의 경우 독립된 자료의 경우보다 공화당 지지자인 경우가 더 많고 여자인 경우 민주당 지지자인 경우가 더 많음을 알 수 있다.

카이제곱 검정에서 한 가지 주의할 점은 카이제곱은 독립성 여부만 판정할 뿐, 연관성의 정도나 크기에 대해서는 아무런 정보도 주지 못한다는 점이다. 그 이유는 표

본 크기에 따라 카이제곱 검정 통계값의 크기가 달라지기 때문이다. 표본 크기에 민감한 것은 카이제곱 검정 통계값의 중대한 약점이다.

1.3 피셔 정확도 검정

피셔(Ronald Fisher, 1890-1962) 정확도 검정은 빈도표에서 연관성 여부를 확인하기 위해 정확한 p값을 계산하는 방법으로 고안된 것이다. 이 방법이 탄생한 배경은 3장에서 소개한 차를 감별하는 숙녀(The Lady Tasting Tea) 실험을 통해서였다. 이때 피셔가 검정 방법으로 사용한 것이 바로 정확도 검정이다. 피셔 정확도 검정은 앞 장에서 언급한 초기하분포를 이용한 것이다.

Definition 1.4

피셔 정확도 검정

$$\text{피셔 정확도 } p = \frac{\binom{a+b}{a}\binom{c+d}{c}}{\binom{N}{a+c}}. \tag{4.4}$$

각 모수들은 다음 내용을 의미한다.

- $a+b$: 모집단의 총 성공 수
- a: 관측된 성공 수
- $c+d$: 모집단의 총 실패 수
- c: 관측된 실패 수
- N: 전체 빈도수

성별 정당일체감 자료에 대해 피셔 정확도 검정을 진행해 보자.

```
fisher.test(dt)
```

```
##
##  Fisher's Exact Test for Count Data
##
## data:  dt
## p-value = 0.03
```

```
## alternative hypothesis: two.sided
```

p값이 0.03으로 계산된다. 즉 성별과 정당일체감이 독립적이라면, 아주 우연하게 우리가 관측한 자료와 같거나 혹은 그보다 더 극단적으로 연관된 형태의 자료를 관측할 확률은 극히 적다고 볼 수 있다. 따라서 우리가 관측한 자료의 연관성은 우연의 산물이 아니라고 판정할 수 있다.

1.4 타이타닉호 침몰 사건: 생존 여부와 승선 등급의 상관성

카이제곱 검정을 통해 타이타닉호 침몰 사건을 분석해 보자. Titanic은 타이타닉호 사건에서의 생존자와 사망자 정보를 승선 등급, 성별, 나이에 따라 정리한 자료이다. 우리의 관심은 생존 여부와 승선 등급이 독립적인지 아니면 연관성이 있는지를 살펴보는 것이다.

먼저 자료를 불러와서 빈도표를 만들어 보자.

```
data(Titanic)
tab.class <- apply(Titanic, c(1, 4), sum)
tab.class
```

```
##        Survived
## Class   No  Yes
##   1st  122  203
##   2nd  167  118
##   3rd  528  178
##   Crew 673  212
```

자료에서 승무원을 제외한 1, 2, 3등급의 승선 등급에 대해서만 생존 여부와의 독립성 검정을 진행한다. 관측치가 각 셀마다 충분히 많아서 카이제곱 검정을 이용할 수 있다.

```
test.class <- chisq.test(tab.class[1:3,])
test.class
```

```
##
##   Pearson's Chi-squared test
##
## data:  tab.class[1:3, ]
## X-squared = 133, df = 2, p-value <2e-16
```

```
test.class$stdres
```

```
##         Survived
## Class      No    Yes
##   1st  -10.51  10.51
##   2nd   -1.37   1.37
##   3rd   10.22 -10.22
```

카이검정 통계값이 133.05로 계산되었고 p값은 거의 0에 가까운 값이 나왔다. 표준화된 잔차값을 보니 생존 여부가 독립적이었을 경우와 비교할 때, 1등급에서 매우 많은 사람들이 생존한 반면 3등급에서는 매우 많은 사람들이 사망한 것을 알 수 있다. 2등급의 경우 유의미한 차이를 관측하기 어렵다. 즉 타이타닉호에서의 생존 여부는 승선 등급과 독립적이지 않았다는 결론을 내릴 수 있다.

제2절
상관성

위에서 살펴본 카이제곱분포를 이용한 독립성 검정은 다음과 같은 약점을 가지고 있다.

　　1. 범주변수가 아닌 연속변수에 적용하기 어렵다.

　　2. 서로 다른 검정값을 상호 비교하기 어렵다.

　　3. 검정값의 범위가 제한되어 있지 않아서 직관적인 해석이 어렵다.

　　이러한 문제점을 개선하기 위해 등장한 개념이 바로 상관성 계수(correlation coefficient)이다. 이 상관성 계수는 다음 장에서 우리가 살펴볼 회귀분석(regression analysis)의 기초가 되는 개념이며 통계적 추론에서 매우 중요한 개

넘이다.

상관성이라는 표현을 가장 먼저 사용한 것은 골튼(Francis Galton, 1822-
1911)으로 전해진다(Stigler 1989). 그러나 상관성 계수의 측정 방법을 개발한 학
자는 근대통계학의 정립에 지대한 공헌을 한 피어슨(Karl Pearson)이다. 그래서
상관성 계수를 Pearson product-moment correlation coefficient 또는 피어슨
상관성(Pearson correlation)이라고 부른다.

2.1 피어슨 상관성

상관성 계수는 두 확률변수의 공분산(covariance)을 각각의 표준편차로 나누어
준 것이다.

Definition 2.1

피어슨 상관성

$$\rho_{X,Y} = \frac{\mathrm{Cov}(X,\,Y)}{s_X s_Y} = \frac{\mathbb{E}\left[(X-\bar{X})(Y-\bar{Y})\right]}{s_X s_Y}. \tag{4.5}$$

X의 표본 표준편차를 $s_X = \sqrt{\dfrac{\sum\limits_{i=1}^{n}(X-\bar{X})^2}{n-1}}$, Y의 표본 표준편차를

$s_Y = \sqrt{\dfrac{\sum\limits_{i=1}^{n}(Y-\bar{Y})^2}{n-1}}$ 라고 정의하면, 두 확률변수의 표본 공분산은

$$\mathrm{Cov}(X,\,Y) = \frac{1}{n-1}\sum_{i=1}^{n}(X_i-\bar{X})(Y_i-\bar{Y}). \tag{4.6}$$

표본 공분산 공식(4.6)을 자세히 살펴보면 피어슨이 어떻게 상관성 개념을
개발하였는지 쉽게 이해할 수 있다. 먼저 오른쪽 항의 $(X_i-\bar{X})$는 X의 관측값
이 자신의 평균으로부터 멀어지는 정도를 측정하고, $(Y_i-\bar{Y})$는 Y의 관측값이
자신의 평균으로부터 멀어지는 정도를 측정하고 있음을 알 수 있다. 따라서 두
개의 곱이 양이 되려면 $(X_i-\bar{X},\ Y_i-\bar{Y})$가 $(-,\ -)$ 또는 $(+,\ +)$가 되어야 한다.
X와 Y의 평균이 0이라고 가정하면 위와 같은 경우는 X와 Y가 1사분면과 3

사분면에 대부분 분포해 있는 경우이다. 반대로 두 개의 곱이 음이 되려면 X와 Y가 2사분면과 4사분면에 대부분 분포해 있는 경우이다. 따라서 상관성의 음과 양은 공분산의 음과 양에 의해 결정된다.

여기서 표본 공분산의 자유도가 $n-1$인 이유를 살펴보자. 원래 두 변수의 이변량분포는 $2n$개의 자유도를 가지고 있다. 여기서 표본분산을 계산하기 위해서는 두 변수의 평균값 2개를 고정시켜야만 한다. 나머지 $2n-2$개의 자유도 중에서 다시 $n-1$개를 두 변수의 차이의 곱을 구하기 위해 잃게 된다. 따라서 결국 $n-1$개의 독립된 정보만이 표본 공분산 계산에 사용된다.

임의의 두 연속변수 X, Y를 생성한 뒤에 **R**을 이용해 상관계수를 직접 계산해 보자.

```
Y = c(10, 9, 9.1, 7, 5)
X = c(3.4, 2.9, 3.3, 3, 3.9)
r <- sum((X - mean(X))*(Y - mean(Y)))/4/(sd(X)*sd(Y))
r
```

```
## [1] -0.536
```

계산된 상관성 계수는 점 추정치에 불과하며 이 상관성이 통계적으로 유의미한가에 대한 정보는 주지 못한다. 이를 확인하기 위해서는 상관성 계수의 표준오차(standard error, SE)를 계산하여 신뢰구간을 확인하거나 t-검정통계값을 계산해야 한다. 표준오차란 통계값이 반복표집에서 갖는 변이를 표시하는, 통계값의 표준편차이다. 상관성 계수를 이용하여 표준오차를 계산하면,

$$SE(\rho_{X,Y}) = \sqrt{\frac{1-\rho_{X,Y}^2}{n-2}}.$$

상관성 계수에 대한 t-검정통계값은

$$t_{n-2} = \frac{\rho_{X,Y}-0}{SE(\rho_{X,Y})}.$$

상관성 계수의 95% 신뢰구간은

$$\rho_{X,Y} \pm t_{n-2,\alpha} SE(\rho_{X,Y}).$$

cor.test()를 이용하면 상관성 계수에 대한 t-검정통계값을 이용한 유의성 검정과 신뢰구간을 쉽게 구할 수 있다.

```
cor.test(x = X, y = Y)
```

```
##
##    Pearson's product-moment correlation
##
## data:  X and Y
## t = -1, df = 3, p-value = 0.4
## alternative hypothesis: true correlation is not equal to 0
## 95 percent confidence interval:
##  -0.963  0.657
## sample estimates:
##     cor
## -0.536
```

상관성 계수의 95%신뢰구간은 $(-0.9632931, 0.6567007)$으로 0을 포함하고 있다. 즉 추정된 -0.536276라는 음의 상관성은 통계적으로 유의미한 값이 아닌 것이다. 신뢰구간과 같은 정보인 p값도 0.05보다 훨씬 큰 0.4를 나타내고 있다. 영가설이 두 변수가 독립적이라는 것에 근거하면 이 두 변수의 관측치는 그렇게 이례적이라고 볼 수 없다는 것이다. 다시 말해 -0.536276라는 두 변수의 상관성 점 추정치는 우연히 관측된 것이었을 가능성을 배제할 수 없다. 따라서 상관성이 0이라는 영가설을 기각할 수 없다.

상관성 계수의 몇 가지 중요한 성질을 정리하면 다음과 같다.

상관성 계수의 성질

- 상관성 계수는 $[-1, 1]$의 범위를 갖는다. 1은 완전한 양의 선형 상관성을, -1은 완전한 음의 선형 상관성을 의미한다. 카이제곱 통계값과는 달리 표준화된 측정치임을 알 수 있다.
- 상관성 계수의 크기는 선형 상관성의 정도를 보여준다. 서로 다른 변수들의 선형 상관성의 정도를 비교할 수 있다.

- 두 변수가 독립적이면 상관성 계수가 0에 가깝지만 그 역은 성립하지 않는다. 왜냐하면 선형 상관성이 아닌 상관성이 존재하기 때문이다.
- 상관성 계수는 유클리디안 공간(Euclidean space)에서 두 벡터가 이루는 코사인(cosine)값과 연관되어 있다:

$$\cos(\theta_{X,Y}) = \frac{\langle X - \bar{X}, Y - \bar{Y} \rangle}{\|X - \bar{X}\| \|Y - \bar{Y}\|}. \qquad (4.7)$$

식 (4.7)에서 ⟨⟩은 두 벡터의 내적(inner product)이고 ‖·‖은 벡터의 놈(norm)이다. 코사인을 이용해서 상관성을 계산해 보면 공분산을 이용한 값과 같다는 점을 확인할 수 있다.

```
denom <- norm(as.matrix(X - mean(X)),"f")*
  norm(as.matrix(Y - mean(Y)),"f")
numer <- t(X - mean(X))%*%(Y - mean(Y))
numer/denom
```

```
##        [,1]
## [1,] -0.536
```

norm()의 f는 프로비니우스 놈(Frobenius norm)을 의미한다.

피어슨 상관성 계수가 선형성에 근거하고 있는 한계를 극복하기 위해 랭크(rank)나 비모수(non-parameteric) 방법을 이용한 상관성 계수 측정법이 개발되었다. 예를 들어 스피어만 상관성(Spearman correlation)은 변수의 순위(rank)를 이용하여 상관성을 측정한다. 이와 유사하게 켄달 상관성(Kendall correlation)은 두 변수 사이의 순위 차순(rank order)의 조응성(correspondence)을 측정한다.

위에서 생성된 두 변수에 대해 스피어만 상관성과 켄달 상관성을 측정해 보면, 피어슨 상관성과 마찬가지로 두 변수가 독립적이라는 영가설을 기각할 수 없다.

```
cor.test(X, Y, method="kendall")
```

```
##
##   Kendall's  rank  correlation  tau
##
## data:   X  and  Y
## T = 5, p-value = 1
## alternative  hypothesis:  true  tau  is  not  equal  to  0
## sample  estimates:
## tau
##     0
```

```
cor.test(X, Y, method="spearman")
```

```
##
##   Spearman's  rank  correlation  rho
##
## data:   X  and  Y
## S = 22, p-value = 0.9
## alternative  hypothesis:  true  rho  is  not  equal  to  0
## sample  estimates:
##   rho
## -0.1
```

2.2 앤스콤의 사중주

상관성 계수는 선형 상관성을 측정하기 때문에 비선형 상관성은 제대로 반영되지 못한다. 이러한 특징을 가장 잘 보여주는 예가 앤스콤(Francis Anscombe, 1918-2001)의 사중주(Anscombe's quartet)라고 불리는 자료이다. 이 자료는 두 개의 변수 (X, Y)를 한 묶음으로 4개의 자료로 구성되어 있다.[4] 모든 X변수와 Y변수는 평균값과 표준편차가 같다.

```
require(stats); require(graphics)
anscombe
```

....

4   이 예시는 https://stat.ethz.ch/R-manual/R-devel/library/datasets/html/anscombe.html를 참고하였다.

```
##     x1 x2 x3 x4    y1    y2    y3    y4
## 1  10 10 10  8  8.04 9.14  7.46  6.58
## 2   8  8  8  8  6.95 8.14  6.77  5.76
## 3  13 13 13  8  7.58 8.74 12.74  7.71
## 4   9  9  9  8  8.81 8.77  7.11  8.84
## 5  11 11 11  8  8.33 9.26  7.81  8.47
## 6  14 14 14  8  9.96 8.10  8.84  7.04
## 7   6  6  6  8  7.24 6.13  6.08  5.25
## 8   4  4  4 19  4.26 3.10  5.39 12.50
## 9  12 12 12  8 10.84 9.13  8.15  5.56
## 10  7  7  7  8  4.82 7.26  6.42  7.91
## 11  5  5  5  8  5.68 4.74  5.73  6.89
```

```
## mean
apply(anscombe, 2, mean)
```

```
##  x1  x2  x3  x4 y1 y2 y3 y4
## 9.0 9.0 9.0 9.0 7.5 7.5 7.5 7.5
```

```
## sd
apply(anscombe, 2, sd)
```

```
##   x1   x2   x3   x4   y1   y2   y3   y4
## 3.32 3.32 3.32 3.32 2.03 2.03 2.03 2.03
```

네 쌍의 (X, Y) 변수들은 모두 상관계수가 0.82(소수 둘째 자리 반올림)임을 알 수 있다.

```
rhos <- setNames(as.list(1:4), paste0("rho", 1:4))
for(i in 1:4) {
  rhos[[i]] <- with(anscombe,
                    eval(parse(text=paste0("cor(y",i, ", x", i, ")"))))
}
rhos
```

```
## rho1
```

```
## [1] 0.816
##
## rho2
## [1] 0.816
##
## rho3
## [1] 0.816
##
## rho4
## [1] 0.817
```

이 네 쌍의 변수들을 산포도로 그리고 그 위에 피어슨 상관성 계수와 회귀 분석 선을 그리면 그림 4.4를 얻게 된다.

```
op <- par(mfrow = c(2, 2), mar = 0.1+c(4,4,1,1),
          oma =  c(0, 0, 2, 0))
ff <- y ~ x
for(i in 1:4) {
  ff[2:3] <- lapply(paste0(c("y","x"), i), as.name)
  fit <- lm(ff, data = anscombe)
  plot(ff, data = anscombe, col = "brown",
       pch = 21, bg = "orange", cex = 1.2,
       xlim = c(3, 19), ylim = c(3, 13))
  abline(fit, lwd = 2, col = addTrans("blue", 70))
  abline(a = 0, b = rhos[[i]], lwd = 2, col = addTrans("red", 90))
  legend("topleft", legend=c("correlation", "regression line"),
         bty="n", lty=1, lwd=2,
         col = c(addTrans("red", 90), addTrans("blue", 70)))
}
```

```
par(op)
```

다음 장에서 배우게 될 회귀분석선(regression line)은 상관계수보다 기울기가 약간 작지만 역시 네 개의 자료에 대해 같은 값을 갖고 있음을 알 수 있다. 그러나 상관계수와 회귀분석선은 그림 4.4의 패널 (1)을 제외하고는 자료를 제대로 설명하지 못하는 문제점이 있음을 쉽게 확인할 수 있다.

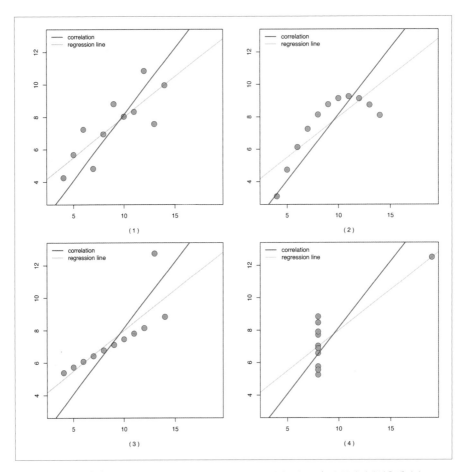

그림 4.4 앤스콤의 사중주. 네 쌍의 (X, Y) 변수들은 모두 피어슨 상관계수가 0.82(소수 둘째 자리 반올림)지만 변수들의 실제 관계는 매우 다르다. 회귀분석 선 역시 네 쌍의 변수들에 대해 동일하게 측정되고 있다.

예를 들어, 그림 4.4의 패널(2)에서 상관계수와 회귀분석선은 모두 자료의 비선형관계를 제대로 반영하지 못하고 있음을 알 수 있다. 패널(3)은 선형관계를 갖는 자료와 이로부터 멀리 떨어져 있는 하나의 극단적인 관측치로 인해 상관계수가 크게 영향을 받고 있음을 알 수 있다. 마지막으로 패널(4)는 상관계수가 자료의 분포상태를 전혀 반영하지 못하고 있는 사례이다. 우측 상단의 극단값에 의해 양의 선형성이 존재하는 것으로 계산되었으나 실은 이 극단값을 제외하고는 가로축의 변수는 세로축의 변수와 일정한 상관성이 존재한다고 보기 어렵다.

앤스콤의 사중주는 상관성 계수나 회귀분석과 같이 선형 관계에 의존한 분석 방법이 가진 함정을 잘 보여주고 있다. 변수가 많지 않은 경우 이러한 선형관계의 함정은 자료의 시각화를 통해 쉽게 확인할 수 있다. 시각화를 통해 자료를 확인하는 것이 왜 중요한지를 보여주는 예이다.

제3절
생태학적 오류와 심슨의 역설

상관성에 대한 사회과학 연구에서 가장 많은 논쟁을 야기한 것이 바로 생태학적 추론(ecological inference)이다. 생태학적 추론이란 개념은 로빈슨(William S. Robinson, 1913-1996)이 1950년 "Ecological Correlations and the Behaviors of Individuals"(Robinson 1950)에서 공식적으로 사용하면서 사회과학에 널리 알려졌다. 로빈슨은 1933년 미국 인구조사사무소(U.S. Census Bureau)의 자료를 이용하여 외국 출생 인구와 문맹율 사이의 관계가 48개 주 사이에서는 0.53의 상관성을 보이지만 개인 수준에서는 −0.11의 관계를 가지고 있음을 확인하면서 집단(미국의 개별 주) 수준에서의 상관성으로 개인 수준의 상관성을 추론하면 오류를 범할 수 있음을 경고하였다.[5]

　생태학적 오류는 개인 수준의 상관성과 집단 수준의 상관성을 제대로 구분하지 못하여 집단 수준의 상관성으로부터 미관측된 개인 수준의 상관성을 유추함으로써 발생하는 오류를 말한다. 확률분포의 관점에서 생태학적 추론은 한계분포로부터 조건부 분포나 결합분포를 유추하는 것이다. 하나의 한계분포로부터 무한히 다양한 조건부 분포나 결합분포가 모두 유추될 수 있기 때문에 생태학적 추론은 오류의 가능성이 매우 크다.

　예를 들어, 어떤 지역구 유권자들 중 60%가 2012년 대선에서 박근혜 후보를 지지했다고 가정하자. 그 지역구 유권자들의 60%가 65세 이상의 노년층이라면 우리가 무작위로 해당 지역구에서 박근혜 후보를 지지한 사람을 뽑을 경우 이 사람이 노년층일 확률은 얼마인가? 직관적으로 노년층이 박근혜 후보를 지지할 가능성이 높을 것이라고 생각할 수 있다. 그러나 이러한 생태학적 추론은 오류의 가능성이 항상 존재한다. 예를 들어 아래 표와 같은 결과가 실제 결과라

....

5　위 숫자는 프리드만(David Freedman)의 글(https://web.stanford.edu/class/ed260/freedman549.pdf)에서 발췌한 것이다. 개별 주 차원의 원자료는 http://www.ru.nl/mt/rob/downloads에서 찾을 수 있지만 개인 수준의 자료는 찾을 수 없어서 프리드만의 계산 결과를 원용하였다.

고 가정해 보자.

	박근혜	문재인	합계
청장년	0.35	0.05	0.40
노년	0.25	0.35	0.60
합계	0.60	0.40	1

한계분포만을 보면 노년층이 많고 박근혜 후보에 대한 지지가 높기 때문에 노년층이 곧 박근혜 후보를 더 많이 지지했을 것이라는 해석이 가능하다. 그러나 이 지역구에서 박근혜 후보에 대한 지지율은 청장년 층에서 상대적으로 높게 집계된 반면 노년층은 오히려 문재인 후보를 더 많이 지지하였음을 볼 수 있다. 실제 자료를 보면 이 지역구에서 노년층이 박근혜 후보를 지지할 조건부확률은 0.42에 불과하다. 왜냐하면

$$P(\text{박근혜}|\text{노년층}) = \frac{P(\text{박근혜, 노년층})}{P(\text{노년층})} = \frac{0.25}{0.60} = 0.4166667.$$

반면 청장년층의 박근혜 후보 지지에 대한 조건부확률은

$$P(\text{박근혜}|\text{청장년층}) = \frac{P(\text{박근혜, 청장년층})}{P(\text{청장년층})} = \frac{0.35}{0.40} = 0.875.$$

이와 같이 생태학적 추론은 오류의 가능성이 매우 높다는 점을 명심해야 한다. 하나의 한계분포로부터 다양한 조건부 분포나 결합분포가 도출될 수 있기 때문이다.

개인과 집단 수준에서의 상관성이 반대방향을 가리킴으로써 발생하는 추론상의 오류를 심슨의 역설(Simpson's paradox)이라고 부른다. 대표적인 예가 미국 캘리포니아 버클리대학에서 1970년대에 진행된 성차별 논쟁이다(Bickel et al. 1975, 398). 대학원 전체 합격자만을 보면 남성 지원자가 여성 지원자보다 더 높은 비율로 합격해서, 성차별적 입학 결정이 진행된 것으로 보였으나 실제 입학 결정이 내려지는 단위인 학과별 자료를 검토한 결과 성차별적이라고 보이는

비율상의 차이가 존재하지 않았다. 오히려 남성 지원자에게 약간 더 불리하였다는 결론이 학과별 분석을 통해 내려지게 되었다.

이와 같이 연관성과 상관성에 대한 사회과학자들의 관심은 자료에 대한 기술적 분석과 측정으로부터 통계적 추론으로 나아가기 위한 중요한 첫걸음이었다고 볼 수 있다. 연관성 추정을 위한 카이제곱추정법이나 상관성에 대한 발견은 회귀분석이라는 경험적 사회과학 분석에서 가장 중요한 도구의 등장으로 이어지게 되었다.

요약 | 독립성, 연관성, 그리고 상관성

- 연관성은 두 범주변수들 사이의 관계를 묘사하는 개념으로 카이제곱 독립성 검정을 통해 확인할 수 있다. 독립성 여부를 확인하는 것이 독립성 검정의 목적이며 자료들 사이의 연관성의 크기를 비교하는 것은 어렵다.
- 상관성은 두 연속 변수들 사이의 관계를 묘사하는 개념으로 피어슨 상관계수를 통해 확인할 수 있다. 상관성은 서로 다른 자료들 사이에서 비교 가능하며 [−1, 1]로 표준화된 측정치라는 장점이 있다. 다만 선형 상관성에 한정되어 비선형 관계를 도외시한다는 한계가 있다.
- 상관성과 연관성은 모두 자료에 나타난 종속 관계를 확인하기 위해 등장한 개념으로 피셔나 피어슨과 같은 근대 통계학의 거두들에 의해 개발되고 발전되어온 개념이다. 상관성과 연관성에 대한 추론이 두 변수 이상의 상황에서, 모든 종류의 변수들로 일반화된 것이 회귀분석이라고 할 수 있다.
- 상관성 분석에서 분석수준을 정확하게 정하지 않으면 생태학적 추론의 오류나 심슨의 역설에 빠질 수 있다.

회귀분석

그림 5.1 프란시스 골튼(Francis Galton, 1822-1911). 사회과학에서 통계의 적용은 골튼으로부터 시작되었다고 볼 수 있다. 생물통계, 유전학, 우생학 등에 광범위한 족적을 남긴 골튼은 회귀분석의 근간이 되는 "회귀"라는 현상과 "상관성"이라는 개념을 개발하였다. 골튼, 피어슨, 고셋, 니만, 그리고 피셔로 이어지는 통계학의 혁명을 통해 20세기 사회과학 자료분석 방법의 기초가 되는 회귀분석 모형과 통계적 추론의 틀이 완성되었다. 그림 출처: https://en.wikipedia.org/wiki/Francis_Galton

회귀분석은 2개 이상의 확률변수들 사이의 관계를 추론하기 위해 등장했다. 상관성 분석에서와는 달리 회귀분석에서는 변수들이 서로 상이한 지위를 갖는다. 회귀분석에 이르러 사회과학의 경험적 연구는 하나의 방법론(methodology)으로 자리 잡게 되었다. 이 장에서는 회귀분석의 가장 기본적인 모형인 선형 회귀모형에 대해서 논의할 것이다. 선형 회귀모형은 종속변수가 불연속적인 경우나 설명변수와 비선형관계를 가지는 경우에도 확장되어 사용될 수 있는 매우 유연하고 효율적인 통계모형이다.

제1절
회귀분석이란 무엇인가?

1.1 회귀 개념의 출현

19세기 이전 통계학은 천문학의 관측자료를 다루는 자연과학자들의 전유물이었다. 사회과학에서의 통계의 사용은 19세기 학자들, 특히 그 중에서도 골튼(Francis Galton, 1822-1911), 에지워스(Francis Edgeworth, 1845-1926), 피어슨에 의해서 본격화되었다고 보는 것이 지배적이다. 스티글러는 이들 간의 역할분담을 다음과 같이 정리하고 있다.

골튼은 원조 격에 해당하는 풍부한 상상력과 창의성으로 무장했으며 에지워스는 골튼의 아이디어를 깊이 이해하여 보다 정형화된 형태로 포장하였으며 피어슨이라는 수학적으로 유능하고 엄격한 학문적 태도를 가진 학자는 이를 종합하였다(Stigler 1986).

회귀(regression)라는 개념을 주조한 것은 골튼이었다. 다윈(Charles Robert Darwin, 1809-1882)을 사촌으로 두었던 골튼은 일찍부터 유전(heredity)에 관심이 많았다. 생체정보연구(biometric school)의 창시자인 골튼은 자신의 연구소에서 영국인들의 신장(身長)과 같은 생체정보를 광범위하게 수집하였다. 골튼은 한 부모세대에서 극단적인 신장값이 관측되면 그 극단값이 자손에게서는 발견되지 않는 경향이 있음을 발견하였다. 평균보다 신장이 큰 부모들은 자신들보다 더 작은 자녀가 나타날 가능성이 높은 반면, 평균보다 신장이 작은 부모들은 자신보다 더 큰 자녀가 나타날 가능성이 더 높다는 것이었다. 골튼은 이를 중도로의 회귀(regression towards mediocrity in hereditary stature)라고 표현했고 이것이 오늘날 우리가 사용하는 회귀분석의 어원이 되었다. 골튼은 부모와 자식 사이의 신장유전에 관한 연구를 체계화하는 과정에서 자연과학에서 사용되는 오차분포의 개념을 도입하였고 이것이 오늘날 선형 회귀분석의 출발점이 되었다.

1.2 회귀분석의 기본 구조

골튼에 의해 개발되어 사회과학 전 분야로 광범위하게 확산된 회귀분석 모형의 기본 구조는 다음과 같다:

$$종속변수 = 체계적\ 부분 + 비체계적\ 부분.$$

체계적 부분은 다시

$$체계적\ 부분 = f(설명변수, 통제변수)$$

로 이루어진다. $f(\cdot)$는 설명변수와 통제변수가 종속변수와 맺는 관계를 표현한 함수로 선형 회귀분석에서는 1차 함수이다.

여기서 회귀분석 모형을 구성하는 종속변수, 설명변수, 그리고 통제변수에 대한 정의를 간단히 살펴보자.

먼저 종속변수란 이론적 가설의 논리적 도착점에 해당되는 확률변수이다. 과학적 논증에서는 결과(effect), 실험적 연구에서는 반응(response 또는 outcome)에 해당한다. 이상적인 회귀분석에서 종속변수의 변이(variation)는 설명변수의 변화에 의해 그 관측값이 내생적으로(endogenously) 결정되어야 한다. 그래서 종속변수를 내생변수(endogenous variable)라고도 한다. 종속변수가 내생적으로 결정되지 않으면 자료 생성 과정에 기초한 설명은 잘못된 설명이 되고 해당 모형은 설명력이 취약한 것으로 판정된다.

설명변수란 과학적 논증에서는 원인(cause), 실험적 연구에서는 처치(treatment) 또는 자극(stimulus)에 해당되는 것으로, 이론적 가설의 논리적 출발점에 해당되는 확률변수이다. 모형 안의 다른 변수에 의해 영향을 받지 않는 외생성(exogeneity)을 중요한 특징으로 한다. 예를 들어 어떤 약의 효과를 측정하고자 할 때, 약의 복용 여부가 자료 생성 과정으로부터 독립적인 요인에 의해서 결정되는 경우, 우리는 그 약의 효과를 가장 정확하게 측정할 수 있다. 만약 약의 복용이 개인의 자발적 선택에 의해 결정되고 그 자발적 선택과 약의 효과 사이에 상관성(예: 약을 자발적으로 복용하는 사람들이 주기적인 운동을 더 많이 함)이 있다면 약의 순수한 효과는 운동 여부라는 혼란요인(confounder)에 의해 오염되어 측정된다.[1]

통제변수는 설명변수와 함께 종속변수의 변이를 구성하는 체계적 부분의 구성요소이다. 수학적인 기능은 설명변수와 같으나 통계적인 의미와 해석은 완전히 다르다. 통제변수의 역할은 1.4에서 자세히 설명할 회귀분석의 목적에 따라 두 가지로 나누어 이해할 수 있다.

1. 회귀분석의 목적이 인과효과 측정이나 효과의 원인에 대한 추적에 있다면, 통제변수는 실험연구에서 무작위배분과 같은 역할을 하는 것이 이상

---

[1] 한국통계학회는 confouding을 "중첩, 혼선, 혼재, 교락"으로 번역할 것을 제안하고 있다. confouding 이 심각한 문제인 이유는 단순히 변수 사이에서 혼선이나 중첩, 혼재를 일으키기 때문이 아니라 누락 시에 매우 심각한 추론상의 오류(inferential fallacy)를 야기할 수 있기 때문이다. 허위상관성이나 심슨의 역설이 그 대표적인 예이다. 따라서 중첩, 혼선, 혼재, 교락과 같은 표현보다는 오류 가능성을 내포하는 혼란이라는 번역이 더 타당해 보인다.

적이다. 즉 설명변수의 모수가 설명변수가 종속변수에 미치는 영향만을 오롯이 반영할 수 있도록, 다른 요인들의 영향을 차단하는 것이 통제변수의 역할이다. 이를 위해서 연구설계에서나 모형설정 시에 혼란요인으로 간주될 수 있는 변수들의 영향을 제거하는 것이 중요하다.

2. 회귀분석의 목적이 이해나 예측에 있다면 통제변수는 종속변수의 변이를 충분히 설명하여 모형의 타당성(validity)을 높이는 역할을 수행해야 한다. 모형 전체가 자료 생성 과정을 충분히 재현할 수 없다면 모형을 통해 진행되는 예측이 타당성을 갖기 어렵기 때문이다. 예를 들어 유권자의 투표선택을 이해 또는 예측할 때, 성별, 인종, 소득, 교육수준과 같은 요인들을 고려하는 이유는 그것이 혼란요인이기 때문이라기보다는 그러한 요인들을 고려해야만 투표예측모형의 타당성이 상당 부분 확보되기 때문이다.

설명변수가 달라지면 통제변수의 구성도 달라지는 것이 마땅하다. 따라서 설명변수와 통제변수를 바꿔가면서 여러 가지 가설을 동시에 검정하는 관행은 회귀분석 모형의 심각한 오용이자 남용이라고 볼 수 있다.

1.3 회귀분석에 대한 통념

전통적으로 통계학 교과서들은 회귀분석 모형의 체계적 부분을 결정론적 부분(deterministic part)으로 설명하고 비체계적 부분을 확률적 부분(stochastic part)으로 설명한다. 이러한 구분법은 다음과 같은 회귀분석에 대한 통념을 낳게 된다.

- 통념 1: 사회현상에 대한 사회과학적 설명은 결정론적 법칙을 찾는 것이다.
- 통념 2: 관측자료의 확률적 변이는 오로지 오차에 의해서만 발생하는 것이다.
- 통념 3: 오차는 작을수록 좋은 것이며 오차가 작을수록 사회현상에 대한 우리의 지식은 더욱 확실해진다.
- 통념 4: 회귀분석의 목표는 결정론적 법칙을 설명하는 모수의 참값(θ)

을 찾는 것이다.

- 통념 5: 이론적 설명과 경험적 설명은 모두 설명의 경제성(parsimony) 또는 오캄의 레이저(Occam's razor)를 추구해야 한다.

사회현상이라는 대상이 가진 특성과 우리의 인식이 가진 불완전성, 그리고 모형 자체의 불확실성을 고려한다면 위와 같은 통념은 비현실적인 목표를 추구하고 있다고 볼 수 있다. 그리고 이러한 비현실적 목표는 자료분석에 대한 잘못된 가이드라인으로 기능할 수 있다. 잘못된 가이드라인은 다시 중대한 추론적 오류로 이어질 수 있다. 앞 장에서 언급한 사회공학적 태도나(5절 참조) 회귀분석의 오류가 그 대표적인 예이다.

필자는 이 장에서 다음과 같은 통념에 대한 수정을 제시하고자 한다.

- 수정 1: 사회현상은 우리가 체계적으로 설명할 수 있는 부분과 그렇지 않은 부분으로 나뉜다. 우리의 지식과 방법론이 아무리 개선되어도 자료 생성 과정을 지배하는 결정론적 법칙을 찾는 것은 불가능하다.
- 수정 2: 체계적으로 설명할 수 있는 부분 역시 불확실성을 포함하고 있으며 그 불확실성은 인지적 불확실성과 존재론적 불확실성을 모두 포함한다. 즉, 우리의 인지적 도구(예: 모형, 추정 방법, 자료 수집 방법, 자료 측정 방법 등) 자체의 불확실성이 존재할 뿐만 아니라 자료 생성 과정 자체에 불확실성이 존재한다.
- 수정 3: 오차는 관측자료의 변이를 충분히 설명할 수 있어야 한다. 작을수록 좋거나 클수록 좋은 것이라고 일반적으로 말하기 어렵다. 우리가 오차라고 부르는 확률변수는 참값으로부터의 차가 아니라 자료 생성 과정에서의 변이를 표현하는 것이다.
- 수정 4: 회귀분석의 목표는 연구자와 자료가 가진 불확실성을 토대로 모수의 조건부 분포($p(\theta|D)$)에 대한 우리의 지식을 개선하는 것이다. 여기서 D는 분석에 투입되는 모든 관측자료(예: X, Y)이다.
- 수정 5: 이론적 설명과 경험적 설명에서 설명의 경제성은 오직 제한적인 맥락에서만 유의미한 목표가 될 수 있다. 회귀분석의 통제변수나 설명변

수의 선택에서 설명의 경제성을 기준으로 삼을 경우, 중요한 변수를 누락하거나 불충분한 통계적 통제가 등장할 가능성이 높다.

1.4 회귀분석의 목적

회귀분석이 사회과학 연구에 광범위하게 확산된 이유는 회귀분석을 통해 다양한 추론을 진행할 수 있기 때문이다. 이를 이 책에서는 크게 이해, 예측, 인과효과 측정, 그리고 추적으로 나누어 설명하고자 한다. 이해, 예측, 그리고 인과효과 측정은 많은 통계학 교과서(예: Gelman and Hill 2012)에서 자세히 언급된 바 있다. 마지막에 언급된 추적은 Dawid(2000)의 논의에서 참고한 것이다.

실업률을 독립변수로 삼고 미국 민주당 하원의원 후보들의 득표율을 종속변수로 보는 연구를 예시로 들어 회귀분석의 목적에 따라 연구질문이 어떻게 달라지는지를 구체적으로 살펴보자.

먼저 이해(understanding)를 목적으로 하는 회귀분석은 X를 토대로 Y의 변화를 이해하는 것을 연구목표로 삼는다. 예를 들어 "실업의 증가와 미국 민주당 하원의원 후보들의 득표율은 어떤 관계를 가지고 있는가?"와 같은 연구질문이 여기에 해당된다.

회귀분석의 두 번째 목적은 예측(prediction)이다. 예측적 회귀분석의 연구질문은 "실업률이 현재 수준보다 약 2% 더 증가한다면 미국 민주당 하원의원 후보들은 어느 정도의 득표율을 올릴 것인가?"와 같은 반사실적 추측이나 미래에 대한 전망과 관련되어 있다.

회귀분석의 세 번째 목적은 인과효과 측정(estimation of effects of causes)이다. 예를 들어 "실업률의 변화가 민주당 하원의원 후보들의 평균 득표율에 미치는 고유한 효과(net effect)는 무엇인가?" 또는 "다른 요인을 통제했을 때, 실업률의 변화는 민주당 하원의원 후보들의 평균 득표율에 어떤 영향을 주는가?"와 같은 질문이 인과효과 측정을 목적으로 하는 회귀분석의 연구질문이다.

마지막으로 회귀분석의 네 번째 목적은 추적(investigation of causes of effects)이다. 추적이란 Y의 변화에 대한 원인을 X에 귀속시킬 수 있는지를 확인하는 것이다. 예를 들면, "이번 선거에서 러스트 벨트(Rust Belt) 지역의 민주당 하원 후보들의 득표율이 예상보다 매우 낮게 나왔다. 실업률의 증가, 제조업 무역적자, 공장의 해외이전, 자동화 등의 원인 중에서 무엇이 가장 중요한 영향을 미쳤는가?"와 같은 질문이 추적을 목적으로 하는 회귀분석의 연구질문이다. 인과효과 측정은 이미 주어진 원인의 효과 측정을 목적으로 한다면 추적은 다양한 요인들 중에서 가장 중요한 영향을 미친 요인(the most critical or determining factor)을 찾는 것을 목적으로 한다.

제2절
선형 회귀분석의 수학적 기초: 1차 선형함수

선형 회귀분석을 이해하기 위해서는 먼저 우리가 중학교에서 배운 1차 선형함수를 이해해야 한다. 중학교 수학에서 배운 내용을 복습해 보면, 1차 선형함수 $y=\alpha+\beta x$는 다음과 같은 성질을 가지고 있다.

- y는 x의 선형함수이다.
- α는 y 절편이라고 불리는데 그 의미는 x가 0일 때의 y 값을 의미한다. 실험자료인 경우를 제외하고는 회귀모형이 관측자료에 대한 결정론적 법칙으로 표현되는 경우가 거의 없기 때문에 사회과학에서 α를 해석하는 경우는 매우 드물다.
- β는 직선의 기울기로 x가 한 단위 증가할 때 y가 얼마나 증가 또는 감소하는가를 나타낸다. 두 개 이상의 x가 존재한다면, k번째 변수의 기울기는 $\beta_k = \dfrac{\partial p(y|x)}{\partial x_k}$라고 쓸 수 있다. 즉, 기울기는 조건부 확률분포를 특정 변수에 대해 편미분한 결과라고 이해할 수 있다.
- β는 두 변수의 선형 상관성에 대한 중요한 정보를 담고 있다. 만약 기울기가 양이면 두 변수는 양의 상관관계, 음이면 음의 상관관계, 0이면 두 변수는 독립인 것으로 볼 수 있다.
- β의 크기는 자료의 측정단위에 따라 달라진다.

변수들의 관계가 반드시 선형을 따르지 않음에도 불구하고 선형함수를 회귀분석의 기본 모형으로 사용하는 이유는 무엇인가? 바로 다음과 같은 이점들이 있기 때문이다.

첫째, 선형함수는 x의 y에 대한 영향을 "증가, 감소 또는 변화 없음"이라는 세 가지 범주로 쉽게 요약한다. 따라서 선형함수는 해석이 용이하고 직관적이다. 수학적 사고에 익숙하지 않는 사람이나 통계에 문외한인 경우에도 "증가, 감소 또는 변화 없음"이라는 선형관계의 세 가지 범주는 쉽게 이해할 수 있다.

둘째, 복잡한 비선형성도 상당 부분 선형관계로 지환해서 설명할 수 있다. 로가리듬이나 다항식, 테일러정리, 스플라인 곡선 등을 이용해 변수의 비선형관계를 선형함수의 모수로 근사할 수 있다. 실제로 겔만(Andrew Gelman)과 임벤스(Guido Imbens)는 고차원 함수를 이용한 분석이 선형함수를 이용한 분석보다 우월하지도 않을 뿐만 아니라 많은 경우 독자를 현혹하는 경우가 많다고 비판한다(Gelman and Imbens 2018).

아래에서는 로가리듬을 이용하여 비선형관계를 선형모형으로 근사하는 세 가지 방법을 소개한다.

먼저 종속변수에 로그를 취한 로그 선형 모형(a log-linear model)을 살펴보자:

로그 선형 모형

$$\log(y_i) = \alpha + \beta x_i. \tag{5.1}$$

로그 선형 모형에서 x가 한 단위 증가하면 y는 $\exp(\beta)$만큼 증가한다. 그림 5.2에서 보이는 것처럼 β가 $(-1, 1)$ 사이에 있는 작은 수이면 $\exp(\beta) = 1 + \beta$로 해석할 수 있다. 예를 들어 $\beta = 0.2$이면 $\exp(\beta) = 1.2$로 해석 가능하며 이는 x가 한 단위 증가하면 y는 20%증가하는 퍼센티지 증가로 해석 가능하다. 그러나 $(-1, 1)$ 범위 밖에서는 이러한 근사가 잘 맞지 않으므로 직접 계산을 통해 해석해야 한다.

```
x <- seq(-3, 3, length=100)
plot(x, exp(x), col=addTrans("brown", 50), type="p", cex=0.5, pch=19)
grid()
abline(v = 0, col="gray40", lty=3)
lines(x, x + 1, col="brown", lwd=1)
text(x[90], exp(x[90]) - 0.5, "y = exp(x)")
text(x[80], x[80] - 0.5, "y = x + 1")
```

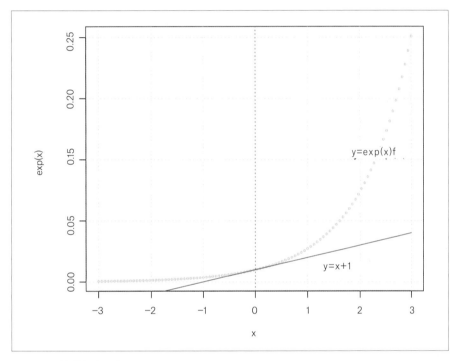

그림 5.2 지수함수의 근사

선형 로그 모형(linear-log model)은 설명변수에만 로그를 취한 모형이다.

선형 로그 모형

$$y = \alpha + \beta \log(x). \tag{5.2}$$

선형 로그 모형의 β는 어떻게 해석해야 할까? 선형 로그 모형의 y를 x에 대해 미분해 보면,

$$\frac{\partial y}{\partial x} = \frac{\beta}{x}$$

$$\partial y = \beta \frac{\partial x}{x}.$$

왼쪽 항은 y의 한계변화이며 오른쪽 항은 x의 퍼센트 변화와 기울기의 곱임을 알 수 있다. 따라서 기울기는 "x의 퍼센트 변화가 y의 한계변화에 미치는 영향"으로 해석할 수 있다.

로그 로그 모형

$$\log(y) = \alpha + \beta \log(x). \tag{5.3}$$

로그 로그 모형(a log-log model)은 설명변수와 종속변수 모두 로그 변환한 것이다. 로그 로그 모형의 β는 경제학에서 주로 사용하는 탄력성의 의미를 갖는다.

x를 δ만큼 증가시키면,

$$\log(y^*) = \alpha + \beta \log(x \times (1+\delta)).$$

괄호를 전개하면,

$$\log(y^*) = \alpha + \beta \log(x) + \beta(1+\delta).$$

여기서 작은 수에 대해 $\log(1+\delta) = \delta$인 점을 이용하면,

$$\log(y^*) = \alpha + \beta \log(x) + \beta \delta$$
$$\log(y^*) - \log(y) = \beta \delta.$$

왼쪽 항을 정리하면,

$$\log\left(\frac{y^*}{y}\right) = \log\left(\frac{y}{y} + \frac{y^* - y}{y}\right)$$

$$= \log\left(1 + \frac{y^* - y}{y}\right)$$

$$= \frac{\partial y}{y}.$$

즉, 로그 로그 모형에서 x를 δ만큼 증가시킬 때 y의 퍼센트 변화(탄력성)는 $\beta\delta$가 된다.

제3절
선형 회귀모형의 기본 구조

지금까지의 논의를 정리하면 자료에서 관측된 변수 x와 y의 관계를 선형함수로 표현하는 것은 모형이 직관적이고 해석이 용이하다는 장점을 가진다. 선형모형은 변수 변환을 통해 다양한 비선형 관계도 근사할 수 있는 유연성을 가지고 있기도 하다. 선형모형의 변수를 자료로부터 관측된 확률변수의 관측치로 간주하고 모형과 실제 관측자료의 오차를 우리가 아는 확률분포로 근사하는 모형을 만들면 그 결과는 확률변수 X와 Y의 관계를 선형함수로 표현하는 선형 회귀모형(linear regression model)이 된다.

선형 회귀모형의 일반적인 형태는 다음과 같다:

$$y_i = \alpha + \beta x_i + \epsilon_i, \ \epsilon_i \sim N(0, \sigma_\epsilon^2).$$

이는 다시 확률분포의 형태로 다음과 같이 표현할 수 있다:

$$y_i | x_i \sim N(\alpha + \beta x_i, \sigma_\epsilon^2).$$

선형 회귀모형의 오차 분포는 정규분포이다. 가장 직관적인 이유는 오차(error)는 실수 전체에 대해 정의되고 0을 중심으로 대칭적으로 분포했을 것이라고 생각할 수 있기 때문이다. 또 관측치가 서로 독립적이라면 (또는 설명변수와 통제변수를 전제로 한 조건부 독립이라면) 오차 역시 서로 독립적일 것이라고 생각할 수 있다. 오차는 우리가 측정하지 못한 서로 독립적인 작은 힘들의 합으로 생각할 수 있는데, 중심 극한 정리에 따르면 그 합의 평균은 정규분포를 따른다고 볼 수 있다.

정규분포가 오차의 분포로 사용되는 또 다른 이유는 정규분포가 같은 평균(0)과 분산(σ^2)을 갖는 모든 확률분포 중에서 최대 엔트로피(maximum entropy)를 가진 분포이기 때문이다(de Finetti1990; Jaynes1957; Jaynes2003).[2] 제인스(E. T. Jaynes, 1922-1998)에 따르면 최대 엔트로피 분포란 주어진 정보를 기반으로 할 때 가장 편향적이지 않은 분포 또는 아직 수집되지 않은 정보를 고려할 때 가장 열려 있는 분포라고 풀이할 수 있다(Jaynes 1957, 620). 따라서 우리가 알지 못하는 오차의 분포에 대해 그 불확실성 혹은 무질서를 가장 보수적으로 반영하는 확률분포는 정규분포이다. 예를 들어 동전을 던지는 실험이라면 앞면과 뒷면이 나올 가능성을 반반으로 가정하는 것이 가장 보수적인 태도이다. 바로 이런 이유로 오차에 대한 확률분포로 정규분포를 사용하는 것이 정당화될 수 있다.

회귀분석 모형 이외에도 변수들의 상관성을 모형화하는 방법은 다양하다. 가장 대표적인 것이 차원축소(dimension reduction)를 목적으로 하는 다차원 스케일링 방법(multidimensional scaling method, MDS)이다. 그러나 회귀분석과 MDS는 근본적으로 다른 가정에 기반해 있음을 주목해야 한다. MDS가 X와 Y의 결합분포($p(X, Y)$)를 요약한 것이라면 회귀분석 모형은 X와 Y의 결합분포($p(X, Y)$)가 아니라 조건부 분포($p(Y|X)$)를 요약한 것이다. 베이즈 정리를 다시 돌이켜보면,

....

2   확률분포 $p(y)$의 엔트로피는 이산변수에 대해서는

$$H[Y] = -\sum_{k=1}^{K} p(y_k) \log_2 p(y_k) \tag{5.4}$$

그리고 연속변수에 대해서는

$$H[Y] = -\int_{-\infty}^{\infty} p(y) \log_2 p(y) \, dy. \tag{5.5}$$

$$p(Y|X) = \frac{p(X, Y)}{p(X)}.$$

즉 회귀모형은 X와 Y의 결합분포를 X의 한계분포로 나눈 것이다. 다른 말로 하면, 회귀모형은 한계분포 X의 관점에서 두 변수의 결합분포를 설명하고 있다고 볼 수 있다.

제4절
선형 회귀모형의 해석

선형 회귀모형의 추론이란 모형에 존재하는 모수(parameter)에 대한 우리의 지식을 관측자료를 통해 학습(learning)하는 것을 말한다. 여기서 학습은 여러 가지 형태를 띨 수 있다.

- 베이지안 통계에서 학습이란 자료의 분포와 사전분포를 이용해 모수의 사후분포에 대한 정보를 추출하는 것을 말한다. 이를 베이지안 업데이트 (Bayesian update)라고 부른다.
- 빈도주의 통계에서 학습이란 표본자료에서 측정된 통계자료를 이용해 모집단의 모수값에 대한 통계적 추정을 하는 것을 말한다. 주로 점 추정치, 구간 추정치, 유의성 검정 등의 형태를 띤다.

선형 회귀모형의 추론에서 우리가 관심을 갖는 것(관심값, quantity of interest)은 SDEM(Significance, Direction, Effect size, Model-fit)이다. SDEM이란 연구자가 회귀분석의 결과를 해석할 때 관심을 가져야 하는 관심값의 순서를 말한다. 연구자는 가장 먼저 회귀분석 결과의 유의성(statistical significance)을 확인하고 다음으로 회귀분석 계수의 방향(direction)을 확인한 뒤, 유의성과 방향이 유의미한 경우 효과의 크기(effect size)를 측정한다. 마지막으로 해석이 기반한 모형의 적합성(model-fit)을 확인한다. 이를 첫 글자만 따서 SDEM이라고 부르기로 하자. SDEM을 좀 더 상세히 살펴보자.

① 유의성(Significance): X라는 확률변수의 분포는 Y라는 확률변수의 분포와 통계적으로 유의미한(statistically significant) 상관성을 가지고 있는가? 통계적으로 유의미한 상관성은 빈도주의적으로는 유사한 관측이 반복적으로 나타날 가능성(예를 들면 20번의 반복된 관찰에서 19번 이상)을 기준으로 삼고 베이즈 통계에서는 모수의 사후확률분포가 0을 포함할 확률을 기준으로 삼는다.

② 방향(Direction): Y의 X에 대한 조건부 분포는 이론적 설명에서 예측한 바와 같은 관계를 갖는가? 계수의 방향에 대한 판단은 추론에서 매우 중요하지만, 방향에 대한 판단이 유의성에 대한 판단에 선행되어서는 안된다. 유의하지 않은 모수의 부호는 무의미하기 때문이다.

③ 효과의 크기(Effect size): 유의성과 방향이 모두 이론적 설명에서 예측한 바와 일치한다고 가정한다면, 그 다음 단계의 추론적 목표는 X의 한 단위 증가가 Y에서 실질적으로 유의미한(substantively significant) 변화를 야기하는가를 확인해야 한다. 이는 단순히 X의 한 단위 증가가 Y의 증가에 미치는 영향을 계산하는, 미분방정식 해법찾기를 의미하는 것이 아니다. "실제적으로 유의미한 차원에서 X의 변화가 과연 Y에서의 실제적으로 유의미한 변화를 야기할 수 있는가?"를 묻는 것이다. 예를 들어, 교육예산의 증가가 경제성장과 통계적으로 유의미한 상관성을 가지고 있다고 확인되었다고 가정하자. 교육예산이 전체 예산에서 차지하는 비율을 X로 놓고 경제성장률을 Y로 놓는다면, 우리는 교육예산이 변화할 수 있는 현실적 범위 안에서 X의 변화 가능성을 고려해야 한다. 예를 들면 2019년 정부예산에서 교육예산은 약 15%를 차지한다고 가정하자. 만약 교육예산 1%의 증가가 경제성장률에 미치는 긍정적 영향이 너무 미미하다면(예를 들어 0.000002 ± 0.0000001), 분석결과가 갖는 실제적 의미는 축소될 수밖에 없다. 통계적으로 유의미하지만 실제적으로는 무의미한 결과가 되는 것이다.

④ 모형적합성: 통계적으로 유의미하고 이론적 예측과도 일치하며 실제적으로 유의미한 결과를 찾았다고 가정하자. 연구자는 자신의 연구 목적이 모두 달성되었다고 판단하고 결과를 보고하는 논문작성으로 달려가고자 할 것이다. 그러나 마지막으로 점검할 것이 있다. 그것은 연구자가 사용

한 회귀모형이 적합한 것이었는지를 확인하는 것이다. 일반적으로 두 가지 모형 부적합이 발생할 수 있다.

- 과적합(over-fitting): 연구자가 관측자료의 설명에 적합한 방식으로 모형을 너무 지나치게 조정한 나머지, 관측자료는 잘 설명하지만 새로운 자료에 대해서는 설명력이 취약한 상태를 말한다. 주로 관측자료에 비해 모수의 수가 너무 많거나 설명변수가 종속변수의 내생변수인 경우, 모형이 관측자료에 맞게 지나치게 유연하게 설계된 경우 등이 과적합을 낳는 원인이 된다.

- 과소적합(under-fitting): 연구자가 설정한 모형이 관측자료를 거의 제대로 설명하지 못하고 관측자료의 극히 일부분만을 설명하고 있는 상태이다. 과소적합은 모형이 관측자료의 생성 과정을 제대로 반영하지 못함을 의미한다. 과소적합 상태에서 추정된 모수는 견고성(robustness)이 떨어지고 모형의 설정변경에 민감하게(sensitive) 반응하기 때문에 신뢰하기 어렵다.

회귀분석 결과를 잘못 해석하는 대표적인 사례가 바로 S를 보지 않고 D(예: "통계적으로 유의하지는 않지만 음의 계수를 확인했다")만을 보거나 S와 D만을 보고 E나 M을 보지 않는 것이다. 이런 이유로 Gelman and Stern(2006)은 실제적 유의미성을 확인하는 것의 중요성에 대해 상세하게 논의하고 있다. 그들은 일반적으로 통계적 유의성은 실제적 유의성과 다르며 유의성에 대한 기준점은 모호하고, 영가설의 기각이 실제적 유의성을 보장하지 않는다고 지적했다. 그럼에도 불구하고 많은 연구자들은 통계적으로 유의미한 변수가 큰 폭으로 변화해도 실제적인 관심값에서의 변화는 매우 미미할 수 있다는 점을 종종 무시한다고 지적한다.

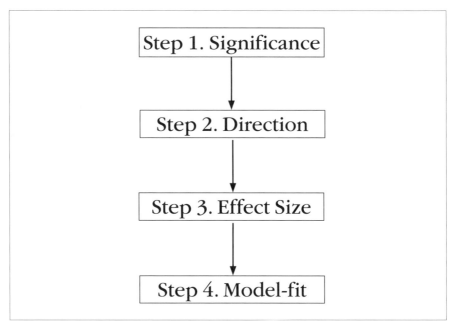

그림 5.3 회귀분석모형 해석의 순서: SDEM

R을 이용한 골튼의 신장유전 회귀분석

UsingR 패키지에 있는 galton 데이터를 이용하여 골튼의 회귀분석을 재현해 보자. 자료에 등장하는 부모의 중간 신장은 골튼에 의해 다음과 같이 계산되었다:

$$부모의\ 중간\ 신장 = \frac{1}{2}(아버지\ 신장 + 어머니\ 신장 \cdot 1.08).$$

galton 데이터에는 부모와 자녀의 신장에 대한 총 928개의 관측치가 들어 있다.

```
library(UsingR)
data(galton)
ggplot(galton, aes(x = parent, y = child)) +
  geom_point(size = 4, alpha=0.1, col="brown") +
  xlab("부모의 중간 신장") + ylab("자녀의 신장") +
  labs(caption = "자료출처: UsingR package") +
  theme_jhp()
```

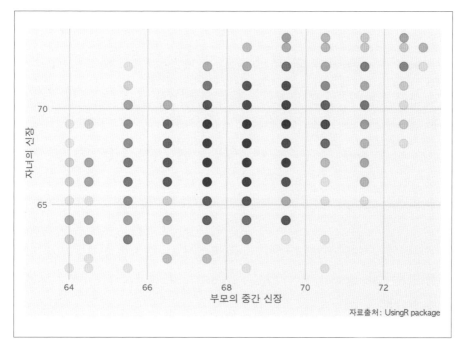

그림 5.4 골튼의 신장유전 자료

그림 5.4는 골튼의 신장유전 자료를 산포도(scatter plot)로 시각화한 것이다. 신장자료가 이산자료이기 때문에 같은 위치에 여러 개의 관측치가 겹쳐지는 것을 확인하기 위해 반투명한 점(alpha = 0.1)을 이용했다. 점의 채도가 우상향하는 패턴인 것을 볼 때 부모의 중간 신장은 자녀의 신장과 양의 상관성을 갖는 것으로 추측해 볼 수 있다.

부모의 중간 신장과 자녀 신장의 피어슨 상관성 검정을 진행해 보자. 회귀분석 결과와 비교를 용이하게 하기 위해 신장자료를 표준화하였다. 표준화는 상관성 검정 결과에는 영향을 주지 않는다.

```
center <- function(x){
  out <- (x - mean(x,na.rm=TRUE))/sd(x, na.rm=TRUE)
  return(out)
  }
galton.cen <- data.frame(apply(galton, 2, center))
rho.test <- cor.test(galton.cen[,1], galton.cen[,2])
rho.test
```

```
##
##   Pearson's product-moment correlation
##
## data:  galton.cen[, 1] and galton.cen[, 2]
## t = 16, df = 926, p-value <2e-16
## alternative hypothesis: true correlation is not equal to 0
## 95 percent confidence interval:
##   0.406 0.508
## sample estimates:
##   cor
## 0.459
```

뒤에서 상세히 살펴볼 lm()함수를 이용해서 회귀분석을 진행해 보자. 회귀분석 결과는 stargazer 패키지(Hlavac, 2018)의 stargazer() 함수를 이용해서 출력하였다.

```
rho <- rho.test$estimate
galton.lm <- lm(child ~ parent, data = galton.cen)
stargazer(galton.lm, header=FALSE, type='latex',
title = '골튼의 신장유전 자료에 대한 회귀분석: 자녀의 신장 ~ 부모의 중간
신장',
label='galton.reg')
```

피어슨 상관성 검정 결과와 회귀분석 결과를 비교해 보면 아래와 같은 점들을 확인할 수 있다. 첫째, 피어슨 상관성 계수(0.4587624)는 회귀분석 기울기 추정값(0.459)과 거의 일치한다. 뒤에 자세히 살펴보겠지만 표준화된 변수에 대한 회귀분석 계수는 피어슨 상관성 계수와 같다.

표 5.1 골튼의 신장유전 자료에 대한 회귀분석: 자녀의 신장 ~ 부모의 중간 신장

	종속변수
	자녀의 신장
부모의 중간 신장	0.459***
	(0.029)
상수	0.000
	(0.029)
Observations	928
R^2	0.210
Adjusted R^2	0.210
Residual Std. Error	0.889 (df=1; 926)
F Statistic	247.000*** (df=1; 926)
Note:	*p<0.1; **p<0.05; ***p<0.01

둘째, 상관성 계수의 95% 신뢰구간은 0을 포함하고 있지 않다. 마찬가지로 부모의 중간 신장의 기울기 추정값 역시 t 검정 통계값이 15.71로 매우 큰 값을 가진다. 우연의 결과라고 보기에는 매우 큰 값이며 앞으로 우리가 또 다른 신장자료를 통해 비슷한 분석을 하더라도 이보다 더 극단적인 값을 관측할 가능성(p값)이 사실상 0에 가깝다.

셋째, 상수(constant)는 y절편인 α의 추정치를 나타낸다. 변수를 표준화했기 때문에 상수는 0으로 추정되었다.

넷째, R-squared를 확인해 보면, 부모의 중간 신장만으로 자녀들의 신장 변이의 약 21%를 설명할 수 있다.

그림 5.5(a)는 1875년 골튼에 의해 작도된 신장유전 회귀분석에 대한 그래프이며 그림 5.5(b)는 정규화된 자료를 이용해서 galton.lm에 저장된 회귀분석 결과를 시각화한 것이다.

```
ggplot(galton.lm, aes(x = parent, y = child)) +
  geom_smooth(method = 'lm', aes(fill = 'confidence'),
  show.legend = F, alpha = 0.2, col = "navy") +
  geom_point(size = 4, alpha=0.1, col="brown") +
  geom_abline(intercept=0, slope=1, size = 0.5, col="navy",
linetype="dashed") +
```

```
    geom_abline(intercept=0, slope=1, size = 0.5, col="navy",
linetype="dashed") +
    xlim(-3, 3) + ylim(-3, 3) +
    geom_vline(xintercept = 0) + geom_hline(yintercept = 0) +
    xlab("부모의 평균신장(표준화)") + ylab("자녀의 신장(표준화)") +
    labs(caption = "자료출처: UsingR package") +
    theme_jhp()
```

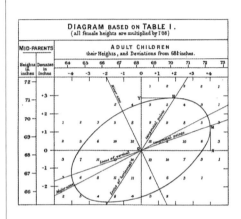

(a) 1875년 골튼의 신장유전에 대한 시각화.
자료출처: 위키피디아 Diagramme de corrélation
créé par Francis Galton en 1875 (https://
upload.wikimedia.org/wikipedia/commons/b/
b2/Galton%27s_correlation_diagram_1875
.jpg)

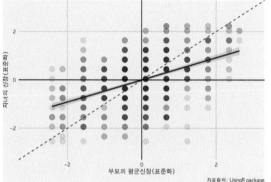

(b) 정규화된 골튼의 신장유전 자료를 이용한 시각화.
음영으로 둘러싸인 굵은 실선이 회귀분석선이며 신뢰구간이며
점선은 피어슨 상관계수 1을 나타낸다.

그림 5.5 골튼의 신장유전에 대한 회귀분석

그림 5.5(a)로부터 골튼은 "평균으로의 회귀"라는 개념을 확립할 수 있었다. 그림 5.5(b)를 통해 평균으로의 회귀 개념을 이해해 보자. 부모의 평균신장이 평균보다 큰 경우(1사분면)에는 회귀분석선(음영으로 둘러싸인 굵은 실선)이 상관성 1을 표시하는 선(가는 실선)보다 아래에 있다. 즉, 부모의 평균신장이 평균보다 크면 자녀들의 키는 부모보다 작을 가능성이 높다는 것이다. 반대로 부모의 평균신장이 평균보다 작은 경우(3사분면)에는 회귀분석선이 상관성 1을 표시하는 선보다 위에 있다. 즉, 부모의 평균신장이 평균보다 작으면 자녀들의 키는 부모보다 클 가능성이 높다는 것이다.

골튼은 이러한 "평균으로의 회귀"가 사회현상을 지배하는 하나의 법칙이라고 생각했다. 1장에서 언급했던 사회공학적 사고의 영향이라고 할 수 있다. 이 책에서는 평균으로의 회귀를 하나의 법칙으로 생각하는 것을 회귀분석의 오류(fallacy of regression)라고 부르고자 한다.

회귀분석의 오류

회귀분석의 오류란 관측자료(observational data)에 대한 회귀분석을 통해 나타난 자료의 패턴을 인과적으로 해석함으로써 발생하는 오류를 말한다. 관측자료의 회귀분석을 통해 나타난 자료의 패턴은 부분 상관성(partial correlation) 또는 조건부 분포의 특징에 불과할 뿐, 인과적 해석을 가능케하는 다른 정보(예: 부모의 신장이 평균보다 큰 경우 자녀의 성장을 억제하는 생물학적 또는 사회적 기제에 대한 이론 또는 자녀들의 성장환경이 부모들의 신장 외의 요인에 대해서 완전히 독립적—무작위 배분과 같은 방식으로—일 것이라는 확실한 정보)가 없다면 회귀분석의 결과는 부분 상관성 또는 조건부 분포로만 해석되어야 한다. 신장유전에서 드러난 평균으로의 회귀는 하나의 법칙이라기 보다는 보다 많은 자료를 축적해 나감에 따라 작은 표본에서 관측될 수 있는 극단값들이 점차 줄어드는 현상을 지칭하는 것으로 해석하는 것이 더 정확하다. 즉, 표본자료를 더 많이 조사해보면 초기 표본에서 나타날 수도 있는 극단적인 평균값이 점차 줄어들어 결국 모집단의 평균으로 수렴하게 된다는 것이다.

요약 │ 회귀분석

- 회귀분석은 종속변수와 설명변수의 관계를 설명변수를 전제로 한 종속변수의 조건부 분포로 표현한 것이다.
- 사회과학에서 회귀분석의 목적은 이해, 예측, 인과효과 측정, 그리고 추적이라는 네 가지 범주로 나누어 볼 수 있다.
- 오차(error)에 대한 확률변수적인 설명으로 가장 매력적인 것은 0을 평균으로 갖는 정규분포 확률변수이다.
- 선형 회귀모형의 해석은 유의성, 방향, 효과의 크기, 그리고 모형 적합성 순으로 진행한다. 줄여서 이를 SDEM이라고 부른다.

- 선형 회귀모형의 추정방법은 다양하다. 이 책에서는 최소 제곱 추정법, 최대 우도 추정법, 그리고 베이지안 추정법이 소개될 것이다.
- 회귀분석의 오류란 관측자료의 회귀분석을 통해 나타난 자료의 패턴을 인과적으로 해석하는 오류를 말한다.

Part 3

통계적 추론

통계적 추론이란 확률변수와 그 분포에 대한 지식을 이용하여 관측 자료로부터 통계

적 모형의 모수를 학습하는 것을 말한다. 이 책에서는 세 가지 통계적 추론 방법을 소

개할 것이다. 먼저 선형 회귀분석 모형 추정을 위해 등장한 최초의 통계적 추론 방법

인 최소 제곱 추정법이 6장에서 소개될 것이다. 7장에서는 선형 모형을 넘어선 통합적

통계적 추론방법을 구축한 피셔의 최대 우도 추정법이 소개될 것이다. 8장부터는 세

번째 추론방법인 베이지안 추정법에 대해 자세히 소개할 것이다.

c h a p t e r

06

선형 회귀분석 모형과 최소 제곱 추정법

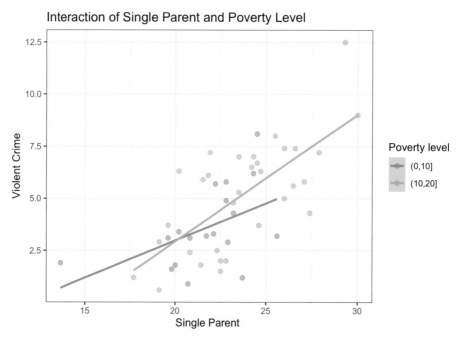

그림 6.1 폭력 범죄와 한부모 가정의 비율(미국 50개 주 자료). 한부모 가정이 폭력 범죄에 미치는 영향은 해당 주의 빈곤 수준과 무관하지 않음을 보여주는 상호작용 효과. 상호작용을 고려하지 않으면 한부모 가정이 폭력 범죄를 야기한다는 결론에 도달할 수 있다.

제1절

최소 제곱 추정법이란 무엇인가

최소 제곱 추정법(Ordinary Least Squares, OLS)은 선형 회귀분석 모형의 모수 추정치를 구하는 추정법 중의 하나이다. 통계적 추론 방법 중에서 가장 먼저 등장한 방법이자 아직까지도 가장 광범위하게 사용되는 추정법이다.

OLS를 직관적으로 이해하기 위해서는 최소 제곱 추정의 기하학적 원리를 이해하는 것이 도움이 된다. 먼저 개별 관측치와 개별 관측치의 중심을 가로지르는 직선들 사이의 거리를 직교거리가 아닌, x축에 대한 수직거리로 측정한다고 가정하자. 아래 코드와 그림 6.2는 이 직교거리와 수직거리의 차이를 시각적으로 보여주고 있다.[1]

```
set.seed(1999)
## 자료생성
x = seq(0, 1, length=5)
y = x + rnorm(5, 0, .5)
df.reg <- data.frame(x = x, y = y)

## 회귀분석
fit <- lm(y ~ x, data=df.reg)
```

....

1   직교거리 구하는 함수는 https://stackoverflow.com/questions/2639430/graphing-perpendicu-laroˊsets-in-a-least-squares-regression-plot-in-r에서 Aniko의 답변항목을 참고하였다.

```
## 산포도와 회귀분석선 그리기
plot(x,y, pch=19, cex=1.5, ylim=c(0, 1.5), xlim=c(0, 1.5),
    col=addTrans("blue", 100), asp=1)
abline(fit, col="brown", lwd=1)
segments(x, fit$fitted, x, y, col="red",lty=2)

## 직교선 거리 구하기
perp.segment <- function(x0, y0, lm.fit){
  a <- coef(lm.fit)[1]
  b <- coef(lm.fit)[2]
  x1 <- (x0+b*y0-a*b)/(1+b^2)
  y1 <- a+b*x1

  list(x0=x0, y0=y0, x1=x1, y1=y1)
}
ss <- perp.segment(x, y, fit)
segments(x0=ss$x0, x1=ss$x1, y0=ss$y0, y1=ss$y1, col="blue",lty=3,
pty="s")
legend("bottomright", legend=c("직교거리","최소제곱선에서의 거리"),
lty=c(3,2), bty="n", col=c("blue", "red"))
```

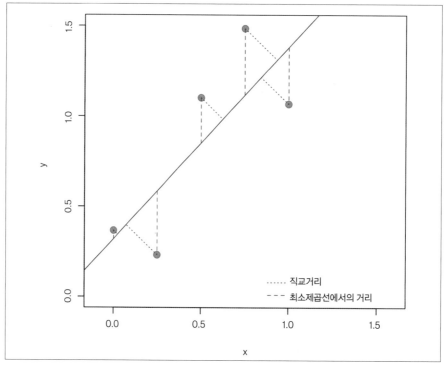

그림 6.2 최소제곱선의 수직거리와 직교거리

이제 직선과 자료 사이의 수직거리가 만들어 내는 정사각형을 그려 보자. 자료가 직선과 만나서 이루는 정사각형의 면적을 잔차제곱(residual squares)이라고 부르고 그 정사각형의 면적을 모두 더한 값을 잔차제곱합(residual sum of squares, RSS)이라고 부른다.

아래 코드와 그림 6.3은 잔차(숫자)와 잔차제곱(정사각형)을 보여준다.

```
asp=0.5
plot(x,y, pch=19, cex=1.5, ylim=c(0, 1.5), xlim=c(0, 1.2),
    col=addTrans("blue", 100), asp=asp);
abline(fit, col="brown", lwd=1)
segments(x, fit$fitted, x, y, col="red",lty=2)
text(x, y - fit$res/2, round(fit$res, 2), cex=0.8)
rect(xleft = x - abs(fit$res)/2*asp, ybottom = fit$fitted,
    xright = x + abs(fit$res)/2*asp, ytop = fit$fitted + fit$res,
    col = rgb(1,0,0,0.3), border=NA)
```

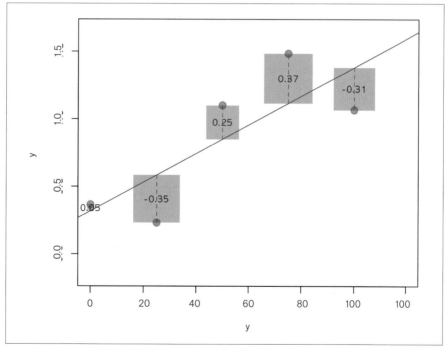

그림 6.3 잔차(숫자)와 잔차제곱(정사각형)

OLS는 이 정사각형 면적의 합인 잔차제곱합을 최소화하는 미지수 β와 σ^2

를 찾는 수학적 방법이다. 이렇게 찾은 OLS 추정치의 특징은 가우스–마르코프 정리(Gauss-Markov Theorem)로 정리할 수 있다.

Theorem 1.1

가우스–마르코프 정리

최소 제곱 추정치(least squares estimator)는 선형성, 오차분산의 일정성, 그리고 독립성이라는 가성 하에서 "최소분산을 가진 선형비편향추정법(the best linear unbiased efficient estimator, BLUE)"이다. 정규성(normality)이라는 가정이 추가적으로 만족된다면, 최소 제곱 추정법은 모든 비편향 추정법 중에서 가장 효율적인, 즉 최소분산을 갖는 추정법이다

여기서 비편향(unbiasedness)이라는 표현에 주의할 필요가 있다. 최소 제곱 추정법이 최소분산(minimum variance)이라는 점은 비편향추정법들 사이에서만 그러한 특징을 갖는다는 것으로 이해해야 한다. 이 말은 곧, 편향추정법 중에서는 최소 제곱 추정법보다 더 작은 분산을 가진 추정법이 존재한다는 것이다. 예를 들어 뒤에 살펴볼 최대 우도 추정법이나 베이지안 모형, 그리고 정칙화방법(regularization methods)들은 모두 편향추정법이다. 이들은 일정 정도의 편향을 감수하더라도 추정치의 분산을 최소 제곱 추정법보다 더 작게 만들고자 하는 시도라고 볼 수 있다.

선형성(Linearity)이라는 가정은 변수가 아니라 모수(parameter)에 대한 가정이다. 따라서 위에서 살펴본 바와 같은 변수의 변형을 통해 모수의 선형성을 충족하면 선형성이라는 가정은 유지될 수 있다.

오차분산의 일정성(Constant variance)은 설명변수와 오차의 분포가 독립적이어야 함을 의미하는데, 오차의 평균은 최소 제곱법의 정의상 항상 0이기 때문에 오차의 분산이 일정해야 한다는 의미이다. 이러한 가정이 깨지는 상황은 예를 들어 소득과 저축의 경우에서 찾을 수 있다. 소득이 낮으면 저축률이 낮을 수밖에 없지만 고소득자의 경우 저축률이 매우 다양할 가능성이 높다. 따라서 소득과 저축률을 회귀분석할 경우 오차의 분산이 소득수준과 일정한 관계를 가질 가능성이 높다.

독립성(Independence)은 우리가 관측한 자료의 조건부 분포가 서로 독립적

이라는 의미이다. 즉 종속변수의 관측치(y_1, ···, y_n)가 설명변수와 통제변수의 영향을 통제하면 종속변수끼리 서로 상관성이 존재하지 않는다는 것이다. 이러한 가정이 깨지는 경우는 종속변수가 설명변수와 통제변수로 설명되지 않는 숨은 상관성을 갖는 경우인데, 그 대표적인 예가 시계열자료의 자기상관성(auto-correlation)나 공간자료의 공간상관성(spatial correlation), 그리고 집계자료에서의 집단상관성(group correlation)이다. 이러한 자료에 독립성을 전제로 한 선형 회귀분석을 적용할 경우, 숨은 상관성에 의한 효과가 통제되지 않아 잘못된 추론을 할 가능성이 매우 크다. 따라서 이러한 숨은 상관성의 영향을 정확히 통제하는 것이 회귀분석에서는 매우 중요하다.

제2절
단순 선형 회귀모형

설명변수가 하나인 단순 선형 회귀모형(simple linear regression model)의 예를 들어 OLS의 해를 직접 구해 보도록 하자. 먼저 N개의 자료로부터 RSS를 계산하면,

$$RSS = \sum_{i=1}^{N}(y_i - (\alpha + \beta x_i))^2$$

$$\sum_{i=1}^{N}(y_i - (\alpha + \beta x_i))^2 = \sum_{i=1}^{N}(y_i^2 + \alpha^2 + \beta^2 x_i^2 - 2\alpha y_i - 2\beta x_i y_i + 2\alpha\beta x_i)$$

$$= \sum_{i=1}^{N} y_i^2 + n\alpha^2 + \beta^2 \sum_{i=1}^{N} x_i^2 - 2\alpha \sum_{i=1}^{N} y_i - 2\beta \sum_{i=1}^{N} x_i y_i + 2\alpha\beta \sum_{i=1}^{N} x_i.$$

$$(6.1)$$

여기서 α가 0이라고 가정하면 식 (6.1)을 미지수 β에 대한 이차방정식으로 쓸 수 있다. 즉,

$$RSS = \sum_{i=1}^{N} y_i^2 + \beta^2 \sum_{i=1}^{N} x_i^2 - 2\beta \sum_{i=1}^{N} x_i y_i$$

$$= A + B\beta^2 + C\beta.$$

$$(6.2)$$

이 β에 관한 이차방정식은 이차항의 부호가 양이므로 최소값을 찾을 수 있으며 그 최소값에서 이차함수 접선의 기울기는 0이다. 이를 이용하면,

$$\frac{dRSS}{d\beta} = 2B\beta + C = 0$$

$$\beta = \frac{C}{2B} \tag{6.3}$$

$$\hat{\beta} = \frac{\sum_{i=1}^{N} x_i y_i}{\sum_{i=1}^{N} x_i^2}.$$

α와 β 두 해를 동시에 찾기 위해서는 RSS를 α와 β를 평면의 두 축으로 갖는 3차원 함수로 생각하고, 이 3차원 함수의 최소값에 해당되는 α와 β를 구하기 위해 편미분을 이용한다.

즉,

$$RSS = \sum_{i=1}^{N} y_i^2 + n\alpha^2 + \beta^2 \sum_{i=1}^{N} x_i^2 - 2\alpha \sum_{i=1}^{N} y_i - 2\beta \sum_{i=1}^{N} x_i y_i + 2\alpha\beta \sum_{i=1}^{N} x_i$$

$$\frac{dRSS}{d\alpha} = 2N\alpha - 2\sum_{i=1}^{N} y_i + 2\beta \sum_{i=1}^{N} x_i = 0 \tag{6.4}$$

$$\frac{dRSS}{d\beta} = -2\sum_{i=1}^{N} x_i y_i + 2\beta \sum_{i=1}^{N} x_i^2 + 2\alpha \sum_{i=1}^{N} x_i = 0$$

먼저 $\frac{dRSS}{d\alpha} = 0$을 풀면,

$$\frac{dRSS}{d\alpha} = 2N\alpha - 2\sum_{i=1}^{N} y_i + 2\beta \sum_{i=1}^{N} x_i = 0$$

$$\hat{\alpha} = \frac{1}{N} \sum_{i=1}^{N} y_i - \beta \frac{1}{n} \sum_{i=1}^{N} x_i \tag{6.5}$$

$$\hat{\alpha} = \bar{y} - \hat{\beta}\bar{x}.$$

식 (6.5)의 마지막을 다시 정리해 보면,

$$\bar{y} = \hat{\alpha} + \hat{\beta}\bar{x}$$

이 된다. 이로부터 우리는 최소제곱선 y 절편의 다음과 같은 특징을 알 수 있다.

최소제곱선 y 절편의 특징

• 최소제곱선은 반드시 $\bar{y}$ 와 $\bar{x}$, 즉 종속변수와 설명변수의 평균점을 정확히 통과한다.

다음으로 $\dfrac{dRSS}{d\beta} = 0$을 풀면,

$$\frac{dRSS}{d\beta} = -2\sum_{i=1}^{N} x_i y_i + 2\beta \sum_{i=1}^{N} x_i^{\,2} + 2\alpha \sum_{i=1}^{N} x_i = 0$$

$$\beta \sum_{i=1}^{N} x_i^{\,2} + \frac{1}{N} \sum_{i=1}^{N} y_i - \beta \frac{1}{N} \sum_{i=1}^{N} x_i \Big) \sum_{i=1}^{N} x_i = \sum_{i=1}^{N} x_i y_i$$

$$\beta \left(\sum_{i=1}^{N} x_i^{\,2} - \frac{1}{N} \Big(\sum_{i=1}^{N} x_i \Big)^{\!2} \right) = \sum_{i=1}^{N} x_i y_i - \frac{1}{N} \sum_{i=1}^{N} x_i \sum_{i=1}^{N} y_i$$

$$\hat{\beta} = \frac{\displaystyle \sum_{i=1}^{N} x_i y_i - \frac{1}{N} \sum_{i=1}^{N} x_i \sum_{i=1}^{N} y_i}{\displaystyle \left(\sum_{i=1}^{N} x_i^{\,2} - \frac{1}{N} \Big(\sum_{i=1}^{N} x_i \Big)^{\!2} \right)}.$$

$$(6.6)$$

식 (6.6) 마지막 오른쪽 항의 분모와 분자는 아래의 두 가지 정리를 이용해서 간단히 쓸 수 있다.

$$\sum_{i=1}^{N} (x_i - \bar{x})^2 = \sum_{i=1}^{N} (x_i^{\,2} - 2x_i \bar{x} + \bar{x}^2)$$

$$= \sum_{i=1}^{N} x_i^{\,2} - 2N\bar{x}^2 + N\bar{x}^2$$

$$= \sum_{i=1}^{N} x_i^{\,2} - N\bar{x}^2 \qquad (6.7)$$

$$=\sum_{i=1}^{N} x_i^2 - \frac{1}{N}\left(\sum_{i=1}^{N} x_i\right)^2.$$

그리고,

$$\sum(x_i-\bar{x})(y_i-\bar{y})=\sum(x_iy_i-\bar{y}x_i-\bar{x}y_i+\bar{x}\bar{y})$$
$$=\sum x_iy_i-N\bar{x}\bar{y}-N\bar{y}\bar{x}+N\bar{x}\bar{y} \quad\quad (6.8)$$
$$=\sum_{i=1}^{N} x_iy_i - \frac{1}{N}\sum_{i=1}^{N} x_i \sum_{i=1}^{N} y_i.$$

이 두 정리를 이용하여 식 (6.6) 마지막 오른쪽 항을 정리하면 식 (6.9)와 같은 기울기 계산식을 얻게 된다.

OLS의 기울기 추정치 $(\hat{\beta})$

$$\hat{\beta}=\frac{\sum(x_i-\bar{x})(y_i-\bar{y})}{\sum(x_i-\bar{x})^2}. \quad\quad (6.9)$$

식 (6.9)로부터 우리는 다음과 같은 중요한 회귀분석선의 특징을 확인할 수 있다.

첫째, 식 (6.9)의 분모와 분자를 $N-1$로 나누면 분모는 X의 표본분산, 분자는 X와 Y의 공분산임을 알 수 있다. 즉 기울기란 두 변수의 공분산을 분산으로 나눈 것이라고 생각할 수 있다.

둘째, 기울기의 분모는 항상 0보다 크다. 결국 기울기의 부호를 결정하는 것은 분자인 공분산인데, $(x_i-\bar{x})(y_i-\bar{y})$가 양수이면 기울기는 양수, $(x_i-\bar{x})(y_i-\bar{y})$가 음수이면 기울기는 음수가 된다. $(x_i-\bar{x})(y_i-\bar{y})$가 양수가 되기 위해서는 X가 평균보다 클 때 Y도 평균보다 크거나 X가 평균보다 작을 때 Y도 평균보다 작아야 한다. 두 변수의 평균을 0이라고 가정해 보면, 자료가 1사분면과 3사분면에 주로 위치하는 경우 기울기가 양이 된다. 반대로 X가 평균보다 클 때 Y는 평균보다 작거나 X가 평균보다 작을 때 Y는 평균보다 큰 경우, 즉 자료가 2사분면과 4사분면에 주로 위치하는 경우 회귀분석선의 기울기는 음이

된다.

식 (6.9)의 $\hat{\beta}$는 점 추정치(point estimate)이다. 즉, β에 대한 최선의 추측 (best guess)라고 볼 수 있다. 통계적 추론은 이 추측의 예상 정확성(likely accuracy)을 표현하는 것까지를 포함한다. 점 추정치에 대한 예상 정확성은 신뢰구간(confidence interval)이라는 구간 추정치(interval estimate)로 표현될 수도 있고 영가설 $\beta=0$에 대한 p값으로 표현될 수도 있다. 이 두 정보 모두 점 추정치의 예상 정확성에 대한 정보를 전달하는 목적으로 가지고 있다.

신뢰구간과 p값의 계산에 필요한 정보는 $\hat{\beta}$의 분산이다. $\hat{\beta}$의 분산을 구하는 과정은 다소 복잡하다. 먼저

$$\hat{\beta}=\sum w_i(y_i-\bar{y})$$

라고 쓰고 가중치를

$$w_i=\frac{(x_i-\bar{x})}{\sum(x_i-\bar{x})^2}$$

라고 정의하자. 그러면 기울기는 $(y_i-\bar{y})$에 대한 가중치(w_i)를 설명변수로부터 구한 것이라고 볼 수 있다. 이 가중치는 다음과 같은 유용한 특징을 가지고 있다.

$$\sum w_i=0$$
$$\sum w_i^2=\frac{1}{\sum(x_i-\bar{x})^2}$$
$$\sum w_i(x_i-\bar{x})=\sum w_i x_i=1 \qquad (6.10)$$
$$\sum w_i x_i=\frac{\sum(x_i^2-\bar{x}x_i-\bar{x}x_i+\bar{x}^2)+\bar{x}\sum x_i-\sum\bar{x}^2}{\sum(x_i-\bar{x})^2}$$
$$=\frac{\sum(x_i-\bar{x})^2-\bar{x}\sum(x_i-\bar{x})}{\sum(x_i-\bar{x})^2}=1.$$

이를 이용해서 $\hat{\beta}$의 분산을 구해보자. 먼저,

$$\hat{\beta}=\sum w_i y_i$$
$$\hat{\beta}=\sum w_i(\alpha+\beta w_i+\epsilon_i)$$
$$\hat{\beta}=\beta+\sum w_i \epsilon_i \qquad (6.11)$$
$$\hat{\beta}-\beta=\sum w_i \epsilon_i.$$

확률변수의 분산은

$$V(\hat{\beta})=E\big[(\hat{\beta}-\beta)^2\big].$$

따라서,

$$V(\hat{\beta})=E[(\sum w_i \epsilon_i)^2]. \qquad (6.12)$$

여기서,

$$(\sum w_i \epsilon_i)^2=w_1^2 \epsilon_1^2+w_2^2+\epsilon_2^2 \cdots +2w_1 w_2 \epsilon_1 \epsilon_2+\cdots$$

이며

$$E[\sum w_1 \epsilon_1)^2]=\sigma_\epsilon^2 \sum w_i^2+E(2w_1 w_2 \epsilon_1 \epsilon_2+\cdots).$$

$E(2w_1 w_2 \epsilon_1 \epsilon_2+\cdots)=0$이고 $\sum w_i^2=\dfrac{1}{\sum(x_i-\bar{x})^2}$이므로 $\hat{\beta}$의 분산은 다음과 같이 정의된다.

OLS의 기울기 추정치의 분산

$$\hat{\sigma}_\beta^2 = \frac{\sigma_\epsilon^2}{\sum(x_i - \bar{x})^2}. \tag{6.13}$$

식 (6.13)은 다음과 같은 중요한 함의를 가지고 있다. 회귀분석 잔차의 분산 (σ_ϵ^2)을 고정되었다고 가정하면 기울기의 분산, 즉 회귀분석선의 정확성(precision)을 좌우하는 것은 $\sum(x_i - \bar{x})^2$임을 알 수 있다. $\sum(x_i - \bar{x})^2$이 커지면 기울기의 분산이 적어지고, 정확도는 증가한다. 즉 X가 넓게 분포해 있을수록 더 정확한 예측이 가능하다는 것이다.

이는 단순히 통계적 속성 이상의 함의를 가지고 있다. King et al.(1994)는 이를 연구설계에서 설명변수 변이의 폭이 중요한 이유로 해석했다. 예를 들어 경제성장(X)이 민주주의(Y)에 미치는 영향에 대한 연구를 설계한다고 가정할 때, 연구자가 경제성장이 높은 수준에 다다른 국가들(예를 들어 OECD 회원국들)만을 표본에 포함하는 것은 선택편향(selection bias)을 야기할 수 있다.

반대로 설명변수의 변이가 적을수록 기울기의 분산은 커진다. 즉 제한된 변이의 설명변수를 사용하면 추정된 회귀분석 결과의 정확성이 떨어지게 된다는 것이다. 따라서 가능한 광범위한 범위의 설명변수를 사용하는 것이 회귀분석의 정확도를 높이는 데에 매우 중요하다.

2.1 lm( )을 이용한 최소 제곱 추정

R에서 선형 회귀분석뿐만 아니라 일반선형 회귀분석, 시계열분석, 패널데이터 분석 등 거의 모든 회귀분석 함수는 lm()의 구조를 따르고 있다. 따라서 lm()의 사용법을 아주 정확하게 이해하는 것이 매우 중요하다.

lm()은 linear model의 약자로 다음 두 가지 입력을 기본으로 한다.

- formula(함수입력식): formula는 회귀분석함수 입력식으로 종속변수 ~ 설명변수1 + 설명변수2와 같은 형식을 취한다. 상호작용을 설정할 때는 first * second를 입력하면 상호작용에 필요한 모든 항을 자동으로 입력해 준다. 만약 상호작용이 아니라 두 변수의 곱셈항만을 입력하고자

한다면 first:second로 함수입력식을 쓰면 된다. 즉, first ∗ second = first + second + first : second인 것이다. 함수입력식에서 변수 변환도 가능하다. 예를 들어 로그선형 모형은 log(y) ~ first + second 와 같이 쓸 수 있다. 그러나 실수를 줄이기 위해 될 수 있으면 함수입력식 외부에서 변수 변환을 미리 진행하는 것이 바람직하다.

- data(자료): 종속변수와 설명변수의 이름이 함수입력식에서 호명될 때, **R**은 이에 해당하는 객체를 data에서 지정해준 데이터프레임에서 찾는다. 만약 이에 대한 언급이 없다면 **R**은 프로그램이 구동되는 기본 프레임(parent.frame())에서 객체를 찾아서 명령을 실행한다.

lm()을 이용한 단순 선형 회귀분석을 진행하기 위해 자료를 생성해 보자. x는 0에서 1 사이를 균등하게 증가하는 10개의 변수이고 y는 여기에 $N(0, 0.3^2)$라는 백색잡음(white noise)을 추가한 것이다.

```
set.seed(1999)
x = seq(0, 1, length=10)
y = x + rnorm(10, 0, 0.3)
df.reg <- data.frame(x = x, y = y)
df.reg
```

```
##        x      y
## 1  0.000 0.2198
## 2  0.111 0.0998
## 3  0.222 0.5831
## 4  0.333 0.7743
## 5  0.444 0.4846
## 6  0.556 0.7115
## 7  0.667 0.5019
## 8  0.778 0.4221
## 9  0.889 0.5447
## 10 1.000 1.3482
```

이를 산포도로 시각화하면 그림 6.4와 같다.

```
plot(x,y, pch=19, cex=1.5, col=addTrans("blue", 100), asp = 0.5, main="")
```

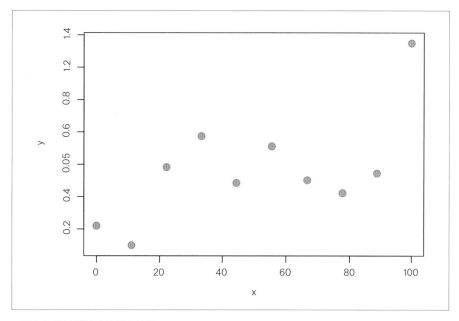

그림 6.4 임의 생성된 두 변수의 산포도

　　이제 fit으로 회귀분석 결과를 저장한 뒤에 추정값(fitted values)과 잔차를
시각화해 보자.

```
fit <- lm(y ~ x, data=df.reg)
plot(x,y, pch=19, cex=1.5, col=addTrans("blue", 100), asp = asp)
abline(fit, col="brown", lwd=1)
segments(x, fit$fitted, x, y, col="red",lty=2)
text(x, y - fit$res/2, round(fit$\res, 2), cex=0.8)
```

```
rect(xleft = x - abs(fit$res)/2*asp, ybottom = fit$fitted,
    xright = x + abs(fit$res)/2*asp, ytop = fit$fitted + fit$res,
    col = rgb(1,0,0,0.3), border=NA)
```

　　그림 6.5에서 관측값과 회귀분석선과의 수직거리가 점선으로 표시되었다.
이것이 바로 관측값에서 추정값(회귀분석선)을 뺀 잔차이다. 잔차를 제곱하면 정
사각형의 면적을 구할 수 있는데, 이 정사각형의 면적을 모두 더한 것이 잔차제
곱합, 즉 RSS이다. 최소제곱법은 잔차제곱합, 즉 이 정사각형의 총면적을 가장
작게 만드는 직선을 구하는 방법이다. 가우스-마르코프 정리에 따르면 이 회귀

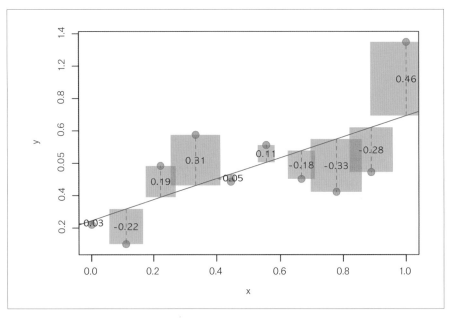

그림 6.5 회귀분석선(직선), 잔차(숫자), 그리고 잔차제곱(정사각형 면적)

분석선보다 더 정사각형 면적의 합을 작게 만드는 선은 존재하지 않는다.

2.2 추정값의 표본오차

추정값의 표본오차(샘플링분포의 표준편차)는 다음과 같이 계산된다.

추정값의 표본오차

$$\hat{\sigma}_{\hat{\beta}} = \frac{\hat{\sigma}}{\sqrt{\sum (x_i - \bar{x})^2}}. \tag{6.14}$$

이를 이용하여 기울기의 신뢰구간을 계산하면 다음과 같다.

추정값의 신뢰구간

$$\hat{\beta} \pm t_{\alpha/2, N-2} \hat{\sigma}_{\hat{\beta}}. \tag{6.15}$$

$t_{\alpha/2, N-2}$의 α는 1종 오류(type I error)의 크기로 통상적으로 신뢰구간의 길이를 결정하는 통계적 유의성의 경계점이다. 1종 오류란 거짓양성(false positive) 판정 또는 오류 발견율(false discovery rate)을 말하는데, 가설이 거짓임에도 불구하고 검정결과가 참으로 판정되는 경우이다. 일반적으로 사용되는 1종 오류 경계점은 $\alpha = 0.05$이다. 20번 중 1번 정도 거짓양성 판정이 발생할 수 있는 경우를 허용한다는 의미이다. 이러한 허용은 어떤 확률적인 근거가 있는 것이 아니라 조작적(operational)인 것이다. 마치 공장의 검사 과정에서 100개 중 몇 개의 불량품이 나오는 것을 허용하는 기준과도 같은 것이다. 이런 이유로 구간 추정치의 이름은 확률구간이 아니라 신뢰구간(confidence interval)이라는 다소 괴상한 이름을 갖게 된 것이다. 확률과 통계를 논하다가 갑자기 "신뢰"라는 표현이 등장한 이유는 이것이 확률과는 무관하기 때문이다. 같은 이유로 p값도 확률과는 무관한 개념이다. 이에 대한 자세한 논의는 8장의 5.1절 "비표본자료의 분석과 가설검정"을 참고하라.

2.3 잔차의 분산과 R^2

잔차의 분산($\hat{\sigma}_\epsilon^2$)은 종속변수의 독립변수에 대한 조건부 확률분포의 분산($V(y_i|x_i)$)과 동일하다. 단순 선형 회귀분석 모형의 경우,

$$Var(y_i|x_i) = \mathbb{E}\left[(y_i - \alpha - \beta x_i)^2\right] = \mathbb{E}[\epsilon_i^2] = \frac{\sum_{i=1}^{N}(y_i - \hat{y}_i)^2}{N-2}.$$

여기서 잔차의 분산을 종속변수의 분산($Var(y_i)$, σ^2)과 구분해야 한다. 종속변수의 분산은

$$Var(y_i) \equiv \hat{\sigma}^2 = \frac{\sum_{i=1}^{N}(y_i - \bar{y})^2}{N-1}.$$

잔차의 분산과 종속변수의 분산을 이용하여 회귀모형의 설명력을 표현하

는 기본 척도인 R^2를 계산할 수 있다. R^2는 $0 \leq R^2 \leq 1$ 사이에서 정의되며 계산 방법은 다음과 같다.

R^2

$$R^2 = \frac{TSS - SSE}{TSS} = \frac{\sum(y_i - \bar{y})^2 - \sum(y_i - \hat{y}_i)^2}{\sum(y_i - \bar{y})^2}.$$ (6.16)

식 (6.16)의 TSS는 total sum of squares로 종속변수의 한계분포에서의 분산을 의미한다. SSE는 잔차제곱합(sum of squared errors)으로 모형에 의해 설명되지 않은 분산을 의미한다. 결국 R^2는 우리가 종속변수의 평균 대신 선형함수를 이용하여 종속변수를 설명한 결과 종속변수를 얼마나 더 잘 설명했는가를 0에서 1 사이의 지표로 보여주는 것이다.

그러나 R^2는 모형의 과적합을 설명하지 못하는 중대한 한계가 있다. 예를 들어, 종속변수와 무관한 변수를 집어넣어도 R^2는 하락하지 않고 소폭 증가한다. 이러한 문제점을 개선하기 위해 쎄일(Henri Theil)은 다음과 같은 조정된 R^2(adjusted R^2)를 제시하였다.

조정된 R^2

$$R^2 = 1 - (1 - R^2)\frac{N-1}{N-p-1}$$ (6.17)

여기서 p는 설명변수와 통제변수로 투입된 변수의 총 개수이다. 조정된 R^2는 새로운 변수의 투입에 따라 항상 증가하는 편향을 가진 R^2를 수정하여 모집단의 R^2에 더 가까워지도록 편향수정(bias-correction)을 가한 것이라고 볼 수 있다.

R^2가 0이 되는 경우는 식 (6.16)의 TSS가 SSE와 같아지는 경우이고, 이는 곧 $\beta = 0$임을 의미한다. 왜냐하면,

$$\hat{a} = \overline{Y} - \hat{\beta}\overline{X} = \overline{Y} - 0\overline{X} = \overline{Y}.$$

많은 한계에도 불구하고 R^2는 매우 광범위하게 사용된다. 그 이유는 해석의 용이함과 직관성 때문이다. 특히 변수의 측정단위에 매우 민감하게 반응하는 회귀분석의 기울기와는 달리 R^2는 측정단위와 무관하게 서로 다른 변수와 모형들에서 관측된 상관성의 정도를 비교할 수 있게 해 준다. 그 이유는 R^2의 계산과정이 공분산을 분모와 분자에 대해 각각 나누는 형태를 띠고 있기 때문이며, 이런 측면에서 R^2는 피어슨 상관계수와 연관되어 있음을 알 수 있다. 실제로 단순 선형 회귀분석의 경우 x와 y의 피어슨 상관계수를 제곱하면 R^2와 일치한다. 다중회귀분석의 경우 $\hat{y}$과 y의 피어슨 상관계수를 제곱하면 R^2와 일치한다.

다중 선형 회귀모형

골튼에 의해 처음 개발된 회귀분석 방법이 20세기에 사회과학 전체로 확산된 이유는 바로 다중회귀분석이 제공하는 폭넓은 과학적 추론의 범위 때문이었다. 다중회귀분석이 실험자료에 적용되면 인과추정과 원인 추적이 가능했고 관측자료에서도 다중회귀분석을 효과적으로 사용하면 예측과 인과추정, 그리고 원인 추적에서 상당한 성과를 올릴 수 있다는 점을 사회과학자들이 깨닫게 되었다. 다중회귀분석이 다른 통계모형을 제치고 사회과학 경험 연구의 가장 중요한 도구가 된 이유를 네 가지로 요약해 보면 다음과 같다.

첫째, 다중회귀분석은 실험적 통제의 근사를 제공해 줄 수 있다. 근대 과학의 가장 중요한 방법론적 혁신 중의 하나는 바로 실험방법(experimental method)이다. 실험방법의 핵심은 실험적 처치의 무작위 배분에 있다. 이를 통해 실험군과 대조군 사이에 실험적 처치 외에는 어떠한 체계적 차이도 발생하지 않도록 통제함으로써 두 집단에서 발견되는 차이를 전적으로 실험적 처치의 유무에 귀속시킬 수 있다. 다중 선형 회귀모형을 이용한 통계적 통제가 이 실험적 통제를 어느 정도 근사(approximation)할 수 있다는 가능성이, 실험적 통제를 사용할 수 없는 많은 연구자들에게 큰 희망이 되었다.

둘째, 다중회귀분석은 모형의 유연성이 매우 높다. 실험연구에서 시도하기 어려운 복잡한 이론적 가설을 다중 선형 회귀모형에서는 쉽게 검증해 볼 수 있다는 점이 연구자들에게는 큰 충격이었다. 예를 들어 변수의 비선형적 효과나 두 변수의 상호작용 효과, 변수의 잠재적 효과 등, 실험연구에서는 쉽게 확인하기 어려운 복잡한 이론적 가설을 다중 선형 회귀모형에서는 간단히 점검해 볼 수 있다는 점이 큰 매력으로 작용했다.

셋째, 다중회귀분석은 매우 높은 모형의 확장성을 가지고 있다. 오차에 대한 정규분포 가정이 잘 맞지 않는 이산형 종속변수나 제약(truncation or censoring)이 있는 종속변수, 순차적으로 관측된 자료, 내부집단별로 유사성이 있는 복잡한 집계자료 등 다양한 자료로 놀랄 만큼 쉽게 확장되었다. 일반 선형 모형(generalized linear model)이나 사건자료모형(event data model), 시계열모형(time series model), 패널모형(panel model), 그리고 다층모형(multilevel model or hierarchical model) 등이 그 예이다.

넷째, 상호작용 모형을 통해 변수들 간의 곱셈관계(multiplicative relation-ship)를 살펴볼 수 있게 되면서 다중회귀분석의 적용범위는 더욱 확장되었다. 사회과학의 많은 이론들은 변수들이 종속변수에 미치는 영향이 합산적 관계(additive relationship)가 아니라 곱셈적 관계 혹은 상호작용적 관계라고 보는 경우가 많다. 예를 들어 Huddy et al.(2015)는 설문 응답자들의 당파적 성향이 강할수록 지지정당의 선거 패배에 대한 두려움이 분노에 더 큰 영향을 미친다는 연구결과를 내놓았다. 선거 패배의 두려움이 분노에 미치는 영향이 일정하지 않고 당파적 성향이라는 조절변수 또는 매개변수(moderator or mediator)를 통해 필터링되는 것이다. 사회과학에서 강조하는 매개효과, 맥락적 효과 등이 다중회귀분석의 변수 상호작용을 통해 표현될 수 있게 되면서 다중회귀분석은 사회과학 경험연구의 필수 불가결한 도구가 되었다. 상호작용 분석에 대해서는 이 장의 3.3에서 상세히 논의할 것이다.

3.1 다중 선형 회귀모형의 추정

다중 선형 회귀모형 역시 최소제곱법을 이용하여 모수의 표본추정값을 구할 수 있다. 최소제곱법을 이용한 다중 선형 회귀모형의 추정방법을 이해하기 위해서는 행렬표현식으로 접근하는 것이 편리하다.

행렬표현식을 이용하면 다중 선형 회귀모형은

$$\underset{n \times 1}{Y} = \underset{n \times p}{X} \times \underset{p \times 1}{\beta} + \underset{n \times 1}{\varepsilon}.$$

종속변수와 모수, 오차가 모두 열벡터(또는 하나의 열을 가진 행렬)로 표현되었으며 설명변수는 $n \times p$차원의 행렬로 표현되었다. X는 모형행렬(model matrix)이라고 부르는데, 첫 번째 열은 1로만 채워져 있으며 이는 y절편 또는 상수항 추정에 사용된다.

$p-1$개의 설명변수가 들어간 모형행렬은 다음과 같은 형태로 구성되어 있다:

$$X = \begin{bmatrix} 1 & x_{11} & x_{21} & \cdots & x_{p1,1} \\ 1 & x_{12} & x_{22} & \cdots & x_{p1,2} \\ \vdots & \vdots & & \cdots & \vdots \\ 1 & x_{1n} & x_{2n} & \cdots & x_{p-1,n} \end{bmatrix}.$$

최소제곱법 추정을 위해서는 단순 선형 회귀모형에서처럼 잔차제곱의 합(RSS)을 구해서 이를 최소화시키는 모수값을 구한다. 먼저 RSS를 행렬식으로 표현하면,

$$\begin{aligned} y &= X\beta + \varepsilon \\ \varepsilon &= y - X\beta \\ \varepsilon'\varepsilon &= (y - X\beta)'(y - X\beta) \\ &= y'y - \beta'X'y - y'X\beta + \beta'X'X\beta \\ RSS &= y'y - 2\beta X'y + \beta'X'X\beta. \end{aligned} \tag{6.18}$$

네 번째 줄에서 마지막 줄로 정리가 가능한 이유는 $\boldsymbol{y}'\boldsymbol{X}\beta=(\boldsymbol{y}'\boldsymbol{X}\beta)'$이 모두 스칼라이기 때문이다. 이제 RSS를 기울기 벡터에 대해 미분하여 이를 0으로 놓으면,

$$\frac{\partial RSS}{\partial \beta}=-2\boldsymbol{X}'\boldsymbol{y}+2\boldsymbol{X}'\boldsymbol{X}\beta=0$$

$$\boldsymbol{X}'\boldsymbol{X}\beta=\boldsymbol{X}'\boldsymbol{y} \tag{6.19}$$

$$\hat{\beta}=(\boldsymbol{X}'\boldsymbol{X})^{-1}\boldsymbol{X}'\boldsymbol{y}$$

행렬 $(\boldsymbol{X}'\boldsymbol{X})$는 $(p \times n) \times (n \times p)=(p \times p)$라는 차원을 가지고 있다. $\boldsymbol{X}$가 독립된 행보다 많은 수의 열을 가지고 있으면 $(\boldsymbol{X}'\boldsymbol{X})$의 역행렬이 존재하지 않게 되고 $\hat{\beta}$는 고유한 해를 가지지 않는다. $\boldsymbol{X}$가 관측치보다 많은 수의 변수를 가지고 있거나 서로 종속적인 변수를 가지고 있는 경우가 여기에 해당된다.

그리고

$$\boldsymbol{X}'\boldsymbol{X}\beta=\boldsymbol{X}'\boldsymbol{y}$$

$$\boldsymbol{X}'\boldsymbol{X}\beta=\boldsymbol{X}'(\boldsymbol{X}\beta+\varepsilon) \tag{6.20}$$

$$\boldsymbol{X}'\boldsymbol{X}\beta=\boldsymbol{X}'\boldsymbol{X}\beta+\boldsymbol{X}'\varepsilon.$$

따라서 $\hat{\beta}$이 최소제곱법의 해가 되기 위한 중요한 조건은 $\boldsymbol{X}'\varepsilon=0$이라는 조건이다.

기울기의 분산은

$$\begin{aligned}
\mathrm{Var}(\hat{\beta})&=\mathrm{Var}((\boldsymbol{X}'\boldsymbol{X})^{-1}\boldsymbol{X}'\boldsymbol{y})\\
&=(\boldsymbol{X}'\boldsymbol{X})^{-1}\boldsymbol{X}'\mathrm{Var}(y)((\boldsymbol{X}'\boldsymbol{X})^{-1}\boldsymbol{X}')'\\
&=(\boldsymbol{X}'\boldsymbol{X})^{-1}\boldsymbol{X}'\mathrm{Var}(\boldsymbol{y})\boldsymbol{X}(\boldsymbol{X}'\boldsymbol{X})^{-1}\\
&=(\boldsymbol{X}'\boldsymbol{X})^{-1}\boldsymbol{X}'\sigma^2 I\boldsymbol{X}\boldsymbol{X}(\boldsymbol{X}'\boldsymbol{X})^{-1}\\
&=(\boldsymbol{X}'\boldsymbol{X})^{-1}\sigma^2.
\end{aligned} \tag{6.21}$$

3.2 다중 회귀분석에서 변수들 간의 관계

다중 회귀분석에서 변수들 간의 관계는 그림 6.6과 같이 유형화해 볼 수 있다. 이 유형화는 Agresti and Finlay(2008)에 소개된 것을 참고한 것이다.

그림 6.6 (a)는 연쇄관계(chain relationship) 혹은 배제제한(exclusion restriction) 관계를 생각해 볼 수 있다. x_1이 x_2를 거쳐서만 y에 영향을 준다. 배제제한은 도구변수(instrumental variable)의 선택에서 가장 중요한 조건이다. x_2가 y에 미치는 영향을 측정하는 것을 혼란요인(C)이 방해하기 때문에 혼란요인의 영향을 받지 않는 x_1을 도구로 사용하여 x_2가 y에 미치는 영향을 간접적으로 측정하는 것이 도구변수 분석이다. 무작위배분 전 관측자료에서의 처치변수가 x_2와 같은 상태라면 실험에서 진행하는 무작위배분이 x_1이라고 할 수 있다. 결국 실험은 도구변수를 인위적으로 생성하는 연구방법이라고 볼 수 있다.

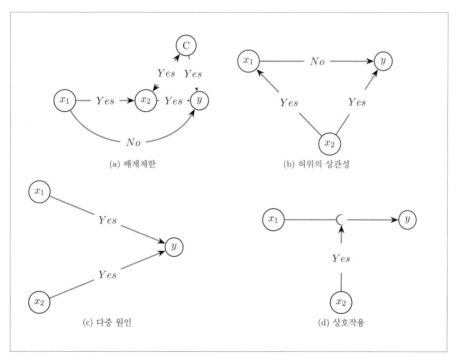

그림 6.6 다중 회귀분석에서 변수들 간의 관계

그림 6.6 (b)는 허위의 상관성(spurious correlation)을 보여준다. x_2는 x_1과 y에 동시에 영향을 미치고 있고 x_1은 y에 어떠한 직접적 영향도 미치지

않는다. 그러나 만약 x_2가 통제되지 않으면, x_1은 y에 마치 직접적 영향을 미치는 것처럼 추정될 수 있다. 예를 들어 아이스크림 소비량(x_1)과 익사사고 어린이들의 수(y)는 x_2(여름)이라는 제3의 요인에 의해 동시에 결정되는 반면 아이스크림 소비량(x_1)은 익사사고 어린이들의 수(y)에 직접 영향을 줄 수 없다. 허위 상관성은 x_2(여름)가 직접 종속변수에 영향을 준다는 점에서 연쇄관계와 구분된다.

그림 6.6 (c)는 다중 원인(multiple causes)의 관계이다. x_1과 x_2는 y의 독립된 원인들이다. 다중 회귀분석에서 변수들 간의 합산적 관계를 가정하는 것은 변수들의 관계가 다중 원인이라고 보기 때문이다. 예를 들어 성별과 인종은 투표선택의 독립된 원인들로 한 변수의 통제 여부가 다른 변수의 영향을 추정하는 데에 큰 영향을 미치지는 않는다.

마지막으로 그림 6.6 (d)는 상호작용(interaction) 관계를 나타낸다. 다중 선형 회귀분석의 가장 중요한 주제라고 볼 수 있기 때문에 3.3에서 상세히 논의할 것이다.

3.3 상호작용

다중 선형 회귀모형은 기본적으로 모든 변수의 효과가 합산적(additive)이라는 가정에 기초해 있다. 즉, 개별 설명변수들과 통제변수들이 종속변수에 영향을 미치는 방식이 서로 독립적이라는 것이다. 예를 들어 교육수준이 소득에 미치는 영향은 다른 변수의 수준에 따라 상이하지 않다는 가정이다. 그러나 사회과학에서 연구자들이 어떤 가설을 제시했을 때, 가장 자주 듣는 질문 중 하나가 "어떤 맥락에서는 그 가설이 설득력이 있는 반면 다른 맥락에서는 그렇지 않다"는 논평이다. 영어로 쓰면 "Under what circumstances?"라는 질문이다. 상호작용 분석은 이러한 논평에 답할 수 있는 매우 유용한 분석 방법이다.

기존 연구들에 의해 합산적, 독립적이라고 믿었던 변수들의 효과가 상호작용적, 그리고 종속적이라고 주장하는 것은 사회과학 경험적 연구에서 매우 빈번하며 또한 매우 중요하다. 상호작용의 종류는 매우 다양해서 일반화가 쉽지 않지만 사회과학에서 중요하게 생각하는 상호작용 효과를 정리해 보자. X를 연구자가 관심을 갖는 설명변수로 보고 D를 이 설명변수의 효과에 영향을 주는 조절변수로 가정하자.

상호작용 효과

1. 임계점 효과(Threshold effect): X의 효과는 D 값이 어떤 수준을 넘어서는지의 여부에 따라 근본적으로 달라진다. 즉, X의 효과는 D 값이 일정 수준에 도달하기 직전까지와 그 이후로 근본적으로 나뉜다.

2. 맥락 효과(Contextual effect): X의 효과가 D라는 맥락의 유무에 따라 근본적으로 달라진다. D라는 맥락이 존재하는 경우와 그렇지 않은 경우에 계수의 유의성, 방향, 크기가 변화한다.

3. 비선형 조건부 효과(Nonlinear conditional effect): X의 효과가 D 값의 구간이 변화함에 따라 비선형적으로 변화한다. 상호작용 효과가 항상 X와 D에 대해 선형일 것이라는 가정이 맞지 않는 경우이다(Hainmueller et al. 2019).

4. 잠재 효과(Latent effect): X의 효과는 오로지 D를 통해서만 나타난다. 맥락 효과와 유사하지만 D를 통하지 않고서는 X의 효과를 관측할 수 없다는 점에서 약간 상이하다.

임계점 효과, 맥락 효과, 비선형 조건부 효과, 그리고 잠재 효과 모두 검증하고자 하는 가설이 "조건부적"이라는 특징을 지닌다. 앞서 사회공학적 접근의 특징이 맥락을 초월하여 적용될 수 있는 법칙의 발견을 목적으로 하는 반면, 사회과학은 항상 맥락적 이해와 설명을 추구한다고 했다. 이런 측면에서 상호작용 모형은 사회과학적 설명이 추구하는 방향에 매우 부합하는 통계적 방법이라고 볼 수 있다. 같은 관점에서 Brambor et al.(2006)은 연구자의 가설이 조건부적인 성격을 띨 경우에는 항상 상호작용 모형을 고려해야 한다고 강조한 바 있다.

상호작용 모형을 고려할 때 주의할 점은 다음과 같다. 먼저 변수를 선택할 때 상호작용을 구성하는 모든 변수를 포함해야 한다. 예를 들어 X와 D의 상호작용을 분석할 때, X, D, $X \times D$를 모두 포함해야 한다는 것이다. $X \times D$를 포함하고 X나 D를 누락하면 누락변수에 의한 편향이 발생하게 된다.

둘째, 상호작용 분석의 결과로 얻게 되는 계수를 해석할 때는 종속변수에 대한 예측치의 차이를 보는 것이 바람직하다. 개별 계수 자체에 대한 유의성 검정으로 상호작용 효과의 유무를 판단하면 중대한 혼란을 겪을 수 있다. 예를 들어 β^X나 β^D의 유의성이 X와 D의 항상 한계 효과를 보여주는 것이 아니며, $\beta^{X \times D}$의 유의성이 곧 상호작용 효과의 유의성을 보여주는 것은 아니다. 상호작용 효과 전체의 실질적 효과와 그 변이를 정확하게 살펴보기 위해서는 시뮬레이션을 진행하는 것이 바람직하다.

마지막으로 상호작용 효과를 해석할 때 X와 D의 관측범위 밖으로 확대 해석하는 외삽적 추론(extrapolation)을 유의해야 한다. 예를 들어 한 국가의 인종적 다양성(X)이 인종 간 폭력사태로 이어지는 빈도(Y)가 민주주의 수준(D)에 따라 달라진다는 가설을 검증한다고 가정해 보자. 우리가 수집한 자료에는 민주주의 수준이 매우 낮은 국가와 민주주의 수준이 매우 높은 국가밖에 없다면 우리가 찾은 결과를 중간 수준의 민주주의 국가에게 적용하는 것은 외삽적 추론이다. 민주주의의 매개/조절 효과가 어떤 함수적 특징을 보일지 알 수 없다면 중간 수준의 민주주의 국가에 대한 분석은 모르는 것으로 두는 것이 맞다.

3.4 더미변수 분석

상호작용은 X와 D가 모두 연속변수인 경우와 X와 D가 모두 이산변수인 경우, 그리고 X와 D 중 하나는 연속변수 다른 하나는 이산변수인 경우로 나누어 볼 수 있다. 상호작용을 이해하기 가장 쉬운 예제는 X는 연속변수이고 조절변수인 D는 이분변수인 경우이다. 흔히 더미변수(dummy variable) 분석이라고 불리는 것이 여기에 해당된다.

더미변수를 사용하는 두 가지 방법은 병렬분석(parallel regression)과 상호작용분석(interaction analysis)이다. 병렬분석이란 더미변수로 표현되는 집단이 서로 다른 베이스라인을 가지고 있을 경우에 사용한다. 예를 들어 교육이 소득에 미치는 영향을 여자와 남자에 대해 살펴볼 때, 여자와 남자가 평균 얼마 정도의 소득 차이를 가지고 있다고 가정하는 것이다. 그리고 나서 교육수준이 소득에 어떤 영향을 미치는지를 살펴본다. 즉 여자와 남자의 소득 차이는 성과 교육이라는 두 가지 변수에 의해 좌우되지만 이 두 변수의 영향은 서로 독립적이라고 가정하는 것이다. 따라서 교육이 소득에 미치는 영향은 남자나 여자나 같다고 보는 것이다. 성이 소득에 미치는 영향도 어떤 교육수준에서나 동일하다.

수식으로 써보면 교육수준 x가 소득에 미치는 영향은 항상 β이다. 반면 성이 소득에 미치는 영향은 γ이다. 만약 D가 여자일 때 1이고 남자일 때 0이라면, 교육수준이 0일 때 여자의 기대소득은 $\alpha+\gamma$이고 남자의 기대소득은 α이다. 이를 회귀분석 모형으로 쓰면,

$$y_i = \alpha + \beta x_i + \gamma D_i + \epsilon_i.$$

병렬분석을 이해하기 위해 가상의 자료를 만들어 분석해 보자.

```
## 자료생성
set.seed(1973)
N <- 100
x <- runif(N, 6, 20)
D <-rbinom(N, 1, .5)
y <-  1 + 0.5*x - .4*D + rnorm(N)
df.lm <- data.frame(y = y, x = x, D = D)
df.lm$D <- factor(df.lm$D, labels=c('남성','여성'))

## 회귀분석
reg.parallel <- lm(y ~ x + D, data=df.lm)
jhp_report(reg.parallel, title="더미변수 회귀모형 추정결과", label="tab:D",
          dep.var.labels = "$y$")
```

표 6.1 더미변수 회귀모형 추정 결과

	종속변수
	y
x	0.491***
	(0.025)
D(여성=1)	−0.821***
	(0.207)
상수	1.240***
	(0.360)
Observations	100
R^2	0.799
Adjusted R^2	0.795
Note:	*p<0.1; **p<0.05; ***p<0.01

x는 교육수준을 y는 소득수준을 나타내며, D는 성별을 표시하는 더미변수이다. 그림 6.7은 병렬분석의 결과를 여성과 남성에 대해 각각 보여주고 있다.

```
par(mar=c(3,3,2,1), mgp=c(2,.7,0), tck=.02)
plot(x, y, xlab = "교육", ylab="소득", pch=19, col=addTrans("gray20", 40))
abline(a = reg.parallel$coef[1], b = reg.parallel$coef[2],
       lwd=4, col=addTrans("brown", 200)
```

```
abline(a = reg.parallel$coef[1] + reg.parallel$coef[3],
       b = reg.parallel$coef[2], lwd=4, col=addTrans("brown", 100))
legend("topleft", legend=c("남성", "여성"), bty="n", lwd=c(4,4), lty=c(1,1),
       col=c(addTrans("brown", 200), addTrans("brown", 100)))
```

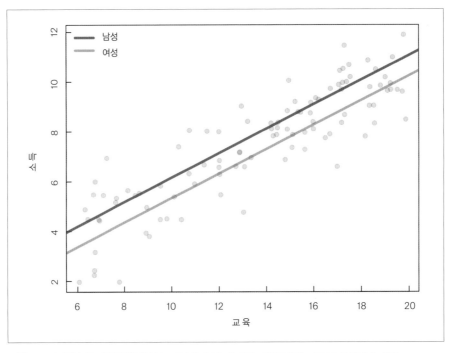

그림 6.7 더미변수를 이용한 병렬분석. 교육수준이 소득에 미치는 영향을 성별 고정값으로 살펴보는 방법

병렬분석은 여성과 남성의 차이를 y절편의 차이로 표현하기 때문에 그림 6.7은 기울기는 같지만 y절편이 다른 회귀분석선을 성별로 추출하여 시각화하고 있다.

이와 같은 병렬분석은 기울기가 같다는 매우 강한 가정에 기초해 있다. 즉 위의 예에서 여성과 남성은 교육수준에 관계없이 일정한 임금격차를 가지고 있다는 것이 중요한 가정이다. 병렬분석을 이용하는 연구자는 이 가정이 얼마나 현실적인지 자료를 통해 전혀 확인하지 못하고 있다.

상호작용분석은 위와 같은 가정이 얼마나 현실적인지 확인할 수 있도록 기울기에 대해서도 성별 차이의 가능성을 열어두는 모형을 사용한다. 상호작용모형은 다음과 같이 표현할 수 있다:

$$Y_i = \alpha + \beta X_i + \gamma(X_i D_i) + \delta D_i + \epsilon_i$$

```
reg.inter <- lm(y ~ x * D)
jhp_report(reg.inter, title="상호작용 회귀모형 추정결과", label="tab:xD",
          dep.var.labels = "$y$")
```

표 6.2 상호작용 회귀모형 추정결과

	종속변수
	y
x	0.469***
	(0.035)
D (여성=1)	−1.470***
	(0.714)
$x : D$ (여성=1)	0.047
	(0.050)
상수	1.540***
	(0.478)
Observations	100
R^2	0.801
Adjusted R^2	0.795
Note:	*$p < 0.1$; **$p < 0.05$; ***$p < 0.01$

x:D(교육수준과 성별더미의 상호작용변수)가 통계적으로 유의미하지 않으며 조정된 R^2가 이전 모형과 같음을 확인할 수 있다. 자료 생성 과정에서 x:D가 없기 때문에 당연한 결과임을 우리는 알고 있다. 그림 6.8은 이를 시각적으로 재확인하고 있다. 성별에 따른 임금의 차이는 교육수준이 높아짐에 따라 미세하

게 감소하는 경향이 있으나 이는 유의미한 수준이라고 보기에는 너무 미미함을 알 수 있다.

```
par(mar=c(3,3,2,1), mgp=c(2,.7,0), tck=.02)
plot(x, y, xlab = "교육", ylab="소득", pch=19, col=addTrans("gray20",
40))
abline(a = reg.inter$coef[1],  b = reg.inter$coef[2],
     lwd=4, col=addTrans("brown", 200))
abline(a = reg.inter$coef[1] + reg.inter$coef[3],
     b = reg.inter$coef[2] + reg.inter$coef[4],
     lwd=4, col=addTrans("brown", 100))
legend("topleft", legend=c("남성", "여성"), bty="n", lwd=c(4,4),
lty=c(1,1),
     col=c(addTrans("brown", 200), addTrans("brown", 100)))
```

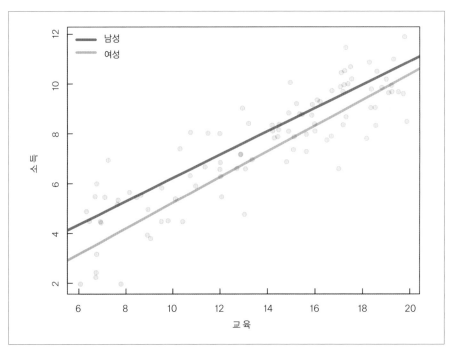

그림 6.8 상호작용분석. 교육수준이 소득에 미치는 영향을 성별 변수와의 상호작용으로 살펴보는 방법. 교육수준이 높아짐에 따라 성별 소득격차가 점차 줄어드는 경향이 있음.

이제 상호작용 효과를 더 극적으로 표현할 수 있는 자료를 생성해서 같은 분석을 진행해 보자. 이번에는 성별 더미 변수 D를 남성을 1로 여성을 0으로 코딩하는 방식으로 변경해서 분석을 진행할 것이다.

```
set.seed(1973)
N <- 100
x <- runif(N, 6, 20)
D <- rbinom(N, 1, .5)
y <-  1 + 0.5*x - .4*D + 0.4*D*x + rnorm(N)
df.lm2 <- data.frame(y = y, x = x, D = D)
df.lm2$D <- factor(df.lm2$D, labels=c('여성','남성'))

reg.parallel2 <- lm(y ~ x + D, data=df.lm2)
reg.inter2 <- lm(y ~ x * D, data=df.lm2)
jhp_report(reg.parallel2, reg.inter2,
           title="상호작용 회귀모형과 합산형 모형의 비교",
           label="tab:xDD", dep.var.labels = "$y$")
```

표 6.3 상호작용 회귀모형과 합산형 모형의 비교

	종속변수	
	y	
	(1)	(2)
x	0.683***	0.469***
	(0.034)	(0.035)
D(남성=1)	4.630***	−1.470***
	(0.278)	(0.714)
$x:D$(남성=1)		0.447***
		(0.050)
상수	−1.260***	1.540***
	(0.484)	(0.478)
Observations	100	100
R^2	0.890	0.940
Adjusted R^2	0.888	0.988
Note:	$^*p<0.1;\ ^{**}p<0.05;\ ^{***}p<0.01$	

모형의 설명력(조정된 R^2), 상호작용변수의 유의성(x:D), 회귀모형의 평균 잔차(Residual Std. Error), F-통계값 등을 모두 비교해 볼 때, 상호작용모형이 병렬모형보다 자료를 더 잘 설명하고 있음을 확인할 수 있다. 이 결과를 시각화를 통해 비교해 보면 더 쉽게 이해할 수 있다.

```
par(mfrow=c(1, 2), mar=c(3,3,2,1), mgp=c(2,.7,0), tck=.02, cex.main=0.5)
## 병렬분석
plot(df.lm2$x, df.lm2$y, main="병렬분석", pch=19, col=addTrans("gray20",
40),
      xlab = "교육", ylab="소득")
abline(a = reg.parallel2$coef[1], b = reg.parallel2$coef[2],
       lwd=4, col=addTrans("brown", 100))
abline(a = reg.parallel2$coef[1] + reg.parallel2$coef[3],
       b = reg.parallel2$coef[2],  lwd=4, col=addTrans("brown", 200))
legend("topleft", legend=c("남성", "여성"), bty="n", lwd=c(4,4),
lty=c(1,1),
       col=c(addTrans("brown", 200), addTrans("brown", 100)))


## 상호작용분석
plot(df.lm2$x, df.lm2$y, main="상호작용분석", pch=19,
col=addTrans("gray20", 40),
      xlab = "교육", ylab="소득")
abline(a = reg.inter2$coef[1], b = reg.inter2$coef[2],
       lwd=4, col=addTrans("brown", 100))
abline(a = reg.inter2$coef[1] + reg.inter2$coef[3],
       b = reg.inter2$coef[2] + reg.inter2$coef[4],
       lwd=4, col=addTrans("brown", 200))
legend("topleft", legend=c("남성", "여성"), bty="n", lwd=c(4,4),
lty=c(1,1),
       col=c(addTrans("brown", 200), addTrans("brown", 100)))
```

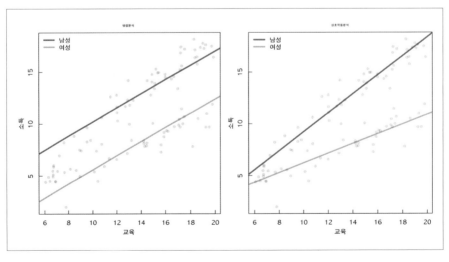

그림 6.9 더미변수를 이용한 병렬분석과 상호작용분석

그림 6.9는 상호작용 효과를 가지고 있는 자료를 병렬모형으로 분석했을 경우(왼쪽)와 상호작용모형으로 분석했을 경우(오른쪽)로 비교해서 시각화하고 있다. 병렬분석 결과는 자료(회색 점)를 잘 설명하지 못하는 반면 상호작용분석 결과는 자료를 잘 설명하고 있다. 상호작용분석 결과는 성별에 따른 임금격차가 교육수준이 높아짐에 따라서 증가하고 있음을 보여주고 있다.

3.5 predict()를 이용한 신뢰구간 추정

상호작용 효과가 통계적으로 유의미한 것인지 확인하기 위해서는 신뢰구간에 대한 고려가 필수적이다. 회귀분석 결과를 이용해서 신뢰구간을 직접 계산할 수 있으나 predict()함수를 이용하면 회귀분석의 신뢰구간을 쉽게 구할 수 있다. predict()함수가 사용될 수 있는 클래스는 아래와 같이 확인할 수 있다.

```
methods("predict")
```

우리는 여기서 predict.lm을 이용할 것이다.

상호작용 효과의 신뢰구간을 시각화하기 위해 신뢰구간 예측치와 신뢰구간을 계산하여 데이터프레임에 새로운 변수로 추가할 것이다.

```
## 회귀분석 예측치
df.lm2$pred.parallel2 = predict(reg.parallel2)
df.lm2$pred.inter2 = predict(reg.inter2)

## 신뢰구간
conf.parallel2 = predict(reg.parallel2, interval = "prediction")
conf.inter2 = predict(reg.inter2, interval = "prediction")

head(conf.parallel2)
```

병렬분석의 예측치와 신뢰구간이 아래와 같이 계산되었음을 확인할 수 있다.

```
##      fit    lwr    upr
## 1   6.22  3.454   8.99
## 2   9.87  7.096  12.65
## 3   7.52  4.759  10.28
```

```
## 4 13.53 10.772 16.29
## 5 10.41  7.637 13.19
## 6  3.13  0.334  5.93
```

```
head(conf.inter2)
```

상호작용분석의 예측치와 신뢰구간은 아래와 같이 계산되었다.

```
##       fit   lwr   upr
## 1  6.67  4.61  8.73
## 2  8.80  6.72 10.88
## 3  7.56  5.51  9.62
## 4 13.71 11.66 15.76
## 5  9.55  7.48 11.62
## 6  4.55  2.45  6.66
```

이제 이 계산값을 이용하여 병렬분석과 상호작용분석의 신뢰구간을 시각화하는 코드를 작성해 보자.

```
## 병렬분석
df.parallel = cbind(df.lm2, conf.parallel2)
g.parallel <- ggplot(df.parallel, aes(x = x, y = y, color = D) ) +
  geom_point() +
  geom_ribbon(aes(ymin=lwr, ymax=upr, fill=D, color= NULL), alpha = .2) +
  geom_line(aes(y = fit), size = 1) +
  labs(subtitle = "병렬분석", fill = NULL, colour = NULL) +
  theme_jhp() + xlab("교육") + ylab("소득")

## 상호작용분석
df.inter = cbind(df.lm2, conf.inter2)
g.inter <- ggplot(df.inter, aes(x = x, y = y, color = D) ) +
  geom_point() +
  geom_ribbon(aes(ymin=lwr, ymax=upr, fill=D, color = NULL), alpha = .2) +
  geom_line(aes(y = fit), size = 1) +
  labs(subtitle = "상호작용분석", fill = NULL, colour = NULL) +
  theme_jhp() + xlab("교육") +\StringTok ylab("소득")

NetworkChange::multiplot(g.parallel, g.inter, cols=2)
```

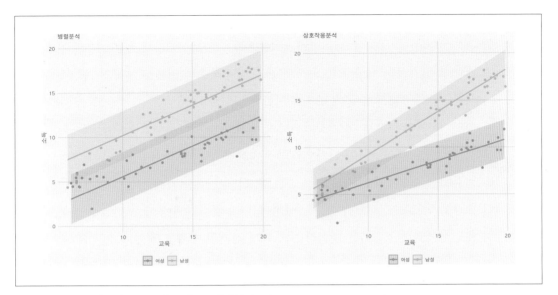

그림 6.10 병렬분석(왼쪽)과 상호작용분석(오른쪽)의 신뢰구간

그림 6.10을 살펴보면, 왼쪽 패널의 병렬분석에서는 성별효과의 신뢰구간
이 교육변수의 전 부분에서 서로 겹치고 있어서 통계적으로 유의미한 차이가
있다고 말하기 어렵다. 반면 오른쪽 패널의 상호작용분석에서는 교육변수가 일
정 수준 이상으로 증가함에 따라 성별효과의 신뢰구간이 확연하게 구분됨을 확
인할 수 있다. 즉, 교육수준이 일정 수준 이상인 경우에 교육의 소득효과에서 성
별 차이가 두드러진다고 해석할 수 있다.

제4절
회귀분석 모형의 진단

회귀분석의 진단이란 선택된 모형이 자료를 잘 설명하고 있는지를 확인하는 것
이다. 진단이 중요한 이유는 자명하다. 만약 선택된 모형이 자료와 전혀 맞지 않
을 때 모형의 모수를 통해 나타나는 정보는—그것의 통계적 유의미성과 무관
하게—그리 신뢰할 만한 것이라고 볼 수 없다.

여기서 "모형이 자료와 잘 어울리지 않는다"는 말은 민감성(sensitivity)이라
는 말로 표현할 수 있다. 민감성의 반대말은 견고성(robustness)이다. 우리가 표
본을 통해 학습한 모수값이 만약 표본자료나 선택된 모형에 지나치게 민감하다

면 표본자료가 조금만 달라지거나 모형의 미세한 변화에 의해 통계분석의 결과가 크게 달라질 수 있음을 의미한다. 안타깝게도 대부분의 선형 회귀모형은 일정 수준의 민감성을 가지고 있다. 이것은 선형성이라는 편리한 분석적 가정을 사용하기 위해 지불해야 하는 비용과도 같은 것이다.

바로 이러한 이유로 선형 회귀분석의 마지막 단계는 모형의 진단이 되어야한다. 그럼에도 불구하고 우리가 학술논문에서 접하는 많은 논문은 지면관계상 혹은 관례상 분석결과만 자세히 보고할 뿐, 진단에 대한 자세한 논의를 생략하거나 부분적으로 보고한다. 이는 연구자가 이미 분석결과에 대한 진단을 충분히 보수적으로 진행하였을 것이라는 신뢰가 전제된 관행일 것이다. 그러나 이러한 "관행"이 항상 우리가 기대하는 방향으로 작동하는 것은 아니다. 결과만을 보고하는 관행이 굳어지면서 연구자들은 수많은 시행착오 중에 우연히 찾은 결과를 학술논문으로 출판하고 견고성에 대한 논의를 의도적으로 생략하려는 유혹에 빠질 수 있다. 이러한 "진단생략의 유혹(temptation to skip diagnostics)"은 대규모 연구비를 수혜한 연구자, 마감일에 쫓기는 연구자, 승진이나 학위논문 심사를 앞둔 연구자, 학문적 진실성보다 학문 외적 명성을 더 중요시하는 연구자들에게서 특히 강하게 작동할 수 있다.

물론 사회과학의 정량적 연구 방법은 이러한 진단생략의 유혹에 대한 강력한 대책을 가지고 있다. 바로 재현연구(replication study), 코드공유, 그리고 강력한 처벌이다. 질적인 연구 방법과는 다르게 정량연구의 오류는—자료와 코드만 확보되면—언제든지 추적 및 적발이 가능하고 오류의 의도성이 확인되면 해당논문은 저널에서 철회되고 그 연구자의 신뢰성은 치명타를 입는다.

선형 회귀모형의 진단에서 가장 중요한 자료는 종속변수에서 모형이 설명하고 남은 부분, 즉 잔차(residual)이다. 그리고 회귀모형의 진단에서 가장 중요한 도구는 그래프와 연구자의 눈, 그리고 통찰력이다. 선형 회귀모형의 진단에서 우리가 확인해야 할 점은 일차적으로 가우스-마르코프 가정에서 전제한 독립성, 선형성, 오차분산의 일정성, 그리고 정규성이고 그 외에 다음과 같은 추가적인 사항들이다.

- 외적 타당성(external validity): 선형 회귀모형은 관측된 설명변수의 표본 범위 내에서만 유의미성을 갖는다. 관측된 설명변수가 존재하지 않는 영역으로 분석결과를 유추하는 것은 외삽적 추론(extrapolation)이라고

라쿠르 스캔들

2015년 마이클 라쿠르(Michael LaCour)라는 UCLA 정치학과 박사과정 학생은 콜롬비아 대학 교수인 그린(Donald Green)과 함께 동성애자 결혼에 대한 미국인들의 태도에 대한 연구라는 논문을 *Science*에 게재하였다.[1]

그러나 해당 연구의 실험설문 응답율이 비정상적으로 높은 것을 수상하게 여긴 후속 연구자들이 라쿠르가 이용한 조사회사에 문의한 결과, 라쿠르는 해당 회사를 이용한 적도, 보고된 실험설문조사를 의뢰한 적도 없다는 사실이 밝혀졌다. 즉, 논문에 사용된 모든 자료는 조작된 것이었으며 모든 분석은 조작된 자료에 기반한 것이었다.[2] 결국 허위자료에 의한 연구임이 밝혀져 해당 논문은 *Science*에서 철회되었고 프린스턴 정치학과는 라쿠르의 조교수 임용을 취소하였다.

....

[1] 관련기사: *Science*, "Science retracts gay marriage paper without agreement of lead author LaCour" May 28, 2015 (https://www.sciencemag.org/news/2015/05/science-retracts-gay-marriage-paper-without-agreement-lead-author-lacour); *New York Times*, "Study Using Gay Canvassers Erred in Methods, Not Results, Author Says" May 29, 2015 (https://www.nytimes.com/2015/05/30/science/michael-lacour-gay-marriage-science-study-retraction.html)

[2] FiveThirtyEight, "How Two Grad Students Uncovered An Apparent Fraud --- And A Way To Change Opinions On Transgender Rights", April 7, 2016 (https://fivethirtyeight.com/features/how-two-grad-students-uncovered-michael-lacour-fraud-and-a-way-to-change-opinions-on-transgender-rights/)

부르며 이는 오류의 가능성이 매우 높다. 모형이 외적 타당성을 갖는지를 확인하기 위해서는 교차타당성 검사(cross-validation test)와 같은 검사를 진행하는 것이 바람직하다.

- 극단적 관측값(influential observation): 선형 회귀모형은 표본에 존재하는 자료를 통해 해당 자료의 조건부 분포를 평균적으로 가장 잘 설명하는 직선을 찾는다. 평균이란 자료분포의 무게중심으로, 분포의 중심성을 표현하는 한 가지 방법에 불과하다. 평균은 지나치게 무게가 많이 나가는 관측값이 존재할 경우, 그 방향으로 지나치게 기우는 문제점이 있다. 따라서 자료의 분포가 비대칭적이고 극단적인 관측값이 많으면 조건부 분포의 평균은 자료의 전체적인 분포를 잘 설명하지 못하는 한계를 갖는다. 따라서 연구자는 선형 회귀모형의 평균이 자료를 제대로 대표하고 있는지를 자료의 조건부 분포를 눈으로 보고 확인해야 한다.

- 다중공선성(Correlation among explanatory variables, multicollinearity):

서로 상관성이 높은 설명변수들이 포함된 경우, 그들의 독립적 효과를 측정하는 것은 매우 어렵다. 예를 들어 정치이념과 정당일체감의 독립적 효과를 측정하는 것이 이에 해당한다. 다중공선성은 원칙적으로 자료의 문제이자 연구설계의 문제이지만 선형 회귀모형 안에서 그 효과는 부정확한 추정치의 문제로 귀결될 수 있다. 그 이유는 다중공선성이 존재하는 경우, 행렬 $(\boldsymbol{X}'\boldsymbol{X})$의 역행렬을 구하기가 어려워지기 때문이다. 다음과 같은 변수별 분산 영향값을 계산해서 다중공선성을 확인할 수 있다.

$$V(\hat{\beta}_{ji}) = \frac{\hat{\sigma}_{\epsilon}^2}{(n-1)\hat{\sigma}_{x_j}^2} \times \frac{1}{1-R_j^2}$$

- $\hat{\sigma}_{x_j}$: x_j의 표본분산
- R_j^2: x_j를 종속변수로 하고 다른 독립변수들을 이용해 회귀분석을 했을 때 나타나는 다중상관성 계수
- $\sqrt{\dfrac{1}{1-R_j^2}}$는 분산 확대요인(variance inflation factor, VIF)이라고 불리는 것으로 독립된 자료를 기준으로 얼마나 분산이 변수 간의 상관성으로 인해 확대되었는지 측정한다.

4.1 명성 자료를 이용한 회귀분석 진단

아래에서는 car 패키지에 포함된 명성 자료(Prestige data)를 이용해 회귀모형의 진단을 진행해 볼 것이다. 명성 자료는 1971년 캐나다에서 진행된 센서스 자료에서 일부를 발췌한 것으로 102개의 직업군에 대해 평균소득, 평균 교육수준, 여성 노동참여자의 비율, 직업군에 대한 사회적 명성, 그리고 직업군의 유형(블루 칼라, 전문직, 화이트 칼라)을 집계한 것이다.

자료를 불러와서 변수 이름을 살펴보면 다음과 같다.

```
require(car)
data(Prestige)
Prestige <- Prestige %>% tidyr::drop_na()
```

```
attach(Prestige)
names(Prestige)
```

[1] "education" "income"   "women"   "prestige" "census"   "type"

교육수준, 소득, 명성, 그리고 여성 비율의 한계분포를 시각화하는 코드는
다음과 같다.

```
par(mar=c(3,3,2,1), mgp=c(2,.7,0), tck=.02)
Prestige %>%
  dplyr::select(education, income, women, prestige) %>%
  tidyr::gather()%>%
  ggplot(aes(value)) +
    geom_histogram() +
    facet_wrap(~key, scales = 'free_x')
```

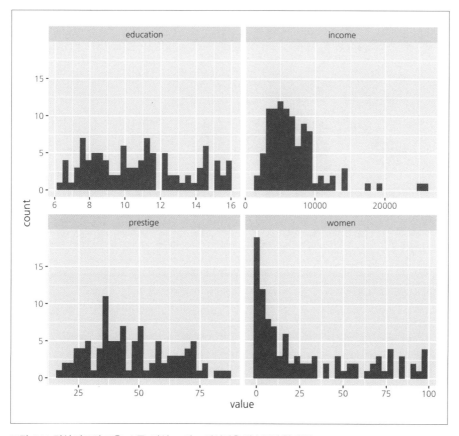

그림 6.11 명성 자료의 교육, 소득, 명성, 그리고 여성비율 변수들의 한계 분포

명성 자료에 포함되어 있는 5개의 변수(education, income, women, prestige, type)들의 이변량분포(bivariate distribution)를 시각화하여 변수 간 상관관계를 살펴보자. 그림 6.12는 ggpairs() 함수를 이용하여 이변량분포를 그린 것이다.

```
par(mar=c(3,3,2,1), mgp=c(2,.7,0), tck=.02)
library(GGally)
Prestige %>%
  dplyr::select(education, income, women, prestige, type) %>%
  ggpairs(aes(alpha = 0.4))
```

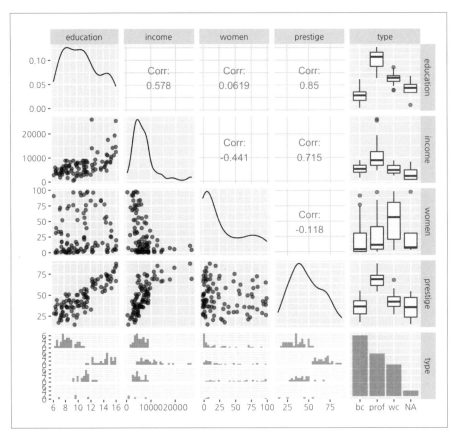

그림 6.12 명성 자료의 변수 간 상관성. 교육, 소득, 여성비율, 명성, 그리고 직업 종류 변수

그림 6.12의 대각선 패널에 있는 그래프에서는 각 변수들의 한계분포를 보여주고 있으며 대각선 밑의 그래프들은 변수들 간의 이변량분포를 보여주고 있다. 대각선 위에서는 변수들 간의 상관성 계수들이 표시되어 있다. 교육수준과 명성이 높은 상관성을 가지고 있으며 소득수준도 명성에 양의 상관성을 가지고

있음을 확인할 수 있다.

그림 6.13은 범주변수인 직업군의 유형과 종속변수(명성)와 설명변수(교육수준)의 삼각 관련성을 쉽게 보기 위해서 산포도 위에 직업군의 유형을 표시하였다.

```
par(mar=c(3,3,2,1), mgp=c(2,.7,0), tck=.02)
ggplot(Prestige, aes(x = education, y = prestige, col=type)) +
  geom_point(size = 5, alpha=0.5) +
  labs(colour=NULL) +
  theme_jhp()
```

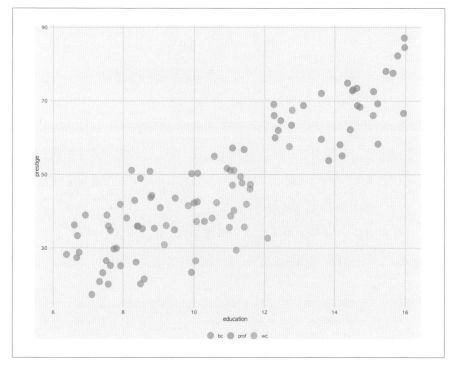

그림 6.13 명성 자료 분석의 설명변수인 교육수준과 종속변수인 명성변수

이제 설명변수인 교육수준과 종속변수인 명성변수만을 이용한 단순 선형 회귀분석을 진행하고 이를 표로 정리해 보자.

```
reg1 <- lm(prestige ~ education, data=Prestige)
jhp_report(reg1, title="직업별 명성과 교육수준의 관계",
           label="tab:prestige1",
           dep.var.labels = "prestige")
```

표 6.4 직업별 명성과 교육수준의 관계

	종속변수
	명성
교육	5.360***
	(0.332)
상수	−10.700***
	(3.680)
Observations	102
R^2	0.723
Adjusted R^2	0.720
Note:	*p<0.1; **p<0.05; ***p<0.01

표 6.4는 명성자료에 대한 단순 선형 회귀분석 결과를 요약한 것이다. 교육변수가 종속변수인 명성변수와 양의 상관성을 띠고 있으며 교육변수만으로 명성변수 변이의 72%를 설명할 수 있을 만큼 직업의 평균적인 교육수준과 명성은 강한 양의 상관성을 띠고 있음을 알 수 있다.

이제 회귀분석 결과를 자세히 확인해 보자. plot.lm()을 사용할 수도 있지만 ggplot2의 시각화 문법으로 plot.lm()을 개선한 autoplot.lm()을 사용할 것이다.

```
library(ggfortify)
autoplot(reg1)
```

가장 먼저 잔차와 추정값의 관계가 그림 6.14의 왼쪽 상단에 표시되어 있다. 선형분석모형의 가정이 만족되었다면 잔차는 추정값과 독립적이어야 한다. 간단히 잔차와 추정값의 회귀분석선(파란색)을 보면 이들이 별다른 상관성을 가지지 않았음을 쉽게 확인할 수 있다. 회귀분석 결과의 관점에서 볼 때 다소 극단적인 관측값은 그림 전체에서 따로 관측치의 이름과 함께 표시되어 있음을 볼 수 있다: newsboys, file.clerks, collectors, farmers, physicians.

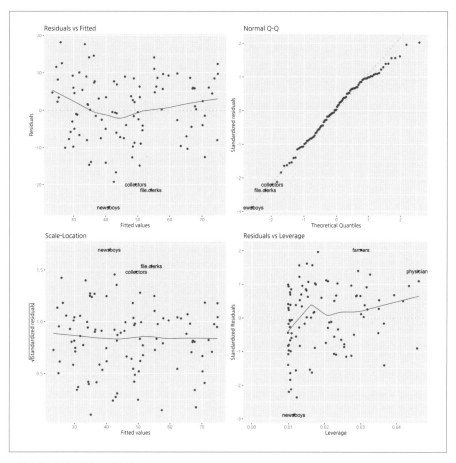

그림 6.14 명성 자료 회귀분석의 진단

오른쪽 상단의 그래프는 표준화된 잔차가 이상적인 정규분포로부터 얼마나 이탈해 있는지를 보여주는 QQ그래프이다. QQ그래프는 자료를 표준정규분포의 분위수와 비교하는 그래프이다.

왼쪽 하단의 그래프는 추정값과 표준화된 잔차의 제곱근의 분포이며 오른쪽 하단은 레버리지와 표준화된 잔차의 분포이다. 레버리지란 모자행렬(hat matrix)을 이용해서 정의되는데 회귀분석선을 추정하는 과정에서 개별 관측치의 영향력을 측정한다:

$$\mathbf{H} = \mathbf{X}(\mathbf{X'X})^{-1}\mathbf{X'} \tag{6.22}$$

$$\hat{\mathbf{Y}} = \mathbf{Hy} \tag{6.23}$$

$$\hat{y}_i = \sum_{j=1}^{n} h_{ij}y_j \tag{6.24}$$

식 (6.24)의 h_{ij}는 $\hat{y}_i$를 추정하기 위해 y_i에 부여된 가중치를 나타낸다. 만약 이 값이 $2\bar{h}$나 $3\bar{h}$을 넘으면 해당 관측치의 X 변수가 $\hat{y}$의 추정에 미치는 영향이 매우 크다고 판단할 수 있다. 여기서 $\bar{h}=p/n$을 말한다.

그림 6.14의 오른쪽 하단의 그림을 이해하기 위해 직접 $\bar{h}$를 계산해 보면 $3 \times \dfrac{2}{102}=0.05882353$이고 $2 \times \dfrac{2}{102}=0.03921569$임을 알 수 있다. 몇몇 관측치가 $2 \times \dfrac{2}{102}$보다 크지만 $3 \times \dfrac{2}{102}$보다 레버리지가 큰 관측치는 없음을 알 수 있다.

이제 단순 선형 회귀모형에 통제변수를 하나씩 넣어보자. 가장 먼저 소득변수를 고려할 것이다. 소득변수는 1971년 기준 캐나다 달러(Average income of incumbents, dollars, in 1971)로 표기되어 있다. 따라서 다른 변수와 직접 비교가 힘들 뿐만 아니라 소득변수 특유의 비선형성이 존재할 수 있다. 이를 확인하기 위해 소득변수를 원자료 그대로 통제변수로 쓴 경우와 로그 변환을 한 경우를 부분회귀분석 그래프(partial-regression plot)를 그려주는 함수인 avPlots()를 이용하여 비교해 보자.

```
avPlots(lm(prestige ~ education + income, data=Prestige))
```

```
avPlots(lm(prestige ~ education + log(income), data=Prestige))
```

소득에 로그를 취한 그림 6.16이 그림 6.15보다 자료를 더 잘 설명하고 있음을 쉽게 확인할 수 있다.

여기서 우리의 원래 가설을 약간 변형하여 "블루컬러 노동자들에서 소득이 명성에 미치는 영향은 다른 직업군과 동일한가?"라는 질문을 던져보자. 먼저 질문에 쉽게 답하기 위해 블루컬러 노동자를 나타내는 더미변수를 만들어서 데이터프레임에 포함시킬 것이다. 이때 as.factor()를 이용해서 변수의 유형이 범주형 변수임을 분명히 해두면 분석과 시각화 작업 시 매우 유용하다.

로그 변환된 소득과 여성비율을 통제변수로 사용하고 교육수준과 블루컬러 노동자 더미 변수를 설명변수로 하는 선형 회귀모형을 만들어서 추정해 보

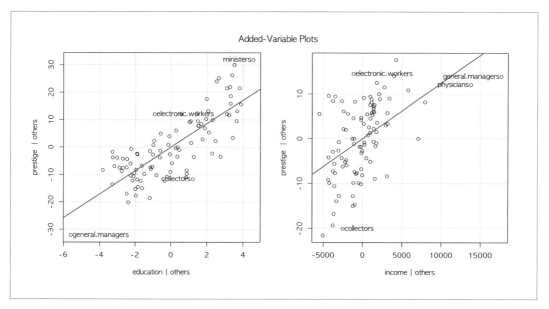

그림 6.15 원소득자료의 부분상관계수

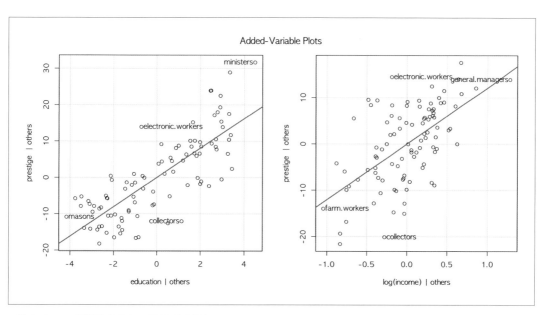

그림 6.16 로그 변환된 소득자료의 부분상관계수

자. 분석의 견고성을 확인하기 위해 우리는 투입되는 변수는 같지만 변수 간의
관계는 상이한 4개의 다중 회귀분석모형을 각각 추정해서 비교해 볼 것이다:

- 모형 1: 명성 = 교육 + 블루컬러 + 교육 · 블루컬러 + 로그 소득 + 여성비율
- 모형 2: 명성 = 교육 + 블루컬러
- 모형 3: 명성 = 교육 + 블루컬러 + 교육 · 블루컬러
- 모형 4: 명성 = 교육 + 블루컬러 + 로그 소득 + 여성비율

```
Prestige$blue <- as.factor(ifelse(Prestige$type == "bc", 1, 0))
model1 <- lm(prestige ~ education * blue + log(income) + women,
data=Prestige)
model2 <- lm(prestige ~ education + blue, data=Prestige)
model3 <- lm(prestige ~ education * blue, data=Prestige)
model4 <- lm(prestige ~ education + blue + log(income) + women,
data=Prestige)
jhp_report(model1, model2, model3, model4, title="직업군 명성의 결정요인",
           label="tab:pres4", dep.var.labels = "prestige")
```

표 6.5 직업군 명성의 결정요인

	종속변수			
	명성			
	(1)	(2)	(3)	(4)
교육	4.490***	6.380***	6.850***	4.110***
	(0.582)	(0.520)	(0.585)	(0.528)
블루컬러	17.900*	6.800**	26.300**	3.570
	(9.740)	(2.860)	(11.900)	(2.540)
로그 소득	15.200***			15.600***
	(2.420)			(2.420)
여성비율	0.073**			0.079**
	(0.034)			(0.034)
교육:블루컬러	−1.530		−2.090*	
	(1.010)		(1.230)	
상수	−138.000***	−24.600***	−30.600***	−137.000***
	(19.500)	(6.750)	(7.570)	(19.600)
Observations	98	98	98	98
R^2	0.852	0.765	0.772	0.849
Adjusted R^2	0.844	0.760	0.764	0.842
Note:				*$p<0.1$; **$p<0.05$; ***$p<0.01$

표 6.5에서 블루컬러 노동자들의 교육수준 기울기가 다른 유형의 직업군에 비해 약 −1.530정도 적다는 것을 확인할 수 있다. 이 차이는 교육수준의 기울기가 4.490인 점을 고려하면 기울기의 부호를 바꿀 만큼 큰 차이라고 볼 수 없다. 교육:블루컬러의 계수 역시 통계적으로 유의하지 않다고 판정된다. 그러나 이러한 부분적인 정보만을 가지고 상호작용 효과에 대한 정확한 판단을 하기는 어렵다. 상호작용 효과에 대한 예측분석을 하고 이를 시각화하면 더 쉽게 이해할 수 있다.

```
basic_plot <-
  ggplot(Prestige, aes(x = education, y = prestige, color = blue)) +
  labs(x = "education", y = "prestige", color = "blue collar") +
  theme_jhp()

basic_plot + geom_point(alpha = .3, size = 2) +
  geom_smooth(method = "lm", mapping=aes(y=predict(reg2, Prestige)))
```

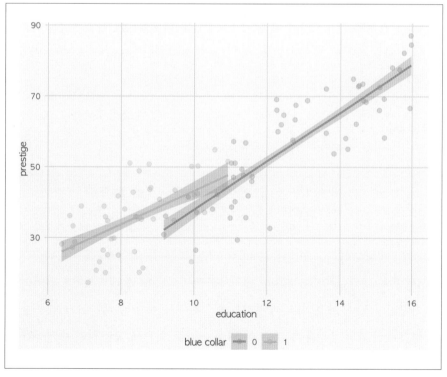

그림 6.17 명성에 대한 소득의 효과. 블루컬러 노동자와 기타 직업군의 차이

그림 6.17은 상호작용의 효과를 다중 선형 회귀분석 결과의 예측값으로 비교한 것이다. 블루컬러 직업군 여부와 관계없이 교육수준은 직업의 명성과 양의 상관성을 가지고 있음을 쉽게 확인할 수 있다. 그러나 그림 6.17은 우리가 표 6.5를 통해서는 확인할 수 없었던 중요한 사실을 알려준다. 블루컬러 직업군의 교육수준과 비블루컬러 직업군의 교육수준은 상당한 차이가 있으며 이 두 직업군의 교육수준이 겹치는 구간은 매우 작다는 점이다. 블루컬러 직업군에서 10-11년의 학력은 비블루컬러 직업군에서는 매우 낮은 학력수준이다. 그럼에도 불구하고 양 직업군에서 모두 교육수준이 상승하면 직업에 대한 명성도 높아진다는 점은 참으로 놀라운 현상이라고 볼 수 있다. 이것이 시각화의 힘이다.

제5절
caret 패키지를 이용한 선형 회귀분석 모형의 교차타당성 검증

caret 패키지를 이용하여 선형 회귀분석의 교차타당성 검증을 진행해 보자. 먼저 명성 자료에서 로그소득, 교육, 성, 그리고 블루컬러 변수만을 골라 누락자료를 배제한 새로운 데이터프레임 PrestigeCV를 생성한다.

```
library(caret)
Prestige$logincome <- log(Prestige$income)
PrestigeCV <-
  Prestige %>% dplyr::select(prestige, income, logincome, education,
  women, blue) %>% na.omit()
```

dplyr::select라고 한 이유는 dplyr 패키지의 select() 함수를 사용하라는 명령어이다. select() 함수는 dplyr 패키지뿐만 아니라 MASS 패키지에도 있어서 충돌 가능성이 있기 때문이다. 패키지를 다양한 사용자들이 제공하기 때문에 함수 이름이 중복되는 경우가 많고 이 경우에 가장 최근에 불러들인 패키지가 기존 패키지의 함수 이름을 덮어 쓰기 때문에 이를 모르고 기존 패키지의 함수 형식으로 코드를 작성해서 구동하면 에러가 나는 경우가 많다.

자료의 크기가 작기 때문에 모든 자료가 훈련자료와 시험자료에 한 번씩은 포함될 수 있도록 반복 k겹 교차검증(repeated k-fold cross validation)을 진행한다. k겹 교차검증이란 자료를 총 k개로 파티션한 뒤, 그 중 한 개를 시험자료로 사용하고 나머지를 훈련자료로 사용하는 것을 수회 반복하는 것을 말한다. caret 패키지의 trainControl() 함수를 사용하여 반복 k겹 교차검증을 설정할 수 있다. 아래 예제 코드에서는 5겹 교차검증을 5회 실시하였다.

```
## 5겹 교차검증을 5회 실시
set.seed(123)
train.control <- trainControl(method = "repeatedcv", number = 5, repeats
= 5)

## 모형 훈련
model1 <- train(prestige ~ income + education + women,
                data = PrestigeCV, method = "lm", trControl = train.
model2 <- train(prestige ~ logincome + education + women,
                data = PrestigeCV, method = "lm", trControl = train.
model3 <- train(prestige ~ (logincome + education + women) * blue,
                data = PrestigeCV, method = "lm", trControl = train.
```

이 장에서는 모형을 선형 회귀모형으로만 고정하고 변수 선택을 3가지로 다르게 설정하였다. caret 패키지에서 지원하는 모형은 238개가 넘는다.[2] 서로 다른 모형들의 성능을 비교하기 위해 재표집(resampling)분포를 추출하여 비교할 것이다.[3]

```
results <- resamples(list(model1, model2, model3))
summary(results)


##
## Call:
## summary.resamples(object = results)
##
## Models: Model1, Model2, Model3
```

....
2   caret 패키지를 소개하는 책(https://topepo.github.io/caret/available-models.html)을 참조하라.
3   재표집분포를 통한 모형 간 성능비교에 대한 자세한 소개는 다음 논문(https://homepage.boku.ac.at/ leisch/papers/Hothorn+Leisch+Zeileis-2005.pdf)을 참조하라.

```
## Number of resamples: 25
##
## MAE
##        Min. 1st Qu. Median Mean 3rd Qu. Max. NA's
## Model1 3.64    5.38   6.16 6.14    6.97 8.52    0
## Model2 3.65    5.16   5.72 5.67    5.98 7.59    0
## Model3 3.31    5.16   5.50 5.48    5.93 7.35    0
##
## RMSE
##        Min. 1st Qu. Median Mean 3rd Qu. Max. NA's
## Model1 4.94    7.03   7.52 7.51    8.24 9.24    0
## Model2 4.71    6.45   6.79 6.99    7.61 9.59    0
## Model3 4.77    6.38   7.16 6.92    7.52 9.05    0
##
## Rsquared
##         Min. 1st Qu. Median  Mean 3rd Qu.  Max. NA's
## Model1 0.703   0.775  0.811 0.814   0.853 0.925    0
## Model2 0.642   0.808  0.844 0.840   0.886 0.925    0
## Model3 0.790   0.818  0.844 0.848   0.879 0.944    0
```

성능비교를 위한 세 가지 성능척도는 다음과 같이 정의된다.

성능척도

- MAE : 평균 절대 오차 (Mean Absolute Error)

$$\mathrm{MAE}(\hat{y}) = \frac{1}{n} \sum_{i=1}^{n} |\hat{y}_i - y_i|.$$

- RMSE : 평균 제곱근 오차(Root Mean Square Error)

$$\mathrm{RMSE}(\hat{y}) = \sqrt{\sum_{i=1}^{n} (\hat{y}_i - y_i)^2}.$$

- R-squared: 피어슨 상관계수의 제곱

$$\mathrm{R-squared}(\hat{y}, y) = \left(\frac{Cov(\hat{y}, y)}{s_{\hat{y}} s_y} \right)^2.$$

위 척도 정의를 이용하여 모형 1과 모형 2를 비교하면 MAE와 RMSE, 그리고 R-squared에서 모두 로그소득이 소득보다 더 뛰어난 성능을 보여줌을

확인할 수 있다. 따라서 로그소득을 설명변수로 쓰는 것이 타당하다고 결론 내릴 수 있다. 모형 2와 모형 3은 우열을 가르기가 쉽지 않다. 블루컬러 변수를 전체에 곱해준 모형 3은 모형 복잡성이 대폭 증가했지만 모형의 성능이나 설명력에서 크게 개선된 모습을 보여주지 않는다.

그림 6.18은 성능비교 결과를 상자수염플롯(box-whisker plot)으로 시각화한 것이며 그림 6.19는 성능비교 결과를 닷플롯(dot plot)으로 시각화한 것이다.

```
bwplot(results)
dotplot(results)
```

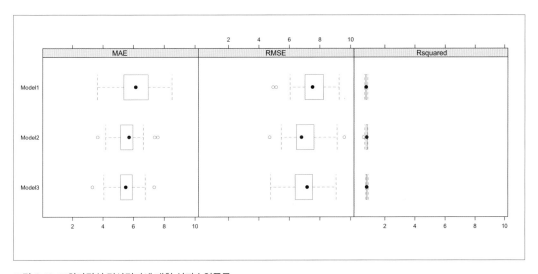

그림 6.18 교차타당성 검사결과에 대한 상자수염플롯

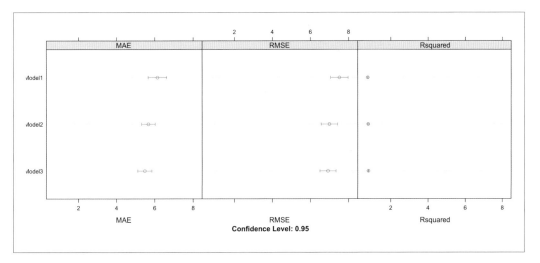

그림 6.19 교차타당성 검사결과에 대한 닷플롯

모형 간의 성능 차이가 통계적으로 유의미한지를 확인하기 위해 각 성능지표에 대한 t-검정을 진행할 수 있다.

```
difValues <- diff(results)
summary(difValues)
```

```
##
## Call:
## summary.diff.resamples(object = difValues)
##
## p-value adjustment: bonferroni
## Upper diagonal: estimates of the difference
## Lower diagonal: p-value for H0: difference = 0
##
## MAE
##        Model1 Model2 Model3
## Model1        0.470  0.662
## Model2 0.485         0.192
## Model3 0.213  1.000
##
## RMSE
##        Model1 Model2 Model3
## Model1        0.5203 0.5974
## Model2 0.421         0.0771
## Model3 0.365  1.000
##
## Rsquared
##        Model1 Model2   Model3
## Model1        -0.02638 -0.03402
## Model2 0.559           -0.00764
## Model3 0.126  1.000
```

대각선 왼쪽 하단의 숫자들은 모형 간 차이가 없다는 영가설에 대한 p값을 보여준다. 모형 간의 차이가 모든 경우에 통계적으로 유의미하지 않음을 알 수 있다.

이제 모형 2와 모형 3의 차이를 LOOCV(Leave one out cross validation, 하나 빼기 교차검증)로 검토해 보자. LOOCV는 이름에서 드러나는 것처럼 하나의 관측치를 차례로 제외하면서 모형의 성능을 측정하는 교차검증 방법이다.

```
train.control <- trainControl(method = "LOOCV")
model2 <- train(prestige ~ logincome + education + women,
                data = PrestigeCV, method = "lm", trControl = train.
control)
model3 <- train(prestige ~ (logincome + education + women) * blue,
                data = PrestigeCV, method = "lm", trControl = train.
control)
print(list(model2, model3))
```

```
## [[1]]
## Linear Regression
##
## 98 samples
##  3 predictor
##
## No pre-processing
## Resampling: Leave-One-Out Cross-Validation
## Summary of sample sizes: 97, 97, 97, 97, 97, 97, ...
## Resampling results:
##
##   RMSE  Rsquared  MAE
##   7.02  0.83      5.63
##
## Tuning parameter 'intercept' was held constant at a value of TRUE
##
## [[2]]
## Linear Regression
##
## 98 samples
##  4 predictor
##
## No pre-processing
## Resampling: Leave-One-Out Cross-Validation
## Summary of sample sizes: 97, 97, 97, 97, 97, 97, ...
## Resampling results:
##
##   RMSE  Rsquared  MAE
##   6.86  0.838     5.4
```

```
##
## Tuning parameter 'intercept' was held constant at a value of TRUE
```

　5겹 교차검증에서와 마찬가지로 LOOCV에서도 모형 3이 모형 2에 비해 근소하게 우위를 보이고 있음을 확인할 수 있다.

제6절
선형 회귀분석은 다른 최적화 방법에 비해 열등한 분석 방법인가

선형 회귀분석선을 최적화 문제로 바꾸면, 다음과 같이 쓸 수 있다:

$$\text{최소제곱선: } \min_{\alpha, \beta} \sum_{i=1}^{n} (y_i - \alpha + \beta x_i)^2.$$

목적함수에서 괄호 안의 값은 잔차이며 이 잔차를 제곱한 것의 합은 잔차제곱합이므로, 최적화 문제의 해는 곧 최소제곱법의 해와 같다.

　만약 선형 회귀분석이 아니라 두 변수 X와 Y의 관계를 가장 잘 묘사하는 선을 찾는 것이 연구자의 목적이라고 가정해 보자. 그렇다면 1차 선형함수가 아닌 다음과 같은 다양한 방법을 생각해 볼 수 있다.

고차함수

일차함수보다 더 복잡한 고차함수를 이용하여 두 변수의 관계를 설명할 수 있다. 예를 들어,

$$\text{3차 함수: } \min_{\alpha, \beta_1, \beta_2, \beta_3} \sum_{i=1}^{n} (y_i - \alpha + \beta_1 x_i + \beta_2 x_i^2 + \beta_3 x_i^3)^2.$$

이 모수들의 관계는 선형이기 때문에 최소제곱법을 이용해 3차 함수의 해를 구할 수 있다.

---

lowess

Cleveland (1979)에 의해 개발된 lowess (locally weighted scatter plot smoothing) 방법이다. lowess를 계산하는 목적함수는 다음과 같다:

$$\text{lowess} : \min_{\beta} \sum_{i=1}^{n} W_{ki}(x_i) \left(y_i - \sum_{j=0}^{p} \beta_j x_i^j\right)^2.$$

여기서 $W_{ki}(x_i)$는 k-최근접이웃(nearest neighbor)에 대한 가중치이다. 즉, lowess 최근접이웃 자료를 가장 근접하는 다항함수를 찾아내는 방법이라고 볼 수 있다.

평활스플라인

평활스플라인(smoothing spline)을 이용하여 두 변수의 관계를 가장 잘 설명하는 곡선을 찾을 수 있다. 평활스플라인은 어떤 함수의 오차($(y_i - f(x_i))^2$)와 함수변화의 정도($\int f''(x)^2 dx$)를 고려하여 이 둘을 모두 최소화하는 함수를 찾는다. 함수변화의 정도는 직선일 때 가장 작으므로 오차를 최소화하면서도 직선에 가까운 함수를 찾는 것이다. 최적화공식으로 쓰면,

$$\text{평활스플라인} : \min_{f} \sum_{i=1}^{n} (y_i - f(x_i))^2 + \lambda \int f''(x)^2 dx.$$

```r
plot(x,y, pch=19, cex=1.5, col=addTrans("brown", 100), asp = 0.7)
# ols line
abline(fit, lwd=1, col = 1)
# a loess line
loess_fit <- loess(y ~ x, data=df.reg)
lines(df.reg$x, predict(loess_fit), lwd=1, col = 2)
# a polynomial regression
pol_fit <- lm(y ~ poly(x,3), data=df.reg)
lines(df.reg$x, predict(pol_fit), lwd=1, col = 3)

# a spline function
```

```
spline_fit <- smooth.spline(x=df.reg$x, y = df.reg$y)
lines(spline_fit, lwd=1, col = 4)
legend("topleft", c("OLS", "lowess", "polynomial", "spline"), lwd=1,
       col=1:4, lty=1, bty="n")
```

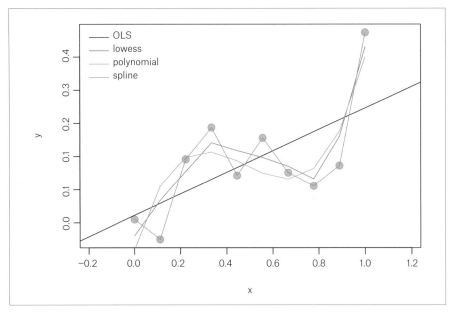

그림 6.20 선형회귀선과 최적화 접근을 통한 방법

회귀분석을 자료분석의 오차를 최소화하는 최적화 문제로만 생각하면 선형 회귀모형은 그림 6.20에서 제시된 네 가지 방법 중에서 가장 열등한 방법이라고 할 수 있다. 그럼에도 불구하고 왜 선형 회귀분석은 지난 100여 년 동안, 그리고 아직까지도 사회과학의 가장 보편적인 통계적 추론 방법이 될 수 있었는가? 다른 방법들이 수학적으로, 기술적으로 너무 복잡하기 때문에 보다 단순한 방법인 선형 회귀분석이 사용되어 온 것인가? 전혀 그렇지 않다. 아래에서 그 이유를 차례로 살펴 보자.

첫째, 선형 회귀분석은 자료를 통해 얻은 하나의 통계값이 우리가 알고자 하는 모수(β)에 대해 갖는 불확실성을 표현할 수 있는 가장 직관적이고 체계적인 방법이다. 회귀분석 추정값($\hat{\beta}$)은 신뢰구간(confidence interval)을 이용해서 그 불확실성을 쉽고 정확하게 표현할 수 있다. 신뢰구간은 추정값의 샘플링분포인 t-분포를 이용해서 계산된다. 반면 lowess나 평활스플라인의 경우 추정값이 갖는 불확실성을 체계적으로 표현하기가 쉽지 않다.

둘째, 회귀분석선의 오차가 다른 추정치에 비해 매우 커보이지만 사실 이 오차는 미래에 관측될 자료에 대한 예측적 오차를 줄여줄 수 있다. 현재 우리가 가진 표본이 전체 자료, 즉 모집단이 아니기 때문에 관측자료와의 오차를 지나치게 줄이는 것(예를 들어 평활스플라인)은 미래에 관측될 자료에 대한 예측적 오차를 매우 크게 만들 가능성이 있다. 이것이 바로 편향-분산 상쇄관계(bias variance trade-off)이며 과적합(overfitting)의 문제이기도 하다.

셋째, 회귀분석선은 국지적 설명(local explanation)에 매우 유용하다. 테일러 전개(Taylor expansion)는 모든 비선형관계가 국지적으로는 일차함수로 근사(approximation)될 수 있다는 것을 보여준다.[4] 이를 이용하면 관측자료의 국지적 관계(local relationship)는 선형 회귀모형으로 근사할 수 있다고 볼 수 있다. 그러나 같은 논리에서 관측자료의 범위가 증가하고 이질성(heterogeneity)이 증가하면 선형 모형을 통한 근사의 유용성은 감소한다고 볼 수도 있다.

넷째, 회귀분석선은 다른 최적화방법에 비해 해석이 매우 용이하다는 장점이 있다. lowess와 평활스플라인에서 X가 한 단위 증가시킬 때 Y가 얼마만큼 증가하는가는 구간마다 다르기 때문에 그 정보를 종합하는 것은 쉽지 않다. 고차 함수 모형에서는 도함수를 통해 계산이 가능하지만 X의 한 단위 증가 시 Y의 변화가 X값에 의해 항상 영향을 받는다는 점 때문에 역시 해석이 쉽지 않다.

이와 같은 장점들 때문에 선형 회귀모형은 아직까지도, 그리고 어쩌면 앞으로도 한동안 사회과학 자료분석의 가장 기본이 되는 분석 방법이 될 것이다.

....

4    $x_0 = 0$에서의 테일러 전개는

$$f(x) = \sum_{n=0}^{\infty} \frac{f^{(n)}(x_0)}{n!}(x - x_0)^n \qquad (6.25)$$

$$= f(x_0) + f'(x_0)(x - x_0) + \frac{1}{2}f''(x_0)(x - x_0) + \frac{2}{3!}f''(x_0)(x - x_0) + \ldots \qquad (6.26)$$

$$\approx f'(x_0)(x - x_0). \qquad (6.27)$$

종속변수와 설명변수가 뒤바뀌면 결과가 달라지는가

너무 당연한 이야기지만 회귀분석에서 독립변수와 종속변수를 바꾸면 $p(X|Y)$ $\neq p(Y|X)$이므로 결과가 달라진다. 이를 코드를 실행해서 확인해 보자.

```
set.seed(1973)
N <- 100
X <- rnorm(N)
Y <- 1 + 3*X + rnorm(N)
reg1 <- lm(Y~X)
reg2 <- lm(X~Y)
jhp_report(reg1, reg2, title="설명변수와 종속변수의 교체",
           label="tab:xy", dep.var.labels = c("Y", "X"))
```

표 6.6 설명변수와 종속변수의 교체

	종속변수	
	Y	X
	(1)	(2)
X	2.970***	
	(0.097)	
Y		0.305***
		(0.010)
상수	0.902***	−0.270***
	(0.104)	(0.035)
Observations	100	100
R^2	0.905	0.905
Adjusted R^2	0.905	0.905
Note:	*p<0.1; **p<0.05; ***p<0.01	

R^2와 같은 모형적합도와 관련된 정보는 완전히 동일하지만 회귀분석의 기울기값은 서로 다른 것을 확인할 수 있다. $p(Y|X) \neq p(X|Y)$이기 때문에 이는 사실 너무 당연한 결과라고 볼 수 있다. 여기서 회귀분석과 피어슨 상관성의 차이를 쉽게 확인할 수 있다.

4장에서 살펴본 피어슨 상관성은 결합분포를 전제한, 구조화되지 않은 변

수들 간의 상관성을 측정하는 것이다:

$$\rho_{X,Y} = \frac{\text{cov}(X, Y)}{s_X s_Y}$$

반면, 회귀분석은 p(종속변수|설명변수)라는 조건부 분포에 기반한 추론이다. 회귀분석의 기울기를 피어슨 상관성으로 표현하면,

$$\hat{\beta} = \rho_{X,Y} \frac{s_Y}{s_X}.$$

이를 표본 공분산으로 표현하면,

$$\hat{\beta} = \frac{\text{cov}(X, Y)}{s_X^2}.$$

결국, 회귀분석의 기울기는 종속변수와 설명변수의 표본표준변차가 다른 이상($s_Y \neq s_X$), 두 변수의 지위(종속변수 혹은 설명변수)가 변화함에 따라 완전히 다르게 계산된다는 점을 알 수 있다. 이를 그래프로 확인해 보자.

```
par(mar=c(3,3,2,1), mgp=c(2,.7,0), tck=.02)
par(mfrow=c(1, 2));
plot(X, Y, ylim=c(-6, 8), xlim=c(-6, 8), pch = 19,
    col = addTrans("navy", 30), cex=1, main="종속변수:Y, 설명변수:X")
abline(reg1, col=addTrans("navy", 200))
plot(Y, X, ylim=c(-6, 8), xlim=c(-6, 8), pch = 19,
    col = addTrans("navy", 30), cex=1, main="종속변수:X, 설명변수:Y")
abline(reg2, col=addTrans("navy", 200))
```

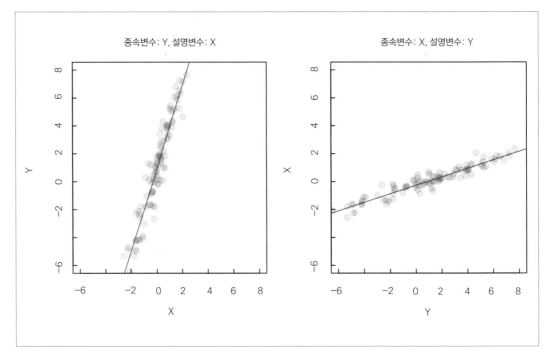

그림 6.21 단순회귀분석. 두 변수 X 와 Y 에 대해 왼쪽 패널은 Y 를 종속변수로 사용한 회귀분석 결과이며 오른쪽 패널은 X 를 종속변수로 사용한 회귀분석 결과

- 선형 회귀모형은 선형함수에 오차의 확률모형을 결합한 것으로 사회과학 자료의 생성 과정을 묘사하는 매우 효과적인 도구이다.
- 특히 설명변수와 통제변수를 포함하는 다중 선형 회귀모형은 실험적 통제의 근사, 유연성, 확장성 등의 강점으로 인해 20세기 사회과학 정량적 방법론의 가장 중요한 도구로 기능해 왔다.
- 다중 선형 회귀모형에 대한 연구는 특히 변수의 상호작용을 쉽게 반영하고 해석할 수 있다는 점 때문에 실험연구에서 수행하기 어려운 복잡한 이론적 가설을 검증하는 데에 매우 효과적인 역할을 수행했다.
- 회귀분석은 크게 모형 및 변수의 선택(model and variable selection), 모형의 추정(estimation), 진단(diagnostic), 그리고 해석(interpretation)의 네 단계로 나눌 수 있다.

07

일반 선형 모형과 최대 우도 추정법

그림 7.1 로날드 피셔(Ronald Fisher, 1890-1962)에 의해 개발된 최대 우도 추정법은 선형 회귀분석 모형에 대한 추정만 가능한 최소제곱법의 한계를 넘어서 일반 선형 모형 전체에 대한 통일된 형태의 통계적 추론을 가능하게 했다는 점에서 매우 중요한 발견이다. (그림 출처: https://magazine.amstat. org/blog/2018/10/30/sih-fisher/)

아마도 20세기 통계학의 역사에서 가장 중요한 인물을 꼽으라면 로날드
피셔(Ronald Fisher, 1890-1962)를 빠뜨릴 수는 없을 것이다. 통계학에서
피셔의 가장 중요한 업적은 최대 우도 추정법의 완성이라고 볼 수 있다.[1] 최대
우도 추정법은 하나의 독자적인 체계를 가지고 있지 못했던 빈도주의 통계학
(frequentist statistics)을 탄탄한 이론적 기반을 가진 추론체계로 만들어 내었다.
피셔가 체계를 세운 우도 중심의 통계적 추론체계를 따로 "우도주의이론(Likeli-
hood Theory)"이라고 부르기도 한다. 출발점은 각각 달랐지만 피셔의 우도이론
과 p값을 이용한 유의성 검정, 니만의 신뢰구간, 그리고 니만과 피어슨(Egon
Pearson, 1895-1980, 칼 피어슨의 아들)의 가설검정 방법이 하나의 통계적 패러다
임으로 결합되어 20세기 통계학의 주류를 형성한 고전학파(classical statistics)가
되었다. 고전학파 통계학은 우리가 통계학 교과서를 펴면 만나게 되는 모집단-
표본의 구분법, 고정된 모수에 대한 가정, 확률에 대한 빈도주의적 해석, 영가설
검정과 p값을 통한 통계적 의사결정이라는 하나의 과학적 패러다임으로 종합
되었다.[2]

....

1   피셔가 과연 최대 우도 추정법을 독자적으로, 최초로 정립했는가에 대해서는 약간의 논쟁이 있다. 니만
    (Jersey Neyman)은 최대 우도 추정법이 이미 에지워스(Francis Y. Edgeworth, 1845-1926)에 의해 먼저
    개발되었고 피셔가 에지워스의 업적을 알고 있었으면서도 정확하게 인정하지 않았다고 비판한 바 있다
    (Pratt, 1976).

2   이에 대한 자세한 논의는 Royall(1997)과 Efron and Hastie(2016)를 참조하라. 이러한 종합이 사실은
    불편한 동거라고 보는 시각도 존재한다. 대표적으로 Gigerrenzer(2004)는 고전학파의 종합은 피셔의
    p값과 니만-퍼슨의 가설검정을 뒤섞어 놓은 하나의 관행(ritual)에 불과하며 이 관행은 통계학자 집단
    의 의도적 산물이라기보다는 통계교육과 통계분석 과정에서 등장한 비의도적 산물이라고 비판한다.
    Gigerrenzer(2004)가 비판하는 이 관행은 (1) 영가설을 세우지만 연구자 자신의 가설은 세우지 않고
    (2) 영가설 기각의 유의성 기준으로 5%를 사용하여 영가설 기각 시 자신의 가설을 채택하는 절차를 말
    한다.

최대 우도 추정법의 목적함수는 로그 우도(log likelihood) 함수이다. 로그 우도 함수는 특정한 확률밀도함수에 대해 모수는 미지수로 간주하고 자료는 미지수를 찾기 위해 투입되는 정보로 간주한다. 즉,

$$\mathcal{L}_y(\theta) = f(y; \theta).$$

여기서 약간의 혼돈이 발생하게 된다. 고전파 통계학의 관점에서 확률밀도 함수 $p(y|\theta)$는 고정된 θ로 표현되는 자료의 함수이다. 그러나 우도 $\mathcal{L}_y(\theta)$는 고정된 자료로 표현되는 θ의 함수이다. 따라서 우도를 조건부 분포로 해석하는 것은 잘못이다. 피셔는 우도라는 개념을 확립하면서 우도를 확률분포로 해석하지 말 것을 신신당부한다(Fisher 1930). 흥미로운 점은 모수를 미지수로 자료를 고정된 것으로 보는 관점은 피셔의 영향 아래 등장한 고전파 통계학의 관점에 정면으로 배치된다는 점이다. 빈도주의 확률론을 가정하는 고전파 통계학은 모수를 고정된 것으로 자료를 모집단에서 추출된 임의 표본으로 본다. 우도에 대한 피셔의 관점은 피셔가 배격했던 베이지안 통계학의 관점과 더 유사하다.

피셔가 우도를 비확률적 개념으로 만든 것은 그가 확률의 전도라고 불렀던 베이지안 통계와 다른 새로운 통계적 추론방법을 고안하고자 했기 때문이다. 피셔는 표본자료에서 얻은 정보를 통해 모집단에 대한 추론을 진행할 수 있는 확률론적 방법은 모집단의 모수에 대한 상위 모집단(super-population)을 가정하는 베이지안 방법밖에 없다는 점을 잘 알고 있었다(Aldrich, 2000). 피셔는 라플라스와 가우스 같은 고전적 베이지안들이 균등분포와 같은 자의적인 사전 확률분포를 사용하여 추론을 하는 것이 비과학적이라고 생각하였다. 베이지안 방법이 아닌 고전적 통계학의 관점에서 표본자료로부터 모집단 정보를 확률론적으로 추론하는 방법은 없기 때문에 확률이라는 표현이 아니라 우도라는 새로운 표현을 고안해 내고 우도의 추정치를 통해 모집단 정보를 추론하는 새로운 접근법을 제시한 것이다. 이것이 고전파 통계학이 통계분석 결과에 대한 비확률론적 해석을 고집하는 또 다른 이유가 된다. 피셔의 우도주의는 사전 확률분포 없는 베이지안 분석을 지향했다고 볼 수 있다. 피셔는 자신의 이러한 추론방법을 "fiducial inference"라고 불렀는데 fiducial이라는 말은 faith라는 뜻을 가진 라틴어에서 기원한 것이다.

제1절

최대 우도 추정법을 이용한 통계적 추론

최대 우도 추정법은 로그 우도가 최대값을 갖는 미지수 θ를 찾는 추정방법이다. 이때 미지수 θ는 그 모수공간인 Ω 안에서 정의된다. 여기서 우도가 아니라 로그 우도를 사용하는 이유는 거의 모든 확률분포가 로가리듬 변형을 하면 오목(concave)해지기 때문이다. 특히 우리가 회귀분석에서 가장 많이 사용하는 지수함수를 포함한 확률분포(exponential family)는 로그를 취하면 반드시 오목한 형태를 띤다. 따라서 로그 변환된 확률분포인 로그 우도를 이용하면 자료에 대해 최대값을 갖는 모수값을 찾는 것이 매우 용이해지며 해당 모수값의 불확실성에 대한 정보도 얻을 수 있다. 빈도주의 통계학의 추론에 필요한 핵심적인 정보를 로그 우도를 통해서 얻을 수 있는 것이다.

그림 7.2와 7.3은 상관계수 0.5를 이루는 이변량 표준 정규분포(bivariate normal distribution)의 로그 우도를 시각화한 것이다. 오목한 모습을 보이고 있으며 두 변수의 평균인 (0, 0)에서 로그 우도가 가장 높다는 점을 확인할 수 있다.

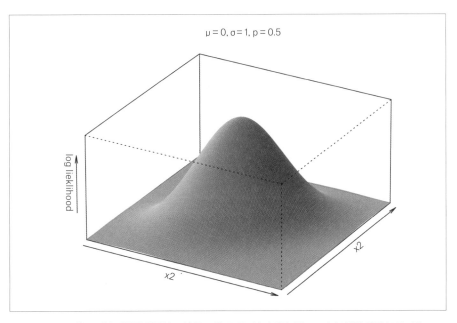

그림 7.2 3D그래프로 본 이변량 정규분포의 로그 우도. 두 변수의 상관계수 0.5이며 이변량 정규분포를 따름

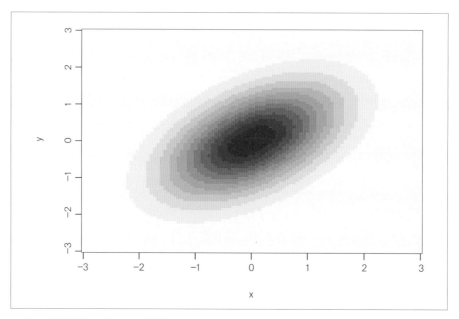

그림 7.3 등고선 히트맵으로 본 이변량 정규분포의 로그 우도. 두 변수는 상관계수 0.5의 이변량 정규분포를 따름

최대 우도 추정법은 우도함수의 이러한 특징을 이용해서 로그 우도함수가 최대값을 갖게 되는 변수값을 찾는다. 이렇게 찾은 변수는 최대 우도 추정값 (maximum likelihood estimates)이고 $\hat{\theta}_{MLE}$ 라고 불린다:

$$\hat{\theta}_{MLE} = \underset{\theta \in \Omega}{\mathrm{argmax}} \; \mathcal{L}_y(\theta).$$

최대 우도 추정법은 뒤에 소개할 베이지안 방법과 마찬가지로 확률의 전도 (the inversion of probability)라는 관점에서 통계적 추론을 접근한다. 확률의 전도는 관측된 자료를 통해 우리가 알지 못하는 값에 대해 학습하는 것을 말한다. 오늘날 확률의 전도는 곧 통계적 추론과 같은 말이 되었다. 통계적 추론이란 자료를 통해 자료의 생성 과정을 학습하는 것이고 통계적 추론의 대상은 자료의 생성 과정을 설명하는 모수이다. 예를 들어 10회의 동전 던지기를 통해 얻은 자료를 통해 동전 던지기라는 자료의 생성 과정을 설명하는 확률, 즉 동전의 앞면이 나올 확률(θ)을 찾는 과정은 확률의 전도이자 통계적 추론이다. 앞으로 10번을 더 던졌을 때 나올 앞면의 수를 계산하는 것은 확률의 전도가 아니라 확률의 직접 사용이라고 볼 수 있다.

통계적 추론 방법으로서 최대 우도 추정치는 다음 두 가지 중요한 속성을 갖는다.

최대 우도 추정치의 속성

1. 일관성(Consistency): $\hat{\theta}$가 일관성을 갖는다고 하는 것은 관측자료의 수가 무한으로 증가함에 따라 확률적으로 $\hat{\theta} \rightarrow \theta$가 일어난다는 것이다. 여기서 θ는 모집단의 모수이다.
2. 근사적 정규성(Asymptotic Normality): 근사적 정규성이란 관측자료의 수가 무한으로 증가함에 따라 $\hat{\theta}$이 모집단의 모수값으로 $\frac{1}{\sqrt{n}}$의 속도로 수렴함을 의미한다.

$$\sqrt{n}\,(\hat{\theta} - \theta) \rightarrow N(0,\ \sigma_\theta^2)$$

여기서 σ_θ^2는 $\hat{\theta}$의 근사 분산값이다.

두 가지 속성은 최대 우도 추정법이 베이지안 방법과 대등한 통계적 추론 방법이면서 동시에 베이지안 방법에서 필수적인 사전분포를 필요로 하지 않는다는 점에서 주목을 받았다. 그 결과 피셔의 최대 우도 추정법은 베이지안 방법을 제치고 통계학 교육과 연구에서 주류의 방법론으로 자리 잡게 되었다.

통계적 추론에서 필요한 정보는 크게 두 가지이다. 하나는 기대값이고 다른 하나는 기대값의 불확실성에 대한 정보이다. 이 둘 중 특히 불확실성에 대한 정보를 정확하게 얻는 것이 매우 중요하다. 불확실성에 대한 정보를 표시하는 방법은 다양한데 서베이에서는 표본오차, 빈도주의 통계학에서는 신뢰구간, 베이지안 방법에서는 확률구간(Bayesian credible interval) 등이 그 예이다.

최대 우도 추정법에서 추정치의 불확실성에 대한 정보는 피셔정보한도 (Fisher information bound, $I(\theta)$)로부터 계산된다. 피셔정보한도는 모수값이 θ 주변에서 변화함에 따라 로그 우도가 얼마나 급격하게 변화하는지를 측정하는 함수라고 볼 수 있다. 피셔정보한도를 이해하기 위해서는 먼저 스코어 함수를 이해해야 한다. 왜냐하면 피셔정보한도는 스코어 함수의 분산으로 정의되기 때문이다.

스코어 함수는 로그 우도의 일차도함수로, 다음과 같이 정의된다:

$$s(\theta) = \frac{\partial \mathcal{L}_y(\theta)}{\partial \theta} = \frac{f'(y; \theta)}{f(y; \theta)}. \tag{7.1}$$

스코어 함수의 직관적 의미는 모수값이 θ 주변에서 변화함에 따라 로그 우도가 증가하는지 아니면 감소하는지를 보여준다.

피셔정보한도는

$$I(\theta) = \int s(\theta)^2 f(y; \theta) \, dy \tag{7.2}$$

로 정의된다. 만약 피셔정보한도가 매우 크다면 로그 우도의 변화가 매우 크다는 것이고 작으면 매우 작은 변화를 보인다는 의미이다.

앞서 언급한 중심극한정리와 스코어 함수를 이용하면 최대 우도 추정치인 $\hat{\theta}_{MLE}$ 는 다음과 같은 경험분포(empirical distribution)를 따른다고 정리할 수 있다.

$$\hat{\theta}_{MLE} \sim N\left(\theta, \frac{1}{nI(\theta)}\right) \approx N\left(\theta, \frac{-\log f''(y; \theta)}{n}\right) \tag{7.3}$$

이 정리를 통해 우리는 최대 우도 추정치의 기대값과 분산을 구할 수 있다. 즉 최대 우도 추정치는 자료의 양이 무한으로 증가하거나 반복되는 표집을 무한반복하면 종국적으로 모집단의 모수값으로 수렴할 것이며 그 과정에서 나타나는 불확실성은

$$\frac{-\log f''(y; \theta)}{n}$$

으로 표현할 수 있다. 여기서 로그 우도를 2차 미분한 것을 헤시안 행렬 ($\log f''(y; \theta)$, $\mathbf{H}$)이라고 부른다.

모수의 참값에 대한 스코어 함수의 기대값은 0이다. 모수의 참값에서 우도가 최대값을 가지기 때문이다:

$$\int s(\theta) f(y; \theta)\, dy = \int f'(y; \theta)\, dy = \frac{\partial}{\partial \theta} \int f(y; \theta)\, dy = \frac{\partial}{\partial \theta} 1 = 0.$$

그런데 여기서 한 가지 의문이 발생한다. $\int f(y; \theta)\, dy = 1$라는 것은 우도가 자료의 조건부 분포라는 것을 의미한다. 그렇다면 모수인 θ가 확률변수여야 하고 자료 역시 확률변수여야 하는데 우도에서 모수는 모집단의 고정값이기 때문에 논리적으로 이러한 가정은 맞지 않다고 할 수 있다. 다시 말해 스코어 함수는 모수가 확률변수인 경우에만 논리적 일관성을 갖게 된다. 바로 이러한 비일관성들이 최대 우도 추정법이 베이지안 방법에 비해 일관성이 다소 결여된 통계적 추론 방법이라고 비판받는 이유가 된다.

제2절
일반 선형 모형

지금까지 우리가 본 선형 회귀모형은 종속변수가 무한하고 연속된 수를 취한다고 가정하고 있다. 이 경우 관측값에서 평균을 뺀 오차의 분포는 정규분포를 따른다고 보는 것이 타당한 가정이 되므로 이 성질(가우스-마르코프 정리)을 이용하여 회귀분석 모형의 모수를 추정하고 그 불확실성을 표현할 수 있었다. 그러나 사회과학 자료는 실수 형태를 취하지 않는 경우가 많다. 실수 형태를 취하지 않는다고 함은 크게 두 가지 의미인데 먼저 자연수와 정수와 같이 자료의 표현 방식이 제한되는 경우와 양의 실수와 음의 실수와 같이 자료의 범위가 제한되는 경우(예: truncation 또는 censoring)가 있다.

전쟁자료의 예를 들어 종속변수의 종류를 설명하면,

- 전쟁 발생 여부: 국가쌍에 대해서는 발생 혹은 미발생의 두 가지 관측값만 존재하는 이분형 자료이며 국제체제 전체에 대해서는 0 또는 양의 정

수값을 취하는 사건형 자료
- 전쟁 지속 시간: 0 또는 양의 실수값을 취하는 자료
- 전쟁의 종류: 내전, 국가 간 전쟁, 세계대전 등의 범주형 자료
- 전쟁의 사상자 수: 0 또는 양의 정수값을 취하는 자료

이와 같은 제한된 종속변수에 대해 선형 회귀모형을 적용하면 여러 가지 문제점들이 발생한다. 첫째, 오차가 정규분포를 따른다는 가우스-마르코프 가정에 위반되어 점 추정치에 편향이 발생하거나 구간 추정치를 통해 얻은 불확실성 정보가 점추정치의 불확실성을 정확하게 표현하지 못하게 된다. 둘째, 추정치의 해석이 어려워진다. 추정치의 기울기는 독립변수가 한 단위 증가하는 것이 종속변수에 미치는 영향인데, 종속변수가 정수값만을 취할 때 소숫점 크기를 가진 변수의 효과를 해석하는 것은 쉽지 않다. 셋째, 해석의 어려움은 예측의 어려움으로 이어진다. 모형의 기대값이 종속변수와 다른 형태를 취하기 때문에 추정치가 갖는 실제적 효과를 정확하게 표현하는 것이 어려워진다.

이러한 어려움을 극복하기 위해 McCullagh and Nelder(1989)는 일반 선형 모형(generalized linear model)이라는 획기적인 통계모형을 제시하였다. 엄밀하게 말하면 새로운 통계모형이라기보다는 선형 모형의 일반화라고 볼 수 있는데, 그 방법의 핵심적인 아이디어는 제한된 종속변수를 실수형태로 변환하여 선형 모형에 연결하는 것이다. 즉 변수 변환방법을 체계화한 것이라고 볼 수 있다. 방법은 단순하지만 그 효과는 지대했다. 설명과 해석의 직관성이라는 선형 모형의 장점을 이분형 및 다분형(dichotomous and polychotomous) 자료, 사건형 자료, 범주형 자료, 분절/단절(truncated/censored) 자료, 시간지속 자료(duration data) 등을 종속변수로 갖는 회귀모형에 그대로 적용할 수 있게 된 것이다.

일반 선형 모형을 구성하는 것은 세 가지 요소이다.

① 확률분포: 종속변수의 특성을 고려하여 자료 생성 과정을 설명하는 확률분포이다. 일반 선형 모형의 확률분포는 지수분포족(정규분포, 이항분포, 푸아송분포 등)에서 선택된다. 일반적으로 지수분포족에 속하는 확률분포함수는

$$f(y;\, \theta,\, \phi)=\exp\left[\frac{\theta y-b\,(\theta)}{a\,(\phi)}+c\,(y,\, \phi)\right]$$

로 표현할 수 있는데, 여기서 ϕ는 분포의 산포도를 결정하는 산포모수 (dispersion parameter)이고 $f()$는 지수분포족의 밀도함수이다. 지수분포족의 기대값은

$$E\,(Y_i)=b'\,(\theta_i)$$

이고 분산은

$$Var\,(Y_i)=a\,(\phi)\,b''(\theta_i).$$

② 선형함수: 설명변수와 모수의 선형결합($\boldsymbol{X}\beta$)으로 종속변수의 경향성을 설명하는 은닉변수이다. 예를 들어 투표 여부를 나타내는 이분변수의 경우 설명변수의 선형결합이 의미하는 바는 정치참여를 결정하는 잠재적 성향으로 정의할 수 있다.

③ 연결함수: 일반 선형 모형을 구성하는 핵심요소로 확률분포의 기대값 (μ)을 선형함수에 연결하는 함수($g(.)$)이다:

$$g\,(\mu)=\boldsymbol{X}\beta.$$

연결함수의 역함수(inverse link function)를 평균함수(mean function)라고 부르며 평균함수는 선형함수를 기대값에 연결하는 역할을 한다:

$$\mu=g^{-1}(\boldsymbol{X}\beta).$$

그림 7.4는 일반 선형 모형을 구성하는 세 요소의 관계를 보여주고 있다. 가장 왼쪽의 노드는 연구자가 생각하는 선형 모형이다. 이 선형 모형을 평균함수를 통해 변환하면 목표 확률분포의 평균이 되고 이것을 목표 확률밀도함수에

투입하면 관측자료를 재현할 수 있다. 일반선형모형을 이용한 추론에서 모형의
추정과정은 오른쪽에서 왼쪽으로 가는 과정이다. 추정의 목표값은 $\hat{\beta}$이다. 추정
이후에 진행되는 예측 및 진단 과정은 $\hat{\beta}$에서 다시 Y를 생성하는 과정이다. 이
렇게 추정된 $Y^{예측}$을 $Y^{관측}$과 비교함으로써 모형의 타당성을 확인할 수 있다.

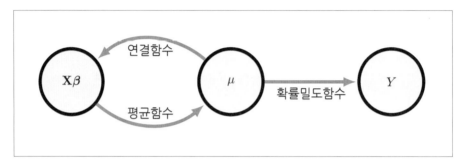

그림 7.4 일반 선형 모형

표 7.1 일반 선형 모형의 목표 확률분포와 평균함수, 그리고 종속변수

목표 확률변수	평균함수		종속변수의 범위
정규분포	항등함수	$\boldsymbol{X\beta}$	실수 $(-\infty, +\infty)$
지수분포	역함수	$-(\boldsymbol{X\beta})^{-1}$	실수 $(0, +\infty)$
감마분포	역함수	$-(\boldsymbol{X\beta})^{-1}$	실수 $(0, +\infty)$
이항분포	로짓	$1/(1+\exp(-\boldsymbol{X\beta}))$	정수 0 또는 1
	프로빗	$\Phi(\boldsymbol{X\beta})$	정수 0 또는 1
푸아송 분포	로그	$\exp(\boldsymbol{X\beta})$	정수 0, 1, 2, ...
다항분포	로짓	$1/(1+\exp(-\boldsymbol{X\beta}))$	정수 $\{x_1, ...s, x_K\}, \sum_j x_j = J$
	프로빗	$\Phi(\boldsymbol{X\beta})$	정수 $\{x_1, ..., x_K\}, \sum_j x_j = J$

표 7.1은 일반 선형 모형의 목표 확률분포와 평균함수, 그리고 종속변수를
나열한 것이다. 목표 확률분포에 따라 적절한 평균함수만 찾을 수 있다면 비연
속적이고 제한된 종속변수의 자료생성 과정을 선형모형으로 근사할 수 있음을
잘 보여주고 있다. 이것이 일반 선형 모형이 가진 놀라운 장점이다.

최대 우도 추정법을 이용한 일반 선형 모형의 추정

R에서 일반 선형 모형을 최대 우도 추정법으로 추정하는 손쉬운 방법은 glm()함수를 이용하는 것이다. glm()은 glm 클래스를 아웃풋으로 내보내는데 glm 클래스는 여러모로 앞서 소개한 lm 클래스와 유사하다. glm()은 반복 가중 최소제곱법(iteratively reweighted least squares)을 사용하여 최대 우도 추정값을 찾는다.[3] 이를 간단히만 소개하면,

$$\theta^{j+1} = \underset{\theta \in \Omega}{\operatorname{argmin}} \; w_i(\theta^j) \sum_{i=1}^{n} |y_i - f_i(\theta)|^p$$

와 같은 최적화를 반복적으로 모든 변수에 대해 수행하는 것이다. $w_i(\theta^j)$는 가중치 행렬(weight matrix)의 대각원소이다.

　glm()함수를 이용하는 간단한 예제를 실행해 보자.

```
set.seed(1999)
X <- cbind(1, runif(100))
theta.true <- c(1,-1, 1)
y <- X%*%theta.true[1:2] + rnorm(100)
mle <- glm(y ~ X-1, family = gaussian)
jhp_report(mle, title="glm을 이용한 최대 우도 추정", dep.var.labels =
"$y$")
```

　X-1이라는 모형 공식은 X 행렬에 이미 상수항이 들어가 있어서 상수항을 더 이상 추가하지 말라는 명령어이다. theta.true의 모수가 세 개인 이유는 기울기와 회귀식의 분산이 모두 함께 추정되기 때문이다. 참값인 theta.true[1:2]와 glm추정값을 비교해 보면 비교적 정확하게 추정되었음을 확인할 수 있다.

....

3　아래에서는 일반 선형 모형의 보다 일반적인 추정법인 뉴튼-랩슨방법(Newton-Raphson Method)을 이용한 최대 우도 추정을 소개한다.

표 7.2 glm을 이용한 최대 우도 추정

	종속변수
	y
X_1	1.150***
	(0.207)
X_2	−1.110***
	(0.331)
Observations	100
Log Likelihood	−130.000
Akaike Inf. Crit.	265.000
Note:	*p < 0.1; **p < 0.05; ***p < 0.01

3.1 그리드 탐색을 통한 최대 우도 추정

우도 추정법을 쉽게 이해하기 위해 가장 직관적인 그리드 탐색을 이용한 추정법을 이해해 보자. 먼저 푸아송 확률분포의 경우를 설명하고 다음에는 정규분포의 경우를 설명할 것이다.

3.1.1 그리드 탐색을 이용한 푸아송분포 평균의 최대 우도 추정

푸아송 확률분포는

$$\Pr(\boldsymbol{y}|\mu) = \prod_{i=1}^{n} \frac{\exp(-\mu)\,\mu^{y_i}}{y_i!}.$$

여기에 로그를 씌워 로그 우도를 만들면

$$\log\mathcal{L}(\mu;\boldsymbol{y}) = \sum_{i=1}^{n}(y_i\log(\mu) - \mu - \log y_i!).$$

로그 우도를 함수로 정의하면 다양한 λ값을 대입해서 최대로그 우도를 갖는 λ값을 찾을 수 있다. 푸아송 확률분포의 로그 우도($\log\mathcal{L}(\mu;\boldsymbol{y})$)를 함수로 정의하면 다음과 같다.

```
poisson.loglike <- function(lambda, y)
  n <- length(y)
  loglik <- sum(y)*log(lambda)-n*lambda
  return(loglik)
}
```

평균을 3으로 갖는 푸아송분포에서 10,000개의 확률변수를 생성한 뒤에, 최대 우도 추정법을 이용해서 평균값을 구해 보자. 그리드 탐색(grid search) 방법을 이용하여 1부터 6 사이에 100개의 평균값 후보들을 생성한 뒤에, 각각의 후보들이 관측된 자료(y)에 대해 갖는 우도값을 모두 계산하여 loglike.holder라는 벡터에 저장한다. 그리고 나서 그 벡터의 최대값에 해당하는 λ의 값을 찾는다.

```
par(mar=c(3,3,2,1), mgp=c(2,.7,0), tck=.02)
set.seed(1999)

## 자료생성 및 우도 계산
y <- rpois(10,000, 3)
lambda.list <- seq}(1, 6, length=100)
loglike.holder <- sapply(lambda.list, function(k){
  poisson.loglike}(lambda = k, y=y)
  )}

## 우도 시각화
plot(lambda.list, loglike.holder, pch=19,
     col=addTrans("forestgreen", 80),
     xlab=expression(~lambda), }ylab="log likelihood")
grid(col="lightgray")

## 최대 우도 추정
mle.est <- lambda.list[which.max(loglike.holder)]; print(mle.est)
```

```
## [1] 3.02
```

```
abline(v=mle.est, col="firebrick2", lty=3)
abline(v=3, col="firebrick4", lty=1)
legend("topright", legend=c("true", "mle estimate"),
        lty=c(1, 3), col=c("firebrick4", "firebrick2"), bty="n")
```

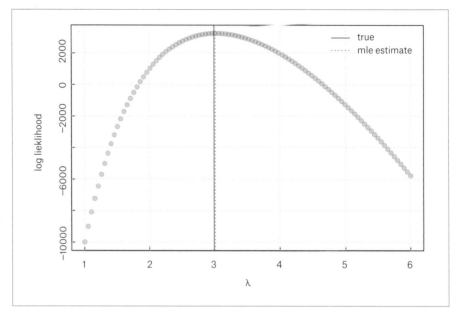

그림 7.5 그리드 탐색을 통한 푸아송분포의 우도와 최대 우도 추정값 추정

그림 7.5는 생성된 푸아송자료의 우도(점)와 그 최대값(세로 점선)을 보여주고 있다. 최대 우도를 만들어낸 모수값(3.020202)이 참값(3)과 매우 근사하게 위치해 있음을 알 수 있다.

3.1.2 그리드 탐색을 이용한 정규분포 평균의 최대 우도 추정

이제 같은 방법으로 정규분포의 평균을 최대 우도 추정을 통해 구해 보자. 정규분포의 확률밀도함수는

$$\Pr(Y \leq y \mid \mu, \sigma^2) = \int_{-\infty}^{y} \frac{1}{(2\pi\sigma^2)^{\frac{1}{2}}} \exp\left\{-\frac{1}{2}\left(\frac{(y-\mu)^2}{\sigma^2}\right)\right\} dy$$

이며 로그 우도는 다음과 같은 **R** 함수로 쓸 수 있다.

```
normal.like <- function(theta, y){
  mu <- theta[1]
  sigma2 <- theta[2]
  n <- length(y)
  logl <- -.5*n*log(2*pi)-.5*n*log(sigma2)-(1/(2*sigma2))*sum((y-mu)^2)
  return(logl)
}
```

앞의 푸아송분포 예제에서와 같이 10,000개의 임의변수를 표준 정규분포에서 추출한 뒤에 그 평균값을 최대 우도 추정법으로 찾아보자. 계산을 쉽게 하기 위해 분산은 1로 이미 연구자가 알고 있다고 가정하자. 그리드탐색의 범위는 $(-3, 3)$이며 이 구간을 1,000개의 등간격으로 나누어 탐색할 것이다.

```
par(mar=c(3,3,2,1), mgp=c(2,.7,0), tck=.02)
## 자료생성 및 우도 계산
set.seed(1999)
y <- rnorm(10,000)
mu.list <- seq(-3, 3, length=1,000)
loglike.holder <- sapply(mu.list, function(k){
  normal.like(theta = c(k, 1), y=y)})

## 우도 시각화
plot(mu.list, loglike.holder, pch=19,
     col=addTrans("forestgreen", 50), cex=0.5,


     xlab=expression(~mu), ylab="log likelihood")
grid(col="lightgray")

## 우도 시각화
plot(mu.list, loglike.holder, pch=19,
     col=addTrans("forestgreen", 50), cex=0.5,
     xlab=expression(~mu), ylab="log likelihood")
grid(col="lightgray")

## 최대 우도 추정
mle.est <- mu.list[which.max(loglike.holder)]; print(mle.est)
```

```
## [1] 0.003
```

```
abline(v=mle.est, col="firebrick4", lty=3)
abline(v=0, col="firebrick2", lty=1)
legend("topright", legend=c("true", "mle estimate"),
       lty=c(1, 3), col=c("firebrick2", "firebrick4"), bty="n")
```

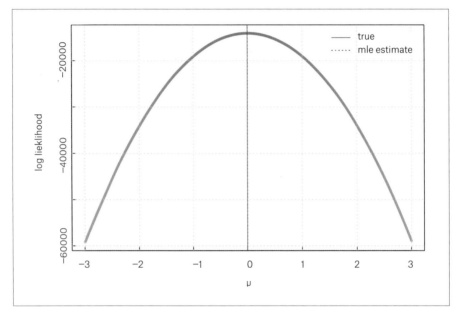

그림 7.6 그리드 탐색법을 이용한 정규분포 평균의 최대 우도 추정

그림 7.6은 그리드 탐색법을 이용해서 추정된 정규분포 평균의 최대 우도 추정값을 보여주고 있다. 최대 우도 추정값이 0.003003003으로 참값인 0과 거의 일치하고 있음을 확인할 수 있다. 프와송분포에서와 마찬가지로 로그 우도의 모양이 하나의 모드를 가지고 있으며 최대값을 기준으로 매우 강한 경사하강의 패턴을 보이고 있어서 그리드 탐색을 이용한 추정이 매우 쉽게 진행될 수 있었음을 확인할 수 있다.

이와 같이 그리드 탐색법은 모수의 수가 적고 탐색의 범위가 제한적이며 우도가 하나의 모드만을 가지고 일관된 경사하강 패턴을 보이는 경우에 매우 유용한 방법이다. 그러나 모수의 수가 증가하거나 우도가 크고 작은 모드를 여럿 가지고 있고, 경사하강이 일관되지 않은 모습을 보이는 경우에는 그리드 탐색법을 적용하기가 어렵다. 다음 장에서 소개할 뉴튼-랩슨방법이 보다 일반적인 MLE 추정법이다.

3.2 뉴튼–랩슨방법을 이용한 최대 우도 추정

뉴튼–랩슨방법(Newton-Raphson Method)은 테일러 근사와 미분의 속성을 이용하여 함수의 최대값에 빠르게 접근하는 반복적 알고리듬이다. 뉴튼–랩슨방법은 먼저 목표함수를 2차 테일러 근사로 2차 함수로 만든 다음, 2차 함수의 최대값을 계산하여 접근하는 알고리듬을 반복적으로 진행한다.

어떤 함수 $f()$에 대한 2차 테일러 근사(second order Talyor approximation)는

$$f(x+h) \approx f(x) + f'(x)h + \frac{1}{2}f'(x)h^2. \tag{7.4}$$

이 식을 h에 대해 미분하면,

$$f'(x+h) \approx f'(x) + f''(x)h. \tag{7.5}$$

$f(x+h)$를 최대화시키는 h에 대한 1차 조건은

$$f'(x) + f'(x)\hat{h} = 0 \tag{7.6}$$

$$\hat{h} = -\frac{f'(x)}{f'(x)}. \tag{7.7}$$

따라서 x_{i-1}라는 위치에서 $f(x)$를 최대화시키는 x를 찾아가기 위해서는 다음과 같은 스텝을 반복함으로써 발견될 수 있다:

$$x_i \leftarrow x_{i-1} - \frac{f'(x)}{f''(x)}. \tag{7.8}$$

$|f'(x_i)|$가 미리 설정해 둔 매우 작은 값보다 작으면 알고리듬을 멈추고 그 값을 최대값으로 간주한다.

R의 optim()함수는 뉴튼-랩슨 알고리듬과 유사한 유사 뉴튼 알고리듬을 제공하고 있는데, 이를 이용해 다양한 확률모형의 최대 우도 추정값을 구할 수 있다.

3.2.1 optim()을 이용한 선형 회귀분석 모형의 최대 우도 추정

이 절에서는 optim()함수를 이용하여 선형 회귀분석 모형에 대한 최대 우도 추정을 진행해 보자. 먼저 선형 회귀모형의 로그 우도 함수는 다음과 같이 쓸 수 있다.

```
lm.like <- function(theta, y, X){
  n <- nrow(X)
  k <- ncol(X)
  beta <- theta[1:k]
  sigma <- exp(theta[k + 1])
  loglike <- sum(log(dnorm(y, X %*% beta, sigma)))
  return(loglike)
}
```

여기서 기울기와 분산을 함께 theta로 표기한 이유는 optim()함수를 사용하여 최대 우도 추정할 때 찾고자 하는 모수를 하나의 벡터로 넣어야 하기 때문이다. 표준편차는 음수가 될 수 없지만 최대 우도 추정법은 이를 반영할 수 없기 때문에 로그를 취한 값으로 최대값을 찾고 이를 다시 지수화한 것을 표준편차로 사용하도록 함수를 작성하였음에 유의하라.

선형 회귀모형의 최대 우도 추정은 앞의 푸아송이나 분산을 알고 있는 정규분포의 예에서와 같이 그리드 탐색방법으로는 할 수 없다. 앞의 사례들은 모두 1차원 최적화 문제이기 때문에 직관적인 그리드 탐색으로 쉽게 근사값을 찾을 수 있다. 반면 선형 회귀모형은 최대값을 찾고자 하는 모수가 하나 이상이다. 가장 간단한 단순 선형 회귀모형의 경우에도 y절편과 기울기, 그리고 에러의 분산, 모수가 세 개이다. 다차원 공간에서 모수의 최적값을 찾는 다차원 최적화 문제는 보다 정교한 최적화 방법을 사용해야 한다. **R**에서 제공하는 optim함수는 다차원 최적화문제를 풀기 위한 매우 유용한 함수이다.

자료를 생성하여 optim()을 이용한 분석을 진행해 보자. $\alpha=1$, $\beta=-1$, $\sigma_\varepsilon^2=1$을 모수로 갖는 단순 선형 회귀분석 모형을 통해 Y를 생성하였다. X는 균등분포에서 100개의 임의값을 추출했다.

```
set.seed(1999)
X <- cbind(1, runif(100))
theta.true <- c(1,-1, 1)
y <- X%*%theta.true[1:2] + rnorm(100)
```

X와 Y를 optim의 인풋으로 집어넣고 모수탐색의 시작점을 c(1, 1, 1)로 정한 뒤에 로그 우도함수(lm.like)를 입력하였다. 그리고 최적화문제를 푸는 알고리듬으로 함수의 1차 미분정보를 이용해서 최대값을 탐색하는 "BFGS"를 선택하였다(Byrd et al. 1995). control = list(fnscale = -1)은 이 문제가 최대값을 구하는 문제라는 의미이고 hessian=TRUE는 분산계산을 위해 헤시안 행렬 ($\log f''(y; \theta)$) 추정값을 보고될 객체 안에 포함시키라는 의미이다.

```
mle <-optim(c(1,1,1), lm.like, method="BFGS", control = list(fnscale = -1),
            hessian=TRUE, y=y, X=X)
mle
```

```
## $par
## [1]  1.154 -1.108 -0.125
##
## $value
## [1] -129
##
## $counts
## function gradient
##       35       13
##
## $convergence
## [1] 0
##
## $message
## NULL
```

```
##
## $hessian
##             [,1]      [,2]      [,3]
## [1,] -1.28e+02 -7.23e+01  2.49e-05
## [2,] -7.23e+01 -5.00e+01  1.43e-05
## [3,]  2.49e-05  1.43e-05 -2.00e+02
```

$par는 최대 우도 추정의 기대값이다. y절편은 1.153524, 기울기는 -1.107662가 추정되었다. 참값인 c(1,-1)와 어느 정도 편차가 있지만 비교적 근사하다고 평가할 수 있다.

표준편차의 경우 로그정규분포변환 때문에 계산이 그리 간단하지 않다. 정규분포를 따르는 확률변수($Z \sim N(\mu, \sigma^2)$)를 지수화($U_i = \exp(Z_i)$)하게 되면 평균과 분산의 계산이 간단하지 않다.

먼저 평균은

$$\mathrm{E}(U_i) = \exp(\mu + 0.5 * \sigma),$$

분산은

$$\mathrm{Var}(U_i) = E(U_i)^2 (\exp(\sigma) - 1).$$

이 공식을 이용하면 회귀분석 모형에 대한 잔차의 표준편차(σ_ε)를 구할 수 있다.

```
K <- ncol(X)
psi.mu <- mle$par[K + 1]
psi.sd <- sqrt(solve(-mle$hessian)[K + 1, K + 1])
sigma.mle <- exp(psi.mu + 0.5*psi.sd)
sigma.mle
```

```
## [1] 0.914
```

이를 최소제곱법에 의해 구해진 잔차의 표준편차와 비교해 보면 유사함을 알 수 있다.

```
ols <- lm(y ~ X-1)
summary(ols)$sigma
```

```
## [1] 0.892
```

3.2.2 optim()을 이용한 프로빗 모형의 최대 우도 추정

프로빗(Probit) 모형은 종속변수가 이분변수인 경우에 사용되는 일반 선형 모형이다. 프로빗 모형에 선형함수를 결합한 프로빗 회귀분석 모형의 확률분포는 다음과 같이 쓸 수 있다:

$$\Pr(\boldsymbol{y}|\beta) = \prod_{i=1}^{n} \Phi(\boldsymbol{x'}_i\beta)^{y_i}(1 - \Phi(\boldsymbol{x'}_i\beta))^{1-y_i}.$$

이를 로그 우도로 바꾸면,

$$\mathcal{L}_y(\beta) = \sum_{i=1}^{n} (y_i \log(\Phi(\boldsymbol{x'}_i\beta) + (1-y_i) \log(1 - \Phi(\boldsymbol{x'}_i\beta)))).$$

아래 코드는 프로빗 회귀분석 모형의 로그 우도를 함수화한 것이다.

```
probit.like <- function (beta) {
  ## 선형함수
  eta <- X %*% beta
  ## 확률
  p <- pnorm(eta)
  ## 로그 우도
  return(sum((1 - y) * log(1 - p + y *log(p)))
}
```

프로빗 회귀분석 모형을 모수인 β에 대해 미분한 그레디언트를 따로 함수로 정의하여 optim()의 인풋으로 넣어 주면 보다 빠르게 최대 우도 추정을 할 수 있다. 프로빗 모형의 1차 미분함수, 즉 그레디언트(gradient)는

$$\frac{\partial \mathcal{L}_y(\beta)}{\partial \beta} = \frac{\partial \sum_{i=1}^{n} (y_i \log(\Phi(\boldsymbol{x}'_i\beta) + (1-y_i)\log(1-\Phi(\boldsymbol{x}'_i\beta))))}{\partial \beta}$$

$$= \sum_{i=1}^{n} \left(y_i \frac{\phi(\boldsymbol{x}'_i\beta)}{\Phi(\boldsymbol{x}'_i\beta)} - (1-y_i) \frac{\phi(\boldsymbol{x}'_i\beta)}{1-\Phi(\boldsymbol{x}'_i\beta)} \right) \boldsymbol{x}_i$$

$$= \sum_{i=1}^{n} \left(\frac{\phi(\boldsymbol{x}'_i\beta)(y-\Phi(\boldsymbol{x}'_i\beta))}{\Phi(\boldsymbol{x}'_i\beta)(1-\Phi(\boldsymbol{x}'_i\beta))} \right) \boldsymbol{x}_i.$$

이를 **R** 코드로 작성하면 다음과 같다.

```
probit.gr <- function (beta) {
  ## 선형함수
  mu <- X %*% beta
  ## 확률
  p <- pnorm(mu)
  ## 체인규칙
  u <- dnorm(mu) * (y - p) / (p * (1 - p))
  {return(crossprod(X, u))
}
```

위의 코드를 이용해서 MCMCpack 패키지에 있는 출생아의 몸무게 자료를 이용해서 최대 우도 추정을 진행해 보자. 추정의 시작값을 구하고 누락변수가 있는 자료를 제거하기 위해 lm(, x=TRUE, y=TRUE)를 이용하였다.

```
suppressMessages(library(MCMCpack))
data(birthwt)
formula <- low~age+as.factor(race)+smoke
ols <- lm(formula, data=birthwt, y=TRUE, x=TRUE)
y <- ols$y
X <- ols$x
```

optim()을 이용하여 최대 우도 추정을 한 것과 glm()을 이용한 것을 비교해 보면 그림 7.7과 같다. 반복 가중 최소제곱법에 기반한 glm() 추정값과 유사 뉴튼-랩슨방법을 이용한 optim() 추정값이 거의 동일함을 확인할 수 있다.

```
fit <- optim(ols$coef, probit.like, gr = probit.gr, control =
list(fnscale = -1),
                method = "BFGS", hessian =  TRUE)
fit.glm <- glm(formula, data=birthwt,
                family = binomial(link = "probit"))
plot(fit$par, coef(fit.glm), xlab="optim 추정치", ylab="glm 추정치")
abline(a=0, b=1, col="red", lty=3)
```

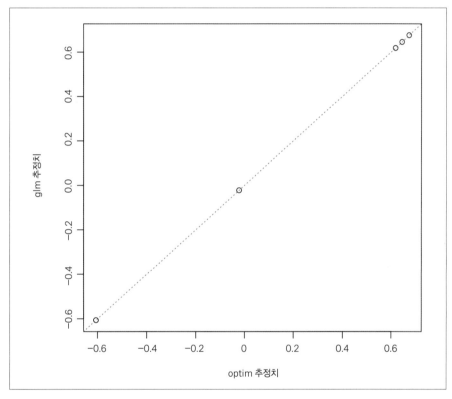

그림 7.7 프로빗모형의 최대 우도 추정

3.3 **왈드검정**(Wald test)**과 우도비검정**(likelihood ratio test)

왈드검정은 최대 우도 추정법을 통해 얻은 추정치의 유의성 검정에 사용되는 통계이다. 최대 우도 추정을 통해 얻은 추정치가 영가설의 값으로부터 얼마나 극단적인지를 표준오차($se(\hat{\theta})$)를 사용하여 아래와 같이 수치화한다:

$$\text{Wald statistic} = \frac{\hat{\theta} - \theta_0}{se(\hat{\theta})}$$

왈드검정은 t-분포를 사용하며 자유도는 X의 행의 수에서 열의 수를 뺀 값이다.

위에서 사용한 예제를 다시 사용해서 왈드검정을 진행해 보자.

```
## 자료생성
set.seed(1999)
X <- cbind(1, runif(100))
theta.true <- c(1,-1, 1)
y <- X%*%theta.true[1:2] + rnorm(100)
K <- ncol(X)

## 최대 우도 추정
mle <- optim(c(1,1,1), lm.like, method="BFGS",
             control = list(fnscale = -1),
             hessian=TRUE, y=y, X=X)

## 추정치 추출
beta.mle <- mle$par[1:K]
beta.mle.var <- solve(-mle$hessian)[1:K, 1:K]
psi.mu <- mle$par[K+1]
psi.var <- sqrt(solve(-mle$hessian)[K + 1, K + 1])
sigma.mle <- exp(psi.mu + 0.5*sqrt(psi.var))
sigma.mle.var <- sigma.mle^2*exp(sqrt(psi.var) - 1)
coef.se <- c(sqrt(diag(beta.mle.var)), sqrt(sigma.mle.var))
coef.mle <- c(beta.mle, sigma.mle)

## 왈드 검정값 계산
t.stat <- coef.mle/coef.se
pval <- 2*(1-pt(abs(t.stat), nrow(X)-ncol(X)))
results <- cbind(coef.mle, coef.se, t.stat, pval)
colnames(results) <- c("coef","se","t-stat","p-value")
rownames(results) <- c("Constant","slope","sigma2")
print(results,digits=3)
```

```
##           coef     se t-stat  p-value
## Constant  1.15 0.205    5.64 1.68e-07
## slope    -1.11 0.328   -3.38 1.05e-03
```

```
## sigma2     1.01 0.698    1.44 1.52e-01
```

왈드검정 결과 기울기와 상수값이 영가설에서 상정한 0의 값과 통계적으로
유의미한 차이를 보인다고 결론 지을 수 있다.

왈드검정이 개별추정치의 통계적 유의성 검정 방법이라면 우도비검정은
F-검정과 유사하게 하나 이상의 추정치 또는 모형 전체의 유의성 검정에 사용
되는 검정 방법이다.

우도비

우도비는 다음과 같이 정의된다:

$$\lambda(y) = \frac{f(y; \theta, \text{가설 1})}{f(y; \theta, \text{가설 2})}. \tag{7.10}$$

우도비는 우리가 관측한 자료 y에 대해 가설 1이라는 자료 생성 과정에 의
해 발생되었을 가능성과 가설 2라는 자료 생성 과정에 의해 발생되었을 가능성
을 비교한 것이다. 영가설 검정에서는 가설 1을 영가설로 놓고 가설 2를 대항가
설로 놓는다. 우도비검정에서 중요한 전제조건은 가설 2가 반드시 가설 1을 포
괄해야 한다는 것이다. 보다 정확히 말하면 가설 1의 모수는 가설 2 모수의 선
형제한으로 표현될 수 있어야 한다. 이런 이유로 우도비는 특정 변수의 포함여
부를 결정하는 변수 선택의 맥락에서 많이 사용된다. 윌크스 정리(Wilks theo-
rem)에 따르면 우도비를 로그 변환한 뒤 2를 곱하면 카이제곱분포를 따른다
(Wilks 1938). 이 값을 이용하여 가설 1의 가설 2에 대한 상대적 타당성을 검정
할 수 있다.

요약 │ 최대 우도 추정법

- 최대 우도 추정법은 로그 우도를 이용하여 표본자료로부터 모집단의 모수를 추론하
  는 추론 방법이다. 최대 우도 추정법에서 사용되는 우도는 확률분포가 아니라 확률밀

도함수에서 파생된 것으로, 자료를 고정된 것으로 보고 모수를 미지수로 보는 하나의 함수이다.

- 최대 우도 추정법은 로그 우도가 최대값을 갖는 모수를 찾는 추정방법이다.
- 최대 우도 추정치는 일관성과 근사적 정규성이라는 특징을 가지고 있다.
- 최대 우도 추정치의 불확실성은 피셔정보한도로부터 계산된다. 피셔정보한도는 로그 우도의 일차도함수인 스코어 함수의 분산이다.
- 뉴튼-랩슨방법은 테일러 근사와 미분의 속성을 이용하여 함수의 최대값에 빠르게 접근하는 반복적 알고리듬으로 최대 우도 추정값을 얻는 가장 대표적인 추정 방법이다.
- 왈드검정은 최대 우도 추정법을 통해 얻은 추정치의 유의성 검정에 사용되는 통계이다.

Part 4

베이지안 사회과학 방법론

08

베이지안 통계학

(a) 니콜라스 손더슨(Nicholas Saunderson, 1682 – 1739).

(b) 토마스 베이즈 주교(Reverend Thomas Bayes, 1701 – 1761).

그림 8.1 프라이스가 베이즈의 유작 원고를 왕립학회에서 발표했던 시점인 1763년이 베이즈 정리가 처음 세상 밖으로 등장한 시점으로 알려져 있다. 그러나 스티글러(Stigler 1983)는 하틀리(David Hartley)의 1749년 "Observations on Man"에 이미 베이즈 정리에 해당되는 내용이 매우 정확히 출현했음을 발견했다. 스티글러는 하틀리에게 확률의 역전 문제를 풀 수 있는 식을 알려준 "천재적인 친구(an ingenious friend)"가 아마도 손더슨일 것이라고 추정했다. 스티글러에 따른다면 베이즈 정리의 발견에 대한 공은 손더슨에게 가는 것이 맞을 것이다. 추측컨대 확률의 역전에 대한 해법은 당대 영국 지식인들의 공통된 연구 주제였을 것이며 베이즈의 해법과 유사한 해법이 비슷한 시기에 등장했을 수 있다. 하틀리 역시 베이즈 정리를 체계적으로 정리한 공을 인정받아야 할 것이다.

그림 출처: 위키피디아 "Nicolas Saunderson" (https://en.wikipedia.org/wiki/Nicholas_Saunderso#/media/File:Nicolas_Saunderson.jpg), 위키피디아 "토마스 베이즈" (https://en.wikipedia.org/wiki/Thomas_Bayes).

제1절

두 개의 봉투 문제

두 개의 봉투 문제(the two envelopes problem)라고 불리는 통계의 역설이 있다. 넥타이 역설 또는 교환의 역설이라고도 알려져 있는 이 문제는 베이지안 분석이 왜 직관적이고 합리적인 결정으로 이어지는 것인지를 잘 보여주는 예이다.[1]

두 개의 봉투 문제 또는 교환의 역설

1. 각각 돈이 들어 있는 구별할 수 없는 봉투 두 개가 있다. 한 봉투에는 다른 봉투의 두 배의 돈이 들어 있다. 당신은 봉투를 하나 고르고 그 안에 들어 있는 돈을 확인하기 전에 상대방과 교환할 수 있다. 교환하는 것이 나은가?

2. 선택한 봉투의 금액을 x로 표시하면, x가 적은 양일 확률은 $1/2$이고, 큰 양일 확률도 $1/2$이다. 그리고 다른 봉투에는 $2x$ 또는 $x/2$가 포함될 수 있다. (1) 만약 x가 적은 양이면 다른 봉투에 $2x$가 포함될 것이며 (2) 만약 x가 더 많은 경우 다른 봉투에는 $x/2$가 포함된다. 따라서 다른 봉투는 $1/2$의 확률로 $2x$ 또는 $1/2$의 확률로 $x/2$를 포함한다.

3. 이러한 추론을 기반으로 다른 봉투에서 예상되는 돈을 계산하면,

$$\frac{1}{2}(2x) + \frac{1}{2}\left(\frac{x}{2}\right) = \frac{5}{4}x.$$

4. 결국 기대수익인 $\frac{5}{4}x$가 내가 지금 가진 x보다 크므로 내가 가진 x가 무엇인지에

....

1　Christensen and Utts(1992)와 위키피디아의 "Two envelopes problem" 엔트리(https://en.wikipedia.org/wiki/Two_envelopes_problem)를 참고하였다.

관계없이 상대가 가진 봉투와 교환하는 것이 이득이다.

5. 그런데 교환 후에 내가 상대로부터 받은 봉투의 금액을 y라고 하면, 다시 위 계산 과정을 거쳐 역시 상대가 가진 봉투와 교환하는 것이 이득이라는 결론에 다다르게 된다. 결국 이러한 사고를 거치는 사람은 무한 교환의 늪에 빠지게 된다.

위 두 개의 봉투 문제는 분명히 논리적 전개 과정에 중요한 함정이 있다. 정상적인 사람이라면 처음 봉투를 무작위로 선택했을 때 두 봉투로부터의 기대수익은 같을 것으로 생각할 것이며 교환행위가 기대수익을 변화시킬 것이라고 생각하지 않을 것이다. 그럼에도 위의 논증 과정은 아무런 문제가 없는 것처럼 보인다.

Christensen and Utts(1992)은 이 두 개의 봉투 문제를 베이지안 분석이 빈도주의 분석보다 더 우월하다는 것을 보여주는 단적인 예로 들고 있다. Christensen and Utts(1992)에 따르면 베이지안은 위 문제에 대해 다음과 같이 접근한다.

먼저 M을 첫 번째 봉투의 액수라고 하고 그 크기에 대한 믿음을 사전 확률분포 $g(m)$으로 나타낸다. 구체적이지 않더라도 터무니 없는 액수를 배제하는 형태의 사전분포로도 충분하다. 예를 들어 M은 0보다 크고 한국의 GDP보다는 작다고 가정할 수 있다.

이제 X를 내 봉투 안의 금액으로 표시하자. X의 표집분포는

$$\Pr(X=m|M=m)=\Pr(X=2m|M=m)=\frac{1}{2}.$$

X가 x임을 알았을 때 M은 x 또는 $x/2$이다. 따라서 X가 x임을 알았을 때 $M=x$일 가능성(더 큰 액수의 돈)을 베이즈 정리를 이용하여 구하면,

$$\Pr(M=x|X=x)=\frac{\Pr(X=x|M=x)g(x)}{\Pr(X=x|M=x)g(x)+\Pr(X=x|M=x/2)g(x/2)}$$
$$=\frac{g(x)}{g(x)+g(x/2)}. \tag{8.1}$$

같은 방식으로 X가 x임을 알았을 때 $M=x/2$일 가능성(더 작은 액수의 돈)을 베이즈 정리를 이용하여 구하면,

$$\Pr(M=x/2|X=x)=\frac{g(x/2)}{g(x)+g(x/2)}. \tag{8.2}$$

베이지안은 이제 이를 이용해서 교환에 대한 기대수익을 다음과 같이 계산할 수 있다:

1. 만약 교환하지 않으면 x를 갖는다.
2. 교환할 경우, 만약 자신이 현재 가진 x가 더 큰 돈이면 $x/2$를 얻고 더 작은 돈이면 $2x$를 얻는다.
3. 따라서 기대수익은

$$E(\text{교환 이익}|X=x)=\frac{g(x/2)}{g(x)+g(x/2)}\times\frac{x}{2}+\frac{g(x)}{g(x)+g(x/2)}\times 2x. \tag{8.3}$$

식 (8.3)으로부터 다음 세 가지 상황에 대한 베이지안 의사결정이 가능해진다.

두 개의 봉투 문제에 대한 베이지안 의사결정

- $2g(x)=g(x/2)$면, $E(\text{교환 이익}|X=x)=x$가 된다. 즉, $2g(x)=g(x/2)$라면 교환으로부터 얻을 수 있는 것이 아무것도 없다.
- $2g(x)>g(x/2)$라면, $E(\text{교환 이익}|X=x)>x$이고 따라서 교환하는 것이 이익이다. $g(x)$를 지수분포로 가정하고 그림 8.2를 보면, $2g(x)>g(x/2)$인 경우는 x가 비교적 작은 값일 경우(두 붉은 선 교차점 왼쪽)이다. x가 비교적 작은 값으로 생각한다면 교환하는 것이 이익이라는 결정이 타당한 결정이다.
- $2g(x)<g(x/2)$라면, $E(\text{교환 이익}|X=x)<x$이고 따라서 교환하지 않는 것이 이익이다. 그림 8.2를 보면, $2g(x)<g(x/2)$인 경우는 x가 비교적 큰 값일 경우(두 붉은 선 교차점 오른쪽)이다. x가 비교적 큰 값으로 생각된다면 교환하지 않는 것이 이익이라는 결정이 타당한 결정이다.

사전분포를 지수분포로 가정하여 $2g(x)$와 $g(x/2)$를 시각화하는 코드를 작성해 보자.

```r
set.seed(2000)
par(mfrow=c(1,2), mar=c(3,3,2,1), mgp=c(2,.7,0), tck=.02, cex = 0.5)
## graph 1
curve(dexp(x, 1), lwd = 2, xlim=c(0, 4), ylim=c(0,3),
      ylab="밀도", xlab="x", col=addTrans('forestgreen', 200))
curve(dexp(x, 1/2), lwd = 1, add=T, col=addTrans('firebrick4', 100))
curve(2*dexp(x, 1), lwd = 1, add=T, col=addTrans('firebrick4', 200))
legend("topright", lwd=c(2, 1, 1), bty="n",
       legend = c('g(x) = Exp(1)', 'g(x/2) = Exp(1/2)', '2g(x) =
2Exp(1)'),
       col=c(addTrans('forestgreen', 200),
             addTrans('firebrick4', 100),
             addTrans('firebrick4', 200)))

## graph 2
curve(dexp(x, 2), lwd = 2, xlim=c(0, 4), ylim=c(0,3),
      ylab="밀도", xlab="x", col=addTrans('forestgreen', 200))
curve(dexp(x, 1), lwd = 1, add=T, col=addTrans('firebrick4', 100))
curve(2*dexp(x, 2), lwd = 1, add=T, col=addTrans('firebrick4', 200))
legend("topright", lwd=c(2, 1, 1), bty="n",
       legend = c('g(x) = Exp(2)', 'g(x/2) = Exp(1)', '2g(x) = 2Exp(2)'),
       col=c(addTrans('forestgreen', 200),
             addTrans('firebrick4', 100),
             addTrans('firebrick4', 200)))
```

역설에서 등장한 $\frac{5}{4}x$이라는 수는 베이지안 분석에 따르면 모든 x에 대하여 $g(x) = g(x/2)$인 경우에 등장한다. 즉, $g(x)$가 x에 상관없이 항상 같은 값일 때 등장하는 기대값이다. 그림 8.2에서 이런 구간은 x가 우측으로 이동하면서 밀도함수가 0에 가까운 값으로 완전히 평평해지는 상황에서 등장한다. 이러한 $g(x)$를 무정보 사전분포(noninformative prior distribution)라고 부른다. 두 봉투의 역설은 바로 무정보 사전분포를 의사결정에 이용하여 발생한 것이다.

통계적 의사결정에서 사전분포를 고려하지 않는 것은 무정보 사전분포를

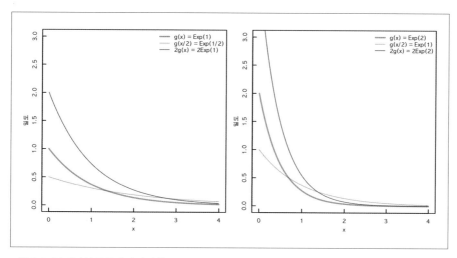

그림 8.2 두 개의 봉투 문제의 사전 확률분포

고려하는 것과 마찬가지이다. 무정보 사전분포는 확률변수의 범위를 전혀 설정하지 않음으로 인해 종종 역설적인 결정에 이르게 될 가능성이 있다. 두 봉투 문제는 이를 잘 보여주는 예이다.

베이지안 분석의 구성요소

베이지안 통계는 확률을 이용해 자료에 나타난 정보를 체계적으로 학습하는 통계방법으로 정의된다. 최대 우도 추정법이 우도 $f(y; \theta)$함수의 최적화를 통해 자료로부터 모수에 대한 정보를 점 추정치와 구간 추정치로 추출하는 하나의 통계적 추론 방법이라면, 베이지안 통계는 조건부확률의 성질을 이용하여 자료의 확률분포로부터 모수의 사후 확률분포를 추출하는 방법이다. 모든 추론의 결과가 조건부확률로 표현되기 때문에 베이지안 통계는 자료분석의 과정에서 발생하는 인식론적 불확실성을 가장 체계적으로 종합할 수 있는 통계적 추론 방법이라고 볼 수 있다.

이러한 추론 방법상의 차이는 추론의 대상이 되는 모수의 분포($p(\theta)$)에 대한 가정의 차이와 맞쌍을 이룬다. 빈도주의 통계에서 모수는 확률변수가 아니라 고정된 미지의 수(θ_0)이다. 엄밀하게 말하면 빈도주의 통계에서 모수는 하나의 값만을 갖는 퇴화분포(degenerate distribution)라고 볼 수 있다:

$$\Pr(\Theta=\theta_0)=1.$$

빈도주의 분석에서 연구자는 표본 통계값($\hat{\theta}$)으로 미지의 참값에 대한 정보를 얻는다. 이와 반대로 베이지안 통계에서 모수는 하나의 분포를 따르는 정상적인 확률변수이다:

$$F_\Theta(\theta)=\Pr(\Theta\le\theta).$$

베이지안 연구자에게 자료분석이란 표본자료를 통해 모수의 확률분포에 대한 정보를 업데이트하는 작업이다. 베이지안 연구자에게 모수란 퇴화분포를 따르는 어떤 고정값이 아니라 불확실성을 가진 확률변수이다. 과학철학적 입장에서 본다면 빈도주의는 모수가 객관적으로 존재하는 실재라고 보는 과학적 실재론(scientific realism)의 입장에 가깝다(Hacking 1983, 28-29). 반면 베이지안 통계에서 모수는 주관적 혹은 간주관적 세계에만 존재하는 것이며 객관적 세계의 이해를 돕는 관념적 도구이다.

통계학자와 과학철학자들은 위와 같은 견해 차이를 두고 오랫동안 치열한 논쟁을 진행해 왔다. 그러나 오늘날 통계학에서 이러한 논쟁은 거의 사라졌다. 확률의 객관성과 주관성에 대한 견해 차이와는 별개로 확률에 대한 수학적 공리는 모두 동일하고 대부분의 통계적 연산 결과는 확률에 대한 견해 차이에 관계없이 동일하다.

베이지안 분석은 자료의 확률분포(the probability distribution of data)와 사전 확률분포(the prior probability distribution)를 이용하여 사후 확률분포(the posterior probability distribution)를 도출하는 것으로 정의할 수 있다. 그래서 베이지안 분석을 사전-사후분석(prior-posterior analysis)이라고 줄여서 부르기도 한다. 아래에서는 이 세 가지 구성요소를 하나씩 차례로 살펴볼 것이다.

2.1 자료의 확률분포

자료의 확률분포($p(y|\theta, M)$)는 특정한 모형(M)을 가정했을 때 현재 연구자가 가진 자료가 그 모형을 통해 생성되었을 개연성을 확률분포의 형태로 보여주는 것이다. 베이지안 분석에서 자료의 확률분포는 표본자료에 포함된 모수에 대한 정보를 보여준다는 의미에서 최대 우도 추정법의 우도와 비슷한 역할을 한다. 그러나 최대 우도 추정법의 우도는 조건부 확률분포가 아니며 자료로 표현된 하나의 함수라는 점에서 차이가 있다. 이런 이유로 이 책에서 우도는 $p(y|\theta)$가 아니라 $f(y;\theta)$로 표기되었다.

이 책에서 자료의 확률분포는 $p(y|\theta)$ 또는 $p(y|\theta, M)$로 표기된다. 모형 의존성(M)을 명시적으로 표기하는 이유는 모형의 사후 확률분포($p(M|y)$)를 설명하기 위해서이다. 모형 의존성을 강조하는 또 다른 이유는 최소제곱법이나 최대 우도 추정법, 그리고 베이지안 분석 등 모든 통계적 추론 방법이 모형 의존적이기 때문이다. 과학연구 결과를 보면 추론의 결과가 모수의 참값에 대한 유일한 과학적 분석인 것처럼 주장하거나 모형 없는(model-free) 분석이 모형 의존적 설명보다 더 우월하다는 주장을 종종 볼 수 있다.

모형의 가정에 민감하지 않은 분석결과를 추구하는 것은 바람직하나 모형 의존적 연구를 열등한 분석으로 간주하는 태도는 바람직하지 않다. 모형에 의존하지 않는 추정 방법 역시 모형을 대체하는 다른 통계적 가정에 의존하는 경우가 대부분이고 이러한 가정들의 문제점은 모형과 달리 그 불확실성과 민감성을 정확하게 수치화하는 것이 불가능한 경우가 많다. 예를 들어 인과적 추론의 핵심 가정인 SUTVA(Stable Unit Treatment Value Assumption)나 도구변수 분석의 핵심 가정인 배제 제한(exclusion restriction)이 대표적인 예이다. 엄밀한 의미에서 모형 없는 통계적 추론이란 있을 수 없다.

2.2 사전 확률분포

베이지안 자료분석의 두 번째 요소는 사전 확률분포($p(\theta|M)$)이다. 사전 확률분포는 모수에 대해 연구자가 가지고 있는 사전정보를 반영하는 것이다. 언뜻

생각하면 자료 이외의 정보를 자료분석에서 사용한다는 것이 객관성을 중시하는 과학적인 연구의 원칙에 어긋나는 것으로 생각될 수 있다. 실제로 사전 확률분포의 사용에 대한 논쟁은 베이지안 통계에 대한 가장 오래되고 중요한 논쟁 중의 하나이다. 앞서 언급했듯이 피셔를 비롯한 고전파 통계학자들의 베이지안 분석에 대한 반대도 사전 확률분포의 자의성과 주관성에 집중되어 있었다. 그러나 확률이론을 체계적으로 적용하는 모든 자료분석은 사전 확률분포를 가정하는 것이 필수적이다. 사전 확률분포를 배제하면서 확률이론의 체계적 사용이라는 원칙을 유지하는 것은 가능하지 않다. 이미 피셔의 우도이론에서 언급한 것처럼 피셔 역시 우도가 확률분포가 아니라는 점을 반복적으로 강조한 것은 누구보다도 본인이 이 점을 잘 알고 있었기 때문이다. 이에 대해서는 이 장의 4절에서 자세하게 논의할 것이다.

2.3 사후 확률분포

베이지안 자료분석의 세 번째 요소는 사후 확률분포($p(\theta|\mathbf{y}, M)$)이다. 사후 확률분포는 연구자가 가진 사전 확률분포를 자료의 확률분포를 통해 업데이트한 것으로 베이지안 분석의 목표라고 볼 수 있다. 연구자가 사전에 가지고 있었던 모수에 대한 정보를 자료에서 드러난 새로운 정보로 업데이트하여 수정한 것이 사후 확률분포이다.

　베이지안 분석의 중요한 강점 중의 하나는 사후 확률분포를 이용해 다양한 사후검증을 할 수 있다는 것이다. 예를 들어 다른 통제변수를 일정한 값에 고정하고 특정한 설명변수의 값을 변화시킬 때 종속변수가 어떻게 변화하는지를 살펴보는 비교정태분석(comparative static analysis)은 사후 확률분포를 이용하여 쉽게 진행할 수 있다. 설명변수를 실제 관측한 값이 아닌 다른 가상의 상황에 놓고 종속변수의 변화를 관찰하는 반사실적 시뮬레이션(counterfactual simulation)도 사후 확률분포를 이용하여 쉽게 진행할 수 있다. 마지막으로 미래값 예측(forecast) 추론도 사후 확률분포를 이용하여 쉽게 진행할 수 있다.

　물론 최소제곱법이나 최대 우도 추정법 역시 점 추정치($\hat{\beta}$)를 이용하여 위와 같은 사후검증을 진행할 수 있다. 그러나 베이지안 사후검증 방법이 다른 방법에 대해 갖는 중요한 차이점은 바로 사후검증의 불확실성을 매우 정확하게 계산할 수 있다는 점이다.

예를 들어 베이지안 분석에서 예측적 추론은 아래 식에서 보이듯이 통상적인 베이지안 분석의 간단한 연장에 불과하다:

$$p(\boldsymbol{y}^{pred}|\boldsymbol{y}, \mathcal{M}) = \int p(\boldsymbol{y}^{pred}, \theta|\boldsymbol{y}, \mathcal{M})\, d\theta$$

$$= \int p(\boldsymbol{y}^{pred}|\theta, \boldsymbol{y}, \mathcal{M})\, p(\theta|\boldsymbol{y}, \mathcal{M})\, d\theta \qquad (8.4)$$

$$= \int p(\boldsymbol{y}^{pred}|\theta, \mathcal{M})\, p(\theta|\boldsymbol{y}, \mathcal{M})\, d\theta.$$

식 (8.4)의 마지막 줄은 $\boldsymbol{y}$와 $\boldsymbol{y}^{pred}$가 모수(θ)를 전제하면 서로 독립적이라는 가정을 이용한 것이다. 예측값에 대한 확률분포($p(\boldsymbol{y}^{pred}|\boldsymbol{y}, \mathcal{M})$)를 이용해서 예측값의 불확실성을 정확하게 측정할 수 있다.

제3절
베이즈 정리

18세기 수학에 남다른 재능을 가졌던 베이즈 주교(Reverend Thomas Bayes, 1701-1761)는 당시 과학자들을 괴롭혔던 문제에 대해 독창적인 접근을 제시한다. 훗날 베이즈의 정리라고 알려지게 될 이 정리는 우리가 알고 있는 정보로부터 모르는 정보를 업데이트하기 위한 가장 체계적인 접근법으로 자리 잡게 된다.[2]

....

2   그림 8.1에서 설명한 것처럼 통계의 역사를 연구한 스티글러는 베이즈 정리를 최초로 규명한 사람은 아마도 베이즈 주교가 아니라 하틀리의 천재적인 친구인 니콜라스 손더슨일 가능성이 높다고 주장한다(Stigler 1983). 그러나 사실 엄격하게 말하면 1718년 영어로 출판된 최초의 확률이론 교과서인 *The Doctrine of Chance*(확률의 원칙)"를 쓴 드 므와브로(Abraham de Moivre, 1667-1754) 역시 베이즈 정리의 등장에 대한 공을 인정받아야 한다. 손더슨과 베이즈 주교의 업적은 "확률의 원칙"에서 제시된 문제를 확률의 역전으로 푼 것이었기 때문이다. 베이즈 주교의 유작 논문 제목이 "An Essay towards solving a Problem in the Doctrine of Chances"인 것은 드 므와브르의 교과서가 당시의 영국 수학자들에게 미친 영향을 잘 보여준다. 그럼에도 불구하고 확률의 역전에 대한 최초의 발견에 대한 공은 모두

베이즈는 우리가 모르는 정보(예: $\Pr(A_i|D)$: 주사위를 한 번 던져 6이 나올 확률)를, 이미 알고 있는 정보(예: $\Pr(D|A_i)$: 주사위를 다섯 번 던져 나온 수의 기록)와 과학지식(예: $\Pr(A_i)$: 주사위의 대칭성을 고려할 때 6이 나올 이론적 확률)을 사용하여 구할 수 있다는 결론에 다다르고 이를 아래와 같이 표현하였다:

┌ Theorem 3.1 ─────────────────

베이즈 정리

$$\Pr(A_i|D) = \frac{\Pr(A_i)\Pr(D|A_i)}{\Pr(D)} = \frac{\Pr(A_i)\Pr(D|A_i)}{\sum_{i=1}^{N}\Pr(A_i)\Pr(D|A_i)}$$

베이즈 정리는 도박 승률을 계산하는 도박사의 문제(gambler's problem)와 언뜻 큰 차이가 없는 것처럼 보인다. 그러나 실제 관측될 수 있는 값(예: 주사위를 열 번 던질 때 6은 몇 번 나올 것인가?)이 아니라 관측될 수 없는 것(A_i)의 확률을 구한다는 점에서 베이즈의 공식은 확률문제의 전도(inversion)라고 불린다. 최대 우도 추정법이나 베이지안 분석 모두 확률문제의 전도라는 통계적 추론의 틀을 따른다.

베이즈 정리를 이용하면 우리는 다양한 관심값에 대해 매우 체계적인 답을 할 수 있다. 순차분석, 예측, 그리고 모형의 설명력 비교가 대표적인 예이다.

3.1 순차분석

베이즈 정리를 이용하면 새로운 정보(y_2)가 등장했을 때 기존 분석결과를 토대로 새로운 정보를 업데이트하는 것은 기존 분석결과를 무시하고 새로운 정보를 기존 정보와 합쳐서 다시 분석하는 것과 같은 결과를 낳는다.

....

베이즈 주교에게 향하게 되었으며 이는 이제 와서 다시 정정하기 어려운 경로의존 현상이다. 비단 베이즈 정리만이 아니라 많은 과학적 발견의 명명에서 원발명자의 이름이 제대로 반영된 경우를 찾기 어려운 경우가 많다. 스티글러는 이를 스티글러의 명명 법칙(Stigler's law of eponymy)이라고 불렀다. 혹자는 이 법칙 역시 스티글러의 명명 법칙에 부합하려면 다른 이의 이름을 붙여야 하지 않느냐고 주장했다. 이에 대해 스티글러는 이 현상은 이미 다른 학자들(예: Robert K. Merton, Hubert Kennedy)에 의해 발견된 것을 자신이 명명한 것에 불과하니 자신의 명명 법칙의 원칙에 매우 부합한다고 반박했다.

이를 식으로 써보면,

$$p(\theta|\boldsymbol{y}_{n+1}, \mathcal{M}) \propto \overbrace{p(\boldsymbol{y}_{n+1}|\theta, \mathcal{M})}^{\text{자료분포}} \overbrace{p(\theta|\mathcal{M})}^{\text{사전 확률분포}} \tag{8.5}$$

$$= \underbrace{p(y_{n+1}|\boldsymbol{y}_n, \theta, \mathcal{M})}_{\text{자료분포}} \underbrace{p(\theta|\boldsymbol{y}_n, \mathcal{M})}_{\text{사전 확률분포}}.$$

즉, 우리가 모든 자료($\boldsymbol{y}_{n+1} = (y_1, ..., y_n, y_{n+1})$)를 이용해서 사후 확률분포를 구한 것은 지난 자료까지만을 이용하여 분석한 사후 확률분포($p(\theta|\boldsymbol{y}_n, \mathcal{M})$)를 사전 확률분포로 사용하여 새로운 정보($y_{n+1}$)만을 업데이트한 것과 같다는 것이다.

왜냐하면 기존의 사후 확률분포($p(\theta|\boldsymbol{y}_n, \mathcal{M})$)에 지난 자료에서 학습한 모수에 대한 모든 지식이 축적되어 있기 때문에 이를 새로운 분석의 사전 확률분포로 사용할 수 있기 때문이다.

3.2 모형비교

베이즈 정리를 이용하면 서로 다른 모형의 설명력을 쉽게 비교할 수 있다. 7장에서 언급한 우도비와 달리 베이즈 정리를 이용한 모형비교는 비교되는 모형들 사이에 특별한 종속성이 전제되지 않는다. 자료만 같다면 베이즈 정리를 이용해서 서로 다른 어떠한 모형이라도 비교 가능하며 해석도 사후모형확률, 즉 관측자료를 전제할 때 해당 모형이 자료 생성 과정을 설명할 가능성으로 쉽게 해석된다.

물론 이 사후모형확률이란 어디까지나 서로 다른 모형을 비교하는 상대적 척도로서 의미가 있지 그 자체를 절대적인 모형의 확률로 받아들이는 것은 곤란하다. 그 가장 중요한 이유는 우리가 상상할 수 있는 모형의 종류가 무한하기 때문이다. 즉 모형공간이 유한하지 않다면 그 가운데 어떤 특정한 모형이 관측된 자료를 생성했을 가능성은 0이 된다.

베이즈 정리를 사용하면 모든 미지의 관심값에 대한 사후확률을 구할 수 있다. 모형비교에서 우리의 관심값은 $\mathcal{M}_i$에 대한 사후 확률분포인 $p(\mathcal{M}_i|\boldsymbol{y})$이다.

모형에 대한 사후 확률분포

$$p(M_i|\boldsymbol{y}) = \frac{p(\boldsymbol{y}|M_i)p(M_i)}{\sum_{j=1}^{J} p(\boldsymbol{y}|M_j)p(M_j)}.\tag{8.6}$$

식 (8.6)의 분모를 보면, 모형공간에 총 J개의 모형이 존재한다고 가정하고 있다. $p(M_i)$는 모형 i의 사전 확률분포이다. 특정 모형에 대한 사전선호가 없다고 보는 것이 자연스럽기 때문에 모든 모형의 사전 확률분포가 같다고 보면, 모형의 사전 확률분포는 하나의 상수로 볼 수 있다. 분모 역시 정규화 상수 ($p(\boldsymbol{y}|M_j) \propto c$)의 합이므로 사후확률 계산에서 무시할 수 있다.

결국 남는 것은,

$$p(M_i|\boldsymbol{y}) \propto p(\boldsymbol{y}|M_i).$$

즉 모형의 사후 확률분포는 해당 모형을 전제로 한 자료의 한계확률분포에 비례한다고 볼 수 있다. 따라서 모형의 한계자료분포를 서로 비교하면 모형의 개연성에 대한 정보를 추출할 수 있다.

이로부터 베이즈 인자(Bayes factor)가 도출된다. 베이즈 인자는 비교 대상이 되는 두 모형의 한계자료분포의 비로 정의된다. 두 모형의 사전확률이 동일하다고 가정하면 한계자료분포의 비는 곧 사후모형확률분포의 비로 쓸 수 있다. 즉,

$$B_{12} = \frac{\Pr(M_1|\boldsymbol{y})}{\Pr(M_2|\boldsymbol{y})}.\tag{8.7}$$

$$\propto \frac{\Pr(\boldsymbol{y}|M_1)}{\Pr(\boldsymbol{y}|M_2)}.$$

Kass and Raftery(1995)는 베이즈 인자를 해석하는 것을 돕기 위해 다음과 같은 척도를 제시하였다.

- $1 < B_{12} < 3$: 간단한 언급 정도 이상의 중요성 없음
- $3 < B_{12} < 20$: M_2보다 M_1이 타당하다는 상당한 증거가 있음

- $20 < B_{12} < 150$: M_2보다 M_1이 타당하다는 강한 증거가 있음
- $B_{12} > 150$: M_2보다 M_1이 타당하다는 결정적 증거가 있음

자료의 정보가 계속 증가한다는 가정하에 베이즈 인자의 변화를 관찰하면,

- 분자에 있는 M_1이 M_2보다 자료를 더 잘 설명한다면 $B_{12} \to \infty$.
- 분모에 있는 M_2가 M_1보다 자료를 더 잘 설명한다면 $B_{12} \to 0$.

베이즈 인자와 우도비의 관계를 쉽게 살펴보기 위해서 한계자료분포에 로그를 씌우면,

$$\log p(\boldsymbol{y}|M_i) = \log p(\boldsymbol{y}|\theta, M_i) + \log p(\theta|M_i) - \log p(\theta|\boldsymbol{y}, M_i). \quad (8.8)$$

식 (8.8)을 이용해서 로그 베이즈 인자를 분해해 보면 다음과 같다.

로그 우도비와 로그 베이즈 인자

$$\log B_{12} = \log \overbrace{\frac{p(\boldsymbol{y}|\theta, M_1)}{p(\boldsymbol{y}|\theta, M_2)}}^{\text{로그 우도비}} + \log \overbrace{\frac{p(\theta|M_1)}{p(\theta|M_2)}}^{\text{로그 사전 확률분포비}} - \log \overbrace{\frac{p(\theta|\boldsymbol{y}, M_1)}{p(\theta|\boldsymbol{y}, M_2)}}^{\text{로그 사후 확률분포비}} \quad (8.9)$$

사전 확률분포비는 일반적으로 두 모형 간에 큰 차이를 보이지 않으며, 사전 확률분포는 자료의 정보가 증감함에 따라 변하지 않는다. 따라서 사전 확률분포비를 해석에서 잠시 배제하면, 식 (8.9)는 로그 베이즈 인자는 로그 우도비에서 로그 사후 확률분포비를 빼 준 것과 같다는 점을 알 수 있다. 식 (7.10)에서 소개한 우도비를 이용한 모형비교와 베이즈 인자를 이용한 모형비교의 차이는 결국 사후 확률분포비를 추가적으로 고려할 것인가 아니면 오로지 우도비만을 이용하여 모형비교를 할 것인가의 문제로 정리할 수 있다.

그렇다면 왜 베이지안 분석은 모형비교에서 사후 확률분포비를 추가로 고려해야 한다고 생각하는가? 우도비를 이용한 모형비교는 과적합의 문제에 취약하여 모형 복잡성이 증가하는 것에 대한 적절한 벌점(penalty)이 없다면 모형비교를 제대로 수행하지 못한다. 이런 측면에서 한계자료분포가 로그 우도에서 로그 사후 확률분포비를 빼 주는 것은 모형의 복잡성에 대한 일종의 벌점을 고

려하는 것으로 생각할 수 있다.

벌점은 수축(shrinkage)의 문제로도 이해할 수 있다. 자료의 정보가 빈약하면 모수의 추정값이나 모형의 타당성을 지나치게 현재의 관측값에 의존하여 추정하게 되는데 이 경우 극소량의 자료에서 나온 정보만을 채택할 경우 새로운 자료에 대한 예측의 불확실성(variance)이 지나치게 커지는 문제가 있다. 현재의 관측값에 일정한 편향을 넣어줌으로써 자료의 양이 적을 때 과도한 편향 제거로 인한 불확실성의 증가를 막을 수 있다.

제4절
사전 확률분포에 대한 논쟁과 드 피네티의 정리

사전 확률분포와 자료분포로부터 사후 확률분포를 추출하는 베이지안 통계는 오랫동안 사전 확률분포의 사용이라는 점 때문에 집중적인 공격을 받아왔다. 과학적 연구기법이라면 연구자의 사전적 지식과 의견을 배제하고 자료에 있는 정보에만 의존해야 한다는 피셔의 주장(Aldrich 2008)은 많은 학자들의 공감대를 불러왔다.

이에 대한 베이지안들의 반응은 크게 두 가지이다. 하나는 소극적 방어로서, 무정보 사전 확률분포(noninformative prior)를 사용하여 사전 확률분포의 영향을 분석에서 사실상 배제할 수 있으며, 사전 확률분포의 영향은 자료가 증가하면서 거의 사라지게 되므로 자료의 양이 극단적으로 적은 경우가 아니라면 전통적 통계분석과 크게 다르지 않다는 점이다. 그러나 이러한 주장은 사전 확률분포의 영향이 단순히 분포를 넓게 잡음으로써 쉽게 배제되지 않는다는 점을 경시한 것이며, 자료의 양이 많고 적음은 모형의 복잡성 정도에 대해 상대적일 수밖에 없다는 점에서 매우 제한적인 방어이다.[3]

....

3   바로 이러한 점 때문에 사전 확률분포가 분석결과에 미치는 영향을 최소화 또는 탈각하는 방법을 연구하는 객관적 베이지안(objective Bayesians)들이 등장했다(Berger 2006).

4.1 드 피네티의 정리

베이지안들은 사전 확률분포의 사용에 대한 보다 적극적인 해석으로 드 피네티의 정리(de Finetti's theorem)가 경험적 자료분석에서 가진 함의를 강조한다 (Gelman et al. 2004, 121-125). 확률을 주관적 믿음의 척도라고 보는 주관적 확률론을 주장한 이탈리아의 통계학자 브루노 드 피네티(Bruno de Finetti, 1906-1985)는 통계적 추론에서 왜 사전 확률분포가 필요한가에 대한 중요한 증명을 제시했다(de Finetti 1990).

드 피네티는 우선 우리가 관측한 자료들이 서로 교환가능한(exchangeable) 관측치들이라고 가정했다. 교환가능성이란 관측값을 생성한 확률변수들의 결합분포($p(y_1, ..., y_n)$)는 그 순서와 관계없이 일정하다는 것이다. $m_1, ..., m_n$을 관측값의 순서에 대한 임의의 순열이라고 하면, 교환가능성(exchangeability)은

$$p(y_1, ..., y_n) = p(y_{m_1}, ..., y_{m_n})$$

을 의미한다. 쉽게 말해, 관측치들이 각각 고유한 것이 아니라 하나의 공통된 자료 생성 과정(data generating process)을 통해 생성되었으며 해당 관측치의 순서를 임의로 바꿔서 분석해도 모두 같은 분포로 표현된다는 것이다. 빈도주의 통계학에서 말하는 독립동일분포(independently and identically distributed, iid)와 유사한 개념이나 독립동일분포는 교환가능성을 함의하지만 그 역은 성립하지 않는 차이가 있다. 예를 들어 확률변수에 특정한 값을 더하거나 빼면 독립동일분포성은 사라지지만 교환가능성은 유지된다.

Theorem 4.1

드 피네티의 정리

무한히 교환가능한(exchangeable) 확률변수 $y_1, y_2, ..., y_n$에 대해 다음이 항상 성립한다.

$$p(y_1, y_2, ..., y_n) = \int \prod_{i=1}^{n} p(y_i|\theta) p(\theta) d\theta. \tag{8.10}$$

드 피네티의 정리를 증명하는 것은 일정한 수리통계적 지식을 요구하지만 이를 직관적으로 이해하는 것은 그리 어렵지 않다. 식 (8.10)의 좌항은 교환가능한 자료의 결합분포이고 우항은 사전 확률분포와 자료분포의 곱으로, 자료의 순서에 영향받지 않는다. 증명의 내용은 간단해 보이지만 그 함의는 매우 중요하다. 여기서는 그 함의를 크게 세 가지로 나누어 살펴볼 것이다.

- 만약 우리가 교환가능한 자료의 결합분포를 찾으려 한다면 모수(θ)와 그 모수의 사전 확률분포($p(\theta)$)가 반드시 필요하다.
- 만약 우리가 교환가능한 자료의 결합분포를 찾으려 한다면 자료의 확률분포($p(y_i|\theta)$)가 반드시 필요하다.
- 사전 확률분포를 통해 결합분포를 추론(즉 베이지안 추론)할 때 자료의 확률분포는 혼합분포(mixture distribution)의 역할을 한다.

드 피네티의 정리는 관측자료의 결합분포를 우도만으로 충분히 추론할 수 있다는 피셔의 주장을 정면으로 비판하는 것이다. 자료의 확률분포 함수인 우도는 모수의 근사치에 대한 정보를 줄 수는 있지만 자료의 생성 과정을 지배하는 결합분포를 복원하지는 못한다는 것이다. 즉 통계적 추론의 목적이 모수의 근사치 정보를 얻는 것이 아니라 자료 생성 과정(또는 결합분포)의 재현(representation)이라면 사전 확률분포의 사용은 선택이 아니라 필수라는 것이다.[4]

4.2 사전 확률분포는 편향을 제거하는 벌점

사전 확률분포의 역할은 단순히 자료분석의 필수요소라는 수동적 기능에 국한되지 않는다. 예를 들어 퍼스(Firth 1993)는 사전 확률분포에 관한 한 가지 재미있는 연구결과를 발표한 바 있다. 퍼스는 로짓모형을 최대 우도 추정법으로 추정하면 계수들이 상당한 편향을 가지고 있으며 그 편향을 제거하기 위해서는 스코어함수를 변형해야 함을 증명하였다. 그런데 퍼스는 이렇게 편향을 제거한 우도함수의 최종 형태는 제프리의 사전 확률분포(Jeffrey's prior)를 사용한 베이지안 로짓모형과 등치한다고 밝혔다. 제프리의 사전 확률분포는

....

4   우리가 알지 못하는 분포의 재현에 대한 드 피네티 정리의 증명은 최근 양자물리학에서 미지의 양자상 태를 추론하는 수학적 논리로 제시된 바 있다(Caves et al. 2002).

$$p(\theta) \approx \sqrt{\det I(\theta)}. \qquad (8.11)$$

퍼스가 편향을 줄이기 위해 벌점을 첨부한 벌점우도(penalized likeliood)는

$$\log f^{\text{벌점우도}}(\boldsymbol{y};\, \theta) = \log f(\boldsymbol{y};\, \theta) + \frac{1}{2}\log|I(\theta)|$$

라고 쓸 수 있다. 여기서 $I(\theta)$는 피셔정보한도이다. 결국 벌점우도에서 편향을 줄이기 위한 벌점은 식 (8.11)을 사전 확률분포로 사용한 베이지안 분석과 일맥 상통함을 확인할 수 있다.

4.3 사전 확률분포는 정칙화를 위한 벌점

사전 확률분포에 대한 또 다른 흥미 있는 발견은 정칙화 방법(regularization methods)에서 사용하는 벌점이 사전 확률분포와 같은 역할을 한다는 것이다. 정칙화 방법은 설명변수의 수가 매우 많은 경우 계수추정이 어려운 상황을 해결하기 위해 도입된 방법으로, 크기가 작은 계수를 0으로 치환하여 계산 효율성을 높이는 방법이다.

정칙화 방법은 로그우도와 같은 목적함수를 최소화하는 계수값을 찾는 방식으로 진행된다. 예를 들어, 정칙화 방법에서 가장 많이 사용되는 라소(least absolute shrinkage and selection operator, lasso)는

$$\beta^{\text{lasso}} = \text{argmin}\, \overbrace{\|\boldsymbol{y'X\beta}\|^2}^{\text{우도}} + \overbrace{\lambda|\beta|}^{\text{벌점}} \qquad (8.12)$$

와 같이 계산된다(Tibshirani 1996). 여기서 벌점에 해당되는 부분이 베이지안 분석에서 사전 확률분포에 해당된다. Park and Casella(2008)는 라플라스분포

$$p(\beta) \propto \prod_{j=1}^{J} \exp(\lambda|\beta|)$$

를 회귀분석 β의 사전 확률분포로 사용하면 라소의 목적함수에 상응하는 베이지안 라소모형을 만들 수 있음을 보여주었다.

4.4 사전 확률분포는 극단적 사건의 발생 가능성에 대한 안전장치

자료분포의 선택에서 베이지안 분석과 고전파 통계학은 차이가 없다. 그러나 사전 확률분포를 완전히 배제하는 고전파 통계학은 결국 모수의 관측 가능성을 확률론적으로 반영하지 않는 부적절한(improper) 사전 확률분포(예: 실수 전체에 대한 균등분포)를 전제하는 것으로 해석될 수 있다. 부적절한 사전 확률분포 설정은 모든 사건의 발생 가능성에 대해 열려 있는 것처럼 보이지만 사실은 그것이 확률분포가 아니기 때문에 오히려 극단적 사건의 발생 가능성을 과소평가하는 것으로 귀결될 수 있다. 반면 사전 확률분포를 충분히 넓게 설정하면서도 현실적으로 불가능한 표본공간에 대해서는 매우 작은 가능성만을 허용하는 적절한 사전 확률분포를 사용한다면(예: 약한 정보를 가진 사전 확률분포, weakly informative prior) 현실적으로 발생 가능한 극단적 사건에 대한 확률을 고려할 수 있다. 따라서 사전 확률분포는 극단적 사건의 발생 가능성을 과소평가하는 것을 막는 중요한 안전장치가 될 수 있다.

극단적 사건의 발생 가능성에 대한 고려가 왜 중요한지를 보여주는 사례는 매우 많다. 2011년 3월 11일 일본 후쿠시마 지역을 강타한 지진과 쓰나미는 우리가 통계적 지식에 기반하여 확실하다고 믿는 지식이 사실은 얼마나 허약한 기반 위에 서 있는지, 또 그 지식을 바탕으로 세운 시스템이 얼마나 쉽게 붕괴될 수 있는지를 잘 보여주는 사건이다. 일본 지질학계가 관측을 시작한 이래, 강도 7.5 이상의 강진은 이 지역에서 발생한 바가 없다는 통계적 지식에 기초해서 일본의 도쿄전력은 최대강도 7.9 이하의 지진에만 견딜 수 있는 원자력발전소를 후쿠시마에 건설하였다(Kazama and Noda 2012). 그러나 2011년 3월 11일 후쿠시마를 강타한 지진은 내진설계 한도인 7.9를 훨씬 뛰어넘는 9.0에 달했다. 과거의 통계 자료에만 철저히 의존해서 확증적 지식을 설파하는 연구자에게 2011년 후쿠시마 지진은 말그대로 검은 백조(black swan)의 발견(Taleb 2007)과 같은 사건이었던 것이다.[5] 베이지안 분석 역시 검은 백조와 같은 현상에 취약한 것은 사실이지만 강도 7.5 주변을 평균으로 갖지만 9.0 수준의 지진 역시 충분히 발생 가능한 것으로 보는 사전 확률분포를 사용한다면 9.0 수준의 지진의 발생 가능성을 0으로 보는 고전파 통계의 접근법과는 다른 결론을 도출했을 것이다.

이상의 논의를 종합하면 사전 확률분포는 자료분석에서 확률이론을 일관되고 체계적으로 사용하기 위해서 반드시 필요한 요소라고 할 수 있다. 그렇다면 우리는 사전 확률분포가 왜 필요한가라고 묻지 말고 확률이론의 일관된 적용이 왜 중요한가를 물어야 할 것이다. 그리고 이에 대한 대답은 매우 간단하다. 많은 사회과학 연구자들은 인식론적으로나 존재론적으로 결정론적인 세계관을 배격한다. 인간이 가진 인지적 한계 때문이거나, 측정의 제한성 때문이거나, 혹은 물리적 세계 그 자체의 속성 때문으로 인해 사회과학의 자료분석은 항상 불확실성을 고려해야 한다. 불확실성을 가장 체계적으로 표현하는 과학의 문법은 확률이론이고 이 확률이론을 자료분석에서 일관되게 사용하는 통계적 추론 방법은 베이지안 분석이다.

제5절
사회과학과 베이지안 분석

지금까지의 논의는 베이지안 분석의 일반적 특징에 대한 것이었다. 지금부터는 사회과학 자료분석에서 베이지안 분석이 갖는 강점에 대해 논의할 것이다.

5.1 비표본자료의 분석과 가설검정

웨스턴과 잭만(Western and Jackman)은 비교연구에서 베이지안 방법론의 도입을 촉구하는 글에서, 빈도주의 통계방법은 비표본자료의 분석에 "적용하는 것이 불가능(inapplicable)"함에도 불구하고 무비판적으로 광범위하게 사용되고 있다고 비판한다(Western and Jackman 1994, 415). 여론조사나 실험을 통해 얻

---

5   "How Black Is The Japanese Nuclear Swan?" *Business Insider*, March 14, 2011.

게 된 자료를 제외하면 대부분의 사회과학 자료는 반복적 표본추출이 가능하지 않는 비표본자료 또는 비확률자료(nonsampling or nonstochastic data)이다. 특히 비교정치나 국제정치, 그리고 지역연구와 같이 고정된 분석단위를 이용한 분석의 경우 자료의 한계가 물리적으로 설정되어 있어서 수집된 자료가 곧 모집단을 구성하는 경우가 대부분이다.

비표본자료의 분석에 표본자료-모집단 구분을 전제하는 빈도주의 통계방법을 사용할 경우 가장 심각한 혼란을 초래할 수 있는 부분이 바로 영가설 검정이다. 영가설 검정은 표본에서 관찰된 표본통계값(예: t 통계값)이 영가설을 참으로 가정하는 모집단의 관점에서 볼 때 얼마나 극단적인가를 보여주는 지표로 p값(p-value)을 사용한다. 영가설 검정이 비표본자료에 적용될 때 나타나는 가장 큰 문제점은 바로 p값에 대한 해석이 매우 어렵거나 혹은 잘못되기 쉽다는 것이다.

예를 들어 민주주의 국가들은 전쟁을 잘 하지 않는다는 민주평화론 가설을 검증하기 위해 국가 간 시계열 자료를 모아서 분석했고 그 결과 민주주의 국가쌍(a pair of democracies) 더미변수의 p값이 양측 검정(two-tailed test)에서 0.049가 나왔다고 하자. 이 경우 연구자는 민주주의 국가쌍이 다른 국가쌍과 전쟁 발생 가능성에서 차이가 없다는 영가설을 95% 신뢰수준에서 기각할 것이며 민주평화론의 주장은 경험자료와 일치한다고 주장할 것이다. 또 다른 연구자가 같은 자료에 대해 다른 통제변수를 사용해서 분석한 결과 양측 검정 p값이 0.051이 나왔다고 가정하자. 이제 이 연구자는 앞선 연구자의 결론을 비판하면서 민주주의 국가쌍의 전쟁 발생 가능성이 다른 국가쌍의 그것과 차이가 없다는 영가설의 주장은 95% 신뢰수준에서 기각될 수 없다고 결정할 것이며 따라서 민주평화론은 잘못된 이론이라고 결론지을 것이다. 이 두 연구에서 발견된 p값의 차이는 불과 0.002에 불과하지만 이 작은 차이가 만들어내는 결론의 간극은 매우 크다.

위의 예에서 확인할 수 있는 비표본자료에서 영가설 검정의 문제점은 크게 세 가지이다. 첫째, 검사의 오류이다. p값은 자료로부터 확인된 영가설의 개연성을 보여주는 지표가 아니다. 만약 p값이 자료로부터 확인된 영가설의 개연성이라면 p(영가설|자료)라고 표현되어야 할 것이다. 그러나 사실 p값은 영가설

을 참이라고 가정한 상태에서 자료의 관측 가능성을 의미하는 $p($자료$|$영가설$)$
에 더 가깝다. 정확하게 말하면 p값은 영가설이 참일 때, 반복되는 표본추출로
부터 계산된 표본 통계값이 현재의 통계값보다 더 극단적인 값이 될 확률이라
고 볼 수 있다. 즉,

$$p\text{값}=2\times(1-\Phi(|\text{표본통계값}|))$$

그럼에도 불구하고 p값을 자료를 기반으로 한 영가설의 개연성, 즉 $p($영가
설$|$자료$)$로 해석하는 경우가 매우 많다. 이 둘이 같기 위해서는

$$p(\text{자료}|\text{영가설})=\frac{p(\text{영가설}|\text{자료})p(\text{자료})}{p(\text{영가설})}$$

에서

$$p(\text{자료})=p(\text{영가설})$$

이어야 한다.

그러나 이 두 확률분포의 등가성을 전제할 아무런 이유가 없기 때문에 p값
을 영가설의 개연성으로 해석하는 것은 잘못된 것이다. 이러한 혼돈이 일어나
게 된 가장 중요한 이유는 바로 영가설 검정과 p값이 일관된 이론적 기반 위에
있지 않기 때문이다. Gigerrenzer(2004)는 빈도주의 통계에 의해 사용되는 영
가설 검정의 틀은 피셔에 의해 제시된 p값과 니만(Jerzy Neyman)과 퍼슨(Egon
S. Pearson)의 가설개연성에 대한 결정이론을 뒤섞어 놓은 하나의 '관행(the null
ritual)'에 불과할 뿐, 일관성이나 이론적 토대가 없다고 지적한다. 이러한 영가
설 검정의 비일관성과 논리적 취약성은 비표본자료에 대한 분석에서 더욱 심각
한 문제로 대두된다. 반복되는 표본추출을 전제할 때만 의미를 갖는 p값을 반
복될 수 없는 비표본자료의 안에서 해석하는 것은 존재하지 않는 물질의 질량
을 재려는 시도와 유사하다고 볼 수 있다.

둘째, 통계적 유의기준—95% 신뢰구간 혹은 양측검정 p값 0.05—의 자의성이다. 흔히 0.05라는 기준은 20번의 반복추출 중에서 많아야 한 번 관측될 만한 자료라는 의미로 해석된다. 그러나 위의 예에서 드러난 바와 같이 왜 0.047과 0.049의 차이는 무시되어야 하고 0.049와 0.051의 차이는 주목되어야 하는가에 대한 이론적 근거로는 지극히 취약하다. 특히 영가설 검정이 비표본자료에 적용될 때, 20번의 표본추출 중에서 한 번(1/20=0.05)이라는 빈도주의적 기준은 더욱 설득력이 약하다.

셋째, 영가설 검정의 논리적 구조는 확증에 의한 증명(proof by confirmation)이 아니라 부정 혹은 모순에 의한 증명(proof by rejection or contradiction)을 따르고 있다. 즉 연구자가 믿는 가설이 참일 가능성을 따지는 것이 아니라 어떤 연구자도 관심이 없으며 이론적 함의도 존재하지 않는 영가설이 참일 가능성만을 따진다. 포퍼(Karl Popper)가 말한 과학의 반증 가능성(falsifiability)은 영가설의 반증 가능성이 아니라 과학적 가설(즉, 대항가설)의 반증 가능성이다.

영가설의 이례성을 보여주는 p값이 유의미한 맥락은 영가설 자체가 과학적으로 타당한 주장에 의해 뒷받침되는 경우이다. 차를 감별하는 숙녀 실험에서 피셔가 사용한 정확도 검정의 p값이 그 대표적인 예이다. 실험적 조작이나 연구설계상의 이유로 영가설이 참이라고 믿을 과학적 근거가 있다면 p값은 "영가설의 과학적 주장이 참이라면 우연히 이런 자료가 관측될 가능성이 얼마나 높은가?"에 대한 근거로 사용될 수 있다.

베이지안 통계에서는 가설타당성을 확률론적으로 수치화하여 정확하게 표현할 수 있다. 따라서 영가설을 항상 가정할 필요가 없으며 다른 가설을 기각함으로써 연구자 가설의 타당성을 입증하는 전략을 택할 필요도 없다. 또한 두 가지 이상의 가설이나 변수의 조합이 서로 완전히 다른 가설들을 비교할 수 있다. 마지막으로 가설타당성이 확률의 형태로 표현되기 때문에 분석결과의 해석을 위해 1/20과 같은 자의적인 유의성 기준에 의존할 필요가 없다.

그렇다면 베이지안 통계는 가설의 타당성을 어떻게 검증하는가? 관측치가 단 하나인 극단적인 사례를 들어 이를 이해해 보자. 연구자가 "민주주의 국가들끼리는 서로 무력분쟁을 일으키지 않는다"라는 가설을 가지고 있다고 가정하자. 그런데 연구자는 이 가설을 세우고 난 뒤, 단 한 개의 관측치를 얻었는데, 그 관측치는 갈등의 가능성은 존재했지만 서로 무력분쟁을 일으키지 않은 두 민주주의 국가에 대한 정보였다. 오랜 시간 관측되었지만 이는 결국 단 한 개의 사례에 불과하기 때문에 이를 통해 연구자의 가설을 검증하는 것은 빈도주의적 관점에서는 매우 어렵다.

그러나 베이지안 통계학의 관점에서는 연구자의 가설에 대한 믿음을 하나의 관측치를 통해서 업데이트하는 것이 충분히 가능하다. "민주주의 국가들끼리는 서로 무력분쟁을 일으키지 않는다"라는 가설을 이산변수를 이용한 베이즈 정리로 검증하기 위해 몇 가지 가정을 해보자.

- 자료를 보기 전, 연구자의 가설이 참(A)일 가능성은 0.5이다. 즉 연구자는 자료를 보기 전에는 자신의 가설이 참인지 거짓인지에 대한 확신이 없다:

$$p(A) = p(-A) = 0.5.$$

- 만약 연구자의 가설이 참이라면, 연구자가 우연히 두 개의 민주주의 국가를 뽑을 경우 이 두 국가가 분쟁의 역사가 없을 가능성(D)은 0.8이다. 즉 가설이 참이라 하더라도 우리가 우연히 두 민주주의 국가가 무력분쟁에 연루되는 것을 볼 가능성은 0.2 정도 있다고 그 가능성을 열어두도록 하자:

$$p(D|A) = 0.8.$$

- 만약 연구자의 가설이 거짓이라면, 연구자가 우연히 두 개의 민주주의 국가를 뽑을 경우 이 두 국가가 분쟁의 역사가 없을 가능성은 0.5이다.

$$p(D|-A) = 0.5.$$

위와 같은 가정을 전제하면, 서로 무력분쟁을 일으키지 않은 두 민주주의 국가에 대한 관측치(D)가 하나일 때 베이즈 정리를 이용하여 가설타당성에 대한 연구자의 믿음은 다음과 같이 업데이트된다:

$$p(A|D) = \frac{p(D|A)p(A)}{p(D|A)p(A) + p(D|-A)p(-A)}$$

$$= \frac{0.8 \times 0.5}{0.8 \times 0.5 + 0.5 \times 0.5} \qquad (8.13)$$

$$= 0.6153846.$$

단 하나의 관측치로부터 우리는 0.5에서 출발한 가설에 대한 믿음이 0.6153846로 상승했음을 알 수 있다. 만약 우리가 같은 관측치를 한 번 더 보게 되면 가설에 대한 우리의 믿음은 0.7191011로 상승하고 세 개의 관측치로 증가하면 0.8037677, 그리고 네 개면 0.9129357로 상승한다. 다섯 개의 관측치가 모두 무력분쟁을 일으키지 않은 두 민주주의 국가에 대한 정보라면, 가설에 대한 우리의 믿음은 0.9437482으로 상승하여 고전파 통계학의 통상적 기준인 0.95에 육박하게 된다. 즉 5개의 관측치만으로 우리는 고전파 통계학에서 말하는 통계적 유의수준에 도달하게 된다.

5.2 시간적·공간적 특수성의 고려

사회과학과 역사학의 교류에 평생을 바쳐온 소웰(William H. Sewell Jr.)은 사회과학이 명심해야 할 역사학의 제1명제로 이질성(heterogeneity)을 들고 있다. 역사는 사회과학자의 단순화된 틀을 거부하는 불연속과 이질성으로 가득 차 있다는 것이다. 그러나 동시에 그 이질성을 이유로 일반화(generalization)의 과업을 포기하는 것이 바로 역사학자들의 한계라고 소웰은 지적한다(Sewell 2005).

소웰의 문제제기는 비단 시간적 차원만이 아니라 공간적 차원에서도 이해될 수 있다. 구체성과 세세한 묘사를 특징으로 하는 개별사례연구의 경우 그 목적이 일반이론의 수립보다는 사례에 대한 이해를 높이는 것에 있는 경우가 많다. 따라서 일반화된 이론에서 무시될 수 있는 맥락의존성과 인과성의 전개 과정, 그리고 인과관계의 복잡성이 개별사례연구의 중요한 연구주제이다. 반면 다수사례연구는 일반이론을 통해 추출된 가설이 다수의 사례들을 통해서 공통적으로 관측되는 패턴인지를 확인하는 것에 초점을 둔다. 따라서 맥락의존성이나 인과관계의 복잡성과 같은 주제들보다는 단수인과성을 전제하고 일반화 가능성을 높이는 데에 집중한다. 그렇다면 공간적 이질성 혹은 맥락의존성을 인정하면서도 변인들 간의 일반화를 추구할 수 있는 방법론적 틀은 무엇인가?

베이지안 사회과학 방법론은 맥락의존성 혹은 이질성과 일반화라는 사회과학 연구의 두 가지 대립되는 연구경향을 정량적 연구 방법의 틀 안에서 종합할 수 있는 유연하고 종합적이며, 효과적인 방법론적 틀이다. 시간성(temporality), 사건의 역사성, 그리고 인과관계의 맥락의존성(contextuality)을 적극적으로 고려하는 것은 베이지안 방법을 통한 거시역사연구의 중요한 장점이다(Park 2012; Western and Kleykamp 2004). 그 대표적인 예가 최근 베이지안 방법의 중요한 연구주제로 부각되고 있는 다층모형(multilevel model)에 대한 연구이다(Gelman and Hill 2007). 다층모형은 전통적인 회귀분석 모형 안에서 쉽게 측정할 수 없었던 맥락효과(contextual effect)를 추정할 수 있는 효과적인 분석틀로 주목받고 있다.

시간적 차원에서 맥락효과에 대한 고려는 베이지안 시계열분석 방법을 통해 개발되고 있다. 대표적으로 모수의 값이 시간적으로 변화하는 동적선형 모형(dynamic linear model), 모수의 값이 특정 시점을 전후로 변화한다고 가정하는 전환점 모형(changepoint model)(Chib 1998; Park 2009), 다변량 시계열변수의 동적 변화를 추적하는 베이지안 벡터 자기회귀모형(vector autoregression model)(Brandt and Sandler 2009), 그리고 두 개 이상의 숨은 레짐이 반복되면서 하나 이상의 모수값이 출몰하는 것을 연구하는 마르코프전환 모형(Markov switching model) 등이 있다(Kim 1994). 최근에는 베이지안 방법을 이용하여 맥락효과를 시간과 공간 차원에서 동시에 확인하고자 하는 시도가 진행되고 있다(Park 2012).

제6절
베이지안 사회과학 방법론이란 무엇인가

통계적 분석기법을 핵심으로 하는 사회과학의 정량적 연구 방법은 인간 행위와 믿음, 선택, 그리고 사회에 대한 우리의 지식을 혁신적으로 향상시켜왔다. 그러나 동시에 그 과정에서 인간 지식이 가진 근본적 한계와 자료를 통한 이론 검증의 본원적 한계, 수집된 자료가 가지는 원초적 한계, 그리고 추론 방법이 갖는 기술적 한계 등에 대해 상당 부분 과소평가해 왔다. 일부 사회과학자들은 아직 알지 못하는 것을 알고 있는 것처럼, 불확실한 지식을 확실한 지식인 것처럼, 애매한 판단을 확증적인 판단인 것처럼 위장 또는 과장하기 위해 통계적 기법을 효과적으로 이용해 온 것도 사실이다.

베이지안 사회과학 방법론이 추구하는 분석은 주어진 자료와 선택된 모형, 그리고 연구자가 가진 이론적 믿음 간의 끊임없는 대화와 상호작용이며, 그 과정에서 보다 나은 자료와 보다 나은 모형, 그리고 보다 나은 이론적 믿음을 향한 개선의 과정을 과학적 진보라고 정의한다. 연구자들은 보다 나은 자료가 무엇인지, 보다 나은 모형이 무엇인지, 그리고 보다 나은 이론적 믿음이 무엇인지를 가늠할 수 있는 아주 작은 나침판만을 가지고 있을 뿐이다.

베이지안 사회과학 방법론이란 자료분석의 전 과정에 존재하는 불확실성을 자료분석에 체계적으로 포함하는 것을 목표로 하는 정량적 방법이라고 정의할 수 있다. 자료분석의 전 과정에 존재하는 불확실성이란 이론적 불확실성, 자료의 불확실성, 연구설계의 불확실성, 모형선택의 불확실성, 모형의 불확실성, 분석(혹은 추정) 방법의 불확실성, 예측적 불확실성 등을 말한다.

베이지안 사회과학 방법론

베이지안 사회과학 방법론은 자료분석의 전 과정에 존재하는 불확실성을 체계적으로 반영하는 것을 추구하며 그 체계적 반영을 위한 언어로 확률이론을 사용한다. 이를 위해 베이지안 사회과학 방법론은 사회과학 자료조사 과정을 아래와 같은 하나의 거대한 조건부 확률로 바라본다:

$$p(\text{이론}|\text{자료, 모형}) = \frac{p(\text{자료}|\text{이론, 모형}) \times p(\text{이론}|\text{모형})}{p(\text{자료}|\text{모형})}. \tag{8.14}$$

보다 간단히 적으면,

$$p(\text{이론}|\text{자료, 모형}) \propto p(\text{자료}|\text{이론, 모형}) \times p(\text{이론}|\text{모형}). \tag{8.15}$$

식 (8.14)로부터 다음과 같은 두 가지 함의를 도출할 수 있다. 첫째, 베이지안 사회과학 방법론은 이론의 세계(p(이론|모형, 자료))에서 출발하여 모형의 세계(p(모형|자료, 이론))를 거쳐 자료의 세계(p(자료|이론, 모형))로 돌아오는 과정이라고 볼 수 있다(그림 8.3 참조). 이론의 세계는 모형과 자료로부터 축적된 우리의 지식 체계로 자료를 통해 지속적으로 업데이트된다. 이론으로부터 도출된 확률모형은 자료를 통해 지속적으로 업데이트되고 이렇게 구축된 모형에 대한 지식은 자료에 대한 보다 정확한 설명과 예측으로 이어진다.

식 (8.14)가 제시하는 두 번째 함의는 우리가 가진 이론, 자료, 모형에 대한 지식이 모두 불확실하고 불완전한 것이라는 점이다. 사회과학 경험연구는 새로운 자료, 이론, 모형의 개발을 통해 우리의 지식을 지속적으로 확장하고 개선하는 과정이다. 우리의 이론적 지식은 자료나 모형을 결정할 만큼 완전하지 않은 경우가 많고 모형에 대한 우리의 지식도 이론이나 자료를 배제할 만큼 확실하지 않다. 우리가 관측한 자료 역시 불완전한 것이어서 그 자체로 이론이나 모형을 배격하기 어렵다.

바로 이런 이유로 추론 과정에서 불확실성에 대한 체계적인 반영을 가장 중요한 특징으로 하는 베이지안 방법이 사회과학 경험연구의 기본틀이 되어야 한다는 것이 이 책의 주장이다.

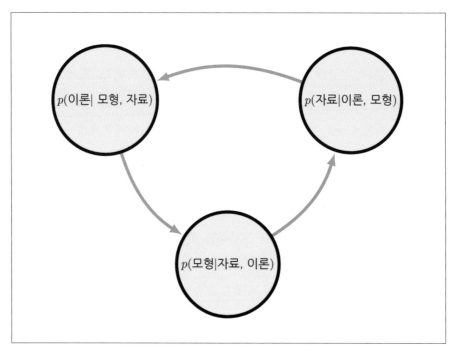

그림 8.3 베이지안 사회과학 방법론의 세 가지 세계

요약 │ 베이지안 통계학

- 베이지안 통계는 확률을 이용해 자료에 나타난 정보를 체계적으로 학습하는 통계방법으로 정의된다. 최대 우도 추정법이 우도함수의 최적화를 통해 모수에 대한 정보를 추출하는 통계적 추론 방법이라면, 베이지안 통계는 조건부확률의 성질을 이용하여 자료의 확률분포로부터 모수의 사후 확률분포를 추출한다.

- 베이지안 분석에서 모든 추론의 결과는 조건부확률로 표현되기 때문에 자료분석의 과정에서 발생하는 인식론적 불확실성을 가장 체계적으로 종합할 수 있는 통계적 추론 방법이라고 볼 수 있다.

- 교환가능한 관측 자료를 하나의 결합분포로 추론하기 위해서는 모수를 확률변수로 보는 사전 확률분포가 반드시 필요하다는 것이 드 피네티의 정리이다. 이는 우도만으로 모수에 대한 모든 정보를 충분히 추론할 수 있다는 피셔의 주장을 비판하는 것이다. 통계적 추론의 목적이 모수의 근사치 정보를 얻는 것이 아니라 자료 생성 과정(또는 결합분포)의 재현이라면 사전 확률분포의 사용은 선택이 아니라 필수이다.

- 베이지안 사회과학 방법론은 자료분석의 전 과정에 존재하는 불확실성을 체계적으로 반영하는 것을 추구한다.
- 사전 확률분포는 우도만으로 자료를 재현할 때 나타날 수 있는 과적합의 문제나 고차원성의 문제를 완화해 주는 중요한 통계적 장치라고 볼 수 있다.
- 베이지안 사회과학 방법론은 이론의 세계(p(이론|모형, 자료))에서 출발하여 모형의 세계(p(모형|자료, 이론))를 거쳐 자료의 세계(p(자료|이론, 모형))로 돌아오는 과정이라고 볼 수 있다.

09

베이지안 분석 방법

(a) 안드레이 마르코프(Andrey A. Marcov, 1856-1922).

(b) 스타니스와프 울람(Stanislav M. Ulam, 1909-1984).

(c) 니콜라스 메트로폴리스(Nicholas C. Metropolis, 1915-1999).

그림 9.1 마르코프 체인 몬테 카를로 추정법의 등장에 중요한 공헌을 한 사람들. 마르코프 체인이라는 혁신적인 확률과정을 개발한 마르코프, 몬테 카를로 방법을 고안해 낸 메트로폴리스와 울람, 그리고 메트로폴리스 샘플링 방법을 정립한 메트로폴리스. 마르코프 체인 몬테 카를로 추정법의 등장에서 누가 가장 결정적인 공을 세웠는가는 문제는 아직 밝혀지지 않았다. 메트로폴리스와 울람의 업적에 비해 텔러(Edward Teller, 1908-2003), 로젠블러스(Marshall Rosenbluth, 1927-2003) 등이 더 중요한 공헌을 했다는 주장이 제기되기도 했다. 여기에 맨하탄 프로젝트에 함께 했던 폰 노이만(John von Neumann, 1903-1957)이나 페르미(Enrico Fermi, 1901-1954) 등도 직간접적 공헌을 했다는 주장도 제기되고 있다. 그림 출처: 위키피디아 "안드레이 마르코프" (https://upload.wikimedia.org/wikipedia/commons/7/70/AAMarkov.jpg). 위키피디아 "Stan Ulam Holding the FERMIAC" (https://en.wikipedia.org/wiki/Stanislaw_Ulam#/media/File:STAN_ULAM_HOLDING_THE_FERMIAC.jpg), 위키피디아 "Nicholas Metropolis" (https://en.wikipedia.org/wiki/Nicholas_Metropolis#/media/File:Nicholas_Metropolis_cropped.PNG)

제1절

켤레성

베이지안 분석을 이해하기 위해서는 먼저 켤레성(conjugacy)이라는 확률분포의 특성을 이해하는 것이 중요하다. 켤레성이란 말 그대로 확률분포들이 서로 짝을 이루는 듯한 특별한 관계를 가지고 있음을 의미한다. 구체적으로 베이지안 분석에서 켤레성이란 사전 확률분포와 사후 확률분포가 하나의 짝을 이루고 있다는 것이다. 이를 다른 말로 표현하면, 자료의 분포가 자료 생성 과정에 의해 주어져 있을 때, 사전 확률분포를 적절히 고르면 사전 확률분포와 같은 종류의 사후 확률분포로 모수에 대한 정보를 업데이트할 수 있다는 것이다. 잘 알려진 켤레성의 종류는 표 9.1과 같다.

표 9.1 확률분포의 켤레성

자료의 분포	사전 확률분포	사후 확률분포
Binomial	Beta	Beta
Poisson	Gamma	Gamma
Exponential	Gamma	Gamma
Normal	Normal/Inverse Gamma	Normal/Inverse Gamma
Multinomial	Dirichlet	Dirichlet
Negative Binomial	Beta	Beta

1.1 베르누이 확률변수에 대한 베이지안 분석

대표적으로 베타분포는 이항분포와 켤레성을 이루고 있다. 이를 이해하기 위해 베르누이 확률변수에 대한 베이지안 분석을 살펴보자.

베르누이 확률변수는 동전 던지기와 같이 0 또는 1을 취하는 확률변수이고 모수는 1을 생성하는 확률(θ)이다. 베르누이 확률변수의 자료분포는 이항분포를 따른다:

$$p(y_1, \ldots y_n | \theta) = \theta^{y_1}(1-\theta)^{1-y_1} \ldots \theta^{y_n}(1-\theta)^{1-y_n}. \tag{9.1}$$

이를 보다 간단히 정리하면 다음과 같다:

$$p(\boldsymbol{y}|\theta) = \prod_{i=1}^{n} \theta^{y_i}(1-\theta)^{1-y_i}$$
$$= \theta^{\sum_{i=1}^{n} y_i}(1-\theta)^{n-\sum_{i=1}^{n} y_i}. \tag{9.2}$$

베르누의 확률변수의 모수인 θ는 0에서 1 사이에 위치한다. 따라서 0과 1 사이의 값을 취하는 베타분포를 이용하면 θ에 대한 사전적 불확실성과 사후적 업데이트 결과를 모두 잘 표현할 수 있다. 베타분포의 확률밀도함수는 다음과 같다:

$$\pi(\theta) = \frac{1}{B(\alpha_0, \beta_0)} \theta^{\alpha_0 - 1}(1-\theta)^{\beta_0 - 1}. \tag{9.3}$$

식 (9.3)의 상수항인 $\dfrac{1}{B(\alpha_0, \beta_0)} = \dfrac{\Gamma(\alpha_0 + \beta_0)}{\Gamma(\alpha_0) + \Gamma(\beta_0)}$을 제외한 베타분포의 커널(kernel)은 이항분포와 같은 형태를 취하고 있음을 확인할 수 있다. 바로 이러한 특성 때문에 켤레성이 작동하는 것이다.

사전 확률분포인 베타분포와 자료의 확률분포인 이항분포를 곱하면 지수법칙에 따라

$$p(\boldsymbol{y}|\theta) \times \pi(\theta) \propto \theta^{\sum_{i=1}^{n} y_i}(1-\theta)^{n-\sum_{i=1}^{n} y_i} \theta^{\alpha_0-1}(1-\theta)^{\beta_0-1}$$

$$= \theta^{(\alpha_0+\sum_{i=1}^{n} y_i)-1}(1-\theta)^{(\beta_0+n-\sum_{i=1}^{n} y_i)-1}. \qquad (9.4)$$

이를 다시 정리하면,

$$\pi(\theta|\boldsymbol{y}) \propto Beta(\alpha_1, \beta_1)$$

$$\alpha_1 = \alpha_0 + \sum_{i=1}^{n} y_i \qquad (9.5)$$

$$\beta_1 = \beta_0 + n - \sum_{i=1}^{n} y_i.$$

여기서 베이지안 분석의 매우 중요한 특징을 살펴볼 수 있다. 사후 확률분포의 기대값은

$$E(\theta|\boldsymbol{y}) = \frac{\alpha_1}{\alpha_1 + \beta_1}$$

$$= \frac{\alpha_0 + \sum_{i=1}^{n} y_i}{\alpha_0 + \beta_0 + n}. \qquad (9.6)$$

식 (9.6)의 오른쪽 항을

$$\omega_{\text{베타-베르누이}} = \frac{\alpha+\beta}{\alpha+\beta+n}$$

를 이용해서 재구성해 보면, 베타-베르누이 사후 확률분포의 기대값은 다음과 같다.

베타–베르누이 사후 확률분포의 기대값

$$E(\theta|\boldsymbol{y}) = \left(\frac{\alpha_0+\beta_0}{\alpha_0+\beta_0+n}\right)\frac{\alpha_0}{\alpha_0+\beta_0} + \left(\frac{n}{\alpha_0+\beta_0+n}\right)\bar{y}$$

$$= \omega_{\text{베타-베르누이}}\left(\frac{\alpha_0}{\alpha_0+\beta_0}\right) + (1-\omega_{\text{베타-베르누이}})\bar{y}. \tag{9.7}$$

사전 확률분포의 기대값은 $\dfrac{\alpha_0}{\alpha_0+\beta_0}$이므로 베타–베르누이 사후 확률분포의 기대값은 다음과 같은 특징이 있음을 확인할 수 있다.

베타–베르누이 사후 확률분포 기대값의 특징

- 사후 확률분포의 기대값은 사전 확률분포의 기대값($\dfrac{\alpha_0}{\alpha_0+\beta_0}$)과 자료분포의 기대값($\bar{y}$)에 대한 가중치 평균이다. 즉,

$$E(\theta|\boldsymbol{y}) = \omega_{\text{베타-베르누이}}\overbrace{\left(\frac{\alpha_0}{\alpha_0+\beta_0}\right)}^{\text{사전 확률분포의 기대값}} + (1-\omega_{\text{베타-베르누이}})\overbrace{\bar{y}}^{\text{자료분포의 기대값}}.$$

- 자료가 무한으로 간다면 가중치는 0이 된다:

$$\lim_{n\to\infty}\left(\frac{\alpha_0}{\alpha_0+\beta_0+n}\right)=0.$$

즉, 자료의 양이 증가할수록 사전 확률분포의 기대값이 사후 확률분포의 기대값에 주는 영향은 감소한다.
- 자료의 양이 작아지면 가중치($\omega_{\text{베타-베르누이}}$)는 1로 근접하게 되고, 사후 확률분포의 기대값은 사전 확률분포의 기대값에 근접한다.

뒤에서 더 자세히 살펴볼 것이지만 이와 같은 특징은 베타–베르누의 분포의 경우에만 한정되는 것이 아니라 베이지안 분석의 일반적인 특징이다.

베타–베르누의 분포의 한계자료분포는 분석적으로 구하는 것이 가능하다. 자료의 한계분포는 정확하게 표현하면 $p(y_1, \ldots, y_n|$베타$-$베르누이 모형$)$이

지만 수식이 지나치게 복잡해지는 것을 막기 위해 모형의존성을 생략하였다. 식 (9.8)은 베타-베르누이 모형에 기반한 자료의 한계분포가 두 베타함수의 비로 표현된다는 점을 보여준다.

베타-베르누이 모형에 기반한 자료의 한계분포

$$p(y_1, ..., y_n) = \int p(y_1, ..., y_n | \theta) p(\theta) d\theta$$

$$= \int \theta^{\sum_{i=1}^{n} y_i} (1-\theta)^{n - \sum_{i=1}^{n} y_i} \frac{1}{B(\alpha_0, \beta_0)} \theta^{\alpha_0 - 1} (1-\theta)^{\beta_0 - 1} d\theta$$

$$= \frac{B(\alpha_0 + \sum_{i=1}^{n} y_i, \beta_0 + n - \sum_{i=1}^{n} y_i)}{B(\alpha_0, \beta_0)}$$

$$= \frac{B(\alpha_1, \beta_1)}{B(\alpha_0, \beta_0)}. \tag{9.8}$$

이항분포의 모수에 대한 통계적 추론을 위해 베타분포를 사전 확률분포로 사용하였더니 사후 확률분포로 베타분포를 얻게 되었음을 확인하였다. 이러한 속성을 켤레성이라고 한다. 모든 베이지안 분석이 켤레성에 의존하는 것은 아니지만 켤레성을 이용한 분석은 가장 간단하고 직관적인 베이지안 분석이라고 할 수 있다. 무엇보다도 계산적 비용을 대폭 줄여준다는 점에서 켤레성은 매우 중요하다.

1.2 푸아송 확률변수에 대한 베이지안 분석

자료의 분포가 푸아송 확률분포를 따르는 사건자료에 대한 분석을 진행해 보자. 푸아송 확률밀도함수를 이용하여 자료의 결합분포를 쓰면,

$$p(y_1, ..., y_n | \theta) = \frac{\theta^{y_1} e^{-\theta}}{y_1!} \cdots \frac{\theta^{y_n} e^{-\theta}}{y_n!}$$

$$= \frac{1}{\prod_{i=1}^{n} y_i!} \cdot \theta^{\sum_{i=1}^{n} y_i} \cdot e^{-n\theta}. \tag{9.9}$$

푸아송 확률변수는 양의 실수를 모수로 갖는다. 이러한 특성을 고려하면 양의 실수를 지지집합으로 갖는 감마분포가 켤레분포로 적당하다. 감마분포의 확률밀도함수는

$$p(\theta) = \frac{\beta_0^{\alpha_0}}{\Gamma(\alpha_0)} \theta^{\alpha_0 - 1} e^{-\beta_0 \theta}.$$

모수와 지수의 곱으로 표현된 감마분포의 커널이 푸아송분포의 확률밀도함수와 유사함을 알 수 있다.

베이지안 업데이트를 진행해 보면,

$$
\begin{aligned}
p(\theta | y_1, \dots, y_n) &\propto \frac{1}{\prod_{i=1}^{n} y_i!} \theta^{\sum_{i=1}^{n} y_i} e^{-n\theta} \cdot \frac{\beta_0^{\alpha_0}}{\Gamma(\alpha_0)} \theta^{\alpha_0 - 1} e^{-\beta_0 \theta} \\
&\propto \theta^{\sum_{i=1}^{n} y_i} \cdot e^{-n\theta} \theta^{\alpha_0 - 1} e^{-\beta_0 \theta} \\
&\propto \theta^{\alpha_0 + \sum_{i=1}^{n} y_i - 1} \cdot e^{-(\beta_0 + n)\theta} \\
&\sim G\left(\alpha_0 + \sum_{i=1}^{n} y_i, \ \beta_0 + n\right).
\end{aligned}
\tag{9.10}
$$

사후 확률분포가 사전 확률분포와 같은 감마분포로 귀결됨을 확인할 수 있다.

사후감마분포의 기대값이 갖는 특성을 알기 위해 최대 우도 추정을 통해 기대값을 별도로 구해 보자. 앞서 설명한 바와 같이 최대 우도 추정은 로그 우도에 대한 일차미분을 통해 쉽게 구할 수 있다.

$$
\begin{aligned}
\frac{\partial \log(f(y_1, \dots, y_n | \theta))}{\partial \theta} &= \sum_{i=1}^{n} y_i \theta^{\sum_{i=1}^{n} y_i - 1} \cdot e^{-n\theta} - n\theta^{\sum_{i=1}^{n} y_i} \cdot e^{-n\theta} \\
\sum_{i=1}^{n} y_i - n\theta &= 0 \\
\therefore \theta^{MLE} &= \frac{\sum_{i=1}^{n} y_i}{n} = \bar{y}
\end{aligned}
\tag{9.11}
$$

감마-프와송 사후 확률분포의 기대값

$$E(\theta|y_1, \ldots, y_n) = \frac{\alpha_0 + \sum\limits_{i=1}^{n} y_i}{\beta_0 + n}$$

$$= \frac{\alpha_0}{\beta_0 + n} + \frac{\sum\limits_{i=1}^{n} y_i}{\beta_0 + n}$$

$$= \left(\frac{\beta_0}{\beta_0 + n}\right)\frac{\alpha_0}{\beta_0} + \left(\frac{n}{\beta_0 + n}\right)\bar{y} \qquad (9.12)$$

$$= \omega_{감마-프와송}\left(\frac{\alpha_0}{\beta_0}\right) + (1 - \omega_{감마-프와송})\bar{y}$$

베타-베르누이 사후 확률분포에서와 마찬가지로 감마-프와송 사후 확률분포의 기대값 역시 사전분포의 기대값과 최대 우도 추정법 기대값의 가중 평균이라는 특징을 갖는다.

감마-프와송 사후 확률분포의 기대값의 특징

- 감마-프와송 사후 확률분포의 기대값은 사전 감마분포의 기대값과 자료분포의 기대값의 가중 평균임을 확인할 수 있다. 이때 가중치는 $\omega_{감마-프와송} = \dfrac{\beta_0}{\beta_0 + n}$이다.

- 가중치($\omega_{감마-프와송}$)는 자료의 양이 많아질수록 0에 근접한다. 즉, $\lim\limits_{n \to \infty}\left(\dfrac{\beta_0}{\beta_0 + n}\right) = 0$. 가중치가 0에 근접하면 감마-프와송 사후 확률분포의 기대값은 최대 우도 추정값에 가까워진다.

- 자료의 양이 작아질수록 가중치($\omega_{감마-프와송}$)는 1에 근접하며 감마-프와송 사후 확률분포의 기대값은 사전 감마분포의 기대값($\dfrac{\alpha_0}{\beta_0}$)에 가까워진다.

감마-푸아송 사후 확률분포의 한계자료분포를 구해 보면 다음과 같은 놀라운 결과를 얻게 된다:

$$p(y_1, \ldots, y_n) = \prod_{i=1}^{n}\int p(y_i|\theta)p(\theta)\,d\theta$$

$$= \prod_{i=1}^{n}\int_{0}^{\infty}\frac{1}{y_i!}\theta^{y_i}e^{-\theta} \cdot \frac{\beta_0^{\alpha_0}}{\Gamma(\alpha_0)}\theta^{\alpha_0 - 1}e^{-\beta_0\theta}\,d\theta$$

$$=\prod_{i=1}^{n}\frac{\beta_0^{\alpha_0}}{\Gamma(\alpha_0)}\frac{1}{y_i!}\int_0^\infty \theta^{\alpha_0+y_i-1}\cdot e^{-(\beta_0+1)\theta}d\theta \quad (9.13)$$

$$=\prod_{i=1}^{n}\left[\frac{\Gamma(y_i+\alpha_0)}{\Gamma(\alpha_0)\,y_i!}\left(\frac{1}{1+\beta_0}\right)^{y_i}\left(\frac{\beta_0}{1+\beta_0}\right)^{\alpha_0}\right]$$

$$=\prod_{i=1}^{n}\underbrace{\binom{y_i+\alpha_0-1}{y_i}p^{y_i}(1-p)^{\alpha_0}}_{\text{음이항분포}}$$

즉, 감마-푸아송 사후 확률분포의 한계자료분포는 $p=\dfrac{1}{1+\beta_0}$과 y_i을 모수로 갖는 음이항분포를 취한다는 점을 확인할 수 있다.

1.3 정규분포 평균에 대한 베이지안 분석

켤레성을 이용하여 정규분포의 평균에 대한 베이지안 분석을 진행해 보자. 여기서는 정규분포의 분산을 알고 있다고 가정한다. 정규분포 평균의 사전분포는 켤레성을 따라 정규분포를 따른다고 가정한다. 즉,

$$\mu \sim p\left(\mu_0,\ \sigma_0^2\right). \quad (9.14)$$

정규분포 평균에 대한 베이지안 분석은

$$p\left(\mu|\boldsymbol{y}\right)\propto p\left(\boldsymbol{y}|\mu,\ \sigma^2\right)p\left(\mu|\mu_0,\ \sigma_0^2\right). \quad (9.15)$$

즉, 정규분포 평균에 대한 베이지안 분석은 두 정규분포의 곱을 하나의 정규분포로 표현하는 것이라고 생각할 수 있다. 두 정규분포의 곱을 하나의 정규분포로 표현하는 것은 '완전제곱식을 이용한 해법(completing the square)'을 이용하여 진행된다.[1]

....

1　정규분포의 곱을 완전제곱으로 만드는 과정에 대한 설명은 교과서마다 매우 다양하다. 여기서는 개인적으로 가장 깔끔하고 정돈된 수식을 사용한 머피(Kevin Murphy)의 노트(https://www.seas.harvard.edu/courses/cs281/papers/murphy-2007.pdf)를 따랐다.

$$\mathcal{N}(\mu|\boldsymbol{y}) \propto \mathcal{N}(\boldsymbol{y}|\mu, \sigma^2)\,\mathcal{N}(\mu|\mu_0, \sigma_0^2)$$

$$\propto \exp\left(-\frac{1}{2\sigma^2}\sum_{i=1}^{n}(y_i-\mu)^2\right) \times \exp\left(-\frac{1}{2\sigma_0^2}\sum_{i=1}^{n}(\mu-\mu_0)^2\right)$$

$$= \exp\left(-\frac{1}{2\sigma^2}\sum_{i=1}^{n}(y_i-\mu)^2\right) \times \exp\left(-\frac{1}{2\sigma_0^2}\sum_{i=1}^{n}(\mu-\mu_0)^2\right) \quad (9.16)$$

$$= \exp\left(-\frac{1}{2\sigma^2}\sum_{i=1}^{n}(y_i-\mu)^2\right) \times \exp\left(-\frac{1}{2\sigma_0^2}\sum_{i=1}^{n}(\mu-\mu_0)^2\right)$$

$$\propto \exp\left[-\frac{1}{2}\left(\frac{\mu^2}{\sigma_0^2}+\frac{\mu^2 n}{\sigma^2}\right)+\mu\left(\frac{\mu_0}{\sigma_0^2}+\frac{\sum_{i=1}^{n}y_i}{\sigma^2}\right)\right].$$

식 (9.16)에서 전개된 두 정규분포의 곱을 $\mathcal{N}(\mu_1, \sigma_1^2)$이라는 새로운 정규분포로 표현하기 위해서는 아래 식 (9.17)의 좌우항을 일치시키면 된다.

$$\exp\left[-\frac{1}{2}\left(\frac{\mu^2}{\sigma_0^2}+\frac{\mu^2 n}{\sigma^2}\right)+\mu\left(\frac{\mu_0}{\sigma_0^2}+\frac{\sum_{i=1}^{n}y_i}{\sigma^2}\right)\right]=\exp\left[-\frac{1}{2\sigma_1^2}(\mu^2-2\mu\mu_1+\mu_1^2)\right]. \quad (9.17)$$

먼저 사후 정규분포의 분산(σ_1^2)부터 정리해 보자. 사후 정규분포의 분산은 식 (9.17)에서 μ의 이차항을 정리하여 얻을 수 있다. 즉,

$$-\frac{\mu^2}{2\sigma_1^2}=-\frac{1}{2}\left(\frac{\mu^2}{\sigma_0^2}+\frac{\mu^2 n}{\sigma^2}\right).$$

이를 정리하면 사후 정규분포의 정밀도(precision)는 사전 정밀도와 자료 정밀도의 합으로 이루어진다는 점을 알 수 있다. 여기서 정밀도란 분산의 역이다.

사후 정규분포의 분산

$$\underbrace{\frac{1}{\sigma_1^2}}_{\text{사후 정밀도}} = \underbrace{\frac{1}{\sigma_0^2}}_{\text{사전 정밀도}} + \underbrace{\frac{n}{\sigma^2}}_{\text{자료 정밀도}}. \quad (9.18)$$

다시 분산으로 고쳐쓰면,

$$\sigma_1^2 = \frac{\sigma_0^2 \sigma^2}{n\sigma_0^2 + \sigma^2} = \frac{1}{\left(\frac{1}{\sigma_0^2} + \frac{n}{\sigma^2} \right)}. \tag{9.19}$$

이제 식 (9.17)로부터 사후 정규분포의 평균(μ_1)을 정리해 보자. 식 (9.17)에서 μ의 일차항을 정리하면,

$$\frac{-2\mu\mu_1}{-2\sigma_1^2} = \mu \left(\frac{\mu_0}{\sigma_0^2} + \frac{\sum_{i=1}^{n} y_i}{\sigma^2} \right)$$

$$\frac{\mu_1}{\sigma_1^2} = \frac{\mu_0}{\sigma_0^2} + \frac{\sum_{i=1}^{n} y_i}{\sigma^2}$$

$$\frac{\mu_1}{\sigma_1^2} = \frac{\mu_0 \sigma^2 + \sigma_0^2 n\bar{y}}{\sigma_0^2 \sigma^2}.$$

따라서 사후 확률분포의 평균은

$$\mu_1 = \frac{\sigma_0^2 \sigma^2}{n\sigma_0^2 + \sigma^2} \times \frac{\sigma^2}{\sigma_0^2 \sigma^2} \mu_0 + \frac{\sigma_0^2 \sigma^2}{n\sigma_0^2 + \sigma^2} \times \frac{n\sigma_0^2}{\sigma_0^2 \sigma^2} \bar{y}.$$

이를 정리하면 다음과 같은 사후 정규분포의 평균을 구할 수 있다.

사후 정규분포의 평균

$$\mu_1 = \frac{\sigma^2}{n\sigma_0^2 + \sigma^2} \mu_0 + \frac{n\sigma_0^2}{n\sigma_0^2 + \sigma^2} \bar{y}. \tag{9.20}$$

여기서

$$\omega_{\text{정규}-\text{정규}} = \frac{\sigma^2}{n\sigma_0^2 + \sigma^2}$$

로 정의하면,

$$\mu_1 = \omega_{정규-정규}\mu_0 + (1-\omega_{정규-정규})\bar{y}. \tag{9.21}$$

이로부터 정규-정규 사후 확률분포의 다음과 같은 특징을 정리할 수 있다.

정규-정규 사후 확률분포 평균의 특징

- n이 무한으로 증가함에 따라 ω는 0에, $1-\omega$는 1에 근접한다. 자료의 양이 증가하면 사후 확률분포의 평균은 사전 확률분포의 평균으로부터 멀어지고 자료분포의 평균에 수렴한다.

- $\omega_{정규-정규} = 0.5$가 되는 자료의 양을 구해 보면,

$$n = \frac{\sigma^2}{\sigma_0^2}$$

이 된다. 이 값을 수축임계점(shrinkage threshold)이라고 부르고 이를 τ로 표기하자. 수축임계점은 자료분포보다 사전 확률분포의 중요성이 평균에 대한 추론에서 더 큰 비중을 차지하는 경계지점을 표시한다. 예를 들어, 사전 확률분포의 분산이 10이고 사후 확률분포의 분산이 100이라면 자료의 양이 $\frac{100}{10} = 10$ 이하이면 사전 확률분포의 평균이 사후 확률분포의 평균에 더 큰 영향을 미치게 된다. 만약 이러한 경우를 배제하고 싶다면 사전 확률분포의 분산을 자료분포의 분산에 비해 더 크게 설정하면 된다.

제2절
마르코프 체인 몬테 카를로 방법

위에서 소개한 베이지안 분석 방법은 컴퓨터를 이용하지 않고 확률분포 수식을 손으로 정리하여 구한 것이다. 그러나 이러한 분석적 방법(analytical method)으로 추정할 수 있는 사후 확률분포의 수는 매우 제한적이다. 20세기 후반까지 베이지안 분석이 소수의 통계학자들에게만 주목받은 이유가 바로 분석적으로 계산 가능한 확률분포의 범위가 매우 제한적이라는 점 때문이었다. 베이지안 분석을 일반적인 통계적 추론 방법으로 제시하려면 분석적 방법이 존재하지 않는 확률분포의 곱으로부터 사후 확률분포를 구하는 방법을 찾아야 했다. 그 돌파

구는 제2차 세계대전이라는 전혀 예상하지 못한 곳으로부터 왔다.

제2차 세계대전 당시 미국에서 진행된 핵무기 개발계획이었던 맨하탄 프로젝트(Manhattan Project)는 많은 수의 과학자들이 단일 목표를 위해 투입된 사상 유례없는 프로젝트였다. 이들은 아날로그 컴퓨터로부터 최초의 디지털 컴퓨터인 에니악(ENIAC)에 이르기까지 당시로서는 최첨단의 다양한 계산기를 사용할 수 있었다. 이를 통해 그전까지 분석적으로만 접근해 왔던 많은 문제들을 컴퓨터를 통해 해결하는 방법이 고안되었는데, 이 과정에서 가장 먼저 등장한 것이 바로 몬테 카를로 방법(Monte Carlo method)이었다. 몬테 카를로 방법은 폰 노이만(John von Neumann)과 울람(Stan Ulam)이 개발한 것으로 알려지고 있으나 논문은 메트로폴리스와 울람의 공저로 발표되었다(Metropolis and Ulam 1949; Eckhardt 1987). 이후 Metropolis et al.(1953)은 몬테 카를로 방법을 마르코프 체인과 결합하여 고차원적분의 해를 푸는 방법을 개발하는데, 이것이 바로 오늘날 우리가 사용하는 마르코프 체인 몬테 카를로 방법(Markov chain Monte Carlo method, MCMC)의 기원이 되었다.

물리학에 대한 응용만을 언급한 Metropolis et al.의 논문은 통계학자들에게 한동안 주목받지 못하다가 1970년 해이스팅스에 의해 재발견되었다(Hastings 1970). 그리고 1980년대 말에 이르면 일군의 통계학자들이 Metropolis et al.(1953)을 베이지안 분석에 적용하는 것이 가능하다는 것을 확인하면서 마르코프 체인 몬테 카를로 방법은 베이지안 분석의 대표 추정법이 되었다.

그림 9.2는 Metropolis et al.(1953)의 역사적인 논문 첫 장이다. 저자들이 로스 알라모스(Los Alamos)에 있는 매니악(MANIAC) 컴퓨터를 이용해 실험한 결과에 기반한 것으로 수정된 몬테 카를로 적분 방법이라고 소개하고 있다.

그림 9.3은 1970년에 해이스팅스가 *Biometrica*에 발표한 논문(Hastings 1970)으로 Metropolis et al.(1953)의 방법의 통계학적 의의를 설명하고 있다.

THE JOURNAL OF CHEMICAL PHYSICS   VOLUME 21, NUMBER 6   JUNE, 1953

Equation of State Calculations by Fast Computing Machines

NICHOLAS METROPOLIS, ARIANNA W. ROSENBLUTH, MARSHALL N. ROSENBLUTH, AND AUGUSTA H. TELLER,
Los Alamos Scientific Laboratory, Los Alamos, New Mexico

AND

EDWARD TELLER,* *Department of Physics, University of Chicago, Chicago, Illinois*
(Received March 6, 1953)

A general method, suitable for fast computing machines, for investigating such properties as equations of state for substances consisting of interacting individual molecules is described. The method consists of a modified Monte Carlo integration over configuration space. Results for the two-dimensional rigid-sphere system have been obtained on the Los Alamos MANIAC and are presented here. These results are compared to the free volume equation of state and to a four-term virial coefficient expansion.

I. INTRODUCTION

THE purpose of this paper is to describe a general method, suitable for fast electronic computing machines, of calculating the properties of any substance which may be considered as composed of interacting individual molecules. Classical statistics is assumed, only two-body forces are considered, and the potential field of a molecule is assumed spherically symmetric. These are the usual assumptions made in theories of liquids. Subject to the above assumptions, the method is not restricted to any range of temperature or density. This paper will also present results of a preliminary two-dimensional calculation for the rigid-sphere system. Work on the two-dimensional case with a Lennard-Jones potential is in progress and will be reported in a later paper. Also, the problem in three dimensions is being investigated.

II. THE GENERAL METHOD FOR AN ARBITRARY POTENTIAL BETWEEN THE PARTICLES

In order to reduce the problem to a feasible size for numerical work, we can, of course, consider only a finite number of particles. This number N may be as high as several hundred. Our system consists of a square† containing N particles. In order to minimize the surface effects we suppose the complete substance to be periodic, consisting of many such squares, each square containing N particles in the same configuration. Thus we define d_{AB}, the minimum distance between particles A and B, as the shortest distance between A and any of the particles B, of which there is one in each of the squares which comprise the complete substance. If we have a potential which falls off rapidly with distance, there will be at most one of the distances AB which can make a substantial contribution; hence we need consider only the minimum distance d_{AB}.

그림 9.2 메트로폴리스 방법의 등장. Metropolis et al.(1953)

Biometrika (1970), **57**, 1, *p.* 97
Printed in Great Britain
     97

Monte Carlo sampling methods using Markov chains and their applications

BY W. K. HASTINGS
University of Toronto

SUMMARY

A generalization of the sampling method introduced by Metropolis *et al.* (1953) is presented along with an exposition of the relevant theory, techniques of application and methods and difficulties of assessing the error in Monte Carlo estimates. Examples of the methods, including the generation of random orthogonal matrices and potential applications of the methods to numerical problems arising in statistics, are discussed.

1. INTRODUCTION

For numerical problems in a large number of dimensions, Monte Carlo methods are often more efficient than conventional numerical methods. However, implementation of the Monte Carlo methods requires sampling from high dimensional probability distributions and this may be very difficult and expensive in analysis and computer time. General methods for sampling from, or estimating expectations with respect to, such distributions are as follows.

(i) If possible, factorize the distribution into the product of one-dimensional conditional distributions from which samples may be obtained.

(ii) Use importance sampling, which may also be used for variance reduction. That is, in order to evaluate the integral

$$J = \int f(x)p(x)dx = E_p(f),$$

where $p(x)$ is a probability density function, instead of obtaining independent samples $x_1, \ldots, x_N$ from $p(x)$ and using the estimate $\hat{J}_1 = \Sigma f(x_i)/N$, we instead obtain the sample from

그림 9.3 해이스팅스에 의한 MCMC방법의 재발견. Hastings(1970)

2.1 마르코프 체인

MCMC 추정방법을 이해하기 위해서는 먼저 마르코프 체인이 무엇인지 이해해야 한다. 마르코프 체인이란 다음과 같은 속성을 갖는 이산 확률과정(discrete stochastic process)으로 정의된다:

> **— Definition 2.1**
>
> **마르코프 체인**
>
> 1차 마르코프 체인의 정의는
>
> $$p(x^t|x^{t-1}, ..., x^1) = p(x^t|x^{t-1}). \qquad (9.22)$$
>
> k차 마르코프 체인은
>
> $$p(x^t|x^{t-1}, ..., x^1) = p(x^t|x^{t-1}, ..., x^{t-k}). \qquad (9.23)$$

마르코프 체인 정의(9.22)를 말로 설명하면, 지난 모든 역사(history)를 반영한 체인의 현재 분포는 직전 상태의 값을 전제한 조건부 분포와 같다는 것이다. 즉 역사적 변화의 기억이 현재 분포에 미치는 영향은 오로지 직전 상태를 통해서만 이루어진다는 것이다.

그림 9.4는 1차 마르코프 체인의 진행과정을 설명하고 있다.

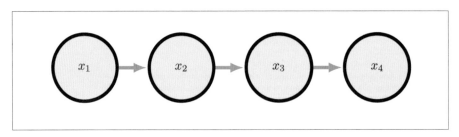

그림 9.4 마르코프 과정

마르코프 체인이 유용한 이유는 확률과정의 결합분포를 매우 간단히 요약할 수 있기 때문이다. t시점까지의 확률과정의 결합분포는

$$p(x^t, x^{t-1}, ..., x^1) = p(x^t|x^{t-1}, ..., x^1)...p(x_2|x_1)p(x_1). \qquad (9.24)$$

1차 마르코프 과정을 이용하면,

$$p(x^t, x^{t-1}, ..., x^1) = p(x_1) \prod_{k=2}^{t} p(x^k | x^{k-1}) \qquad (9.25)$$

와 같이 간단히 표현할 수 있다.

마르코프 체인의 전이과정은 전이행렬(transition matrix)로 표현된다. 전이행렬은 전이확률을 모든 상태공간에 대해 나타낸 것이다. k개의 상태(state)를 갖는 이산상태공간(discrete state space)인 경우 마르코프 체인의 전이과정은 $k \times k$ 전이행렬로 요약될 수 있다. 연속상태공간인 경우에는 $p(x, y) = p(y|x)$로 요약되는 전이 커널(transition kernel)을 취한다.

예를 들어, 그림 9.5와 같은 전이행렬이 있다고 하자.

$$
\begin{array}{c}
 \quad \text{State 1 (t+1)} \quad \text{State 2 (t+1)} \\
\begin{array}{cc}
\text{State 1 (t)} \\
\text{State 2 (t)}
\end{array}
\left(
\begin{array}{cc}
0.65 & 0.35 \\
0.25 & 0.75
\end{array}
\right)
\end{array}
$$

그림 9.5 전이행렬 예제

전이행렬의 줄은 특정한 직전 상태에서 다음 상태로 이동할 확률을 나타낸다. 예를 들어 그림 9.5에서 첫 번째 줄은 직전 상태가 1인 경우 그 상태에 머물 확률이 0.65이고 새로운 상태로 이동할 확률은 0.35이다. 직전 상태가 1일 때 체인은 1에 머무르거나 2로 건너뛰는 두 가지 선택지밖에 없으므로 전이행렬의 한 줄에 등장한 확률은 모두 더하면 1이 되어야 한다. 즉,

$$\sum_{k=1}^{K} p(x_{t+1} = k | x_t = i) = 1.$$

총 K개의 상태가 있는 전이행렬의 각 줄은 조건부 확률분포 $p(x_{t+1} | x_t = i)$에 해당한다.

어떤 마르코프 체인이 특정한 상태에 들어가 나오지 못하는 상태가 없고 (기약적, irreducible) 같은 상태로 돌아오는 일정한 주기가 없으면(비주기적, aperiodic) 그 마르코프 체인은 어떤 조건에서 출발해도 다시 그 조건으로 되돌아오는 안정된 상태에 언젠가 다다르게 된다. 이를 균일성(ergodic) 정리라고 부른다.

Definition 2.2

균일성 정리

이산상태공간의 경우,

$$\pi' P = \pi'. \tag{9.26}$$

연속상태공간인 경우,

$$\pi(y) = \int_R \pi(x) p(x, y) \, dx. \tag{9.27}$$

그림 9.5의 전이행렬을 갖는 마르코프 체인은 모든 상태에서 모든 상태로 이동할 수 있고 빠져 나오지 못하는 상태가 없으며 같은 상태로 돌아오는 일정한 주기가 없으므로 균일성(ergodicity) 조건을 충족한다. 그렇다면 정의(9.26)를 이용하여 안정된 상태의 확률을 계산할 수 있다. 즉,

$$(x \quad y)\begin{pmatrix} 0.65 & 0.35 \\ 0.25 & 0.75 \end{pmatrix} = (x \quad y). \tag{9.28}$$

이를 전개하면

$$0.65x + 0.25y = x \tag{9.29}$$

$$0.35x + 0.75y = y. \tag{9.30}$$

이 연립방정식을 풀면 $\pi = (0.4166667, 0.5833333)$이 된다. 즉 그림 9.5의 전이행렬을 따르는 마르코프 체인은 일정 시점 후에 $\pi = (0.4166667, 0.5833333)$이라는

안정된 상태에 다다르게 된다.

이제 균일성(ergodicity) 정리를 컴퓨터 시뮬레이션을 통해 확인해 보자. 마르코프 체인의 이동을 직접 시뮬레이션할 수 있는 MarkovChainSampler()라는 함수를 만들어서 체인을 진행해 볼 것이다.

```r
MarkovChainSampler <- function(mcmc=1000, burnin=1000){
    iter <- mcmc + burnin
    storage <- rep(NA, iter)
    # The initial state is set as State 1.
    storage[1] <- 1
    for (g in 2:iter){
      u <- runif(1)
      if(storage[g-1] == 1){
      ## state t-1 = 1
        storage[g] <- ifelse(u<0.65, 1, 2)
      }else{
      ## state t-1 = 2
        storage[g] <- ifelse(u<0.25, 1, 2)
      }
      if(g>burnin & g%%1000 == 0){
        cat("iteration at ", g,
            table(storage[(burnin+1):g])/(g - (burnin+1)), "\n")
      }
    }
    return(storage[(burnin+1):iter])
}
```

cat()을 통해 샘플링 중간마다 샘플링 결과를 출력하도록 했다. 아래 코드는 5,000번의 시뮬레이션에서 처음 1,000개는 버리고 나머지를 이용해서 계산한 불변분포는 $\pi=(0.4166667, 0.5833333)$에 매우 근사하다는 점을 잘 보여준다.

```r
set.seed(1975)
out <- MarkovChainSampler()
table(out)/5000
```

```
## out
##     1      2
```

0.4152 0.5848

MCMC는 마르코프 체인의 이러한 특성을 이용하여 사후 확률분포로 수렴하는 마르코프 체인을 찾아 시뮬레이션을 수행하는 기법이다. 처음 몇 번의 시뮬레이션을 버리고(burn-in) 순차적으로 추출된 시뮬레이션 샘플을 모으면 사후 확률분포로부터 직접 추출한 샘플과 사실상 같은 분포를 갖는다. 기존 시뮬레이션 방법이 초기값이나 시뮬레이션 순서에 민감하고 균형점에 도달하는지의 여부가 불확실했던 반면 MCMC는 초기값이나 시뮬레이션 순서로부터 독립적이고 균형점 도달이 이론적으로 증명된 시뮬레이션 기법이라는 점에서 여타 샘플링 기법(예: 몬테 카를로 샘플링, 임포턴스 샘플링(importance sampling), 수용-거부 샘플링(accept-rejeef sampling) 등)과 중요한 차이를 갖는다.

제3절

메트로폴리스 해이스팅스 방법

가장 일반적인 MCMC기법은 메트로폴리스–해이스팅스 기법(Metropolis-Hastings methods, MH)이다. 가장 일반적이라는 의미는 모든 베이지안 분석에 적용할 수 있는 가장 광범위한 방법이라는 의미이다(Chib 2001; Gelfand and Smith 1990; Gelman et al. 2004). MH 방법은 제안분포(proposal distribution)를 이용해 우리가 표본을 구하고자 하는 확률분포, 즉 목표 분포(target distribution)에 다가간다.

마르코프 체인이론은 전이행렬이 주어진 상태에서 불변분포를 찾는 것이 주된 관심이었다면, MCMC 이론은 이와 반대로 불변분포까지 체인을 이끌 전이행렬 또는 전이커널을 찾는 것이 핵심이다.

MH 알고리듬은 이 국지가역성 조건을 이용한다. 만약 우리가 만든 전이커널이 국지가역성 조건을 충족시키지 않는다고 가정해 보자. 사실 임의로 만든 커널이 국지가역성 조건을 만족하는 경우는 거의 드물다. 이때 국지가역성 조건을 만족시켜주는 어떤 확률($\alpha(x, y)$)을 한쪽에 곱해 주어 조건을 만족시키는 방법을 생각해 볼 수 있다:

전이커널

$K(x, \cdot)$은 모든 x에 대해 측도 가능한 확률이며 사건집합 A에 대해 $K(x, A)$는 측도 가능하다. 이러한 가정에 기반하여 전이커널은 다음과 같이 정의된다. 이산상태공간의 경우

$$K(x, A) = p(X_t \in A | X_{t-1} = x). \tag{9.31}$$

연속상태공간의 경우 전이커널은 조건부 확률분포로 정의된다. 즉,

$$K(x, A) = p(X \in A | x) = \int_A K(x, x') dx'. \tag{9.32}$$

─ **Definition** 3.2 ─

국지가역성 조건

다음과 같은 조건을 만족시키는 함수 f는 국지가역성(local reversibility), 상세균형(detailed balance), 또는 시간가역성(time reversibility) 조건을 만족한다고 정의한다:

$$K(y, x) f(y) = K(x, y) f(x). \tag{9.33}$$

$$K(y, x) f(y) \alpha(x, y) = K(x, y) f(x). \tag{9.34}$$

식 (9.34)는 국지가역성 조건을 미지의 확률에 대한 계산문제로 치환하였다. 미지의 확률을 계산하기 위해 좌측 전이 커널을 우측으로 이동시키면 국지가역성 조건이 만족되기 위한 확률값이 계산된다. 이를 MH 알고리듬의 수용률이라고 부른다.

매번의 추출 과정에서 $\alpha(x, y)$을 계산해서 이 확률로 제안된 값을 수용하기만 하면 그 결과가 목표 분포로부터의 표본을 이루게 된다. 이것이 바로 MH 기법이다.

Definition 3.3

MH 알고리듬의 수용률

만약 다음과 같은 조건을 만족시키는 함수 f 가 있다면 국지가역성 조건(혹은 상세균형)이

만족된다:

$$\alpha(x, y) = \min\left[\frac{K(y, x)f(y)}{K(x, y)f(x)}, 1\right]. \tag{9.35}$$

3.1 균등분포를 이용한 MH

균등분포를 제안함수로 사용하여 Beta(3, 4)로부터 표본을 추출하는 MH 방법을 구현해 보자. 먼저 MH 함수에서 가장 중요한 부분을 차지하는 것은 수용률($\alpha()$)에 대한 계산이다.

```r
BetaMH <- function(f.target,  # 목표 분포의 밀도
                   f.prop,  # 제안분포의 밀도
                   r.prop,  # 제안분포의 표본
                   x0, # 체인 시작값
                   mcmc = 1000, # MCMC 횟수
                   burnin=1000) { # 처음 1,000번은 버리기
    iter <- mcmc + burnin
    mcmc.store <- rep(NA, mcmc)
    accepts <- 0
    x <- c(x0, rep(NA, iter-1))

    for (g in 2:iter){
        candidate <- r.prop(x[g-1])
        ## 수용률 계산
        numerator <- f.target(candidate)*f.prop(x[g-1],candidate)
        denominator <- f.target(x[g-1])*f.prop(candidate,x[g-1])
        alpha <- min(1, numerator/denominator)
        ## 수용 결정
        if(runif(1) < alpha){
            x[g] <- candidate
            accepts <- accepts + 1
        }else{
```

```
        x[g] <- x[g-1]
      }
    if (g > burnin){
        mcmc.store[g-burnin] <- x[g]
    }
    if(g %% 500 == 0)
        cat("acceptance rate = ", accepts/g, "\n")
    }
    return(mcmc.store)
}
```

이제 BetaMH()를 1,000번 진행해 보자. 처음 1,000번의 값은 체인이 안정화되기 전의 값이라고 간주해 저장하지 않도록 설계해 두었다. 따라서 MCMC 체인은 총 2,000번 진행될 것이다.

```
set.seed(1973)
a<-3; b<-4;
f.target  <- function(x)    dbeta(x,a,b)
r.prop <- function(x)    runif(1,0,1)
f.prop  <- function(x,y) 1
x0=runif(1,0,1)
beta.mh.post <- BetaMH(f.target, f.prop, r.prop, x0=runif(1,0,1))
```

```
## acceptance rate =   0.566
## acceptance rate =   0.565
## acceptance rate =   0.565
## acceptance rate =   0.553
```

수용률이 0.5 수준에서 안정되고 있는 것을 확인할 수 있다. MH 샘플러의 이상적인 수용률에 대해서는 Roberts et al.(1997)의 유명한 0.234 최적 수용률에 대한 논문이 존재한다.[2] 그러나 이 논문의 증명은 MH 샘플 사이즈가 무한으로 가는 상황을 전제한 이론적인 논의이므로 0.234를 고정된 황금률로 생각해서는 안 된다. 일반적으로 베이지안 연구자들은 MH의 이상적 수용률에 대해서

....

2   Sherlock and Roberts(2009)는 최근 정규분포가 아닌 경우에도 이 규칙이 적용된다고 밝힌 바 있다. 이에 대한 반박으로 Potter and Swendsen(2015)을 참고하라.

다음과 같이 이해한다.

- 수용률이 너무 높다는 것은 MCMC 체인이 목표 분포의 한 영역에서 벗어나지 못하고 있다는 신호
- 수용률이 너무 낮다는 것은 MCMC 체인이 목표 분포보다 훨씬 광대한 영역을 탐험하고 있어서 제대로 유효표본을 확보하고 있지 못하다는 신호

체인의 제안분포를 계속 조정해 가면서 수용률이 대략 0.2~0.8 범위에서 안정된 값을 보이도록 조절하는 것이 바람직하다.

MCMC 추출결과는 beta.mh.post에 저장되어 있다. 이제 그 결과를 시각화해서 살펴보자.

```
mcmc = 1000
par(mar=c(3,3,2,1), mgp=c(2,.7,0), tck=.02)
par(mfrow=c(1,2), mar=c(2,2,1,1))

hist(beta.mh.post, breaks=50, col="blue", cex.main=0.5,
     main="균등분포를 이용한 MH 추출", freq=FALSE)
curve(dbeta(x,a,b), col="sienna", lwd=2, add=TRUE)

hist(rbeta(mcmc,a,b), breaks=50, col="grey", cex.main=0.5,
     main="IID 추출",freq=FALSE)
curve(dbeta(x,a,b), col="sienna", lwd=2, add=TRUE)
```

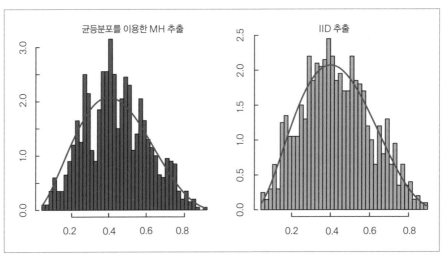

그림 9.6 균등분포를 이용한 베타분포에 대한 MH 샘플링

왼쪽 히스토그램은 1,000번의 MCMC 샘플링을 통해서 추출한 Beta(3, 4)의 샘플들이며 오른쪽은 Beta(3, 4)로부터 직접 추출한 샘플들이다. 오른쪽 샘플은 몬테 카를로 방법을 이용한 것으로 동일독립분포(iid)를 따르지만 왼쪽의 샘플은 마르코프 체인이라는 시계열적 종속성을 가진 샘플이라는 점에 유의하자. 두 그래프를 비교해 보면, 1,000번의 MCMC 샘플링만으로도 MH는 직접 샘플링과 매우 유사한 성능을 보이고 있음을 알 수 있다.

이제 균등분포를 이용한 MH 샘플러의 성능을 보다 더 자세히 살펴보기 위해 사후 확률분포를 시각화해서 검토해 보자. MCMC 결과물의 시각화를 위해서 bayesplot 패키지를 이용할 것이다. bayesplot 패키지는 rstan 패키지를 이용한 베이지안 분석결과를 입력값으로 받는다. 따라서 beta.mh.post를 stanfit 클래스로 먼저 정의해 주어야 한다.

```
library("bayesplot")
library("rstan")
posterior <- rstan:::as.data.frame.stanfit(data.frame("beta" = beta.
mh.post))
color_scheme_set("red")
mcmc_trace(posterior)
```

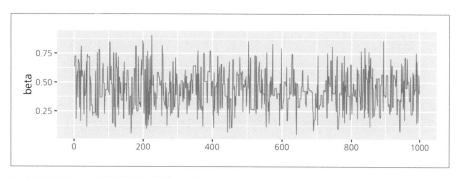

그림 9.7 MH 샘플링 결과에 대한 추적 그래프

```
iid <- rstan:::as.data.frame.stanfit(data.frame("beta" = rbeta(mcmc,a,b)))
mcmc_trace(iid)
```

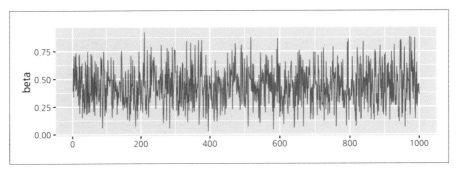

그림 9.8 동일독립분포의 추적 그래프

가장 일반적으로 사용되는 시각화 방법은 추적 그래프(trace plot)이다. 추적 그래프는 시계열 자료를 시각화하는 기본 그래프로 체인이 얼마나 고르게 그리고 독립적으로 진행되고 있는지를 쉽게 확인할 수 있게 해 준다. 그림 9.7을 보면 체인이 비교적 안정적으로 진행되고 있지만 군데군데 자기상관성이 높은 지역이 발견된다. 만약 이상적인 MCMC 샘플러라면 그림 9.8과 비슷한 모습의 추적 그래프를 보일 것이다.

이제 95% 최고 사후 밀도 영역(highest posterior density region, HPD)을 찾아보자. HPD는 빈도주의에서 말하는 신뢰구간과 다음과 같은 점에서 다르다.

1. 95% HPD는 우리가 모수의 샘플을 우연히 하나 추출했을 때 0.95의 확률로 관측하게 될 모수값의 확률구간이다.

2. 점 추정치로부터 일정 크기만큼 좌우 대칭 구간을 사용하는 고전파 통계학의 신뢰구간과는 달리 사후분포가 비대칭인 경우 HPD 역시 비대칭이 되며 사후분포가 다봉형 모양을 띠면 HPD가 복수의 구간으로 나올 수도 있다.

3. 95% HPD를 측정하는 방법은 밀도가 가장 높은 모드로부터 내려오면서 확률밀도값이 정확히 0.95가 될 때의 모수값을 확인한다.

HPD를 시각화하는 방법은 아래와 같다.

```
mcmc_areas(posterior, prob = 0.95, point_est = "mean")
```

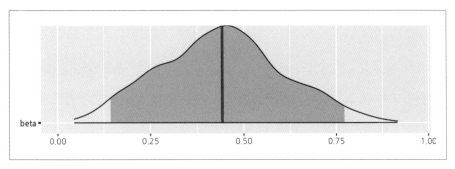

그림 9.9 MH 샘플링 결과에 대한 95% HPD

95% HPD에서 찾은 구간값을 고전파 통계학의 신뢰구간에 빗대어 베이지 안 확률구간(Bayesian credible interval)이라고 부르기도 한다. 베이지안 확률구 간 수치를 찾기 위해서는 아래처럼 mcmc_intervals()를 이용할 수 있다.

```
mcmc_intervals_data(posterior)
```

```
## # A tibble: 1 x 9
##    parameter outer_width inner_width point_est    ll      l     m     h
hh
##    <fct>           <dbl>       <dbl> <chr>      <dbl> <dbl> <dbl> <dbl>
<dbl>
## 1 beta              0.9         0.5 median     0.181 0.305 0.425 0.560
0.730
```

```
mcmc_intervals(posterior)
```

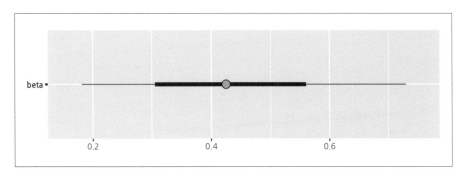

그림 9.10 MH 샘플링 결과에 대한 확률구간. 굵은 선은 0.5 확률구간이며 얇은 선은 0.9 확률구간을 나타냄

3.2 독립커널을 이용한 MH

이번에는 Beta(3, 4)를 독립커널(independence kernel)을 이용한 MH 샘플링을 진행해 보자. 독립커널은 프로포절분포가 체인의 현재 위치와 무관하게 미리 정해진 경우이다. 즉,

$$q(x, y) = q(y).$$

따라서 독립커널에서 수용률 계산은 매우 간단하다.

독립커널의 수용률 계산

$$\alpha(\theta, \theta_{can}) = \frac{\dfrac{f(\theta_{can})}{q(\theta_{can})}}{\dfrac{f(\theta)}{q(\theta)}} \tag{9.36}$$

$$= \frac{f(\theta_{can}) q(\theta)}{f(\theta) q(\theta_{can})}. \tag{9.37}$$

이를 함수로 옮겨보면 다음과 같다.

```r
BetaIndMH <- function(mcmc=1000, burnin=1000, a=3, b=4){
    iter <- mcmc + burnin
    mcmc.store <- rep(NA, mcmc)
    accepts <- 0
    x <- runif(1)

    for (g in 1:iter){
      ## 수용률 계산
      u2 <- runif(1)
      f2 <- dbeta(u2, a, b)
      f1 <- dbeta(x, a, b)
      alpha <- min(f2/f1, 1)
      ## 수용 결정
      if (runif(1) < alpha){
```

```
      x <- u2
    if (g > burnin){
      accepts <- accepts + 1
     }
    }
   if (g > burnin){
     mcmc.store[g-burnin] <- x
   }
  }
  cat("acceptance rate = ", accepts/mcmc, "\n")
  return(mcmc.store)
}
```

BetaIndMH() 함수를 이용해 1,000번의 MCMC 시뮬레이션을 진행한 뒤 그
결과를 beta.mh.ind 객체에 저장하자.

```
set.seed(1973)
a<-3; b<-4;
mcmc = 1,000
burnin=1,000
beta.mh.ind <- BetaIndMH(mcmc, burnin)
```

```
## acceptance rate =  0.559
```

수용률은 0.559로 그리 나쁘지 않게 나왔다고 볼 수 있다. 그림 9.11은 독립
커널 MH 방법(왼쪽 그래프)을 직접 샘플링(오른쪽 그래프) 방법과 비교하고 있다.

```
par(mfrow=c(1,2),mar=c(2,2,1,1))
hist(beta.mh.ind, breaks=50, col="blue", cex.main=0.5,
    main="독립커널 MH 추출",freq=FALSE)
curve(dbeta(x,a,b),col="sienna",lwd=2,add=TRUE)

hist(rbeta(mcmc,a,b),breaks=50,col="grey",cex.main=0.5,
    main="IID 추출",freq=FALSE)
curve(dbeta(x,a,b),col="sienna",lwd=2,add=TRUE)
```

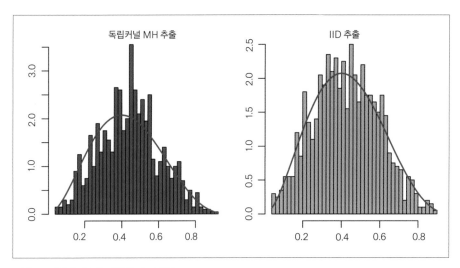

그림 9.11 독립 커널을 이용한 MH 방법

    독립커널 MH 체인의 성능을 보다 자세히 살펴보기 위해 추적그래프를 보도록 하자.

```
posterior <- rstan:::as.data.frame.stanfit(data.frame("beta" = beta.
mh.ind))
color_scheme_set("red")
mcmc_trace(posterior)
```

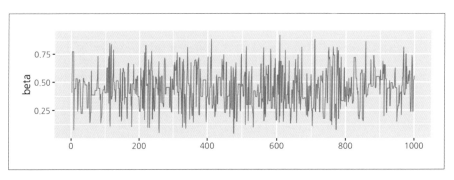

그림 9.12 독립커널을 이용한 MH 샘플링 결과에 대한 추적 그래프

```
mcmc_areas(posterior, prob = 0.95, point_est = "mean")
```

```
mcmc_intervals(posterior)
```

추적 그래프(그림 9.12)를 통해 균등분포를 이용한 MH보다 독립커널 MH
에서 체인의 종속성이 더 강해졌음을 확인할 수 있다. 또 사후 확률분포의 형태
(그림 9.13)도 매끄러운 단봉형의 모습과는 많이 달라서 목표 분포에 아직 근접
하지 못했음을 보여준다. 독립커널을 이용한 MH 추출은 이러한 문제점 때문에
목표 분포를 아주 잘 알고 있는 경우가 아니면 잘 사용되지 않는다.

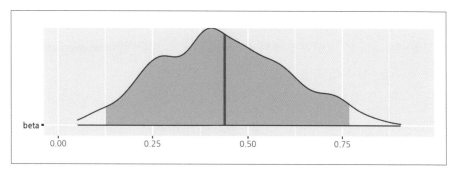

그림 9.13 독립커널을 이용한 MH 샘플링 결과에 대한 95% HPD

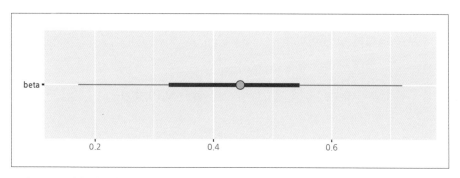

그림 9.14 독립커널을 이용한 MH 샘플링 결과에 대한 확률구간. 굵은 선은 0.5 확률구간이며 얇은 선은 0.9
확률구간을 나타냄

3.3 임의 보행 커널을 이용한 MH

이제 조금 더 복잡한 모형을 MH 알고리듬을 시도해 보자. 상수항이 아닌 설명
변수를 취하는 푸아송 회귀분석 모형(Poisson regression model)은 상수항만을
취하는 푸아송 모형과 달리 사후 확률분포가 직접 샘플링이 불가능한 정규-푸
아송 사후 확률분포의 형태를 취한다. 아래에서는 임의 보행 커널(random walk
kernel)을 이용한 MH를 이용하여 푸아송 회귀분석 모형을 추정해 볼 것이다.
　　푸아송 회귀분석 모형은 모수인 λ_i가 링크함수를 통해 선형함수로 표현

된다.

$$Y_i \sim \text{Poisson}(\lambda_i)$$

$$f(y_i) = \frac{\exp(-\lambda_i)\lambda_i^{y_i}}{y_i!}$$

$$\lambda_i = \exp(\boldsymbol{x}'_i\beta)$$

선형함수의 모수는 실수전체 영역을 지지집합으로 갖는 연속 확률변수이기 때문에 정규분포를 사전 확률분포로 쓰는 것이 타당하다.

$$\beta \sim \mathcal{N}_k(b_0, B_0).$$

정규분포와 푸아송분포의 곱으로 표시된 사후 확률분포는 직접 샘플링이 가능하지 않기 때문에 우리는 다음과 같은 제안분포를 사용하여 MH 알고리듬의 후보를 생성해 낼 것이다.

$$q(\beta, \beta_{can}) = \beta + \varepsilon, \quad \varepsilon \sim \mathcal{N}_k(0, V_{\hat{\beta}})$$

여기서 $V_{\hat{\beta}}$은 최대 우도 추정을 이용하여 계산한 자료분포의 경험적 분산값이다. 이 분산값을 이용해 다중 정규분포로 모수의 후보를 만들어낸다. 만약 이 분산값이 적절하지 않다면 여기에 약간의 상수를 곱해서 분산의 크기를 조절할 수 있다. 이를 튜닝(tuning)이라고 부른다.

제안분포로부터 모수 후보가 만들어지고 나면 국지가역성 조건을 만족시키기 위해 아래와 같이 수용률을 계산한다.

임의 보행 MH의 수용률

$$\alpha(\beta, \beta_{can}) = \frac{\pi(\beta_{can}|y)}{\pi(\beta|y)}. \tag{9.38}$$

이 수용률은 국지가역성 조건을 만족시키는 확률이므로 이 확률로 후보를 모수의 샘플로 받아들이면 임의 보행 MH 알고리듬이 완성된다. 이와 같은 과정을 **R** 코드로 작성하면 다음과 같다. 먼저 수용률 계산을 편리하게 해줄 로그 사후 확률분포 함수를 따로 작성하였다.

```r
poisson.log.post<-function(beta,...){
    n <- nrow(X)
    k <- ncol(X)
    eta <- X%*%matrix(beta, k,1)
    mu  <- exp(eta)
    log.like <- sum(dpois(y, mu, log=TRUE))
    log.prior <- dmvnorm(beta, b0, B0, log=TRUE)
    return(log.like + log.prior)
}
```

위 함수를 이용하여 푸아송 MH 알고리듬 함수를 완성해 보자.

```r
poissonMH <- function(y, X,
                      mcmc=1000, burnin=1000, verbose=0,
                      beta.hat, V.hat, tune=1){
  n  <- length(y)
  k  <- ncol(X)
  mcmc.store <- matrix(NA, mcmc, k)
  tot.iter <- mcmc + burnin
  accepts <- 0
  beta <- beta.hat
  ## Metropolis-Hastings 샘플링
  for (g in 1:tot.iter){
    ## candidate 추출
    beta.can <- beta + rmvnorm(1, matrix(0, k, 1), tune*V.hat)
    ## 수용률 계산
    log.ratio <- poisson.log.post(beta.can) - poisson.log.post(beta)
    alpha <- min(exp(log.ratio), 1)
    ## 수용여부 결정
    if (runif(1) < alpha){
      beta    <- beta.can
      if (g > burnin) accepts <- accepts + 1
```

```
    }
    ## 저장
    if (g > burnin){
      mcmc.store[g-burnin,] <- beta
    }
    ## echo some results
    if (verbose!=0&g%%verbose == 0){
      cat("iteration ", g, "beta ", beta, "\n")
    }
  }
  cat("acceptance rate = ", accepts/mcmc, "\n")
  return(mcmc.store)
}
```

이제 가상의 자료를 푸아송 회귀분석 모형으로부터 생성하여 위 코드를 시험해 보도록 하자.

```
require(mvtnorm)
set.seed(1973)

## 가상의 자료 생성
X <- cbind(1, rnorm(100), runif(100))
true.beta    <- c(1, -1, 2)
y <- rpois(100, exp(X%*%true.beta))
mle <-  glm(y~X-1, family=poisson())
## MCMC 입력 준비물
V.hat <- vcov(mle)
beta.hat <- coef(mle)
b0 <- rep(0, 3)
B0 <- diag(1000, 3)

## MH로 모형 추정
poisson.rw.post <- poissonMH(y, X,
                   mcmc=5000, burnin=1000, verbose=1000,
                   beta.hat=beta.hat, V.hat=V.hat, tune=1.5)
```

```
## iteration  1000 beta  0.9217702 -1.051453 2.000907
## iteration  2000 beta  0.9598849 -0.9974433 2.079672
```

```
## iteration   3000 beta   0.9346249 -1.028678 1.980825
## iteration   4000 beta   0.9170438 -0.9913306 2.135492
## iteration   5000 beta   1.018102 -1.019752 1.886079
## iteration   6000 beta   0.9694239 -1.033068 1.959739
## acceptance rate =   0.354
```

1,000번의 초기 샘플을 버리고 5,000번의 MCMC 샘플링을 진행한 결과가 run1이라는 객체에 저장되어 있다. 수용률이 0.354로 비교적 바람직한 범위에 위치해 있음을 알 수 있다.

poisson.rw.post를 이용하여 다양한 사후분석을 진행할 수 있다. 먼저 MCMC 샘플링이 얼마나 잘 진행되었는지, 체인의 속성을 검사해 보자. 위에서 사용한 bayesplot() 외에 **R**의 coda 패키지의 mcmc 클래스를 이용하면 간단히 체인의 속성을 점검할 수 있다. 추적그래프와 사후 확률분포의 확률밀도를 보여주는 그림은 mcmc 클래스로 지정된 객체에 대해 plot() 함수를 적용하면 얻을 수 있다.

```
par(mar=c(3,3,2,1), mgp=c(2,.7,0), tck=.02)
## display output
require(coda)
out <- as.mcmc(poisson.rw.post)
plot(out)
```

그림 9.15 왼쪽 패널에는 추적 그래프가 출력되었고 오른쪽에는 사후 확률분포의 확률밀도가 출력되었다. 체인이 비교적 안정되게 움직이고 있으며 사후 확률분포도 하나의 모드를 중심으로 완만한 하강곡선을 좌우로 보여주고 있다.

mcmc 클래스로 지정되면 기본 그래프 외에도 summary()를 통해 추정값 정보를 요약해서 출력할 수 있다.

```
bayes.out <- as.mcmc(poisson.rw.post)
rbind(summary(bayes.out)[[1]][,1], mle.out$coefficients)
```

임의 보행 MH 알고리듬을 통해 얻은 추정값이 최대 우도 추정의 점 추정치와 얼마나 유사한지를 비교해 보면 두 추정치의 기대값은 매우 유사함을 확인할 수 있다.

```
##               X1         X2         X3
## [1,] 1.015570 -1.010771 1.966976
## [2,] 1.017762 -1.009965 1.965851
```

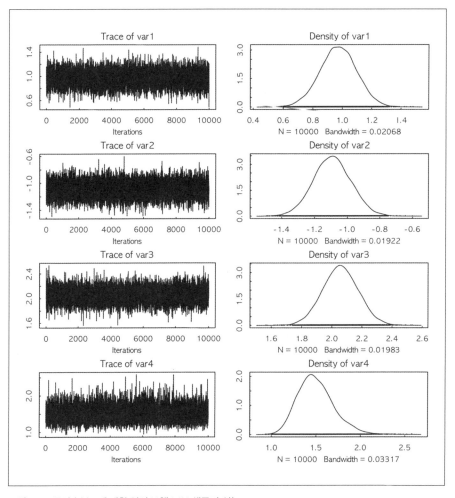

그림 9.15 푸아송분포에 대한 임의 보행 MH 샘플러 성능

제4절
깁스 추출

MH 알고리듬은 거의 모든 모형에 대해 적용 가능하다는 장점이 있지만 계산 속도가 느리고 적절한 제안분포를 찾아 튜닝하는 것이 쉽지 않다는 단점이 있다. 특히 모형이 복잡해지고 모수들 간의 상관성이 높아지기 시작하면 속도저

하가 더욱 심각해져 목표 분포로부터 유효한 샘플을 추출하는 것이 어려울 때가 많다.

이러한 문제점을 극복하기 위해 개발된 것이 깁스 추출(Gibbs Sampling)이다(Geman and Geman 1984; Casella and George 1992). 깁스 추출은 MH 알고리듬에 비해 추정이 간단하고 수용률을 고려할 필요가 없어서 가장 광범위하게 사용되는 MCMC 알고리듬이다.

깁스 추출의 등장 과정을 간단히 설명하면, 1970년대 깁스 랜덤필드 영역(Gibbs random field)에서 등장한 해머슬리–클리포드 정리(Hammersley-Clifford theorem)로 거슬러 올라간다. 이 정리는 조건부 분포의 지지집합(support)의 곱이 결합분포의 지지집합을 구성하는 경우(이를 양성 제한(positivity constraint)이라고 부른다)에는 조건부 분포로부터 결합분포를 추출하는 것이 가능하다는 것이다. 이것을 사후 확률분포의 추정에 활용할 수 있다는 사실은 Besag(1974)에 의해 처음 규명되었다. 그러나 비삭(Julie Besag, 1945-2010)은 깁스 추출의 일반화 가능성을 확신하지 못했다. 그로부터 10년 후 Geman and Geman(1984)에 의해서 깁스 추출이 보다 일반적인 통계 모형에 적용될 수 있음이 밝혀졌다. Geman and Geman(1984)은 이 방법을 깁스 랜덤필드 개발에 기여한 물리학자 깁스(Josiah Willard Gibbs, 1839-1903)를 기려 깁스 추출이라고 명명하였다(Robert and Casella 2011, 106). Geman and Geman(1984)의 논문이 Gelfand and Smith(1990)에 의해 통계학자들에게 본격적으로 소개되면서 깁스 추출은 통계학 전체로 확산되었다.

사후 확률분포에 대한 깁스 샘플을 추출하기 위해서는 사후 확률분포를 특정 모수를 제외한 조건부 확률분포($p(\theta_j|\theta_{-j}, y)$)로 바꾸어야 한다. 이를 완전 조건부 분포(full conditional distributions)라고 부른다. 완전 조건부 분포($p(\theta_j|\theta_{-j}, y)$)를 이용하면 사후 확률분포($p(\theta_1, ..., \theta_J|y)$)에 대한 정보를 얻을 수 있다.

깁스 추출을 위한 전이 커널은

$$K(x, y) = p(y_1|x_2)p(y_2|y_1)$$

과 같이 쓸 수 있다. 이 커널은 다시

$$\pi(y) = \int_R \pi(x) K(x, y) dx$$

와 같이 쓸 수 있는데 이를 이용하면 사후 조건부 확률분포로부터 이들의 결합 분포인 사후 확률분포를 도출할 수 있음을 다음과 같이 확인해 볼 수 있다:

$$
\begin{aligned}
\int K(x, y) f(x) dx &= \int f(y_1|x_2) f(y_2|y_1) f(x_1, x_2) dx_1 dx_2 \\
&= f(y_2|y_1) \int f(y_1|x_2) f(x_2) dx_2 \qquad (9.39) \\
&= f(y_2|y_1) f(y_1) \\
&= f(y).
\end{aligned}
$$

따라서 $f(\cdot)$는 $K(x, y)$의 불변분포이며, $K(x, y)$는 국지가역성 조건을 만족시키는 전이 커널임을 알 수 있다.

만약 완전 조건부 분포가 우리가 알고 있는 분포의 형태를 따른다면 직접 샘플링이 가능할 것이고, 이 경우에 완전 조건부 분포 자체가 MH 알고리듬의 제안분포가 된다. 그렇다면,

$$\alpha(x, y) = \min\left[\frac{p(x) p(y)}{p(y) p(x)}, 1\right] = 1$$

가 된다. 즉, 완전 조건부 분포를 제안분포로 이용하면 수용률이 항상 1인 MH 알고리듬이 된다(Chib and Greenberg 1995). 이것이 바로 깁스 추출법이다.

켤레성을 갖는 베이지안 모형 중에서 완전 조건부 분포가 직접 샘플링이 가능한 형태를 띠는 경우 깁스 추출법을 적용할 수 있다. 깁스 추출의 가장 간단한 예는 이변량 정규분포($p(x_1, x_2)$)로부터 한계 정규분포($p(x_1)$, $p(x_2)$)를 추출하는 것이다. 완전 조건부 분포는 조건부 정규분포($p(x_1|x_2)$, $p(x_2|x_1)$)의 형태를 띤다.

아래에서는 binorm.gibbs라는 함수를 작성해서 조건부 정규분포로부터 이변량 정규분포의 샘플을 추출하는 작업을 진행할 것이다. 두 변수 사이의 관계가 변화함에 따라 깁스 추출의 성능이 어떻게 달라지는지를 확인하기 위해

두 변수 사이의 상관성(rho)을 0.2, 0.5, 0.8, 그리고 0.95로 변화시킬 것이다.

```r
binorm.gibbs <- function(mcmc=1,000, rho){
  out <- matrix(NA, mcmc, 2)
  x2 <- 1
  for(i in 1:mcmc){
    x1 <- rnorm(1, rho*x2, 1-rho^2)
    x2 <- rnorm(1, rho*x1, 1-rho^2)
    out[i,] <- c(x1,x2)
  }
  return(out)
}
## 자료 생성
set.seed(1973)
mcmc <- 1,000
rho0.2 <- binorm.gibbs(mcmc, 0.2)
rho0.5 <- binorm.gibbs(mcmc, 0.5)
rho0.8 <- binorm.gibbs(mcmc, 0.8)
rho0.95 <- binorm.gibbs(mcmc, 0.95)
library(RColorBrewer)
library(MASS)
col.brown = NetworkChange:::addTrans("brown", 80)
gibbs.density.plot <- function(input, xlab="x1", ylab="x2"){
    k <- 11
    my.cols <- rev(brewer.pal(k, "RdYlBu"))
    z <- kde2d(input[,1], input[,2], n=50)
    plot(input, xlab=xlab, ylab=ylab, type="o",
        pch=19, col=col.brown, lwd=1)
    contour(z, drawlabels=FALSE, nlevels=k, col=my.cols, add=TRUE)
    legend("topleft",paste("correlation=",round(cor(input)
[1,2],2)),bty="n")
}
par(mfrow=c(2,2))
gibbs.density.plot(rho0.2)
gibbs.density.plot(rho0.5)
gibbs.density.plot(rho0.8)
gibbs.density.plot(rho0.95)
```

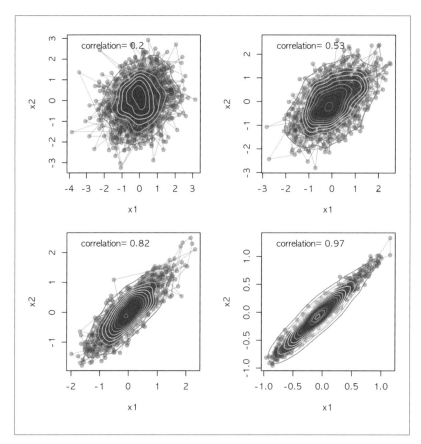

그림 9.16 깁스 추출 알고리듬의 궤적. 두 변수의 상관성은 0.2, 0.5, 0.8, 0.95.

그림 9.16은 위 코드의 결과를 보여준다. 그래프의 배경에 보이는 등고선은 생성된 이변량 자료의 결합분포이다. 변수 간 상관성이 낮은 경우(위쪽 두 개의 그래프), 깁스 추출 샘플(갈색점)은 결합분포 전체를 비교적 잘 반영하고 있음을 알 수 있다. 그러나 변수 간 상관성이 높아지면서(아래쪽 두 개의 그래프), 깁스 추출 샘플은 결합분포의 중심에서 크게 벗어나지 못하며 분포의 주변부에서 제대로 샘플을 추출하지 못하는 모습을 볼 수 있다. 깁스 추출의 이러한 특징은 앞서 설명한 양성 제한과 관련되어 있다. 두 변수가 높은 상관성을 보이면 결합분포의 지지집합이 두 변수의 한계분포 지지집합의 곱으로 잘 표현되지 않으며 이 경우 양성 제한의 조건이 제대로 지켜지기 어려워지는 것이다.

깁스 추출 알고리듬의 성능은 추적 그래프를 통해서도 쉽게 확인할 수 있다.

```
par(mar=c(3,3,2,1), mgp=c(2,.7,0), tck=.02)
par(mfrow=c(2,2))
col.brown = NetworkChange:::addTrans("brown", 150)
plot(rho0.2[,1], type="l", col=col.brown)
plot(rho0.5[,1], type="l", col=col.brown)
plot(rho0.8[,1], type="l", col=col.brown)
plot(rho0.95[,1], type="l", col=col.brown)
```

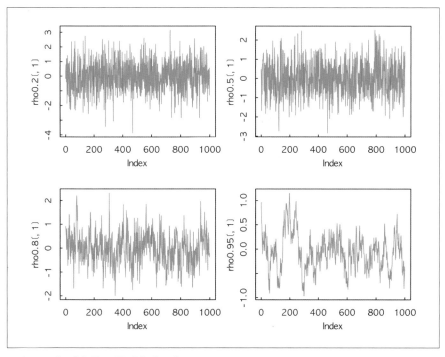

그림 9.17 깁스 추출 알고리듬의 추적 그래프

그림 9.17은 변수 상관성이 증가하면 추적 그래프가 강한 경로의존성을 보이며 불안정해지고 있음을 잘 보여준다. 반면 변수 상관성이 낮은 경우 동일독립분포($i.i.d.$)와 유사한 추적 그래프의 모습을 보인다.

그림 9.18은 깁스 추출 샘플의 자기상관성(autocorrelation)을 보여주고 있다. 변수 간 상관성이 높아질수록 깁스 추출 샘플의 자기상관성이 증가하고 있음을 확인할 수 있다. 자기상관성이 높으면 체인이 목표 분포로 수렴하기 어려워지고 유효샘플 크기(effective sample size)가 추출 수에 비해 현저히 감소하여 정확한 분석을 진행하기가 어려워진다. 이렇게 자기상관성이 높은 체인이 깁스 추출에서는 종종 등장하는데, 이것이 깁스 추출의 가장 큰 단점이다. 이를 극

복하기 위해 모수확장(parameter expansion)이나 자료증강법(data augmentation method), 파티클 필터링(particle filtering)과 같은 시뮬레이션 기법이 개발되었다.

```r
par(mar=c(3,3,2,1), mgp=c(2,.7,0), tck=.02)
par(mfrow=c(2,2))
acf(rho0.2[,1], lwd=5, col=col.brown)
acf(rho0.5[,1], lwd=5, col=col.brown)
acf(rho0.8[,1], lwd=5, col=col.brown)
acf(rho0.95[,1], lwd=5, col=col.brown)
```

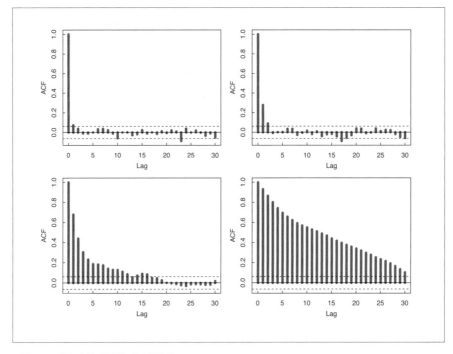

그림 9.18 깁스 추출 샘플의 자기상관성

4.1 선형 회귀분석 모형에 대한 깁스 추출

R을 이용하여 선형 회귀분석 모형에 대한 깁스 추출 알고리듬을 작성해 보자. 먼저 모수의 사전 확률분포는 켤레성을 갖도록 다음과 같이 설정하였다:

$$\beta \sim \mathcal{N}(\beta_0, \mathcal{B}_0)$$

$$\sigma^2 \sim \mathcal{IG}(c_0, d_0).$$

자료분포는

$$\boldsymbol{y}\,|\,\beta,\ \sigma^2 \sim \prod_{i=1}^{n} \mathcal{N}(\boldsymbol{x}'_i\beta,\ \sigma^2).$$

정확하게 쓰면 $p(\boldsymbol{y}\,|\,\boldsymbol{X},\ \beta,\ \sigma^2)$이 되어야 하지만 편의상 독립변수 $\boldsymbol{X}$를 생략하였다. 완전 조건부 분포를 쉽게 찾기 위해 자료분포를 다음과 같이 변형할 것이다:

$$p(\boldsymbol{y}\,|\,\beta,\ \sigma^2) = (2\pi\sigma^2)^{-\frac{n}{2}}\exp\left(-\frac{1}{2\sigma^2}\sum_{i=1}^{n}(y_i - \boldsymbol{x}'_i\beta)^2\right).$$

자료분포와 사전 확률분포를 이용하여 선형 회귀분석 모형의 사후 확률분포를 정리하면,

$$p(\beta,\ \sigma^2\,|\,\boldsymbol{y}) = \prod_{i=1}^{n}\mathcal{N}(\boldsymbol{x}'_i\beta,\ \sigma^2)\,\mathcal{N}(\beta_0,\ \mathcal{B}_0)\,\mathcal{IG}(c_0, d_0). \tag{9.40}$$

이로부터 β와 σ^2을 깁스 추출하기 위해 각각의 완전 조건부 분포를 구해보자.

먼저 β의 완전 조건부 분포는

$$\begin{aligned}
p(\beta\,|\,\boldsymbol{y},\ \sigma^2) &\propto \exp\left[-\frac{1}{2}\left(\frac{1}{\sigma^2}(\sum_{i=1}^{n}y_i - \boldsymbol{x}'_i\beta)^2 + \beta'\mathcal{B}_0^{-1}\beta\right)\right]\\
&\propto \exp\left[-\frac{1}{2}\left(\frac{1}{\sigma^2}\sum_{i=1}^{n}y_i^2 - \frac{2}{\sigma^2}(\sum_{i=1}^{n}\boldsymbol{x}'_iy_i)^T\beta + \frac{1}{\sigma^2}\beta'\sum_{i=1}^{n}\boldsymbol{x}'_i\boldsymbol{x}_i\beta + \beta'\mathcal{B}_0^{-1}\beta\right)\right]\\
&\propto \exp\left[-\frac{1}{2}\left(\beta'\left(\frac{1}{\sigma^2}\sum_{i=1}^{n}\boldsymbol{x}'_i\backslash x_i + \mathcal{B}_0^{-1}\right)\beta - \frac{2}{\sigma^2}(\sum_{i=1}^{n}\boldsymbol{x}'_iy_i)^T\beta\right)\right].
\end{aligned}$$

$$\tag{9.41}$$

이를 정리하면, β의 사후 확률분포 샘플은 다음과 같은 정규분포로부터 추출할 수 있다:

선형 회귀분석 모형 β의 사후 확률분포

$$p(\beta|\boldsymbol{y}, \sigma^2) \sim \mathcal{N}(\beta_1, \boldsymbol{B}_1)$$

$$\boldsymbol{B}_1 = \left(\boldsymbol{B}_0^{-1}\beta_0 + \frac{\sum_{i=1}^{n}\boldsymbol{x}'_i\boldsymbol{x}_i}{\sigma^2}\right)^{-1}$$

$$\beta_1 = \boldsymbol{B}_1\left(\boldsymbol{B}_0^{-1}\beta_0 + \frac{\sum_{i=1}^{n}\boldsymbol{x}'_i y_i}{\sigma^2}\right).$$

(9.42)

이제 σ^2의 완전 조건부 분포를 구해 보자:

$$\sigma^2|\boldsymbol{y}, \beta \propto \left[(\sigma^2)^{-\frac{n}{2}}\exp\left(-\frac{1}{2\sigma^2}\sum_{i=1}^{n}(y_i - \boldsymbol{x}'_i\beta)^2\right) \times \frac{1}{\sigma^2}^{c_0-1}\exp\left(-\frac{d_0}{\sigma^2}\right)\right]$$

$$\propto \frac{1}{\sigma^2}^{\frac{n}{2}}\frac{1}{\sigma^2}^{c_0-1}\exp\left(-\frac{d_0}{\sigma^2} - \frac{1}{2\sigma^2}\sum_{i=1}^{n}(y_i - \boldsymbol{x}'_i\beta)^2\right).$$

(9.43)

따라서, σ^2의 사후 확률분포 샘플은 다음과 같은 역감마분포로부터 추출할 수 있다.

선형 회귀분석 모형 σ^2의 사후 확률분포

$$p(\beta|\boldsymbol{y}, \sigma^2) \sim \mathcal{IG}\left(c_0 + \frac{n}{2}, d_0 + \frac{\sum_{i=1}^{n}(y_i - \boldsymbol{x}'_i\beta)^2}{2}\right).$$

(9.44)

선형 회귀분석 모형의 깁스 추출 알고리듬을 **R** 함수로 작성해 보면 다음과 같다.

```r
lm.gibbs <- function(y, X, mcmc=1000, burnin=1000,
                     b0, B0, c0, d0){
  n  <- length(y)
  k  <- ncol(X)
  mcmc.store <- matrix(NA, mcmc, k+1)
  tot.iter <- mcmc+burnin
  B0inv <- solve(B0)
  ## starting value
  sigma2 <-  1/runif(1)
  ## Sampler starts!
  for (g in 1:tot.iter){
    ## Step 1: Sample beta
    ## posterior beta variance
    post.beta.var <-
      chol2inv(chol(B0inv + (t(X)%*%X)/sigma2))
    ## posterior beta mean
    post.beta.mean <-
      post.beta.var%*%(B0inv%*%b0 + (t(X)%*%y)/sigma2)
    ## draw new beta
    beta <- post.beta.mean + chol(post.beta.var)%*%rnorm(k)
    ## Step 2: Sample sigma2
    ## new shape parameter
    c1 <- c0 + n/2
    ## error vector
    e <- y - X%*%beta
    ## new scale parameter
    d1 <- d0 + sum(e^2)/2
    ## draw new tau
    sigma2 <- 1/rgamma(1, c1, d1)

    ## store Gibbs output after burnin
    if (g > burnin){
      mcmc.store[g-burnin,] <- c(beta, sigma2)
    }
  }
  return(mcmc.store)
}
```

위 코드를 이용해서 자료를 임의로 생성한 후 깁스 추출을 진행해 보자. 먼저 상수를 포함한 세 개의 설명변수로 종속변수를 생성해 보자. 오차의 분산은 1로 두었다.

```
set.seed(1973)
X <- cbind(1, rnorm(100), rnorm(100))
true.beta   <- c(1, -1, 2); true.sigma2   <- 1
y <- X%*%true.beta + rnorm(100, 0, true.sigma2)
```

추정을 위해 사전 확률분포의 모수값(hyperparameter)을 정해야 한다. 계수에 대해서는 평균은 0으로 분산은 서로 독립이며 10을 개별분산값으로 갖는 것으로 가정한다. 오차의 모수값은 직관적으로 정하기가 어려운데, 사전 정보가 없는 상태에서 종속변수의 한계분포 정보를 활용할 수 있다. 역감마분포의 평균은 종속변수의 분산으로, 역감마분포의 분산은 종속변수 분산의 제곱값으로 설정하였다.

```
## prior setting
b0  <- rep(0, 3) ; B0  <- diag(10, 3)
sigma.mu = var(y)[1]; sigma.var =sigma.mu^2
c0 <- 4 + 2 *(sigma.mu^2/sigma.var)
d0 <- 2*sigma.mu *(c0/2 - 1)
```

함수의 속도를 계산해 보니, 1,000번의 초기값을 버린 뒤에 10,000번의 샘플을 추출하는 데 0.64초 정도가 걸렸다. **R**로만 작성했음에도 불구하고 매우 빠른 연산속도를 보여주고 있다.

```
library(tictoc)
tic("mycode")
gibbs.lm.post <- lm.gibbs(y=y, X=X, b0=b0, B0=B0,
                          c0=c0, d0=d0, mcmc=10000)
toc()
```

```
## mycode: 0.581 sec elapsed
```

연산속도를 비교하기 위해 MCMCpack 패키지에서 같은 모형을 추정해 보자. MCMCpack은 MCMC 시뮬레이션을 자체 **C++** 라이브러리(Scythe Statistical Library)를 이용하여 진행하기 때문에 속도가 매우 빠르다.

```
require(MCMCpack)
library(tictoc)
tic("MCMCpack")
mp.gibbs <- MCMCregress(y~X-1, b0=b0, B0=diag(1/10, 3), c0=c0, d0=d0)
toc()
```

```
## MCMCpack: 0.108 sec elapsed
```

MCMCpack이 **R** 코드에 비해 약 5배 이상 속도가 더 빠르다는 점을 확인할 수 있다.

집스 추출 결과를 출력해 보면 계수의 참값과 매우 근사하게 추정되었음을 확인할 수 있다.

```
par(mar=c(3,3,2,1), mgp=c(2,.7,0), tck=.02)
lm.bayes.out <- as.mcmc(gibbs.lm.post)
summary(lm.bayes.out)
```

```
##
## Iterations = 1:10000
## Thinning interval = 1
## Number of chains = 1
## Sample size per chain = 10000
##
## 1. Empirical mean and standard deviation for each variable,
##    plus standard error of the mean:
##
##        Mean    SD Naive SE Time-series SE
## [1,]  0.973 0.124  0.00124        0.00122
## [2,] -1.093 0.114  0.00114        0.00114
## [3,]  2.056 0.118  0.00118        0.00116
## [4,]  1.499 0.205  0.00205        0.00214
##
## 2. Quantiles for each variable:
```

```
##
##         2.5%    25%    50%    75%  97.5%
## var1   0.724   0.89  0.974   1.06  1.218
## var2  -1.316  -1.17 -1.094  -1.02 -0.869
## var3   1.825   1.98  2.056   2.14  2.289
## var4   1.155   1.36  1.479   1.62  1.948
```

```
plot(out)
```

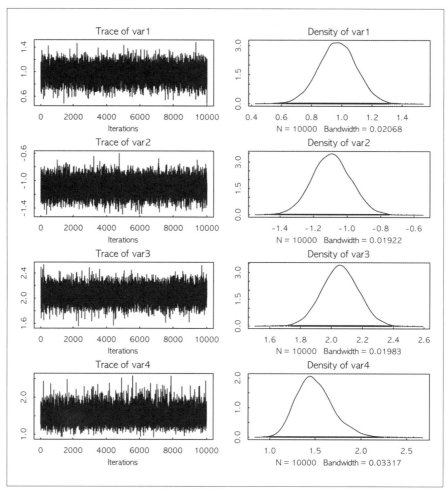

그림 9.19 선형 회귀분석 모형에 대한 깁스 추출

처음 세 칼럼은 β의 추출값이고 마지막 칼럼은 σ^2의 추출값이다. 사후 확률분포의 평균(posterior mean)이 회귀분석 모형의 계수참값인 $(1, -1, 2)$에 매우 근사함을 확인할 수 있다. 반면 오차의 분산은 참값(1)보다 다소 크게 추정 (1.5)되었다.

그림 9.19는 선형 회귀분석 모형에 대한 깁스 추출 결과를 추적그래프와 사후 확률밀도 그래프로 시각화한 것이다. 사후 확률분포는 단봉형의 정규분포 (var1-var3)와 역감마분포(var4)의 형태를 취하고 있고 추적그래프도 자기상관 성이 약해 보여서 깁스 추출이 매우 잘 진행되었음을 확인할 수 있다.

그림 9.20은 선형 회귀분석 모형의 사후 확률분포를 2차원으로 시각화한 것이다. 변수 간의 상관성이 매우 낮아서 깁스 추출이 잘 진행될 수 있었음을 다시 확인할 수 있다.

```
par(mfrow=c(2,2))
col.brown = NetworkChange:::addTrans("brown", 80)
gibbs.density.plot(gibbs.lm.post[, 1:2], xlab=bquote(beta[1]),
           ylab=bquote(beta[2]))
gibbs.density.plot(gibbs.lm.post[, 2:3], xlab=bquote(beta[2]),
           lab=bquote(beta[3]))
gibbs.density.plot(gibbs.lm.post[, 3:4], xlab=bquote(beta[3]),
           ylab=bquote(sigma^2))
gibbs.density.plot(gibbs.lm.post[, c(2,4)], xlab=bquote(beta[2]),
           ylab=bquote(sigma^2))
```

MLE와 깁스 추출, 그리고 MCMCprobit()을 이용한 샘플링 결과를 참값과 비교해 보자.

```
lm.mle.out <- glm(y~X-1, family=gaussian)
out <- rbind(true.beta, summary(lm.bayes.out)[[1]][1:3,1],
           summary(lm.bayes.mcmcpack)[[1]][1:3,1],
           lm.mle.out$coefficients)
colnames(out) <- c("beta1","beta2","beta3")
rownames(out) <- c("Ground Truth", "gibbs","MCMCpack","mle")
out
```

세 추정치가 매우 유사함을 확인할 수 있다.

```
##                 beta1        beta2       beta3
## Ground Truth    1.0000000    -1.000000   2.000000
## gibbs           0.9726558    -1.093094   2.056384
## MCMCpack        0.9743626    -1.096894   2.055438
```

```
## mle          0.9767693     -1.095717     2.057846
```

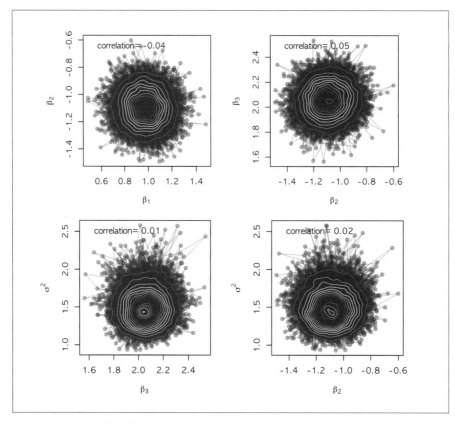

그림 9.20 깁스 추출 알고리듬의 궤적: 선형 회귀분석 모형

제5절
자료 증강법

MCMC 샘플링 방법 중에서 깁스 추출이 MH방법에 대해 갖는 계산적 우위는 매우 크다. 깁스 추출은 MH와는 달리 제안분포를 따로 고려할 필요도 없고 체인을 튜닝할 필요도 없으며 변수 간 상관성이 낮다면 매우 높은 성능을 보일 수 있다.

그러나 깁스 추출의 문제는 완전 조건부 분포가 직접 샘플링이 가능한 경우는 켤레성을 가진 소수의 분포에만 한정되므로 그 적용 범위가 매우 좁다는 것이다. 이러한 문제점을 극복하기 위해 개발된 방법이 바로 자료 증강(Data Augmentation Method)이다. 자료 증강법이란 완전 조건부 분포의 샘플링을 용이하게 하기 위해 가상의 보조 모수(auxiliary variable)를 모형에 증강하는 방법이다. 보조 모수를 증강해도 다른 모수의 추출에 영향을 주지 않는 것이 자료 증강법의 중요한 특징이다.

자료 증강법은 원래 누락변수 문제를 푸는 과정에서 개발된 것인데 MCMC 방법이 아닌 영역에서 이 아이디어를 체계적으로 적용한 것이 EM 알고리듬이다(Dempster et al. 1977). 또한 자료 증강법 아이디어는 루빈(Donald Rubin)의 인과적 추론방법에도 반영되었다(Imbens and Rubin 2015). 자료 증강법을 베이지안 추론에 최초로 적용한 것은 Tanner and Wong(1987)이었다. 그리고 프로빗 회귀분석 모형에 대한 Albert and Chib(1993)의 효율적인 자료 증강법은 베이지안 분석에서 자료 증강법이 매우 효과적인 역할을 할 수 있음을 주지시켰다. 자료 증강법에 대한 일반화된 설명으로는 Liu and Wu(1999)와 van Dyk and Meng(2001)를 참고하라.

자료 증강법을 이해하기 위해 먼저 구성법(method of composition) 혹은 확률의 한계 규칙(the marginal rule of probability)이라고 불리는 시뮬레이션 방법을 이해하자.[3]

Definition 5.1

구성법

만약 우리가 $g(x|y)$과 $h(y)$로부터 샘플을 추출할 수 있다면, 추출된 샘플의 x 자료는 곧 $f(x)$로부터의 샘플로 간주할 수 있다. 왜냐하면,

$$f(x) = \int g(x|y)h(y)\,dy = \int q(x, y)\,dy. \tag{9.45}$$

이때 x의 한계분포는 유한 혼합분포(finite mixture distribution)의 형태로 쓸 수 있다. 즉,

$$f(x) = \sum_{i=1}^{K} p_i f_i(x). \tag{9.46}$$

여기서 $\sum_{i=1}^{K} p_i = 1$.

....

3   구성법이라는 표현은 Chib(2001)과 Greenberg(2007)에 등장한 바 있어서 차용하였다.

이러한 속성을 베이지안 분석에 도입하면 만약 우리가 모수 벡터 $\boldsymbol{\theta}=\theta_1,$ ..., θ_k의 결합사후 확률분포에 대한 MCMC 샘플을 추출했다면 특정 변수만을 분리하면, 또는 한계화하면(marginalization, integrating out, 또는 averaging out), 그 변수의 분포는 우리가 찾고자 하는 한계분포가 된다.

Definition 5.2

한계화

$$\pi(\theta_1|\boldsymbol{y})=\int \pi(\theta_1, ..., \theta_k|\boldsymbol{y})\,d\theta_2, ..., d\theta_k \qquad (9.47)$$

이와 같은 개념을 바탕으로 프로빗 회귀분석 모형에 대한 Albert and Chib (1993)의 자료 증강법을 이해해 보자. 프로빗 회귀분석 모형의 사후 확률분포는 이항-정규분포의 형태를 띤다. 모수인 β에 대해 정규사전 확률분포를 가정해야 하기 때문이다. 이때 프로빗 모형의 중요한 가정 중의 하나인 연속 은닉변수($\boldsymbol{z}$)를 증강시키면 깁스 추출이 가능한 완전 조건부 분포를 만들 수 있다. 이 은닉변수는 표준 정규분포를 오차분포로 갖는 연속 확률변수로 선형함수의 종속변수 역할을 한다. 즉,

$$z_i=\boldsymbol{x}_i{}'\beta+\varepsilon_i, \ \varepsilon_i \sim \mathcal{N}(0, 1).$$

이 은닉변수 $\boldsymbol{z}$가 0보다 크면 1이라는 이분변수값이, 0보다 작으면 0이라는 이분변수값이 관측된다는 것이 프로빗 모형의 중요한 가정이다.

이 은닉변수를 전제로 한 사후 확률분포($p(\beta, \boldsymbol{z}|Y)$)로부터 원래의 사후 확률분포를 도출하는 것은 한계화를 통해서 가능하다. 즉,

$$p(\beta|\boldsymbol{y})=\int p(\beta, \boldsymbol{z}|Y)\,d\boldsymbol{z}.$$

증가된 사후 확률분포 $p(\beta, \boldsymbol{z}|Y)$의 전이 커널은 $p(\beta|Y, \boldsymbol{z})p(\boldsymbol{z}|Y, \beta)$로 쓸 수 있는데, 첫 번째 완전 조건부 분포인 $p(\beta|Y, \boldsymbol{z})$로부터의 샘플링은 정규-

정규 사후 확률분포(Normal-Normal posterior distribution) 깁스 추출이 가능하다.

프로빗 자료 증강법에서 β 샘플링

$$\beta | Y, \boldsymbol{z} \sim \mathcal{N}(\hat{\beta}, \hat{\boldsymbol{B}})$$

$$\hat{\boldsymbol{B}} = (B_0^{-1} + \boldsymbol{X}'\boldsymbol{X})^{-1} \tag{9.48}$$

$$\hat{\beta} = \hat{\boldsymbol{B}}(B_0^{-1}b_0 + \boldsymbol{X}'\boldsymbol{z}).$$

두 번째 완전 조건부 분포인 $p(\boldsymbol{z}|Y, \beta)$로부터의 샘플링은 절단된 정규분포(truncated normal distribution)로부터의 깁스 추출로 진행될 수 있다.

프로빗 자료 증강법에서 $\boldsymbol{z}$ 샘플링

$$z_i | \beta, y_i \sim TN_{0,\infty}(\boldsymbol{x}_i'\beta, 1)I(y_i=1). \tag{9.49}$$

일반적으로 (a, b) 구간 내로 절단된 정규분포로부터의 샘플링은 다음과 같이 진행된다:

1. $u \sim \mathcal{U}(0, 1)$
2. $p_1 = \Phi\left(\dfrac{a-\mu}{\sigma}\right)$
3. $p_2 = \Phi\left(\dfrac{b-\mu}{\sigma}\right)$
4. $z = \mu + \sigma\Phi^{-1}(p_1 + u(p_2 - p_1)).$

은닉변수 z의 분산은 1이기 때문에 z를 추출하는 방법은

$$z = \mu + \Phi^{-1}(p_1 + u(p_2 - p_1)).$$

- $y_i = 0$이면 절단구간이 $(-\infty, 0)$가 되어 $p_1 = 0$ 그리고 $p_2 = \Phi(-\mu)$이 된다. 따라서,

$$z = \mu + \Phi^{-1}(u \cdot p_2).$$

- $y_i = 1$이면, 절단구간이 $(0, \infty)$이어서 $p_1 = \Phi(-\mu)$과 $p_2 = 1$이 된다.

$$z = \mu + \Phi^{-1}(p_1 + u(1 - p_1))$$

이를 **R** 코드로 작성하면 다음과 같다.

```
"ProbitGibbs"<-function(y, X, b0, B0, mcmc=5000, burnin=1,000, verbose=0){
  N    <- length(y)
  k    <- ncol(X)
  tot.iter <- mcmc+burnin
  B0inv <- solve(B0)
  XX <- t(X)%*%X
  ## 추출된 샘플 저장할 객체
  beta.store    <- matrix(NA, mcmc, k)
  Z <- matrix(rnorm(N), N, 1)
  ## MCMC 샘플링
  for (iter in 1:tot.iter){
    ################################
    ## Step 1: beta|Z ~ N(b.hat, B.hat)
    ################################
      XZ  <-  t(X)%*%Z
      post.beta.var  <-  solve(B0inv + XX)
      post.beta.mean <-  post.beta.var%*%(B0inv%*%b0 + XZ)
      beta  <- post.beta.mean + chol(post.beta.var)%*%rnorm(k)
    ################################
    ## Step 2: Z|beta ~ TN(X%*%beta, 1)
    ################################
    mu     <-  X%*%beta
    prob    <-  pnorm(-mu)
    for(j in 1:N){
      uj  <-  runif(1)
      z  <- ifelse(y[j]==0, mu[j] + qnorm(uj*prob[j]),
                   mu[j] + qnorm(prob[j] + uj*(1-prob[j])))
      ## infinity가 샘플되면 극단적 수를 대입
      if (z==-Inf){
        Z[j, 1] <- -300
      }else if (z==Inf){
```

```
      Z[j, 1] <- 300
    }else {
      Z[j, 1] <- z
    }
  }
  ## 저장
  if (iter > burnin){
    beta.store[iter-burnin,]   <-   beta
  }
  ## 리포트
  if (verbose>0&iter%%verbose == 0){
    cat("-------------------------------------",'\n')
    cat("iteration = ", iter, '\n')
    cat("beta = ", beta, '\n')
    }
  }
  return(beta.store)
}
```

임의의 이분자료를 생성해서 베이지안 프로빗 모형으로 추정해 보도록
하자.

```
## 자료 생성
set.seed(1973)
N    <-   100
x1  <-   rnorm(N)
X    <-   cbind(1, x1)
k    <-   ncol(X)
true.beta   <-   c(0, .5)


## 종속변수 생성
Z <- X%*%true.beta + rnorm(N)
y <- ifelse(Z>0, 1, 0)
## 사전 확률분포
b0  <-   rep(0, k)
B0  <-   diag(100, k)


## MCMC
probit.bayes.out <- ProbitGibbs(y, X, b0, B0)
```

```
require(coda)
probit.bayes.out <- mcmc(probit.bayes.out)
```

깁스 추출의 결과를 시각화해서 살펴보도록 하자. 먼저 체인의 움직임과
사후 확률분포의 밀도를 살펴보자.

```
par(mar=c(3,3,2,1), mgp=c(2,.7,0), tck=.02)
plot(probit.bayes.out)
```

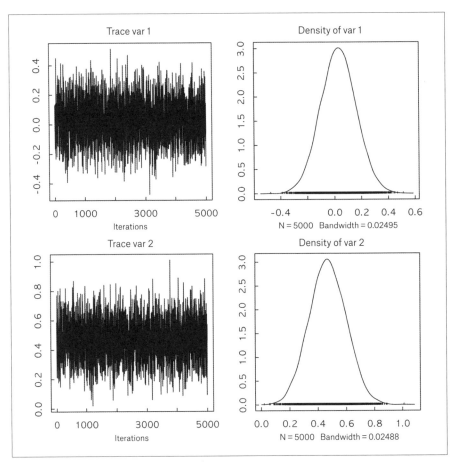

그림 9.21 프로빗 회귀분석 모형에 대한 자료 증강 깁스 추출

그림 9.21을 보면 깁스체인이 안정된 모습을 띠고 있으며 사후 확률분포도
하나의 모드를 가진 정규분포의 모습을 띠고 있음을 확인할 수 있다.

프로빗 모형의 사후 확률분포와 깁스 추출 알고리듬의 궤적으로 살펴보자.

```
gibbs.density.plot(probit.bayes.out[, 1:2], xlab=bquote(beta[1]),
                   ylab=bquote(beta[2]))
```

그림 9.22를 보면 두 모수로부터 추출된 샘플들이 매우 낮은 상관성을 보이고 있으며 사후 확률분포의 전 영역에서 골고루 샘플이 추출되었음을 확인할 수 있다.

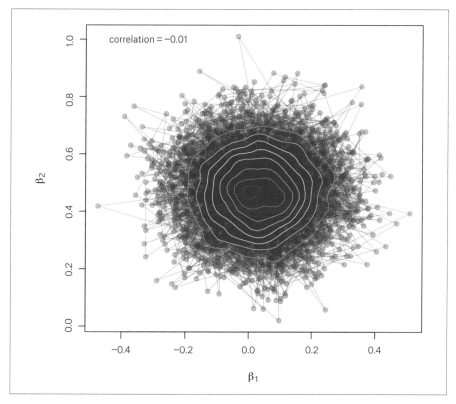

그림 9.22 프로빗 깁스 추출 알고리듬의 궤적: 선형 회귀분석 모형

제6절

EM 알고리듬

앞서 설명한 바와 같이 자료 증강법은 누락자료 분석을 통해 처음 등장했고 추정법으로는 EM 알고리듬에 의해 처음 구체화되었다. EM 알고리듬은 관측되지 않은 자료나 숨은 모수가 있는 모형에서 모수의 추정값을 수치적 방법으로 구

하는 알고리듬이다. MCMC가 본격적으로 등장하기 이전에 깁스 추출법의 아이디어를 응용한 시뮬레이션 알고리듬이라고 볼 수 있다. 쿨백-라이블러 발산(Kullback‒Leibler divergence) 정보를 사용하여 목표 함수의 최대값에 접근하는 EM 알고리듬의 아이디어는 오늘날 인공지능과 기계학습 영역에서 많이 사용되는 변분적 베이지안 추정법(variational Bayesian estimation method)에 대한 결정적인 아이디어를 제공했다. EM 알고리듬과 변분적 베이지안 추정법에 대한 보다 구체적인 논의는 Murphy(2012)의 11장과 Bishop(2006)의 10장을 참고하라. 이 절에서는 프로빗 모형에 대한 EM 알고리듬을 이용한 추정이 최대 우도 추정법이나 깁스 추출과 어떤 점에서 유사점과 차이점을 갖는지를 간단히 살펴볼 것이다.

EM 알고리듬의 목표는 우도함수의 최대값에 해당되는 모수 추정값을 찾는다는 점에서 최대 우도 추정법과 목표는 같다. 그러나 중요한 차이점은 EM 알고리듬이 대상으로 삼는 우도함수는 최대 우도 추정법에 의한 추정이 어려운 우도함수라는 점이다. 그 대표적인 예가 바로 누락변수를 포함한 우도함수이다. 누락변수를 z라고 부르면 완전한(complete) 자료분포는 $p(y, z|\theta)$가 된다. θ에 대한 최대 우도 추정은 이 완전한 자료분포로부터만 가능하기 때문에 최대 우도 추정을 위해서는 $p(z|y, \theta)$를 찾아내어 다음과 같이 완전한 자료분포를 구성해야 한다:

$$p(y, z|\theta) = p(z|y, \theta) p(y|\theta). \tag{9.50}$$

구성법을 이용하여 $p(y|\theta)$의 로그우도를 이산 보조 모수에 대한 혼합분포로 적고 이를 베이즈 정리를 이용해서 분해하면,

$$\log p(y|\theta) = \log\left(\sum_{i=1}^{n} p(y, z_i|\theta)\right)$$
$$= \log\left(\sum_{i=1}^{n} p(y, z_i|\theta) p(z_i|\theta)\right). \tag{9.51}$$

EM 알고리듬은 $\log p(y|\theta)$을 θ에 대해 최대화하는데 다음과 같은 순서를 거친다.

EM 알고리듬

1. 가장 최근의 추출값인 θ_j를 고정한다.

2. E 스텝: $Q(\theta|\boldsymbol{y},\,\theta_i)=E_{\boldsymbol{z}|\boldsymbol{y},\theta_i}[\log p(\boldsymbol{y},\boldsymbol{z}|\theta)]=\sum_{i=1}^{n}p(z_i|\boldsymbol{y},\,\theta_j)\log p(\boldsymbol{y},\boldsymbol{z}|\theta)$로부터

   계산한다. $p(z_i|\boldsymbol{y},\,\theta_j)$는 $\boldsymbol{y}$와 θ_j를 전제로 한 z_i의 조건부 분포이다.

3. M 스텝: $Q(\theta|\boldsymbol{y},\,\theta_j)$를 최대화하는 θ_j를 찾아 이를 θ_{j+1}로 설정한다. 즉,

   $\theta_{j+1} \leftarrow \mathrm{argmax}_\theta Q(\theta|\boldsymbol{y},\,\theta_j)$.

4. 1~3의 과정을 θ_i와 θ_{i+1}의 차이가 미리 설정해 둔 허용 수준(tolerance level)보다

   작아질 때까지 반복한다.

EM 알고리듬을 프로빗 모형에 적용해 보자.[4]

```
EMprobit = function(params,
                    X, y,         ## model matrix and response vector
                    tol=1e-8,     ## tolerance for stopping
                    max.iter=200, ## maximum iterations
                    verbose = TRUE ## whether to show iterations
                    ){
    ## starting points
    beta = params
    mu = X%*%beta
    iter = 0
    not.yet.converged = FALSE
    z = rnorm(length(y)) ## z is the latent variable ~N(0,1)


    ## Run the loop until not.yet.converged becomes FALSE or
    ## iteration passes max.iter
    while ((!not.yet.converged) & (iter < max.iter)) {
        z.old = z
        ##############
        ## E step
        ##############
        ## create a new z based on current values
```

....

4   아래 코드는 https://github.com/m-clark/Miscellaneous-R-Code/blob/master/ModelFitting/EM algorithm for probit example.R을 수정한 것이다.

```
        z = ifelse(y==1, mu+dnorm(mu)/pnorm(mu), mu-dnorm(mu)/pnorm(-mu))
        ##############
        ## M step
        ##############
        ## estimate beta
        beta = solve(t(X)%*%X) %*% t(X)%*%z
        mu = X%*%beta

        ## report
        iter = iter + 1
        if (verbose & (iter == 1 | iter%%10 == 0))
            cat("iteration at = ", iter, "\t", "beta =
",round(beta,2),"\n")
        not.yet.converged = max(abs(z.old - z)) <= tol
    }
    ##############
    ## Compute Log likelihood
    ##############
    loglikelihood = sum(y*pnorm(mu,log.p=TRUE)+(1-y)*pnorm(-mu,log.
p=TRUE))

    return(list(beta=t(beta), loglikelihood = loglikelihood))
}
probit.EM.out = EMprobit(params=c(0,0), X=X, y=y)
```

```
## iteration at =  1      beta =  0.02 0.27
## iteration at =  10     beta =  0.03 0.46
## iteration at =  20     beta =  0.03 0.46
```

```
probit.EM.out
```

```
## $beta
##                                  x1
## [1,] 0.03109322 0.462881
##
## loglikelihood
## [1] -62.22408
```

이제 앞서 추정한 깁스 추출을 이용한 베이지안 추정치와 최대 우도 추정
치, 그리고 EM 추정치를 비교해 보자. 먼저 최대 우도 추정치를 glm()과 op-

tim()을 이용하여 각각 구해 보자.

```r
## glm()
probit.glm.out <- glm(y~X-1, family=binomial(link="probit"),
                      control=list(maxit=500, epsilon=1e-8))


## optim()
probit.like <- function (beta) {
  eta <- X %*% beta
  p <- pnorm(eta)
  return(sum((1 - y) * log(1 - p) + y * log(p)))
}
probit.gr <- function (beta) {
  mu <- X %*% beta
  p <- pnorm(mu)
  u <- dnorm(mu) * (y - p) / (p * (1 - p))
  return(crossprod(X, u))
}
probit.optim.out <- optim(c(0,0), probit.like, gr = probit.gr,
              control = list(fnscale = -1),
              method = "BFGS", hessian =  TRUE)
```

```r
### compare
comp <- rbind(true.beta, coef(probit.glm.out),
              probit.optim.out$par,
              probit.EM.out$beta,
              summary(probit.bayes.out)[[1]][,1])
rownames(comp) <- c("Ground Truth", "glm", "optim", "EM", "MCMC")
colnames(comp) <- c("beta1", "beta2")
comp
```

```
##                       beta1            beta2
## Ground Truth      0.0000000         0.500000
## glm              0.03109435        0.4628783
## optim            0.03109100        0.4628484
## EM               0.03109322        0.4628810
## MCMC             0.03015050        0.4697447
```

　　기울기인 beta2를 중심으로 비교해 보면, 자료 증강법을 이용해 깁스 추출
한 결과(MCMC)가 참값에 가장 가까운 반면, 최대 우도 추정치와 EM 추정치 그리

고 glm 추정치는 소수점 네 자리까지 같고 깁스 추출 결과보다 더 부정확하다. EM 알고리듬이 MCMC보다는 최대 우도 추정치에 더 가까운 결과를 보임을 짐작할 수 있다.

이와 같이 EM 알고리듬은 최대 우도 추정이 쉽지 않은 우도함수에 대한 추정을 가능케 한다는 중요한 장점이 있다. 그러나 EM 알고리듬은 MCMC와는 달리 체인이 목표 분포에 반드시 도달한다는 보장이 없다. 또한 허용 수준(tolerance level)의 설정도 자의적이어서 모수의 크기에 따라 허용 수준이 너무 관대할 수도 너무 엄격할 수도 있는 불확실성이 있다. EM 알고리듬은 기본적으로 우도의 경사를 따라 움직이는 뉴튼 알고리듬과 유사하기 때문에 출발점 설정에도 다소 민감한 문제점이 있다(Robert and Casella 2011, 105).

요약 │ 베이지안 분석 방법

- 회귀분석 모형을 결합하지 않은 베이지안 분석은 상당 부분 켤레성을 이용하여 직접 샘플링하는 것이 가능하다.
- 켤레성이 확보되지 않는 자료 분포의 경우 MCMC 방법을 이용하여 모수의 분포를 추정하는 것이 가능하다. MCMC 방법에는 프로포절 분포를 이용하여 수용 확률을 계산하는 메트로폴리스-헤이스팅스 방법과 완전 조건부 분포를 이용하여 수용 확률 계산 과정을 생략한 깁스 추출 방법이 있다.
- 깁스 추출법은 계산적 수월성이 뛰어나지만 적용 범위가 켤레성에 의해 제약되는데, 자료 증강법과 같은 최신 시뮬레이션 기술을 이용하면 이러한 제약을 상당 부분 극복할 수 있다.
- 자료 증강법이란 사후 조건부 분포의 샘플링을 용이하게 하기 위해 말 그대로 가상의 보조 모수를 모형에 증강시키는 방법이다. 자료 증강법을 통해 깁스 추출법의 적용 범위가 대폭 확대되었다.
- EM 알고리듬은 관측되지 않은 자료나 숨은 모수가 있는 모형에서 모수의 추정값을 수치적 방법으로 구하는 알고리듬이다.
- R에 있는 많은 베이지안 패키지들은 코딩 없이 베이지안 추정을 가능하게 해주는데, 가장 대표적으로 **MCMCpack**이 있다(Martin et al. 2016). R에 게재된 베이지안 패키지에 대한 소개는 Bayesian task view(https://cran.r-project.org/web/views/Bayesian.html)를 참고하라.

Part 5

분석 방법의 확장

역사의 시간성과 베이지안 분석법

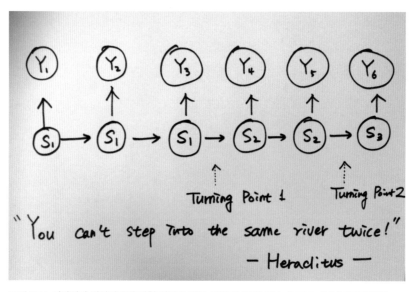

그림 10.1 시간성과 역사연구에 대한 필자의 메모. 역사적 과정을 은닉 마르코프 과정에 의해 영향받는 확률 과정으로 이해함으로써 사회과학과 역사학의 간극을 상당히 좁힐 수 있다.

제1절

사회과학과 시간성

과학에서 많은 혁신적 연구들은 기존 과학연구의 시간적 패러다임을 비판하면서 새로운 시간적 틀(temporal mode)을 제시하는 방식으로 이루어져 왔다. 몇 가지 예를 들면 다음과 같다.

과학연구의 시간적 패러다임

• 뉴튼 물리학의 시간–공간 패러다임을 혁명적으로 뒤바꾼 아인슈타인의 상대성이론 (Einstein 2015)

• 과학적 진보를 패러다임의 교체에 의한 혁명적 변화로 설명한 쿤의 과학혁명이론 (Kuhn 1996)

• 케인즈주의 거시경제예측 모형의 정태성을 비판하면서 정책 레짐의 변화가 경제 행위자의 합리적 기대에 미치는 영향을 고려한 루카스 비판(Lucas 1976)

• 전쟁과 같은 사건사 중심의 분절화된 역사 서술이 아니라 긴 시간의 지속성 속에서 사건사 이면의 보다 근원적인 역사의 흐름을 관찰하자고 주장한 프랑스의 아날학파(Braudel 1980)

• 다윈의 연속적 진화론이 화석 자료와 불일치하는 점을 비판하면서 분절적 진화 과정을 주장한 진화생물학의 단절균형이론(punctuated equilibrium theory)(Eldredge and Gould 1972)

시간성의 문제는 사실 역사학이나 자연과학만이 아니라 사회과학에서도 매우 중요한 문제이다. 특히 정량적 사회과학 방법론은 그동안 그 근저에 깔려 있는 다원주의적 시간관—사회적 체계는 시간이 지남에 따라 오직 선형적으로 그리고 점진적으로 변화한다는 생각—으로 인해 역사(사회)학자들과 정성적 연구자들의 집중적인 비판의 표적이 되어 왔다(Aminzade 1992; Abbott 2001; Mahoney and Rueschemeyer 2003; Pierson 2004; Sewell 2005).

이러한 시간성 문제에 대한 비판에도 불구하고 정량적 사회과학 방법론은 이렇다할 답변이나 대응을 하지 않아온 것이 사실이다. 예를 들어 정량적 사회과학 방법론의 가장 중요한 저작으로 간주되는 King et al.(1994)은 "설명적이라고 부르는 많은 역사학적 혹은 해석적 사회과학자들의 연구는 사실 기술적인(descriptive) 연구에 불과한 경우가 많다. 왜냐하면 이러한 연구들은 이 책에서 설명하는 보편적으로 적용 가능한 인과적 추론의 기준을 만족시키지 못하기 때문이다"라고 쓰고 있다(King et al. 1994, 45).

이런 이유로 역사적 연구와 사회과학 방법론의 대화는 단절되었다. 예를 들어 사회과학의 역사적 방법론을 연구해 온 피어슨(Paul Pierson)은 자신의 저작 *Politics in Time: History, Institutions, and Social Analysis*를 시작하면서 "이 책은 방법론(methods)에 대한 책이 아니다"라고 언급하고 있다"(Pierson 2004). 한 발 더 나아가 역사학자 소웰(William Sewell, Jr.)은 정량적 사회과학 연구자들과 소통하는 것은 "귀머거리들의 대화"(a dialogue of the deaf)라며 이들과의 소통에서 역사학자들이 얻을 수 있는 것은 별로 없다고 단정적으로 이야기한다(Sewell 2005, 13).

제2절
정상 시계열 모형

역사학자와 사회과학 경험연구자들의 단절을 이해하기 위해 시계열 자료에 대한 가장 대표적인 통계 모형인 정상 시계열 모형(Stationary Time Series Models)을 살펴보자. 만약 사회적 과정(social process)의 어떤 현상이 시간적 연속성을 가진 확률변수로 기록될 수 있다면 우리는 그 현상을 신호(signal)와 잡음(noise)으로 구분할 수 있을 것이다. 신호는 우리가 관심을 갖는 자료 생성 과정이며 잡음은 우리가 알지 못하거나 알고 싶어하지 않는 다양한 변수들의 종합적인 효과에 해당되는 영역이다. 이 잡음이 일정한 안정적 패턴을 갖는다고 전제하면 우리는 사회적 과정을 회귀분석 모형과 확률과정(stochastic process)으로 모형화할 수 있다. 가장 대표적인 정상 시계열 모형은 다음과 같은 가정을 가지고 있다.

- 약한 정상성(weak stationarity): 시계열 변수 $\{y_t\}$가 (1) 유한변이(finite variation)를 갖고 (2) 불변의 평균(constant mean)을 가지며, (3) 불변의 분산(constant variance)을 가지면 약한 정상성을 갖는다고 정의된다.
- 강한 정상성(strict stationarity): 시계열 변수 $\{y_t\}$의 결합분포가 시간과 독립적이면 강한 정상성을 갖는다고 정의된다.

강한 정상성과 약한 정상성이 공히 함의하는 바는 사회적 과정을 역사 독립적(history independence)인 것으로 가정한다는 것이다. 이는 결국 하나의 관측 단위에서 수집된 시계열 자료가 여러 개의 독립된 단위로부터 관측된 횡단(cross-sectional) 자료와 근본적 차이가 없음을 의미한다. 만약 시계열 과정이 정상적(stationary)이고 균일적(ergodic)이라면, 시계열의 평균은 횡단적(또는 앙상블(ensemble)) 평균과 같다. 즉,

$$\lim_{n \to \infty} \bar{Y}_n = \lim_{n \to \infty} \frac{1}{n} \sum_{i=1}^{n} y_i = \mu$$

$$\lim_{T \to \infty} \bar{Y}_T = \lim_{T \to \infty} \frac{1}{T} \sum_{t=1}^{T} y_t = \mu. \tag{10.1}$$

시계열 자료가 이러한 정상성을 띠기 위해서는 과거 역사의 영향을 반영한 모형을 구성해야 하는데 그 대표적인 예가 AR(1) 모형(autoregressive model of order 1)이다:

$$y_t = \phi y_{t-1} + \epsilon_t, \; \epsilon_t \sim \mathcal{N}(0, \sigma^2). \tag{10.2}$$

AR(1) 모형이 관측된 확률변수 자체의 종속성을 보여준다면, MA(1) 모형(a moving-average model of order 1)은 오차의 일차 종속성(the first-order error dependence)을 모형화한 것이다:

$$y_t = \epsilon_t + \theta \epsilon_{t-1}, \ \epsilon_t \sim \mathcal{N}(0, \sigma^2). \tag{10.3}$$

월드 재현 정리(Wold representation theorem)

월드 재현 정리에 따르면 정상적 시계열 모형은 다음과 같이 간단하게 일반화할 수 있다:

$$y_t = \sum_{j=0}^{\infty} \psi_j \epsilon_{t-j} + \mu_t. \tag{10.4}$$

식 (10.4)에서

- ϵ_t 는 백색 잡음(white noise)이고,

- $\psi_0 = 1, \ \sum_{j=0}^{\infty} \psi_j^2 < \infty$. 즉, 가중치는 시간에 영향받지 않으며 오직 j 에 의해서만

  영향받는다.

- μ_t 는 체계적인 신호에 해당되는 부분이다.

월드 재현 정리는 확률변수의 변화 과정을 선형 모형으로 근사할 수 있는 기본적인 틀을 제공해 준다는 점에서 정상 시계열 모형을 선형 회귀모형과 연결해 준다.

월드 재현 정리를 이용해서 $MA(1)$ 과정을 표현하면,

$$
\begin{aligned}
y_t &= \mu + \epsilon_t + \theta \epsilon_{t-1} \\
\psi_1 &= \theta \\
\psi_j &= 0, \ \forall j > 1.
\end{aligned}
\tag{10.5}
$$

월드 재현 정리를 이용해서 $AR(1)$ 과정을 표현하면,

$$
\begin{aligned}
y_t - \mu &= \phi (y_{t-1} - \mu) + \epsilon_t \\
y_t &= \mu + \sum_{j=0}^{\infty} \phi^j \epsilon_{t-j} \\
\psi_j &= \phi^j.
\end{aligned}
\tag{10.6}
$$

이 두 과정을 통합한 정상 시계열 모형의 일반적 형태인 $ARMA(p, q)$ 모형은

$$y_t - \mu = \phi_1(y_{t-1} - \mu) + \ldots + \phi_p(y_{t-p} - \mu) + \epsilon_t + \theta_1\epsilon_{t-1} + \ldots + \theta_q\epsilon_{t-q}.$$

(10.7)

시차연산자(lag operator 또는 백쉬프트(backshift), 이하 L로 표기)를 사용하여 $ARMA(p, q)$ 모형을 표현하면,

$$\phi(L)(y_t - \mu) = \theta(L)\epsilon_t$$
$$\phi(L) = 1 - \phi_1 L - \phi_2 L^2 - \ldots - \phi_p L^p$$
$$\theta(L) = 1 + \theta_1 L + \theta_2 L^2 + \ldots + \theta_q L^q.$$

(10.8)

식 (10.8)에서 $\phi(L) = 0$의 해가 단위원(the unit circle)의 바깥에 존재하면 또는 식 (10.4)에서 $\sum_{j=0}^{\infty} \psi_j \epsilon_{t-j} < \infty$의 조건이 만족되면 이 동적 과정은 장기적으로 하나의 안정된 균형으로 수렴한다.

(p, q) 차수가 낮은 $ARMA(p, q)$ 과정의 경우, 이 안정성 조건을 찾는 방법은 다음과 같다:

- AR(1)은 $|\phi| < 1$
- AR(2)는 $|\phi_2| < 1$, $|\phi_1 + \phi_2| < 1$, $|\phi_2 - \phi_1| < 1$,
- 그리고 ARMA(1,1)은 $|\phi| < 1$.

원자료가 정상성을 보이지 않는다 해도 1차($d=1$: $\Delta y_t = y_t - y_{t-1}$) 또는 고차 차분($d>1$, $d \in \mathcal{Z}_+$)된 원자료가 정상성을 보이면 ARIMA(p, d, q) 모형을 쓸 수 있다.

정상적 시계열 모형의 가장 중요한 속성은 (공분산) 정상성(covariance-stationarity)과 안정된 균형으로의 수렴성(ergodicity)이다. 다른 말로 하면, 정상적 시계열 모형은 역사적 과정을 안정된 균형으로의 수렴 과정으로 전제하며 역사의 개별 시기들은 서로 교환 가능한 관측단위(exchangeable over time within a fixed interval)로 간주된다.

이러한 균형-회귀적이고 교환 가능한 시간성 개념에서는 장기의 누적적 효과나 구조적 변화, 분절, 결정적 국면 등과 같은 역사학적 시간성 개념과 정면으로 배치된다. 역사사회학자인 틸리(Charles Tilly)는 역사학의 시간성에 대해 다음과 같은 유명한 언급을 남겼다:

대부분의 역사학자들은 사회사적 과정이 언제 그리고 어디서 진행되는지가 어떻게 진행되는지를 결정한다고 믿는다(Tilly 1990, 88).

이러한 관점은 어디에서 시작하든 공분산이 같고 안정된 균형으로 수렴한다는 정상적 시계열 모형의 핵심 가정과 맞지 않다. 이런 이유로 틸리는 통계학을 이용한 정량적 접근과 역사학의 시간성은 도저히 화해할 수 없는 간극이 있음을 강조하였다. 결국 역사학자들이 보는 역사의 동적 과정은 본질적으로 비균일적이고 비정상적(non-ergodic and non-stationary)이어서 중대한 변형을 거친다 해도 정상적 시계열 모형을 통해 모형화하기 어렵다고 볼 수 있다.

2.1 예제: 인구변화

역사의 동적 과정을 이해하기 위해 1장에서 소개한 세계 인구 변화 자료를 정상 시계열 모형을 이용하여 분석해 보자. 세계 인구 변화를 균형-회귀적이라고 가정하고 로그 변환과 차분을 통해 ARIMA 모형으로 추정해 보자.

먼저 자료를 다운로드한 뒤 로그 변환하고 시계열 클래스인 ts 객체로 저장한다.

```
library(readxl)
world_pop = read_xlsx("data/pop1800_2100.xlsx", sheet = 2)
sub <- subset(world_pop, year < 2020)
sub$log.pop <- log(sub$Population)
sub$log.pop <- ts(sub$log.pop, start= sub$year[1])
```

다음으로 로그 변환된 인구 변화 자료에 맞는 ARIMA 모형을 탐색한다. forecast 패키지의 auto.arima()함수는 유닛루트검정, AICc의 최소화, 그리고 최대 우도 추정법을 이용하여 "최적"의 ARIMA 모형을 탐색하는 알고리듬이다(Hyndman and Khandakar 2008).[1] "최적"이라는 표현에 따옴표를 넣은 이유는 이 알고리듬의 탐색 범위가 제한적이고 AICc라는 기준이 항상 최적의 모형을 선택해 주는 것은 아니기 때문이다. 알고리듬은 다음과 같은 순서로 진행된다.

- d를 결정: Kwiatkowski – Phillips – Schmidt – Shin(KPSS) 유닛루트 검정(unit root test)을 통해 1차 또는 2차 차분이 필요한지 확인한다.[2]
- p와 q를 결정: AICc를 지표로 삼아 p와 q를 탐색한다.

auto.arima()함수를 사용해서 모형 탐색한 결과, ARIMA(3,2,2)이 선택되었다.

```
library(forecast)
d.arima <- auto.arima(sub$log.pop)
summary(d.arima)
```

```
## Series: sublog.pop
## ARIMA(3,2,2)
##
## Coefficients:
##           ar1     ar2     ar3     ma1     ma2
##        -0.851   0.168   0.365   1.428   0.751
## s.e.    0.283   0.107   0.181   0.258   0.166
##
## sigma^2 estimated as 4.13e-06:  log likelihood=1431
## AIC=-2849    AICc=-2849   BIC=-2829
##
## Training set error measures:
##                    ME    RMSE      MAE       MPE     MAPE    MASE     ACF1
## Training set -7.25e-05  0.002  0.000347 -0.000349  0.00165  0.0363  -0.296
```

선택된 ARIMA(3,2,2)에 기반하여 분석을 진행해 보자.

....

1   AICc는 표본 크기가 작은 경우 AIC가 과적합하는 경향을 보정한 것이다. n을 표본 크기, k를 모수의 개수라고 하면,
$$\text{AICc} = \text{AIC} + \frac{2k^2 + 2k}{n - k - 1}.$$

2   KPSS 유닛루트검정은 시계열 자료를 결정론적 추세, 임의보행, 그리고 정상적 오차로 분해하여 평균과 분산이 일정한지를 검정한다. 영가설은 정상성 있음이고 대항가설은 정상성 없음이다(Kwiatkowski el al. 1992).

```
library(ggfortify)
require(ggthemes)

autoplot(sub$log.pop, size=2) +
  xlab("연도") + ylab("세계인구 (로그)") +
  labs(caption = "원자료 출처: Gapminder") +
  theme_jhp()

d.forecast <- forecast(d.arima, level = c(95), h = 50)
autoplot(d.forecast, size = 2) +
  xlab("연도") + ylab("세계인구 (로그)") +
  labs(subtitle = "검은 실선은 로그 변환된 인구이며"
    "청색 실선과 회색 영역은 예측결과",
    caption = "원자료 출처: Gapminder") +
  theme_jhp()
```

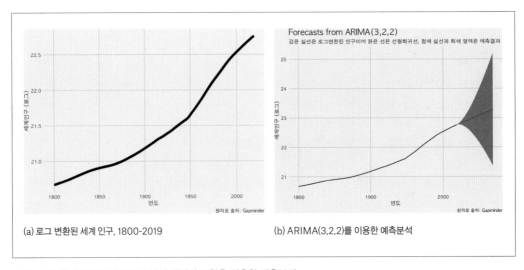

(a) 로그 변환된 세계 인구, 1800-2019 (b) ARIMA(3,2,2)를 이용한 예측분석

그림 10.2 세계 인구 변화 자료와 정상 시계열 모형을 이용한 예측분석

그림 10.2의(b)를 보면 ARIMA(3,2,2)를 이용한 예측결과가 그림 1.4에서 보이는 선형 회귀분석의 결과와 매우 유사하다는 점을 확인할 수 있다. y절편에서의 차이를 무시하면 기울기는 1800년부터 2019년까지의 자료의 정보를 골고루 반영한 결과라고 볼 수 있다.

그렇다면 1950년 이후의 자료만 가지고 다시 같은 분석을 진행하면 어떤 결과를 얻을 수 있을까?

```
y2 <- subset(sub$log.pop, start = 151)
d.arima2 <- auto.arima(y2)
summary(d.arima2)
```

```
## Series: y2
## ARIMA(1,2,2)
##
## Coefficients:
##           ar1    ma1    ma2
##          0.661  1.593  0.864
## s.e.     0.044  0.119  0.107
##
## sigma^2 estimated as 1.44e-05:  log likelihood=583
## AIC=-1157    AICc=-1157    BIC=-1148
##
## Training set error measures:
##                       ME      RMSE       MAE       MPE     MAPE    MASE    ACF1
## Training set -0.000284  0.00365  0.000585  -0.00131  0.0027  0.0363  -0.315
```

```
d.forecast2 <- forecast(d.arima2, level = c(95), h = 50)
autoplot(d.forecast2, size = 2) +
  xlab("연도") + ylab("세계인구 (로그)") +
  labs(subtitle = "검은 실선은 로그 변환된 인구이며 붉은 선은 선형회귀선,
청색 실선과 회색 영역은 예측결과",
      caption = "원자료 출처: Gapminder") +
  theme_jhp()
```

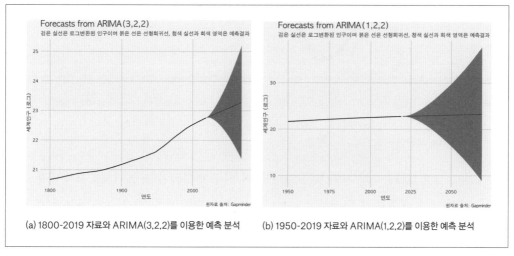

(a) 1800-2019 자료와 ARIMA(3,2,2)를 이용한 예측 분석   (b) 1950-2019 자료와 ARIMA(1,2,2)를 이용한 예측 분석

그림 10.3 정상 시계열 모형을 이용한 세계 인구 변화 예측분석

그림 10.3의 (b)를 보면 1950년 이후의 자료는 매우 완만한 패턴을 보이고 있음을 알 수 있다. 예측에 사용된 자료가 감소하면서 예측 불확실성이 크게 증가했음을 확인할 수 있다.

그런데 이렇게 패키지의 자동화된 함수를 사용하면 실제 자료가 어떻게 변환되었는지, 왜 예측적 불확실성이 증가했는지, 그 정확한 원인을 알 수 없다. 시기를 다르게 설정해도 auto.arima()는 2차 차분된 자료를 사용해야 한다고 판정하였는데, 2차 차분된 로그 자료는 무엇이고 그 패턴은 어떤 모습인가?

```
autoplot(diff(sub$log.pop, 2), ts.colour = 'brown', size=2,
        cpt.colour = 'firebrick3', cpt.linetype = 'dashed') +
xlab("연도") + ylab("인구") +
labs(caption = "원자료 출처: Gapminder") +
theme_jhp()
```

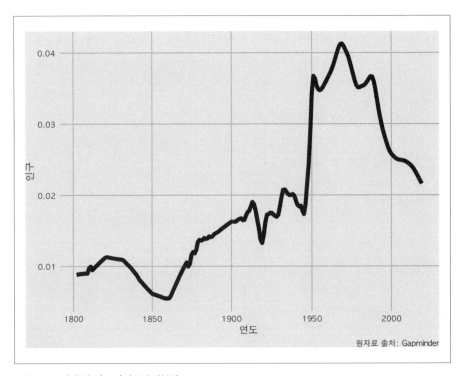

그림 10.4 세계 인구(로그)의 2차 차분값

그림 10.4는 2차 차분 및 로그 변환된 인구 변화값이다. 놀랍게도 2차 차분된 자료가 매우 강한 비선형성을 보이고 있음을 확인할 수 있다. 2차 차분된 세

계 인구는 19세기 초에 약간의 증가 이후 감소하다가 19세기 중후반부터 증가세로 돌아선 뒤, 20세기 중반까지 완만한 증가를 보이고 있다. 그렇다면 2차 차분된 로그 인구는 무엇을 의미하는가? 다음과 같이 전개하면 이를 쉽게 알 수 있다:

$$\Delta^2 \log y_t = \Delta(\log y_t - \log y_{t-1})$$
$$= \Delta \log y_t - \Delta \log y_{t-1}$$
$$\approx (t\ \text{시점에서의 퍼센트 변화}) - (t-1\ \text{시점에서의 퍼센트 변화}).$$

즉, 2차 차분된 로그 인구 자료는 지난해 대비 올해 인구 증가율의 증가폭(이를 인구 증가 가속도라고 부르자)을 보여주는 것이라고 할 수 있다. 1800년부터 전 세계 인구 증가 가속도는 꾸준히 양의 값을 보였으며 1950년대 이전에는 인구 증가 가속도가 2% 이하였으나 1950년대 이후 인구 증가 가속도가 크게 상승했음을 알 수 있다.

그림 10.4를 보면 2차 차분된 로그 인구 자료라 할지라도 정상성을 갖는 시계열 자료라고 판단하는 것이 대단히 어렵다는 것을 독자들은 쉽게 이해할 수 있을 것이다. 지난 200년 동안의 인구 증가 가속도가 하나의 균형을 갖는 안정된 확률과정이라고 보기에는 그래프의 움직임이 지나치게 급격하다. 세계사의 격변과 인류의 불연속적 발전 과정이 인구 자료에도 그대로 반영되어 있다고 보는 것이 더 타당할 것이다.

제3절
전환점 모형

시계열 자료를 모두 정상성을 가진 균형 회귀적인 과정으로 보는 정상 시계열 모형으로는 사회과학의 많은 역사적 자료를 설명하기 어렵다는 점을 확인해 보았다. 이러한 한계를 극복하기 위해 다양한 대안적 모형들이 개발되었다. 대표적인 예로 동적선형 모형(dynamic linear models 또는 상태 공간 모형(state-space model)), 마르코프 모형(Markov models), 왕복레짐 모형(regime-switching models), 전환점 모형(change-point models), 은닉 마르코프 모형(hidden Markov models), 비모수 모형(nonparametric models), 그리고 사건역사 모형(event history models) 등이 있다.

그러나 이러한 모형들은 대부분 사회과학 연구의 바깥에 머물거나 부분적으로 사회과학 연구에 수입되었을 뿐, 시간성의 문제에 대한 통일되고 일관된 방법론적 틀(methodological framework)로 제시되지 못했다. 이러한 한계를 극복하기 위해 필자는 이 장에서 사회과학 경험연구에서 시간성 문제를 종합할수 있는 하나의 통일되고 일관된 분석틀을 제시하고자 한다. 그 분석틀의 기본적인 아이디어는 베이지안 전환점 모형에 기반하고 있다.

3.1 고전파 통계학의 전환점 분석법

베이지안 전환점 분석을 살펴보기 전에 고전파 통계학의 전환점 분석에 대해 간단히 살펴보자. 전환점 분석을 위한 모형은 오랫동안 고전파 통계학의 주요 연구주제 중의 하나였다. Chow(1960)가 서로 다른 구간의 평균의 차이를 검정하는 차우검정(Chow test)을 개발한 이후 많은 빈도주의 전환점 분석 모형이 개발된 바 있다(Andrews and Ploberger 1994; Bai and Perron 1998, 2003).

차우검정은 연구자가 하나의 전환점을 알고 있다는 가정에서 출발하여 이 가정에 대한 유의성을 F검정으로 진행한다. 먼저 전환점 이전과 이후 자료에 대해 동일한 모형을 추정한다:

$$
\begin{aligned}
\boldsymbol{y}_1 &= \boldsymbol{x}_1'\beta_1 + \varepsilon, \\
\boldsymbol{y}_2 &= \boldsymbol{x}_2'\beta_2 + \varepsilon.
\end{aligned}
$$

이렇게 추정된 전후모형의 잔차제곱합을 각각 S_1과 S_2라고 부르고 전체 모형에 대한 잔차제곱합을 S_{all}이라고 부르도록 하자. 즉,

$$
S_{all} = \sum_{i=1}^{n} (y_i - \boldsymbol{x}_i'\beta)^2
$$

$$S_1 = \sum_{i \in \text{전환점 이전}} (y_i - \boldsymbol{x}_i' \beta)^2$$

$$S_2 = \sum_{i \in \text{전환점 이후}} (y_i - \boldsymbol{x}_i' \beta)^2.$$

차우검정은 전환점을 기준으로 자료를 나누어 분석하는 것이 전체 자료를 하나의 모형으로 분석하는 것보다 얼마나 더 설명력의 향상을 가져오는지를 다음과 같은 F 통계를 통해 확인한다.

차우검정을 위한 F 통계

$$\frac{(S_{all} - (S_1 + S_2))/k}{(S_1 + S_2)/(N_1 + N_2 - 2k)} \sim F_{(k, N_1 + N_2 - 2k)}. \tag{10.9}$$

앞 장에서 사용된 2차 차분된 로그 세계 인구 자료의 전환점을 차우검정을 이용해 확인해 보자. 전환점 분석을 위해 로그 변환된 세계 인구가 국지적으로 는 AR(1)모형을 따른다고 가정하였다. 시계열 자료의 전환점 분석을 위한 고전 파 통계분석 방법을 잘 소개하고 있는 strucchange 패키지를 사용할 것이다.

```
library(strucchange)
y <- diff(sub$log.pop, 2)
lagy <- stats::lag(y, k = -1)
df.pop <- cbind(y, lagy)
df.pop <- window(df.pop, start = 1803, end = 2019)
colnames(df.pop) <- c("y", "lagy")
```

```
pop.model <- y ~ lagy
fs <- Fstats(pop.model, data=df.pop)
plot(fs)
```

그림 10.5의 붉은색 가로 선은 영가설 기각 경계선이다. 즉 F 검정값이 이 선을 넘지 않으면 전환점이 없다는 영가설을 기각할 수 없다. 그림 10.5는 2차 차분된 로그 세계 인구 자료의 AR(1) F 통계값이 1950년 이후에 경계선을 넘

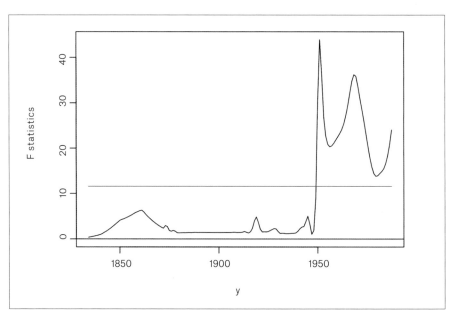

그림 10.5 2차 차분된 로그 세계 인구 자료의 AR(1) F 통계값. 붉은색 가로 선은 영가설(전환점 없음) 기각 경계선이다.

고 있음을 잘 보여준다. 즉, 전환점이 없다는 영가설을 1950년 이후 자료에 대해서는 유지하기 어려움을 의미한다.

     보다 정확하게 전환점을 찾기 위해 breakpoints() 함수를 사용해 보자. breakpoints() 함수는 Bai and Perron(2003) 논문에서 제시한 다중 전환점 추정방법을 구현한 것이다. 이 방법은 동적 프로그래밍(dynamic programming) 방법을 이용하여 "최적"의 자료 분할 방법을 잔차제곱합(residual sum of squares)을 이용해서 계산한다.

```
set.seed(1)
out <- breakpoints(diff(sub$log.pop, 2) ~ 1)
summary(out)
```

```
##
##    Optimal (m+1)-segment partition:
##
## Call:
## breakpoints.formula(formula = diff(sublog.pop, 2) ~ 1)
##
## Breakpoints at observation number:
```

```
##
## m = 1                    146
## m = 2         77      147
## m = 3         77      147 186
## m = 4      74 107     147 186
## m = 5   39 73 105     147 186
##
## Corresponding to breakdates:
##
## m = 1                       1947
## m = 2         1878          1948
## m = 3         1878          1948 1987
## m = 4      1875 1908 1948 1987
## m = 5   1840 1874 1906 1948 1987
##
## Fit:
##
## m     0        1        2        3        4        5
## RSS  2.4e-02  5.5e-03  3.3e-03  1.4e-03  1.3e-03  1.1e-03
## BIC -1.4e+03 -1.7e+03 -1.8e+03 -1.9e+03 -2.0e+03 -2.0e+03
```

출력된 결과를 확인해 보면 모두 5개의 전환점(1840년, 1874년, 1906년, 1948년, 그리고 1987년)이 추정되었음을 확인할 수 있다. 원자료와 추정된 전환점을 함께 시각화해 보자. 출력된 결과에서 "Corresponding to breakdates:"부분을 보면 5개의 전환점 중에서 1947-1948년이 가장 일관된 전환점으로 검정된다는 것을 확인할 수 있다. 그 다음으로 1878년이 두 번째로 일관된 전환점으로 검정된다.

```
break.dates <-
paste(summary(out)$breakdates[nrow(summary(out)$breakdates),],
                 collapse=" ")
autoplot(out, ts.colour = 'brown', size=\DecValTok{2},
         cpt.colour = 'firebrick3', cpt.linetype = 'dashed') +
  xlab("연도") + ylab("인구") +
  labs(subtitle=paste0("세계인구 (로그) 예측: 전환점 = ", break.dates),
    caption = "원자료 출처: Gapminder") +
  theme_jhp()
```

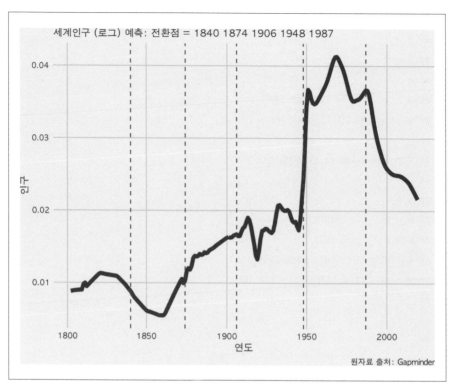

그림 10.6 세계 인구 2차 차분값의 전환점. Bai and Perron(2003)의 방법을 이용한 추정

그림 10.6은 2차 차분된 원자료와 추정된 전환점이 함께 제시되어 있다. 1950년의 전환점은 직관적으로 잘 확인되지만 나머지 전환점은 그리 직관적이지 않다. 평균을 추정하는 모형을 사용했기 때문에 평균의 급격한 변화가 전환점에 의해 확인되어야 함에도 1840년과 1874년, 그리고 1906년은 거짓양성(false positive) 판정으로 생각될 정도로 눈에 띄는 평균의 변화가 보이지 않는다.

제4절
은닉 마르코프 모형

차우검정이나 Bai and Perron(2003)과 같은 고전파 통계학의 전환점 분석법은 종속변수가 연속변수가 아닌 경우에는 적용이 어렵다는 중대한 한계를 가지고 있다. 또 유의성 검정에 의존한 경우가 많아 전환점의 수, 전환점의 발생확률, 전환이 일어나는 속도 등에 대한 정보를 얻기가 어렵다. 마지막으로 고전파 통계학의 전환점 분석법은 점근적(asymptotic) 가정에 기반한 것이어서 모형이 복잡해지거나 자료의 수가 적은 경우 검정 강도(strength)가 약해질 수 있다.

이러한 한계를 극복하기 위해서 이 책은 은닉 마르코프 모형(hidden Markov model, HMM)을 통해 전환점 생성 과정을 모형화하는 모형 중심적 접근을 취한다. HMM에 기반한 접근법은 검정 중심의 전환점 분석 방법과 달리 전환점의 발생 과정이 은닉 상태변수(hidden state variable)에 의해 결정된다고 본다. 이 은닉 상태변수는 자료 증강법에서 말한 보조 변수와 같은 기능을 한다고 볼 수 있다.[3]

이 책에서 사용하게 될 HMM은 이산형 유한상태(discrete finite state) HMM으로 다음과 같이 정의된다.

HMM

이산형 유한상태 HMM은 자료와 은닉 상태변수의 결합분포로 다음과 같이 표현된다:

$$p(\boldsymbol{y}, S) = p(\boldsymbol{y}|S)p(S) = \overbrace{p(s_1)p(y_1|s_1)}^{\text{초기분포}} \prod_{t=2}^{n} \overbrace{p(s_t|s_{t-1})}^{\text{전이확률}} \overbrace{p(y_t|s_t)}^{\text{관측확률}}. \tag{10.10}$$

- 초기분포(initial probability): 자료가 처음 시작하는 시점의 초기상태($p(s_1)$)로 외생적으로 결정된다. 이 초기상태로부터 최초의 관측자료가 생성되면서 마르코프 체인이 시작된다.
- 전이확률(transition probability): 마르코프 체인의 움직임을 설명하는 전이행렬의 구성 요소이다. 체인의 움직임을 결정한다.
- 관측확률(observation probability): 흔히 방출확률(emission probability)이라고도 불리는데, 현재 시점의 은닉 상태변수를 전제로 관측자료가 생성되는 과정을 설명한다.

식 (10.10)에서 S는 정수값을 취하는 은닉 상태변수 벡터이며 s_t는 t시점에서 현실화된 은닉 상태변수이다:

$$S = \{(s_1, ..., s_n) \colon s_t \in \{1, ..., M\}, t = 1, ..., n\}.$$

....

3   HMM에 대한 일반적인 소개로는 다음 문헌을 참고하라: Robert et al.(2000); Cappe et al.(2005); Teh et al.(2006); Fox et al.(2011).

HMM의 은닉 상태변수는 마르코프 체인이므로 마르코프 체인의 조건부 독립성(conditional independence)이라는 중요한 성질을 가지고 있다. 그림 10.7은 조건부 독립성을 그래프로 보여주고 있다. 관측자료는 해당 시점의 은닉 상태변수에 의해서 생성되는데 은닉 상태변수는 마르코프 과정을 따라 전이된다. 관측되는 세계와 숨은 세계를 가로 점선이 구분하고 있다.

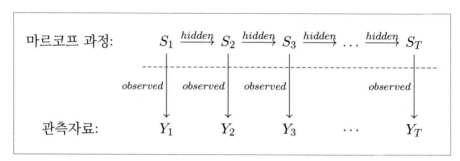

그림 10.7 HMM의 조건부 독립성

HMM의 조건부 독립성은 현재의 은닉 상태 s_t를 전제하면 현재 관측된 자료는 지금까지의 관측자료의 역사($y_1, y_2, ..., y_{t-1}$)와 은닉 상태의 역사($s_1, s_2, ..., s_{t-1}$)와 모두 독립적이라는 의미로 해석될 수 있다. 이를 정의하면 다음과 같이 쓸 수 있다.

Definition 4.1

HMM 조건부 독립성

$$p(y_t|s_1, s_2, ..., s_t, y_1, y_2, ..., y_{t-1}) \approx p(y_t|s_t). \qquad (10.11)$$

다른 말로 하면, 직전 은닉 상태변수가 현재의 관측자료를 예측하기 위해 필요한 모든 정보를 포함하고 있으며 그보다 더 이전의 정보(상태변수 혹은 관측자료)는 현재의 관측자료를 예측하는 데에 추가적인 정보를 제공하지 않는다는 것이다.

은닉 마르코프 과정의 전이행렬은 비균일적인(non-ergodic) 것과 균일적인(ergodic) 것으로 나눌 수 있다. 먼저 균일적 은닉 마르코프 모형의 전이행렬은

$$P = \begin{pmatrix} p_{11} & p_{12} & p_{13} & \cdots & p_{1,M} \\ p_{21} & p_{22} & p_{23} & \cdots & p_{2,M} \\ \cdots & \cdots & \cdots & \cdots & \cdots \\ p_{M-1,1} & p_{M-1,2} & & p_{M-1,M-1} & p_{M-1,M} \\ p_{M,1} & p_{M,2} & & p_{M,M-1} & p_{M,M} \end{pmatrix} \qquad (10.12)$$

과 같은 형태를 취한다. 마르코프 체인이 앞으로 전진하거나 뒤로 후진하는 것이 모두 가능하기 때문에 모든 상태공간을 방문할 수 있다.

반면 비균일적 은닉 마르코프 모형의 전이행렬은 마르코프 체인의 움직임이 제한되는 경우인데, 대표적인 예가 전진 비균일(forward moving non-ergodic) 은닉 마르코프 모형이다:

$$P = \begin{pmatrix} p_{11} & p_{12} & 0 & \cdots & & 0 \\ 0 & p_{22} & p_{23} & \cdots & & 0 \\ \cdots & \cdots & \cdots & & \cdots & \cdots \\ 0 & 0 & 0 & p_{M-1,M-1} & & p_{M-1,M} \\ 0 & 0 & & 0 & & 1 \end{pmatrix}. \qquad (10.13)$$

체인이 레짐 1에서 시작하면 레짐 2로 움직이거나 레짐 1에 머무를 수는 있지만 그 이외의 레짐으로 바로 옮겨가지는 못한다. 만약 체인이 레짐 2로 움직이면 다시 레짐 1로 오지는 못하고 레짐 2에 머물거나 레짐 3으로 옮겨갈 수밖에 없다. 이렇게 현재 상태에 머물거나 전진할 수밖에 없는 은닉 마르코프 모형을 전진 비균일 은닉 마르코프 모형이라고 부른다.

4.1 HMM에 대한 통계적 추론

HMM에 대한 통계적 추론 방법으로 가장 유명한 알고리듬은 FBA(forwards backwards algorithm)이다. 이 알고리듬에 대한 아이디어는 바움(Leonard E. Baum, 1931-2017)과 웰치(Lloyd R. Welch, 1927-현재)에 의해 개발되어서 바움-웰치 알고리듬이라고도 불린다(Baum and Petrie 1966; Baum et al. 1970). FBA 알고리듬은 은닉 상태변수의 계산을 통해 최대 우도 추정치를 찾는 EM 알고리들의 특수한 형태라고 볼 수 있다.

아래 예제에서 우리는 초기분포, 전이확률, 그리고 관측확률을 모두 알고 있다고 가정하고 이에 기반해서 은닉 상태변수를 추론하는 것을 목표로 한다. 이러한 가정이 실제 자료분석에서는 상당히 무리한 것임은 자명하다. 뒤에 베이지안 전환점 분석에서는 이러한 정보를 모두 갖고 있지 않은 상태에서 전이확률과 관측확률의 모수, 그리고 은닉 상태변수를 추론하는 방법을 소개할 것이다.

먼저 전이행렬을 다음과 같이 가정해 보자:

$$P = \begin{pmatrix} 0.9 & 0.1 \\ 0.1 & 0.9 \end{pmatrix}.$$

이 전이행렬을 이용하여 각 레짐 평균은 1과 -1이고 분산은 1을 공유하는 2-상태 정규분포 HMM으로 부터 관측자료를 임의로 생성해 보자.

```
set.seed(1)
N = 200
K = 2
mu.state = c(1, -1)
P = cbind(c(0.9,0.1),c(0.1,0.9))
sd = 1

## 은닉 상태변수를 생성
Z = c(1, rep(NA, N-1))
for(t in 2:N){
  Z[t] = sample(K, size=1, prob=P[Z[t-1],])
}
table(Z)
```

생성된 은닉 상태변수에서 레짐 1은 141번, 레짐 2는 59번 등장했음을 확인할 수 있다.

```
## Z
##   1   2
```

이제 이 은닉 상태변수를 이용해 관측자료(X)를 생성해 보자.

```
## 관측자료 생성
X = rnorm(N, mean=mu.state[Z], sd=sd)
```

생성된 자료를 은닉 상변변수와 함께 시각화해 보면 그림 10.8과 같다.

```
df.hmm <- data.frame(x = 1:length(Z),
                     state = Z, y = X, mu = mu.state[Z])
df.hmm$state <- as.factor(df.hmm$state)
ggplot(df.hmm, aes(x = x, y = y, color=state)) +
  geom_point(size=5, alpha=0.5) +
  labs(color="은닉 상태변수") +
  theme_jhp()
```

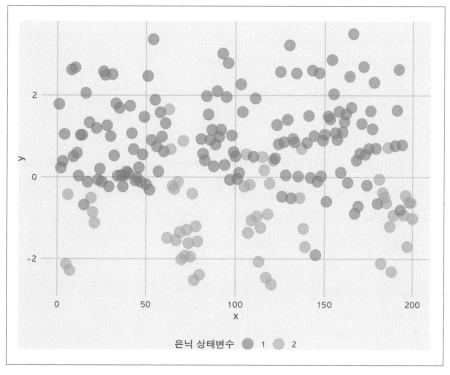

그림 10.8 2-상태 HMM 정규분포 모형에 의해 생성된 자료

은닉 상태변수를 추론하기 위해 가장 먼저 우리는 전진확률(forwards probabilities)을 계산할 것이다. 전진확률이란 t시점까지의 관측자료와 은닉 상태변수의 결합분포로

$$\alpha_t(s_t) = p(y_{1:t}, s_t) = \sum_{k=1}^{K} p(y_{1:t}, s_t, s_{t-1}=k). \tag{10.14}$$

식 (10.14)에서 $y_{1:t}$는 t시점까지의 모든 히스토리, 즉 $(y_1, ..., y_t)$이다.

마르코프 체인의 특성을 이용하여 식 (10.14)를 좀 더 간단히 정리하면

$$\alpha_t(s_t) = \sum_{k=1}^{K} p(y_t|s_t, s_{t-1}=k, y_{1:t-1}) p(s_t|s_{t-1}=k, y_{1:t-1}) p(y_{1:t-1}, s_{t-1}=k). \tag{10.15}$$

조건부 독립을 이용하여 이를 더 정리하면 다음과 같은 전진확률 계산식을 얻을 수 있다.

> FBA를 이용한 HMM 은닉 상태변수의 전진확률
>
> $$\alpha_t(s_t) = p(y_t|s_t) \sum_{k=1}^{K} p(s_t|s_{t-1}=k) \alpha_{t-1}(s_{t-1}). \tag{10.16}$$

식 (10.16)을 자세히 보면 $t-1$에서의 결합분포를 전이 확률을 거쳐 t에서의 조건부 자료분포와 곱해 주면 t시점까지의 모든 히스토리가 반영된 관측자료와 은닉 상태변수의 결합분포를 구할 수 있음을 알 수 있다.

식 (10.16)을 **R** 코드로 구현하면 다음과 같다.[4]

```
#s1에 대한 사전 분포를 가정
pi = c(0.5, 0.5)
# Pr(y_t | s_t=k)
emit = function(k,x){
```

[4] 스티픈스(Matthew Stephens)의 강의노트(https://stephens999.github.io/fiveMinuteStats/hmm.html)에 소개된 코드를 수정한 것임을 밝힌다.

```
     dnorm(x, mean=mu.state[k], sd=sd)
}
alpha = matrix(nrow = N, ncol=K)
# alpha[1,]를 초기화
for(k in 1:K){
   alpha[1,k] = pi[k] * emit(k,X[1])
}
## Forward algorithm
for(t in 1:(N-1)){
  m = alpha[t,] %*% P
  for(k in 1:K){
     alpha[t+1,k] = m[k]*emit(k,X[t+1])
  }
}
head(alpha)
```

```
##                [,1]      [,2]
## [1,] 1.47e-01 4.16e-03
## [2,] 3.91e-02 3.48e-03
## [3,] 1.17e-02 1.08e-03
## [4,] 4.25e-03 1.05e-04
## [5,] 1.14e-05 1.10e-04
## [6,] 3.07e-06 3.37e-05
```

전진확률은 $n \times K$ 행렬로 출력되었다. 전진확률의 마지막 행을 더하면

$$\sum_{k=1}^{K} p(y_{1:n}, s_n=k)=p(y_{1:n})$$

로 우도를 얻을 수 있다.

이제 후진확률(backwards probabilities)을 구할 차례이다. 후진확률은 아래와 같은 결합분포를 가리킨다:

$$\beta_t(s_t)=p(y_{t+1:n}|s_t)=\sum_{k=1}^{K} p(y_{t+1:n}, s_{t+1}=k|s_t). \tag{10.17}$$

식 (10.17)에서 $y_{t+1:n}$는 $t+1$시점부터 자료의 끝점까지의 모든 히스토리, 즉

$(y_{t+1}, \ldots, y_n)$이다.

식 (10.17)의 오른쪽 항에서 K개의 상태에 대해 합산되는 개별항은

$$p(y_{t+1:n}, s_{t+1}=k|s_t=k) = p(y_{t+2:n}, y_{t+1}, s_{t+1}=k|s_t)$$
$$= p(y_{t+2:n}|y_{t+1}, s_{t+1}=k, s_t) p(y_{t+1}|s_{t+1}=k, s_t) p(s_{t+1}=k|s_t)$$
$$= p(y_{t+2:n}|s_{t+1}=k) p(y_{t+1}|s_{t+1}=k) p(s_{t+1}=k|s_t).$$

여기서 $p(y_{t+2:n}|s_{t+1}=k) = \beta_{t+1}(s_{t+1})$이므로 후진확률 계산식은 다음과 같이 정리할 수 있다.

FBA를 이용한 HMM 은닉 상태변수의 후진확률

$$\beta_t(s_t) = \sum_{k=1}^{K} \beta_{t+1}(s_{t+1}) p(s_{t+1}=k|s_t) p(y_{t+1}|s_{t+1}=k). \tag{10.18}$$

후진확률 계산식 (10.18)을 **R** 코드로 구현하면 다음과 같다:

```
## Backwards algorithm
beta = matrix(nrow = N, ncol=K)
# beta 초기화
for(k in 1:K){
  beta[N,k] = 1
}
for(t in (N-1):1){
  for(k in 1:K){
    beta[t,k] = sum(beta[t+1,]*P[k,]*emit(1:K,X[t+1]))
  }
}
head(beta)
```

```
##              [,1]      [,2]
## [1,] 1.20e-140 5.51e-141
## [2,] 4.33e-140 2.49e-140
## [3,] 1.38e-139 1.47e-139
## [4,] 3.44e-139 3.02e-138
```

```
## [5,] 3.13e-138 1.59e-137
## [6,] 1.05e-137 5.20e-137
```

이제 후진확률과 전진확률을 곱한 뒤에 정규화하면—각 행의 합으로 나누
어주면—은닉 상태변수의 사후 확률분포를 구할 수 있다.

FBA를 이용한 HMM 은닉 상태변수의 사후 확률분포

$$p(s_t=k|y_1, \ldots, y_n) = \frac{\alpha_t(s_t=k)\beta_t(s_t=k)}{\sum_{j=1}^{K} \alpha_t(s_t=j)\beta_t(s_t=j)}. \tag{10.19}$$

R 코드에서는

```
ab = alpha*beta
prob = ab/rowSums(ab)
head(prob)
```

```
##          [,1]   [,2]
## [1,] 0.9871 0.0129
## [2,] 0.9514 0.0486
## [3,] 0.9108 0.0892
## [4,] 0.8213 0.1787
## [5,] 0.0200 0.9800
## [6,] 0.0181 0.9819
```

은닉 상태변수의 사후 확률분포를 통해 은닉 상태변수에 대한 기대값을 구
할 수 있다.

```
df.hmm$prop1 <- prob[,1]
df.hmm$prop2 <- prob[,2]
df.hmm$post.state <- as.factor(ifelse(df.hmm$prop1>0.5, 1, 2))
table(df.hmm$post.state)
```

```
##
##   1   2
## 146  54
```

레짐 1이 146번, 레짐 2가 54번 추정되어 참값(141, 59)에 근접했음을 알 수 있다. 추정결과와 실제 참값을 하나의 데이터 프레임 df.hmm으로 묶으면 다음과 같다.

```
head(df.hmm)
```

```
##   x state      y mu  prop1  prop2 post.state
## 1 1     1  1.782  1 0.9871 0.0129          1
## 2 2     1  0.223  1 0.9514 0.0486          1
## 3 3     1  0.384  1 0.9108 0.0892          1
## 4 4     1  1.047  1 0.8213 0.1787          1
## 5 5     2 -2.130 -1 0.0200 0.9800          2
## 6 6     2 -0.423 -1 0.0181 0.9819          2
```

데이터 프레임 df.hmm을 이용하여 추정된 은닉 상태를 실제 참값과 비교해 보자.

```
ggplot(df.hmm, aes(x = x, y = y, color=post.state)) +
  geom_point(size=5, alpha=0.5) +
  geom_point(aes(x = x, y = y, color=state), size=2, alpha=1) +
  labs(color="은닉 상태변수") +
  theme_jhp()
```

그림 10.9에서 은닉 상태의 참값은 진한 작은 원으로, 추정된 값은 연한 큰 원으로 표시되었다. 대부분 정확하게 추정되었으며 소수의 잘못 할당된 상태변수가 있음을 확인할 수 있다. 할당 오류 비율(misallocation ratio)은 다음과 같이 계산할 수 있다.

```
mean(df.hmm$state != df.hmm$post.state)
```

```
## [1] 0.045
```

할당 오류 비율이 0.045로 매우 작다. HMM에 대한 FBA가 매우 효율적인 알고리듬임을 알 수 있다. 그러나 명심할 점은 여기서 전환점의 수와 전이행렬을 알고 있다고 가정했다는 점이다. 다음 장에서는 이러한 가정을 모두 배제한 베이지안 HMM 추정법에 대해 논의할 것이다.

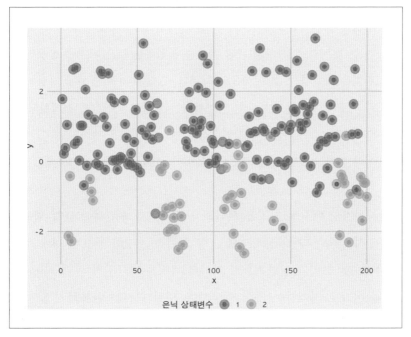

그림 10.9 은닉 마르코프 모형의 추정결과. 연한 점은 추정치이며 진한 점은 참값

제5절
비균일 은닉 마르코프 모형을 이용한 역사 연구

긴 역사적 과정을 분절점을 가진 작은 사회적 과정으로 분절시켜 분석하는 것을 역사학에서는 분절화(periodization)라고 부른다. 분절점은 결정적 국면(critical junctures)과 같은 중요한 역사적 변화를 의미하며 그 분절점 사이에 진행되는 역사적 과정은 진화적, 점진적, 안정적 과정을 특징으로 한다.

역사학에서 말하는 분절시기(periods)는 "설명변수의 변이를 보여주는 중요한 사건, 변화, 혹은 전환점"(important events, changes, or turning points that can be conceptualized as markers of variation in a potentially important explanatory variable)으로 정의된다(Lieberman 2001, 1017). 분절화는 많은 역사학자들에 의해 역사학의 고유한, 그리고 가장 중요한 방법론적 도구로 간주된다(Gellner 1992; Katznelson 1997; Lieberman 2001; Ahn 2005). 그러나 동시에 이 분절화 작업은 많은 편향과 오류를 만들어 낼 수 있는 민감한 작업이기도 하다. 예를

들어 한 역사학자는 분절화의 어려움을 다음과 같이 토로하고 있다.

"분절화는 역사학의 작업중에서 매우 난감한 작업 중 하나이다. 역사학자들이 잘 알고 있는 것처럼, 역사의 일관된 기간을 확인하는 것은 과거에 발생한 자명한 전환점을 발견하는 것 이상을 포함한다. 그것은 사회 형성에 가장 중요한 문제나 과정이 무엇인지에 대한 역사학자들의 사전적 판단을 전제한다. 역사가들이 대량의 정보를 분류하고 연속성과 변화의 패턴을 인식할 수 있게 하는 기준이나 원칙의 수립을 요구하는 작업이다"(Bentley 1996, 749).

어떤 역사학자도 역사적 과정을 하나의 균형점으로 수렴하는 균형 회귀적 과정으로 간주하지 않는다. 미시적으로 균형 회귀적 가정이 필요한 경우가 있겠지만, 거시적으로 그리고 일반적으로 역사적 과정은 비균일적 과정(a non-ergodic process)이라고 전제하는 것이 타당하다. 또한 역사는 반복되지 않는다. 하나의 레짐이 지나가고 난 뒤 비슷한 레짐이 등장할 수는 있지만 같은 레짐이 반복된다고 가정하는 것은 역사학적 가정과 잘 맞지 않는다. 비반복적(non-recurrent) 레짐 변화를 가정하는 비균일 은닉 마르코프 모형이 정량적 역사 연구에 적합한 또다른 이유이다.

그러나 비균일 은닉 마르코프 모형이 매 역사적 과정을 비반복적, 균형 이탈적, 비정상적으로 보는 것은 아니다. 국지적으로 나타나는 은닉 레짐들(hidden regimes 또는 hidden states)은 안정된 정상적 과정을 갖는다고 볼 수 있다.

비균일 은닉 마르코프 모형의 시간성

• 비균일 은닉 마르코프 모형은 역사적 과정을 "국지적인 안정적 과정들이 결정적 국면에 의해 불연속적으로 연결된 장기의 비균일적, 비정상적 과정"(a list of locally stationary processes connected through critical junctures)으로 바라본다.

이러한 이론적 강점 외에도 비균일 마르코프 모형은 다음과 같은 기술적인 장점이 있다.

비균일 마르코프 모형의 장점

- 초기분포를 따로 계산하지 않아도 된다. 항상 레짐 1에서 출발하여 레짐 M까지 전진하기 때문에 초기분포는 $\pi = (1, ..., 0)$으로 정의할 수 있다.
- 레짐의 순서가 미리 정해져 있기 때문에 레짐의 이름이 뒤바뀌면서 샘플링 결과가 서로 뒤섞이는 라벨 교체 문제(label switching problem)의 발생 가능성이 줄어든다. 물론 레짐의 수가 증가하고 각 레짐을 정확히 정의할 자료가 충분치 않으면 비균일 HMM에서도 라벨 교체 문제가 발생할 수 있다. 이에 대해서는 Frühwirth-Schnatter(2006)의 자세한 설명을 참조하라.
- 레짐의 해석이 용이하다. 레짐의 순서가 미리 정해져 있고 한번 등장한 레짐은 다시 등장하지 않기 때문에 레짐을 해당 시기에 대한 국지적 묘사로 쉽게 이해할 수 있다.
- 같은 레짐이 반복해서 등장하는 레짐 순환(regime switching) 과정도 다수의 레짐을 추적하면 쉽게 모형화할 수 있다. 예를 들어 2개의 레짐이 순환하는 1-2-1-2로 진행되는 과정은 비균일 HMM에 의해 4개의 레짐 전환인 1-2-3-4로 추정될 것이다. 레짐 3이 레짐 1과 유사하고 레짐 4가 레짐 2와 유사하다는 점을 균형 HMM은 사전적으로 가정한 뒤 추정한다면 비균일 HMM은 모든 레짐이 상이하다고 전제하여 각 레짐의 모수를 추정한 뒤에 이를 사후적으로 비교하는 방법으로 레짐 순환을 추론할 수 있다.

요약 | 시간성과 베이지안 분석법

- 과학에서 많은 혁신적 연구들은 기존 과학연구의 시간적 패러다임을 비판하면서 새로운 시간적 틀을 제시하는 방식으로 이루어져 왔다.
- 정량적 사회과학 방법론은 그동안 그 근저에 깔려 있는 다원주의적 시간관—사회적 체계는 시간이 지남에 따라 오직 선형적으로 그리고 점진적으로 변화한다는 생각—으로 인해 역사(사회)학자들과 정성적 연구자들의 집중적인 비판의 표적이 되어 왔다.
- 균형-회귀적이고 경로 독립적인 시간성 개념을 전제하는 정상적 시계열 모형은 장기의 누적적 효과나 구조적 변화, 분절, 결정적 국면 등과 같은 시간성 개념과 조화되기 어렵다. 이에 반해 전환점은 양적으로 측정 가능한 중요한 질적 변수로 역사 연구의 핵심 개념 중의 하나이다.
- 전환점 측정을 위한 다양한 모형이 존재하지만 모형의 직관성, 계산적 용이성, 분석의 일관성, 그리고 해석의 수월성이라는 측면에서 HMM을 이용한 베이지안 전환점 추정 모형이 매우 유용하다.
- 베이지안 비균일 HMM은 각종 회귀분석 모형과 쉽게 결합이 가능해서 그 확장의 폭이 매우 넓다고 볼 수 있다. 일반 선형 모형이나 패널 모형, 시계열 모형 등과 같은 복잡한 모형과도 쉽게 결합하여 다양한 자료로부터 전환점에 대한 정보를 연구자에게 제공해 준다.

11

베이지안 전환점 분석 모형

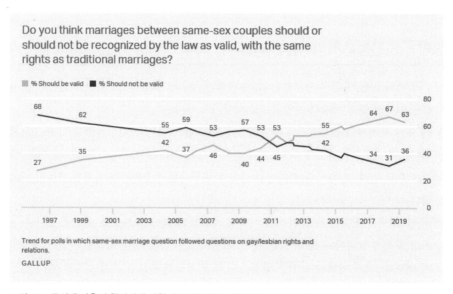

그림 11.1 동성애 결혼의 합법성에 대한 미국여론의 역사적 변화. 동성애 결혼 합법성에 대한 지지 여론이 반대 여론보다 많아지는 지점을 동성애 인식에 대한 전환점으로 본다면, 2011-2012년이 미국 내 동성애 여론에서의 역사적 전환점으로 평가될 수 있다. 전환점 분석은 사회과학 자료에서 발견되는 이러한 역사적 변화의 발생 여부, 위치, 속도 등을 연구하는 유용한 도구이다. 출처: 갤럽(https://news.gallup.com/poll/1651/gay-lesbian-rights.aspx)

10 장에서 살펴본 HMM 분석방법은 연구자가 초기분포, 전이확률, 그리고 전환점의 수 등을 알고 있다고 가정하고 이에 기반해서 은닉 상태변수를 추론하는 것을 목표로 하였다. 또한 자료 생성 과정을 설명함에 있어서 설명변수 없는 무조건적 모형(an unconditional model)을 자료분포로 가정하였다.

그러나 사회과학 연구자들은 초기분포, 전이확률, 그리고 전환점의 수 자체가 연구질문의 대상인 경우가 많다. 예를 들어 "지난 200년 동안의 국제정치에서 국가 간 전쟁 발발 메커니즘은 몇 번의 구조적 변화를 겪었는가?"와 같은 연구질문은 전환점의 수 자체가 관심 대상이다. 또는 "불평등이 경제발전에 미치는 영향은 지난 200년 동안 어떻게 변화했는가?"라는 연구질문은 경제발전을 종속변수로, 불평등을 설명변수로, 그리고 이들의 내생성을 통제할 수 있는 통제변수가 포함된 구조적 모형(structural model)을 이용한 전환점 추정을 요구한다. 이런 이유로 사회과학에서 전환점 분석은 단순히 종속변수의 평균변화를 찾는 것이 아니라 구조적 모형의 변화 지점을 찾는 구조적 변화(structural change)에 대한 분석으로 불려 왔다(Poirier 1976; Andrews 1993; Bai and Perron 1998; Hansen 2001; Bai and Perron 2003; Qu and Perron 2007; Park 2010).

제1절

베이지안 선형 회귀분석 전환점 모형

종속변수가 연속 확률변수로 가정될 수 있는 역사자료의 경우, 우리는 선형 회귀분석 모형을 전환점 분석에 결합할 수 있다. 이 경우 자료의 분포는 다음과 같은 구조를 띠게 된다:

$$y_t = \begin{cases} \boldsymbol{x'}_t \boldsymbol{\beta}_1 + \sigma_1 \varepsilon_t & \text{만약} \quad t_0 \le t < \tau_1 \\ \quad \vdots \quad \vdots \\ \boldsymbol{x'}_t \boldsymbol{\beta}_M + \sigma_M \varepsilon_t & \text{만약} \quad \tau_{M-1} \le t < T. \end{cases} \tag{11.1}$$

식 (11.1)과 같은 이러한 구조를 갖는 자료를 생성해 보자.

```
library(MCMCpack)
set.seed(1119)
n <- 200
x1 <- runif(n)
true.beta1 <- c(0, -2)
true.beta2 <- c(0,  2)
true.Sigma <- c(1, 1)
true.s <- rep(1:2, each=n/2)

mu1 <- cbind(1, x1[true.s==1])%*%true.beta1
mu2 <- cbind(1, x1[true.s==2])%*%true.beta2

y <- as.ts(c(rnorm(n/2, mu1, sd=sqrt(true.Sigma[1])),
             rnorm(n/2, mu2, sd=sqrt(true.Sigma[2]))))
formula=y ~ x1
```

위 코드는 선형 회귀분석의 모수인 β와 σ가 은닉 상태의 변화에 따라 다른 값으로 변화하는 선형 회귀분석 모형으로부터 자료를 생성하였다. 모수의 값이 변하는 자료의 중간 지점(n/2)이 우리가 찾고자 하는 전환점이다.

이 모형의 사후 확률분포는 자료 증강법을 이용해

$$p(\boldsymbol{\beta}, \sigma^2, P | \boldsymbol{y}) = \int p(\boldsymbol{\beta}, \sigma^2, S, P | \boldsymbol{y}) \, dS \tag{11.2}$$

라고 쓸 수 있다. S는 정수값을 취하는 은닉 상태변수 벡터이고 s_t는 t시점에서 현실화된 은닉 상태변수이다:

$$S=\{(s_1, ..., s_n): s_t \in \{1, ..., M\}, t=1, ..., n\}.$$

전진 비균일(forward moving non-ergodic) 전이행렬 P는 $M \times M$ 행렬로 M은 전체 은닉 상태의 수이다.

$$\underset{M \times M}{P} = (p_1, ..., p_M)$$

켤레성을 이용하기 위해 HMM 전이행렬의 i번째 줄 p_i은 일반적으로 디리클레분포를 사전분포로 사용한다:

$$p_i \sim \text{Dirichlet}(\alpha_{i,1}, ..., \alpha_{i,M}), i < M. \tag{11.3}$$

그러나 전진 비균일 HMM인 경우 p_i에서 0이 아닌 원소가 $(p_{i,i}, p_{i,i+1})$뿐이므로 베타분포를 사전분포로 사용한다.

전진 비균일 HMM의 초기 은닉 상태분포는 항상 레짐 1에서 시작하기 때문에

$$\pi = (1, 0, ..., 0). \tag{11.4}$$

나머지 사전분포는 켤레성을 이용하기 위해 β에는 다중 정규분포를, σ^2에는 역감마분포를 사전 확률분포로 사용할 것이다.

전진 비균일 선형 회귀분석 HMM의 자료분포는

$$\prod_{t=1}^{n}(y_t|\beta, \sigma^2, S, P) = p(y_1|s_1, \beta_1, \sigma_1^2)$$

$$\prod_{t=2}^{n}\sum_{m=1}^{M} p(y_t|s_t=m, \beta_{s_t}, \sigma_{s_t}^2)\Pr(s_t=m|s_{t-1}, \boldsymbol{y}_{1:t-1}, \beta, \sigma^2). \tag{11.5}$$

식 (11.5)에서 β_{s_t}와 $\sigma_{s_t}^2$는 모수가 취하는 값이 해당 시점의 은닉 상태변수(S_t)에 따라 달라진다는 점을 나타낸다.

사전분포와 자료분포를 결합하여 정리하면 선형 회귀분석 HMM의 사후 확률분포를 다음과 같이 쓸 수 있다.

선형 회귀분석 HMM의 사후 확률분포

$$p(\beta, \sigma^2, S, P|\boldsymbol{y}) = \prod_{t=1}^{n}(y_t|\beta, \sigma^2, S, P)\, \mathcal{N}(\beta_0, \mathcal{B}_0)\, \mathcal{IG}(c_0, d_0)\, p(S|P) \prod_{i=1}^{M} p(p_i).$$

(11.6)

사후 확률분포가 매우 복잡한 구조를 가진 것처럼 보이지만 은닉 상태변수가 추출되면 β_m와 σ_m^2의 추출을 위한 사후 완전 조건부 분포는 M개의 블록으로 이어진 다중 정규-역감마분포임을 알 수 있다. 따라서 MCMC 샘플링에서 추출된 은닉 상태변수에 의해 자료의 전환점이 결정되고 그렇게 결정된 전환점을 바탕으로 자료를 M개의 블록으로 나누어서 그 블록에 해당되는 β_m와 σ_m^2을 추출하면 된다.

β_m의 사후 확률분포는 앞 장에서 설명한 선형 회귀모형에 대한 베이지안 추정법을 각 레짐에 적용하면 된다.

선형 회귀분석 HMM에서 β 샘플링

$$\beta_m|\boldsymbol{y}, S, \boldsymbol{P}, \sigma^2 \sim \mathcal{N}(\beta_{1,m}, \boldsymbol{B}_{1,m})$$

$$\boldsymbol{B}_{1,m} = \left(\boldsymbol{B}_0^{-1}\beta_0 + \frac{\sum_{t \in \text{Regime } m} \boldsymbol{x}_t'\boldsymbol{x}_t}{\sigma_m^2}\right)^{-1}$$

(11.7)

$$\beta_{1,m} = \boldsymbol{B}_{1,m}\left(\boldsymbol{B}_0^{-1}\beta_0 + \frac{\sum_{t \in \text{Regime } m} \boldsymbol{x}_t'y_t}{\sigma_m^2}\right).$$

σ_m^2의 사후 확률분포 역시 앞 장에서 설명한 선형 회귀모형의 분산에 대한 베이지안 추정법을 각 레짐에 적용하면 된다. n_m을 레짐 m에서의 관측치의 수라고 정의하면,

---

선형 회귀분석 HMM에서 σ^2 샘플링

$$\sigma_m^2 | \boldsymbol{y}, \boldsymbol{\beta}, S, \boldsymbol{P} \sim \mathcal{IG}\left(c_0 + \frac{n_m}{2}, d_0 + \frac{\sum_{t \in \text{Regime } m}(y_i - \boldsymbol{x'}_i \boldsymbol{\beta}_m)^2}{2}\right) \tag{11.8}$$

은닉 상태변수 샘플링은 앞서 설명한 FBA를 변형한 Chib(1998)의 알고리듬을 이용한다. 먼저 Chib(1998)의 알고리듬을 이해하기 위해 모수없는 전체 관측기간 $T=2$인 은닉 상태변수의 결합분포를 다음과 같이 풀어서 써보자:

$$p(s_1, s_2) = p(s_2) p(s_1 | s_2).$$

이와 같은 방식으로 우리는 모수 $(\boldsymbol{\beta}, \sigma^2, \boldsymbol{P})$와 자료를 전제로 한 은닉 상태변수의 사후 조건부 결합분포를 자료의 끝점(T)에서부터 시작점까지 조건부 분포의 곱으로 쓸 수 있다:

$$p(s_1, \dots, s_T | \boldsymbol{y}, \boldsymbol{\beta}, \sigma^2, \boldsymbol{P}) = p(s_T | \boldsymbol{y}, \boldsymbol{\beta}, \sigma^2, \boldsymbol{P}) \dots p(s_t | s_{t+1}, \dots, s_T, \boldsymbol{y}, \boldsymbol{\beta}, \sigma^2, \boldsymbol{P}). \tag{11.9}$$

$$= p(s_1 | s_2, \dots, s_T, \boldsymbol{y}, \boldsymbol{\beta}, \sigma^2, \boldsymbol{P}). \tag{11.10}$$

이제 베이즈 정리와 은닉 상태변수의 조건부 독립을 이용하여 $p(s_t | s_{t+1},$ $\dots, s_T, \boldsymbol{\beta}, \sigma^2, y)$를 단순화시켜 나가보자.

먼저 베이즈 정리를 이용하면,

$$p(s_t | s_{t+1}, \dots, s_T, \boldsymbol{y}, \boldsymbol{\beta}, \sigma^2, \boldsymbol{P}) \propto p(s_t, s_{t+1}, \dots, s_T | \boldsymbol{y}, \boldsymbol{\beta}, \sigma^2, \boldsymbol{P})$$

$$\propto p(s_{t+1}, \dots, s_T | s_t, \boldsymbol{\beta}, \sigma^2, \boldsymbol{P}, \boldsymbol{y}) p(s_t | \boldsymbol{y}, \boldsymbol{\beta}, \sigma^2, \boldsymbol{P})$$

$$\propto \underbrace{p(s_{t+1} | s_t, \boldsymbol{P})}_{t \text{에서 } t+1 \text{로의 전이확률}} \underbrace{p(s_t | \boldsymbol{\beta}, \sigma^2, \boldsymbol{P}, \boldsymbol{y})}_{\text{사후 은닉 상태확률}}$$

$$\tag{11.11}$$

사후 은닉 상태 확률$(p(s_t | \boldsymbol{\beta}, \sigma^2, \boldsymbol{P}, \boldsymbol{y}))$을 계산하는 것은 약간 복잡하다.

먼저 m 레짐에 대한 사후 은닉 상태 확률을 생각해 보자. 이는 베이즈 정리를 이용해 다음과 같이 풀어서 쓸 수 있다:

$$p(s_t=m|\boldsymbol{y}, \beta, \boldsymbol{P}, \sigma^2)=\frac{p(s_t=m, y_t|\boldsymbol{y}_{1:t-1}, \beta, \boldsymbol{P}, \sigma^2)}{p(y_t|\boldsymbol{y}_{1:t-1}, \beta, \boldsymbol{P}, \sigma^2)} \qquad (11.12)$$

식 (11.12)의 우항의 분자를 베이즈 정리를 이용해 풀어보면,

$$p(s_t=m, y_t|\boldsymbol{y}_{1:t-1}, \beta, \boldsymbol{P}, \sigma^2)=p(s_t=m|\boldsymbol{y}_{1:t-1}, \beta, \boldsymbol{P}, \sigma^2)$$

$$\overbrace{p(y_t|s_t=m, \boldsymbol{y}_{1:t-1}, \beta, \sigma^2, \boldsymbol{P})}^{\text{은닉레짐이 } m \text{일 때의 한 스텝 앞 자료에 대한 예측분포}}$$

$$(11.13)$$

우항의 두 번째 값은 닉레짐이 m일 때의 한 스텝 앞 자료에 대한 예측분포이므로 이를 풀어쓰면,

$$p(s_t=m, y_t|\boldsymbol{y}_{1:t-1}, \beta, \boldsymbol{P}, \sigma^2)=p(s_t=m|\boldsymbol{y}_{1:t-1}, \beta, \boldsymbol{P}, \sigma^2)p(y_t|\boldsymbol{y}_{1:t-1}, \beta_m, \sigma_m^2).$$

$$(11.14)$$

β_m은 은닉레짐이 m일 때의 β이다. $\boldsymbol{P}$는 자료분포에 영향을 주지 않기 때문에 오른쪽 항에서 생략되었다. 정규화를 위한 분모는 분자를 s_t에 대해서 한계화(marginalization)하면 얻을 수 있다.

식 (11.14)의 좌항은 이제 다음과 같이 정리된다:

$$p(s_t=m, y_t|\boldsymbol{y}_{1:t-1}, \beta, \sigma^2, \boldsymbol{P})=\frac{p(s_t=m|\boldsymbol{y}_{1:t-1}, \beta, \sigma^2, \boldsymbol{P})p(y_t|\boldsymbol{y}_{1:t-1}, \beta_m, \sigma_m^2)}{\sum_{k=m-1}^{M} p(s_t=k|\boldsymbol{y}_{1:t-1}, \beta, \boldsymbol{P})p(y_t|\boldsymbol{y}_{1:t-1}, \beta_k, \sigma_k^2)}.$$

$$(11.15)$$

식 (11.13)의 우항의 첫 번째 값인 $p(s_t=m|\boldsymbol{y}_{1:t-1}, \beta, \boldsymbol{P}, \sigma^2)$을 계산하는 방법을 생각해 보자. 이는 전이확률과 이전 시점에서의 사후 은닉 상태 확률을 곱하여 구할 수 있다:

$$p(s_t=m|\boldsymbol{y}_{1:t-1}, \beta, \sigma^2, \boldsymbol{P}) = \sum_{k=m-1}^{M} p(s_t|s_{t-1}=k, \boldsymbol{P})\, p(s_{t-1}=k|\boldsymbol{y}_{1:t-1}, \beta, \sigma^2, \boldsymbol{P}).$$

(11.16)

전이행렬 샘플링은 전이행렬의 각 행에서 0이 아닌 전이확률(p_{kk}, $1-p_{kk}$)에 대해 진행한다. 켤레성을 이용하면 p_{kk}의 사전 베타분포로부터 사후 베타분포를 다음과 같이 도출할 수 있다:

전이행렬 샘플링

$$p_{kk} \sim Beta(a_0 + j_{k,k},\ b_0 + j_{k,k+1}). \qquad (11.17)$$

식 (11.17)에서 p_{kk}는 k 레짐에 머무를 확률이다. $j_{k,k}$는 S에서 레짐 k에 머무르는 빈도를, $j_{k,k+1}$는 레짐 k에서 레짐 $k+1$로 점프한 빈도를 나타낸다. 전이행렬의 각 줄을 이와 같은 방식으로 첫 줄부터 $M-1$줄까지 추정해서 전이행렬을 완성한다.

MCMCpack에 있는 MCMCregressChange()를 통해 선형 회귀분석 전환점 모형을 추정해 보자(Martin et al. 2016). 먼저 하나의 전환점과 설명변수 하나를 갖는 선형 회귀분석 HMM자료를 생성해 보자.

```
b0 <- 0
B0 <- 0.1 ## B0 is a precision (i.e. the inverse of variance)
sigma.mu=var(y)
sigma.var=sigma.mu^2
c0 <- 4 + 2 * (sigma.mu^2/sigma.var)
c0
d0 <- 2 * sigma.mu * (c0/2 - 1)
d0
```

β의 사전 확률분포는 $N(0, 10)$으로 설정하였다. σ^2의 사전 확률분포는 역감마분포($IG(c_0, d_0)$)인데, 역감마분포의 상위모수(hyperparameter)는 종속변수의 분산과 분산의 제곱으로 설정하였다. p_i의 사전 확률분포는 디폴트값인

Beta(1,1)로 정하였다. 그림 11.2는 Beta(1,1)의 확률분포를 보여준다. Beta(1,1)은 전환점의 발생 위치에 대해 연구자가 사전정보가 없음을 의미한다.

```
sigma.mu=sd(y)
sigma.var=var(y)
curve(dbeta(x, 1, 1), lwd = 5, xlim=c(0, 1), ylim=c(0,3),
      ylab="f(y)", xlab="y", col='firebrick4')
```

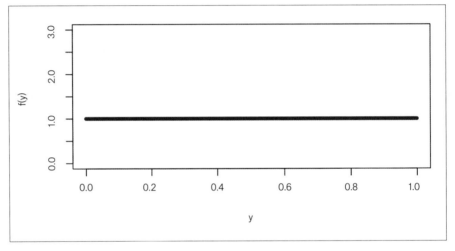

그림 11.2 Beta(1, 1)

생성된 자료에 베이지안 선형 회귀분석 전환점 모형을 추정해서 전환점의 위치와 전환점의 수, 모수의 변화, 그리고 전환속도 등을 학습해 보자.

```
library(tictoc)
tic("MCMCregressChange model check")
sim0 <- MCMCregressChange(formula, m=0, b0=b0,B0=B0,mcmc=1000,burnin=1000,
    sigma.mu=sigma.mu, sigma.var=sigma.var, marginal.likelihood="Chib95")
sim1 <- MCMCregressChange(formula, m=1, b0=b0,B0=B0,mcmc=1000,burnin=1000,
    sigma.mu=sigma.mu, sigma.var=sigma.var,marginal.likelihood="Chib95")
sim2 <- MCMCregressChange(formula, m=2, b0=b0, B0=B0, mcmc=1000, burnin=1000,
    sigma.mu=sigma.mu, sigma.var=sigma.var, marginal.likelihood="Chib95")
toc()
```

```
## MCMCregressChange model check: 9.532 sec elapsed
```

3개의 모형에 대해 자료의 시작부터 끝까지 FBA 샘플링을 진행하면서 2,000번의 MCMC 추정과 2,000번의 한계우도 계산을 진행하는데 약 9초의 시간밖에 걸리지 않았다.

전환점 수를 확인하기 위해 세 모형으로부터 추정된 로그 한계우도(log marginal likelihood) 측정치를 비교해 보자. 잉여 레짐(redundant regime)이 존재하거나 레짐 결핍(regime deficiency)이 있는 경우 모형과 자료의 부적합이 더 심해지고 이에 따라 로그 한계우도가 더 작아지기 때문에 로그 한계우도를 비교해서 적정 전환점 수를 판정할 수 있다.

```
BayesFactor(sim0, sim1, sim2)[3]
```

```
## BF.logmarglike
##                sim0 sim1 sim2
## logmarglike -372 24.2 27.9
```

Kass and Raftery(1995)가 제시한 척도를 따르면 전환점이 하나도 없는 모형에 비해 전환점이 하나 이상인 모형이 자료를 더 잘 설명한다는 압도적인 증거가 있다고 결론 내릴 수 있다. 그러나 전환점이 하나인 모형과 2개인 모형 사이에서 아직 판단을 내리기는 쉽지 않다. 전환점 2개인 모형의 로그 한계우도가 다소 크지만 그 차이가 압도적이지 않아서 사후분석 결과를 이용해서 두 모형을 더 자세히 비교해 봐야 한다.

```
par(mfrow=c(1,2), mai=c(0.4, 0.6, 0.3, 0.05), cex.main=0.5)
plotState(sim1, main="전환점 1개")
plotState(sim2, main="전환점 2개")
```

전환점의 수를 정확히 판정하기 위해서 두 모형의 은닉 상태변수 확률분포를 시각화해서 비교해 보도록 하자. 그림 11.3의 왼쪽 패널은 전환점이 1개인 모형으로부터 작성된 것인데, 은닉 상태변수 확률분포가 우리가 전환점 분석에서 예상하는 바대로 진행되고 있음을 알 수 있다. 자료의 시작점에서 레짐 1의 확률이 1로 시작해서 자료 중간에서 급감한 뒤 0으로 지속되고, 반대로 레짐 2의 확률은 0에서 시작해서 중간지점에서 급증하여 1로 지속되고 있다.

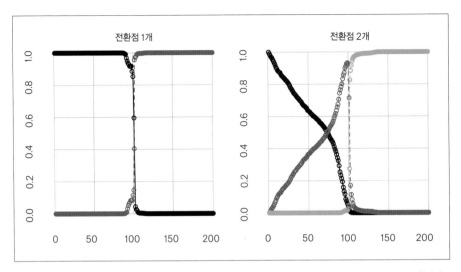

그림 11.3 선형 회귀모형 은닉 상태변수 사후확률분포. 왼쪽 패널은 전환점이 1개인 모형, 오른쪽 패널은 전환점이 2개인 모형

반면 그림 11.3의 오른쪽 패널은 우리가 기대하는 은닉 상태변수의 확률분포와 매우 다른 모습을 보여준다. 특히 레짐 2(붉은색)의 확률변화가 매우 불안정하여 레짐 2가 제대로 확인되지 못한 모습을 보인다. 잉여 레짐이 존재할 때 이와 같은 비정상적인 은닉 상태변수의 확률분포가 나타난다. 따라서 전환점이 2개인 경우 잉여 레짐이 발생하므로 전환점을 1개로 보는 것이 타당하다는 결론을 내릴 수 있다.

전환점의 위치는 은닉 상태변수의 움직임을 통해 쉽게 확인할 수 있다. 그림 11.3의 왼쪽 패널에서 두 은닉 상태변수의 확률이 교차되는 지점은 레짐 1과 레짐 2가 관측될 가능성이 같은 곳이고 이를 두 레짐이 교차하는 전환점으로 정의할 수 있다.

은닉 상태변수의 움직임을 통해 우리는 전환점확률(changepoint probability)을 계산할 수 있다. 즉 특정 시기에 전환점이 발생할 가능성을 하나의 확률분포로 계산할 수 있고 이 분포를 이용해 전환점의 기대값과 확률구간을 계산할 수 있다. plotChangepoint()에서 verbose=TRUE로 놓으면 전환점의 기대값을 계산해서 보여주고 전환점 확률분포를 시각화해서 보여준다.

```
par(mar=c(3,3,2,1), mgp=c(2,.7,0), tck=.02, cex.main=0.5)
plotChangepoint(sim1, verbose=TRUE)
```

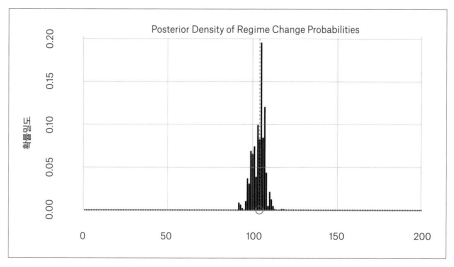

그림 11.4 선형 회귀모형 전환점 분석의 전환확률

```
@@@@@@@@@@@@@@@@@@@@@@@@@@@@@@@@@@@@@@@@@@@@@@@@@@@@@@@@@@@@@@@@@@@
## Expected changepoint(s)  103
## Local means for each regime are  -0.9 1.08
@@@@@@@@@@@@@@@@@@@@@@@@@@@@@@@@@@@@@@@@@@@@@@@@@@@@@@@@@@@@@@@@@@@
```

추정결과 $t = 103$이 전환점의 기대값이며 두 레짐의 평균이 -0.90에서 1.08
로 변화했음을 알 수 있다.

이제 전환점 모형으로 추정된 두 레짐의 모수 추정값을 출력하여 실제 참
값과 비교해 보자.

```
print(summary(sim1), digits=2)
```

```
## Iterations = 1:1000
## Thinning interval = 1
## Number of chains = 1
## Sample size per chain = 1000

## 1. Empirical mean and standard deviation for each variable,
   plus standard error of the mean:

##                       Mean    SD Naive SE Time-series SE
## (Intercept)_regime1   1.20  0.21   0.0067         0.0067
## x1_regime1           -2.30  0.38   0.0119         0.0107
```

```
## (Intercept)_regime2  -1.00 0.19    0.0060         0.0060
## x1_regime2             2.08 0.34    0.0106         0.0101
## sigma2_regime1         1.13 0.16    0.0051         0.0051
## sigma2_regime2         0.88 0.13    0.0040         0.0043


## 2. Quantiles for each variable:


##                        2.5%   25%    50%    75% 97.5%
## (Intercept)_regime1    0.78  1.06   1.20   1.34  1.61
## x1_regime1            -3.02 -2.54  -2.30  -2.06 -1.50
## (Intercept)_regime2   -1.36 -1.13  -1.00  -0.87 -0.62
## x1_regime2             1.45  1.85   2.09   2.30  2.75
## sigma2_regime1         0.86  1.02   1.11   1.23  1.47
## sigma2_regime2         0.66  0.79   0.87   0.96  1.16
```

기울기 추정값을 보면 실제값인 −2에서 2로의 변화를 잘 추적하고 있음을 확인할 수 있다. 다만 95퍼센트 확률구간이 다소 넓게 추정된 것을 확인할 수 있다. 이는 모수추정에서의 불확실성과 함께 전환점 분석의 불확실성이 반영된 결과로 해석할 수 있다. 전환점의 수, 위치, 실제 모수값 등을 모두 모르는 값으로 간주하고 이에 대한 추정을 진행하기 때문에 전환점 분석의 추정치는 일반 은닉 마르코프 모형이나 회귀분석 모형에 비해 불확실성이 증가할 수밖에 없다.

1.1 모음 없음, 완전 모음, 그리고 부분 모음

여기서 전환점에 대한 불확실성이 충분히 고려된 기울기 추정값(β_{hmm})은 숨은 레짐의 기울기($\beta_1, ..., \beta_m$)에 대한 부분 모음(partial pooling)이라고 볼 수 있다. 부분 모음이란 모음 없음(no pooling)과 완전 모음(complete pooling)의 가중 평균인데, 다수준 모형이나 베이지안 위계모형 추정치의 중요한 특징이다(Gelman and Hill 2007). 이 세 가지 추정치에 대해 간단히 설명해 보면 다음과 같다.

전환점에 대한 세 가지 추정치
- 모음 없음(no pooling): 사전정보를 기준으로 자료를 쪼개서 분석한 결과.

$$p(\beta_m | \boldsymbol{y}_m) \propto p(\beta_m) p(\boldsymbol{y}_m | \beta_m)$$

- 완전 모음(complete pooling): 전환점을 무시하고 전체 자료를 분석한 결과.

$$p(\beta|\boldsymbol{y}) \propto p(\beta)p(\boldsymbol{y}|\beta)$$

- 부분 모음(partial pooling): 전환점의 불확실성으로 자료를 가중 평균한 결과.

$$p(\beta|\boldsymbol{y}) \propto \int p(\boldsymbol{y}|\beta, \boldsymbol{P}, S)p(\beta)p(\boldsymbol{P}, S)dpds$$

모음 없음은 우리가 전환점에 대한 사전정보를 확실히 알고 있다고 가정하고 이 정보에 기반해서 모수를 추정하는 것이다. 회귀분석에서 사용하는 시기 더미변수 분석(period dummy variable analysis)이 이에 해당한다. 예를 들어 2차 세계대전이 중요한 전환점이라고 확신하는 연구자는 그 전과 후를 구분하는 더미변수를 설정하여 모형 안에 포함시키거나 이 시점을 기준으로 자료를 나눈다. 모음 없음 추정치는 이렇게 전환점에 대한 사전정보의 확실성에 의존하기 때문에 사전정보의 정확성을 사후적으로 확인하기 어렵고 또 전환점의 영향이 주어진 시점부터 결정론적으로 시작된다고 보기 때문에 완만한 변화나 지체된 변화 등을 제대로 담을 수 없다. 따라서 모음 없음 방법은 우리가 가진 전환점에 대한 사전정보를 지나치게 신뢰한 나머지 전환점에 대한 정보를 자료로부터 업데이트하는 것을 거부하는 접근이라고 볼 수 있다.

완전 모음은 전환점에 대한 사전정보와 사후학습의 필요성을 모두 거부하고 자료가 하나의 안정된 자료 생성 과정에 의해 만들어졌다고 보는 접근이다. 완전 모음 방법은 모수에 대한 정보를 자료 전체로부터 얻으며 자료 전체에 대해 모두 동일한 가중치를 부여한다. 관측자료 이후의 미래 자료를 예측할 때에도 완전 모음 방법은 직전의 자료가 멀리 떨어진 자료보다 더 많은 정보를 가지고 있다는 직관적인 사실을 무시하고 자료 전체의 평균이 가장 정확한 예측치라고 간주한다.

부분 모음은 이러한 두 가지 극단적인 입장 가운데에서 합리적인 중용을 추구하는 방법이라고 볼 수 있다. 부분 모음은 사전정보와 자료를 통해 얻은 사후정보를 종합하여 전환점에 대한 정보를 확보한 뒤, 이를 이용하여 자료의 각 부분에 대한 정보를 집계한다. 예를 들어 β가 M개의 레짐($\beta_1, ..., \beta_M$)을 갖는다면, t시점에서의 부분 모음 β는,

$$\beta_{s_t}^{\text{부분 모음}} = \sum_{m=1}^{M} p(s_t = m | \boldsymbol{y}) \beta_m \tag{11.18}$$

로 표현할 수 있다. 즉, t시점에서 각 β의 은닉 상태변수 확률을 이용한 가중평균이 β의 부분 모음값이라고 할 수 있다.

모음 없음 방법이 전환점 분석에서 찾은 전환점의 위치와 유사한 정보를 가지고 있다면, 즉 연구자의 사전정보가 자료에서 학습한 전환점 정보와 매우 유사하다면, 이 세 가지 추정치를 비교해 볼 수 있다.

아래에서는 MCMCpack의 MCMCregress()를 사용해서 완전 모음과 모음 없음 추정치를 추출하여 MCMCregressChange()를 이용하여 추정한 부분 모음 추정치와 비교하는 분석을 진행할 것이다.

모음 없음의 경우 자료를 나누어 추정치를 구해야 하는데, 여기서는 전환점 위치의 참값을 연구자가 미리 알고 있다고 가정하였다. 전환점 참값을 반영한 모음 없음 추정치가 가장 성능이 좋을 것이기 때문에 부분 모음 추정치가 모음 없음 추정치에 얼마나 가까운 성능을 보일 것인가를 확인하는 것이 관건이 된다.

```
complete.pool.mcmc <- MCMCregress(formula, b0=b0, B0=B0,
                                   mcmc=1,000, burnin=1,000,
                                   sigma.mu=sigma.mu,
                                   sigma.var=sigma.var)
data = data.frame(y, x1)
no.pool.mcmc1 <- MCMCregress(formula,
                              data=data[rep(c(T, F), each = n/2), ],
                              b0=b0, B0=B0, mcmc=1,000, burnin=1,000,
                              sigma.mu=sigma.mu, sigma.var=sigma.var)
no.pool.mcmc2 <- MCMCregress(formula,
                              data=data[rep(c(F, T), each = n/2), ],
                              b0=b0, B0=B0, mcmc=1,000, burnin=1,000,
                              sigma.mu=sigma.mu, sigma.var=sigma.var)
```

이 세 가지 추정방법을 비교하기 위해 density.compare()라는 함수를 작성하였다. density.compare()는 세 개의 MCMC 객체(no.pool, complete.pool, partial.pool)를 입력값으로 가지며 이들 각각의 사후 확률분포밀도를 시각화해서 비교해 준다.

```r
denstiy.compare <- function(no.pool, complete.pool, partial.pool,
                            true.beta = 0,
                            title="", subtitle="",
                            caption=""){
  df.dens <- data.frame(no.pool, complete.pool, partial.pool)
  colnames(df.dens) <- c("no pooling", "complete pooling", "partial
pooling")
  df.dens.long <- tidyr::gather(df.dens, type, value)
  g.dens <- ggplot(df.dens.long, aes(value, fill = type, colour = type))
+
    geom_density(alpha = 0.1) +
    geom_vline(xintercept = true.beta, col="red", linetype = "longdash")
+
    theme_jhp() + xlab("value") + ylab("density") +
    labs(title = title, subtitle = subtitle,
         caption = caption, colour=NULL, fill=NULL)
  return(g.dens)
}
```

density.compare()를 이용해서 기울기에 대한 세 개의 추정치를 전환점 전후로 나누어 비교해 보자.

```r
## beta 1 compare
beta1pre.complete <- complete.pool.mcmc[, 1]
beta1post.complete <- complete.pool.mcmc[, 1]
beta1pre.no.pool <- no.pool.mcmc1[, 1]
beta1post.no.pool <- no.pool.mcmc2[, 1]
beta1pre.partial <- sim1[, 1]
beta1post.partial <- sim1[, 3]

## beta 2 compare
beta2pre.complete <- complete.pool.mcmc[, 2]
```

```
beta2post.complete <- complete.pool.mcmc[, 2]

beta2pre.no.pool <- no.pool.mcmc1[, 2]

beta2post.no.pool <- no.pool.mcmc2[, 2]

beta2pre.partial <- sim1[, 2]

beta2post.partial <- sim1[, 4]


## draw plots

complete.pool = beta2pre.complete

no.pool = beta2pre.no.pool

partial.pool = beta2pre.partial

denstiy.compare(no.pool, complete.pool, partial.pool,
                true.beta = true.beta1[2],
                subtitle="레짐 1의 기울기 추정치 비교: 세로선이 참값")
```

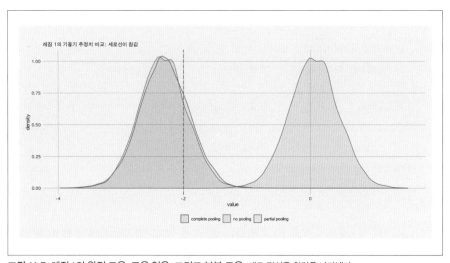

그림 11.5 레짐 1의 완전 모음, 모음 없음, 그리고 부분 모음. 세로 점선은 참값을 나타낸다.

그림 11.5는 레짐 1 기울기에 대한 추정치들을 비교하고 있다. 완전 모음 추정치(붉은색)는 참값(-2)과 매우 큰 격차를 보여주고 있다. 기울기가 레짐 1에서 2로 바뀌면서 +2에서 -2로 급격하게 변화했지만 완전 모음 추정치는 이 둘의 정보를 무시한 결과 전체 자료의 기울기를 0으로 추정하고 있다. 반면 부분 모음 추정치(파란색)는 실제 전환점 정보를 반영한 모음 없음 추정치(초록색)와 거의 근사한 모습을 보이고 있다.

```
complete.pool = beta2post.complete
no.pool = beta2post.no.pool
partial.pool = beta2post.partial
denstiy.compare(no.pool, complete.pool, partial.pool,
                true.beta = true.beta2[2],
                subtitle="레짐 2의 기울기 추정치 비교: 세로선이 참값")
```

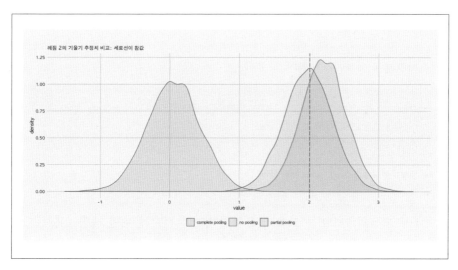

그림 11.6 레짐 2의 완전 모음, 모음 없음, 그리고 부분 모음. 세로 점선은 참값을 나타낸다.

그림 11.6은 레짐 2 기울기에 대한 추정치들을 비교하고 있다. 완전 모음 추정치(붉은색)는 참값(+2)과 매우 큰 격차를 보이며 전체 평균값이 0에 자리 잡고 있다. 반면 부분 모음 추정치(파란색)는 참값에 가까운 곳에 사후 확률분포가 위치해 있다. 모음 없음(초록색) 역시 참값에 가까운 곳에 위치하고 있다.

추정치의 정확도를 정밀하게 비교하기 위해 제곱근 평균 제곱오차(root mean squared error, RMSE)를 계산하는 함수를 작성해서 각각의 추정치 샘플에 적용해 보자.

```
RMSE <- function(sample, true){sqrt(mean((sample-true)^2))}
no.pool = beta2pre.no.pool
partial.pool = beta2pre.partial
cat("Regime 1 no pooling RMSE: ", RMSE(no.pool, true=true.beta1[2]), "\n")
```

```
## Regime 1 no pooling RMSE:  1.76
```

```
cat("Regime 1 partial pooling RMSE:",RMSE(partial.pool,true=true beta1[2]), "\n")
```

```
## Regime 1 partial pooling RMSE:  1.77
```

```
no.pool = beta2post.no.pool
partial.pool = beta2post.partial
cat("Regime 2 no pooling RMSE: ", RMSE(no.pool, true=true.beta2[2]), "\n")
```

```
## Regime 2 no pooling RMSE:  1.69
```

```
cat("Regime 2 partial pooling RMSE:",RMSE(partial.pool,true=true. beta2[2]),
    "\n")
```

```
## Regime 2 partial pooling RMSE:  1.77
```

부분 모음의 RMSE를 모음 없음의 RMSE와 비교해 보면 레짐 1에서는 두 추정치의 RMSE가 거의 차이를 보이지 않으며, 레짐 2에서는 부분 모음 추정치의 RMSE가 약간 더 크다는 점을 확인할 수 있다. 즉, 전환점의 위치에 대한 정보가 없음에도 불구하고 베이지안 전환점 모형은 전환점 위치 정보를 반영한 모음 없음 추정치와 거의 근사한 성능을 보여주고 있다.

마지막으로 MCMC 체인의 성능을 점검하기 위해 추적 그래프를 그려보자. 세 개의 모수에 대한 샘플이 전환점 이전과 이후에 매우 안정된 형태로 추출되었음을 확인할 수 있다. 전환점의 개수를 1개로 상정한 모형에서 모수에 대한 샘플이 안정되게 추출된다는 점은 연구자가 상정한 전환점의 수와 자료의 정보가 비교적 일치한다는 점을 보여준다.

```
par(mfrow=c(1,2), mai=c(0.4, 0.6, 0.3, 0.05), cex.main=0.8)
plot(sim1, density=FALSE)
```

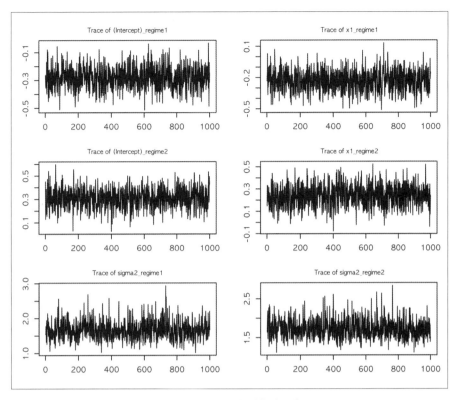

그림 11.7 1개의 전환점을 갖는 선형 회귀분석 전환점 모형의 추적 그래프

제2절
프로빗 회귀분석 전환점 모형

종속변수가 이분변수인 경우, 우리는 종속변수와 설명변수가 맺는 국지적 안정성을 프로빗 회귀분석 모형으로 모형화하고 이 국지적 모수의 변화를 전환점을 이용하여 설명할 수 있다. 이렇게 구성되는 모형을 프로빗 회귀분석 전환점 모형(probit regression changepoint model)이라고 부른다(Park 2011).[1] 물론 로짓 모형을 이용할 수 있지만 프로빗 모형을 이용하는 결정적인 이유는 계산적 효율성과 해석의 용이함 때문이다. 로짓 모형도 자료증강법을 이용해 깁스 추출을 진행할 수 있다(Frühwirth-Schnatter and Frühwirth 2010). 그러나 Albert and Chib(1993)을 이용한 프로빗 모형의 자료증강법이 더 간단하고 모수 역시 오즈

......
1   프로빗 회귀분석 전환점 모형에 대한 보다 자세한 논의는 Park(2011)를 참조하라.

비가 아니라 확률로 직접 해석이 가능하다는 장점이 있다.

전환점이 있는 프로빗 모형을 통해 자료가 생성되는 과정은 다음과 같이 쓸 수 있다:

$$\Pr(y_t=1 | \boldsymbol{x}_t) = \begin{cases} \Phi(\boldsymbol{x}'_t \boldsymbol{\beta}_1) & \text{for } t_0 \leq t < \tau_1 \\ \vdots & \vdots \\ \Phi(\boldsymbol{x}'_t \boldsymbol{\beta}_M) & \text{for } \tau_{M-1} \leq t < T. \end{cases} \tag{11.19}$$

우리가 전환점을 알고 있다면, $\boldsymbol{\beta}$의 사후 확률분포는 Albert and Chib(1993)를 따라 보조 변수($\boldsymbol{z}$)를 가진 증강된 사후 확률분포로 아래와 같이 쓸 수 있다.

이분형 프로빗 회귀분석 HMM의 사후 확률분포

$$\pi(\boldsymbol{\beta}, \boldsymbol{P}, S, \boldsymbol{z} | \boldsymbol{y}) \propto \prod_{m=1}^{T} \left\{ \sum_{m=1}^{M} I(z_t > 0) I(y_t=1) + I(z_t \leq 0) I(y_t=0) \times N(\boldsymbol{x}'_t \boldsymbol{\beta}_m, 1) \right\}$$
$$\times p(S|\boldsymbol{\beta}, \boldsymbol{P}) p(\boldsymbol{\beta}) p(\boldsymbol{P}) \tag{11.20}$$

여기서 $I(X \in A)$는 괄호 안의 조건이 참일 때 1의 값을 갖고 그렇지 않으면 0을 갖는 지시 함수(indicator function)이다.

$\boldsymbol{P}$과 S에 대한 추출은 선형 회귀분석 HMM과 같으며 $\boldsymbol{\beta}$과 ($\boldsymbol{z}$)에 대한 추출은 분절된 자료를 이용하여 프로빗 모형 깁스 추출법을 따르면 된다.

전환점을 갖는 이분자료를 생성해서 모수와 전환점을 추정해 보자. 생성된 자료의 크기는 300개이며 자료의 전환점은 2개(100회에 한 번, 200회에 한 번)이다. 전환점은 모수(true.alpha와 true.beta)의 크기에 영향을 주어 사건의 발생 확률(true.phi)을 변화시키고 이것이 다시 사건의 발생 여부(Y)에 영향을 준다.

```
require(MCMCpack)
set.seed(1973)
x1 <- rnorm(300, 0, 1)
true.beta <- c(-.5, .2, 1)
true.alpha <- c(.1, -1., .2)
X <- cbind(1, x1)
```

```
## 두 개의 전환점 생성: 100 and 200
true.phi1 <- pnorm(true.alpha[1] + x1[1:100]*true.beta[1])
true.phi2 <- pnorm(true.alpha[2] + x1[101:200]*true.beta[2])
true.phi3 <-  pnorm(true.alpha[3] + x1[201:300]*true.beta[3])

## 종속변수 생성
y1 <- rbinom(100, 1, true.phi1)
y2 <- rbinom(100, 1, true.phi2)
y3 <- rbinom(100, 1, true.phi3)
Y <- as.ts(c(y1, y2, y3))
```

우리는 종속변수 Y와 설명변수 X만을 이용해서 전환점의 수, 전환점의 위치, 그리고 모수의 변화방식을 모두 추정할 것이다. β의 사전 확률분포는 N $(0, 10)$으로 설정하고 p_i의 사전 확률분포는 Beta$(1,1)$로 설정하였다. 전환점 수 확인을 위해 전환점이 없는 모형부터 전환점을 3개 가진 모형까지 총 4개의 모형을 추정한 뒤, 베이지안 모형 비교를 통해 전환점 수를 결정할 것이다.

```
## 서로 다른 전환점 수를 가진 여러 개의 모형을 추정
out0 <- MCMCprobitChange(formula=Y~X-1, data=parent.frame(), m=0,
                         mcmc=1000, burnin=1000, b0 = 0, B0 = 0.1,
                         marginal.likelihood = c("Chib95"))
```

```
##  Chib95 method is not yet available for m = 0. Laplace method is used
instead.
```

```
out1 <- MCMCprobitChange(formula=Y~X-1, data=parent.frame(), m=1,
                         mcmc=1000, burnin=1000, b0 = 0, B0 = 0.1,
                         marginal.likelihood = c("Chib95"))
out2 <- MCMCprobitChange(formula=Y~X-1, data=parent.frame(), m=2,
                         mcmc=1000, burnin=1000, b0 = 0, B0 = 0.1,
                         marginal.likelihood = c("Chib95"))
out3 <- MCMCprobitChange(formula=Y~X-1, data=parent.frame(), m=3,
                         mcmc=1000, burnin=1000, b0 = 0, B0 = 0.1,
                         marginal.likelihood = c("Chib95"))

## 모형 설명력 비교
BayesFactor(out0, out1, out2, out3)[3]
```

```
## $BF.logmarglike
##                  out0 out1 out2 out3
## logmarglike -212 -191 -180 -183
```

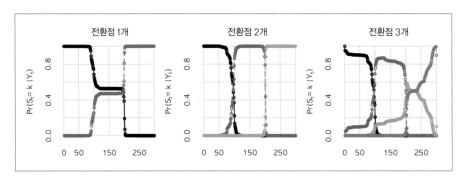

그림 11.8 이분형 프로빗 선형 회귀분석 전환점 모형의 은닉 상태변수 사후 확률분포. 전환점이 1개인 경우 레짐결핍의 징후가 보이고 전환점이 3개인 경우 잉여레짐의 징후가 보인다. 반면 전환점이 2개인 경우 매우 안정된 은닉 상태변수 확률분포의 움직임을 보여 적정 전환점 수임을 알 수 있다.

로그 한계우도를 보면 1개 이상의 전환점을 가진 모형이 전환점이 없는 모형에 비해 설명력이 매우 높다는 점을 확인할 수 있다. 추정된 은닉 상태변수와 전환점 확률분포를 시각화해서 전환점 추정 결과를 해석해 보자. 그림 11.8은 은닉 상태변수의 확률분포를 세 프로빗 전환점 모형에 대해 보여주고 있다. 전환점의 수가 1개인 경우 필요한 레짐 수에 비해 모형이 가진 레짐 수가 적어서 확률분포가 계단 모양으로 진행하는 것을 확인할 수 있다. 이렇게 레짐 수의 부족으로 은닉 상태변수의 확률분포가 비정상적으로 변하는 현상을 "레짐 결핍"(regime deficiency)이라고 부를 수 있다. 반면 전환점이 3개가 되면(그림 11.8의 가장 오른쪽 그림) 확률분포가 최대값에서 1을 갖지 못하는 잉여 레짐 현상을 보인다. 결국 전환점이 2개일 때 자료에 대한 모형의 설명력이 가장 높다고 결론 내릴 수 있다.

```
par(mfrow=c(1,3), mai=c(0.4, 0.6, 0.3, 0.05))
plotState(out1, main = "전환점 1개")
plotState(out2, main = "전환점 2개")
plotState(out3, main = "전환점 3개")
```

그림 11.9는 두 점환점의 전환속도가 매우 빠르고 위치가 97과 202 근처에 집중되어 있음을 보여준다.

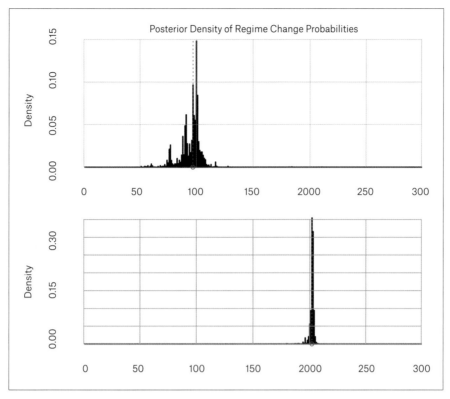

그림 11.9 프로빗 선형 회귀분석 전환점 모형의 사후 전환확률

```
plotChangepoint(out2, verbose = TRUE, ylab="Density")
```

@@
Expected changepoint(s) 97 202
Local means for each regime are 0.531 0.2 0.566
@@

[1] 97 202

마지막으로 전환점 기대값(97, 202) 출력값이 참값(100, 200)에 매우 가깝다
는 점을 확인할 수 있다.

서수형 프로빗 회귀분석 전환점 모형

시계열 종속변수가 J개의 위계를 갖는 범주변수라고 가정해 보자. 즉,

$$y_t = j \text{ if } \gamma_{j-1} \leq z_t < \gamma_j \text{ for } j=1 \text{ to } J. \tag{11.21}$$

이 경우 연구자는 Park(2011)에서 제시한 서수형 프로빗 회귀분석 전환점 모형 (ordinal probit regression changepoint model)을 이용하여 전환점 추정과 모수추정을 진행할 수 있다.

　　서수형 프로빗 회귀분석은 범주마다 임계점(cutpoints) 모수를 추가로 가지게 되므로 J개의 위계를 갖는 범주변수의 경우 $J+1$ 임계점 모수가 존재한다. 이 임계점 모수의 추출이 매우 복잡한데, 우리는 Park(2011)에서 제시된 정규근사화 방법을 이용할 것이다.

　　먼저 두 개의 임계적 극단값을 $\gamma_0 = -\infty$ and $\gamma_J = \infty$라고 가정하면, 서수형 프로빗 회귀분석 전환점 모형은

$$\Pr(y_t = j \mid \boldsymbol{x}_t) = \Phi\big((\gamma_j - \boldsymbol{x}'_t \beta) - (\gamma_{j-1} - \boldsymbol{x}'_t \beta)\big) \quad t=1, ..., T, j=1, ..., J. \tag{11.22}$$

서수형 프로빗 모형의 y-절편과 γ_1은 동시에 각각의 고유값을 확정할 수 없는 특징이 있으므로 $\gamma_1 = 0$이라는 통상적 가정을 따른다(Long 1997; Agresti 2010).

$$\Pr(y_t = j \mid \boldsymbol{x}_t) = \begin{cases} \Phi(\gamma_{j,1} - \boldsymbol{x}'_t \boldsymbol{\beta}_1) - \Phi(\gamma_{j-1,1} - \boldsymbol{x}'_t \boldsymbol{\beta}_1) & \text{만약 } t_0 \leq t < \tau_1 \\ \vdots \qquad\qquad \vdots \qquad\qquad\qquad \vdots \\ \Phi(\gamma_{j,M} - \boldsymbol{x}'_t \boldsymbol{\beta}_M) - \Phi(\gamma_{j-1,M} - \boldsymbol{x}'_t \boldsymbol{\beta}_M) & \text{만약 } \tau_{M-1} \leq t < T. \end{cases} \tag{11.23}$$

β_M은 M 상태에서의 모수이며 $\gamma_{j,M}$은 M 상태에서의 j번째 임계점 계수이다.

서수형 프로빗 회귀분석 HMM의 사후 확률분포

$$\pi(\beta, \gamma, \boldsymbol{P}, S, \boldsymbol{z}|\boldsymbol{y}) \propto \prod_{t=1}^{T} \left\{ \sum_{m=1}^{M} \sum_{j=1}^{J} I(\gamma_{j-1} < z_t \leq \gamma_j) I(y_t = j) \times \mathcal{N}(\boldsymbol{x}'_t \beta_m, 1) \right\}$$

$$\times p(S|\beta, \gamma, \boldsymbol{P}) p(\beta) p(\boldsymbol{P}) p(\gamma). \tag{11.24}$$

$I(X \in A)$는 조건이 만족되면 1을, 그렇지 않으면 0을 취하는 지시함수(an indicator function)이다.

서수형 프로빗 회귀분석 전환점 모형의 코드는 MCMCoprobitChange()에 구현되어 있다. MCMCoprobitChange()에서 임계점 모수($\gamma_{j,M}$)에 대한 추출은 임의 보행 MH알고리듬을 이용하는 Cowles(1996)의 방법을 이용하였다.

모두가 전환점 이전과 이후에 (1,1)과 (1, -0.2)를 각각 갖는 서수형 프로빗 자료를 생성해 보자.

```
set.seed(1909)
N <- 200
x1 <- rnorm(N, 1, .5);

## 전환점 1개를 100에 설정하고
## 레짐별 모수(1, 1), (1, -0.2)로 프로빗 은닉 변수 z 생성
z1 <- 1 + x1[1:100] + rnorm(100);
z2 <- 1 -0.2*x1[101:200] + rnorm(100);
z <- c(z1, z2);
y <- z

## 이분종속변수 생성
y[z < 1] <- 1;
y[z >= 1 & z < 2] <- 2;
y[z >= 2] <- 3;
```

β의 사전 확률분포는 $\mathcal{N}(0, 10)$으로 설정하였고 p_i의 사전 확률분포는 Beta(1,1)로 설정하였다. 전환점 수 추정을 위해 전환점이 하나인 모형과 두 개인 모형을 비교한다.

```
formula <- y ~ x1
out1 <- MCMCoprobitChange(formula, m=1,
        mcmc=100, burnin=100, thin=1, tune=c(.5, .5),
        b0=0, B0=0.1, marginal.likelihood = "Chib95")
out2 <- MCMCoprobitChange(formula, m=2,
        mcmc=100, burnin=100, thin=1, tune=c(.5, .5, .5),
        b0=0, B0=0.1, marginal.likelihood = "Chib95")
```

```
BayesFactor(out1, out2)[3]
```

```
## BF.logmarglike
##                 out1 out2
## logmarglike -221 -223
```

로그 한계우도를 비교해 보면 두 모형의 설명력이 거의 유사함을 확인할 수 있다. 따라서 모형의 은닉 상태변수를 비교해서 모형 적합성과 레짐 수의 적절성에 대한 정보를 구하도록 하자.

```
par(mfrow=c(1,2), mai=c(0.4, 0.6, 0.3, 0.05))
plotState(out1, main = "전환점 1개", legend.control = c(1, 0.6))
plotState(out2, main = "전환점 2개", legend.control = c(1, 0.6))
```

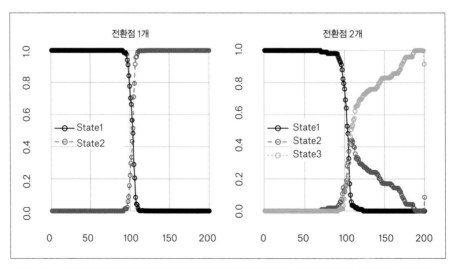

그림 11.10 서수형 프로빗 선형 회귀분석 전환점 모형의 은닉 상태변수 사후 확률분포. 전환점이 1개인 경우 안정된 전환점이, 2개인 경우 잉여레짐의 징후가 확인된다.

그림 11.10의 왼쪽 패널은 전환점이 한 개인 모형의 은닉 상태변수 확률변화이며 오른쪽은 전환점이 두 개인 모형의 은닉 상태변수 확률 변화이다. 왼쪽 패널의 은닉 상태변수는 모형 생성 과정에서 가정한 바대로 단조 상승(monotonically increasing) 또는 단조 하강(monotonically decreasing)의 패턴을 보이는 반면, 오른쪽 패널의 은닉 상태변수는 비정상적인 모습을 보이고 있다. 레짐 2의 확률은 0.5를 넘기지 못하고 있고 감소하다 다시 증가하는 모습을 보이고 있다. 잉여 레짐이 모형에 부과되면서 은닉 상태변수가 비정상적인 모습을 보이는 것이라고 판단할 수 있다. 따라서 전환점이 1개인 모형을 선택하는 것이 바람직하다고 결론 내릴 수 있다.

```r
par(mfrow=c(1,2), mai=c(0.4, 0.6, 0.3, 0.05))
plotChangepoint(out1, verbose = TRUE, ylab="확률밀도")
```

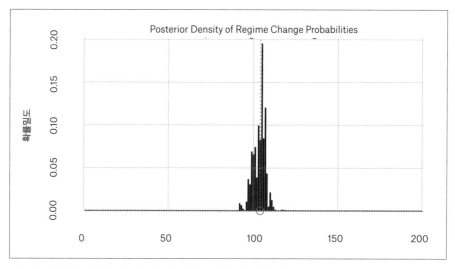

그림 11.11 서수형 프로빗 선형 회귀분석 전환점 모형의 사후 전환확률

```
@@@@@@@@@@@@@@@@@@@@@@@@@@@@@@@@@@@@@@@@@@@@@@@@@@@@@@@@@@@@@@@@@
## Expected changepoint(s)  104
## Local means for each regime are  2.23 1.57
@@@@@@@@@@@@@@@@@@@@@@@@@@@@@@@@@@@@@@@@@@@@@@@@@@@@@@@@@@@@@@@@@

## [1] 104
```

그림 11.11은 전환점 발생 확률분포이다. 자료의 중앙에 집중되어 있고 기대값은 104임을 확인할 수 있다.

제4절
푸아송 회귀분석 전환점 모형

종속변수가 음이 아닌 정수값을 취하는 사건변수인 경우 푸아송 회귀분석 전환점 모형(Poisson regression changepoint model)을 이용해 전환점 분석을 진행할 수 있다. 여기서 한 가지 유의할 점은 설명변수를 포함하는 푸아송 회귀분석 전환점 모형은 설명변수가 없는 푸아송 전환점 모형(Poisson changepoint model)과 다르다는 점이다. 푸아송 전환점 모형은 설명변수 없이 종속변수의 평균이 어떻게 변화하는지를 전환점 분석의 대상으로 삼는 반면, 푸아송 회귀분석 전환점 모형은 설명변수와 종속변수의 관계가 어떻게 변화하는지를 분석의 대상으로 삼는다. 여기서 소개할 푸아송 회귀분석 전환점 모형은 Park(2010)에 소개된 것이다.

푸아송 회귀분석 HMM 사후 확률분포

$$p(\beta, \boldsymbol{P}, S|\boldsymbol{y}) \propto \prod_{t=1}^{T} p(y_t|\beta, \boldsymbol{P}, S) \prod_{i=1}^{M} p(\beta_i)p(\boldsymbol{p}_i)$$

$$= Poisson(y_1|\beta_1) \prod_{t=2}^{T} \left\{ \sum_{m=1}^{M} Poisson(y_t|\beta_m) \Pr(s_t=m|\beta, P) \right\}$$

$$\times \prod_{i=1}^{M} \mathcal{N}(\beta_{0,i}, \mathbf{B}_{0,i}) Beta(a_i, b_i).$$

Frühwirth-Schnatter and Wagner(2006)의 푸아송분포에 대한 자료 증강법을 이용해서 깁스 추출을 이용할 수 있다.

푸아송분포에 대한 자료 증강법

$j-1$번째 사건과 j번째 사건 사이의 사건 간 시간 τ_{tj}를 이용하면, 푸아송분포에 대한 깁스 추출을 다음과 같이 디자인할 수 있다.

$$p(y_t|\lambda_t) = \frac{e^{-\lambda_t}\lambda_t^{y_t}}{y_t!}$$

$$\tau_{tj} \sim \varepsilon xp(\lambda_t) = \frac{\varepsilon xp(1)}{\lambda_t}$$

$$\log \tau_{tj} = \boldsymbol{x}'_t \beta_m + \varepsilon_{tj}, \; \varepsilon_{tj} \sim \log \varepsilon xp(1).$$

여기서 $\log(\mathit{exp}(1))$은 1을 모수로 삼는 로그지수분포 함수인데, 이는 5개의 정규분포를 혼합분포로 이용하여 근사될 수 있다(Kim et al. 1998; Frühswirth-Schnatter and Wagner 2006).

$$p(\varepsilon_{tj}) = \exp(\varepsilon_{tj} - \exp(\varepsilon_{tj})) \approx \sum_{r=1}^{5} r f_N(m_r, s_r^2).$$

f_N은 정규분포 함수이고 w_r은 가중치, m_r과 s_r^2은 정규분포의 평균과 분산들이다.

전환점 2개를 갖는 푸아송 회귀분석 모형으로 자료를 생성한 뒤에 MCMCpack의 푸아송 회귀분석 전환점 모형 함수인 MCMCpoissonChange()을 이용하여 전환점 수, 위치, 속도, 그리고 모수의 변화 등을 추정해 보자.

```
set.seed(1129)
n <- 150
x1 <- runif(n, 0, 0.5)

## 레짐별 모수 설정
true.beta1 <- c(1,  1)
true.beta2 <- c(1, -2)
true.beta3 <- c(1,  2)

## 전환점 2개를 (50, 100)에 설정
true.s <- rep(1:3, each=n/3)
mu1 <- exp(1 + x1[true.s==1]*1)
mu2 <- exp(1 + x1[true.s==2]*-2)
mu3 <- exp(1 + x1[true.s==3]*2)

y <- as.ts(c(rpois(n/3, mu1), rpois(n/3, mu2), rpois(n/3, mu3)))
formula = y ~ x1

## 3개의 전환점 모형을 추정
model0 <- MCMCpoissonChange(formula, m=0,
    mcmc = 1000, burnin = 1000,
    b0 = rep(0, 2), B0 = 1/5*diag(2), marginal.likelihood = "Chib95")
model1 <- MCMCpoissonChange(formula, m=1,
```

```
    mcmc = 1000, burnin = 1000,
    b0 = rep(0, 2), B0 = 1/5*diag(2), marginal.likelihood = "Chib95")
model2 <- MCMCpoissonChange(formula, m=2,
    mcmc = 1000, burnin = 1000,
    b0 = rep(0, 2), B0 = 1/5*diag(2), marginal.likelihood = "Chib95")


## 베이지안 모형비교
BayesFactor(model0, model1, model2)[3]
```

```
## BF.logmarglike
##                model0 model1 model2
## logmarglike    -343   -321   -314
```

전환점을 2개 갖는 model2가 가장 높은 로그 한계우도를 가지고 있어서 자
료 생성 정보와 일치하지만 전환점이 1개인 경우와 비교해서 최종 판정을 하도
록 하자.

```
par(mfrow=c(1,2), mai=c(0.4, 0.6, 0.3, 0.05))
plotState(model1, main = "전환점 1개")
plotState(model2, main = "전환점 2개")
```

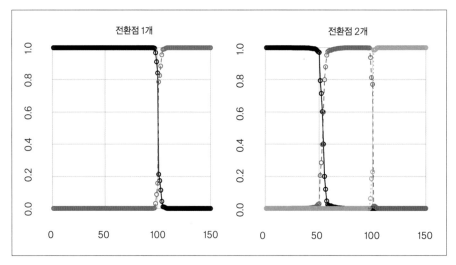

그림 11.12 푸아송 회귀분석 전환점 모형의 은닉 상태변수 사후 확률분포. 두 모형 모두 잉여레짐이나 레짐결핍의
징후가 확인되지 않는다.

그림 11.12를 보면 전환점이 1개인 경우와 2개인 경우 모두 잉여 레짐이나

레짐 결핍의 징후가 확인되지 않는다. 두 모형 모두 자료를 매우 잘 설명하고 있음을 알 수 있다. 그러나 로그 한계우도 또는 베이즈 인자 비교 결과를 따르면 전환점이 2개인 모형이 자료를 더 잘 설명하고 있다고 볼 수 있으므로 최종적으로 전환점은 2개로 판정하는 것이 타당할 것이다.

이제 model2의 전환 확률을 자세히 살펴보자.

```
plotChangepoint(model2, verbose = TRUE, ylab="확률밀도")
```

```
@@@@@@@@@@@@@@@@@@@@@@@@@@@@@@@@@@@@@@@@@@@@@@@@@@@@@@@@@@@@
## Expected changepoint(s)  54 101
## Local means for each regime are  3.45 1.81 5.06
@@@@@@@@@@@@@@@@@@@@@@@@@@@@@@@@@@@@@@@@@@@@@@@@@@@@@@@@@@@@
## [1]  54 101
```

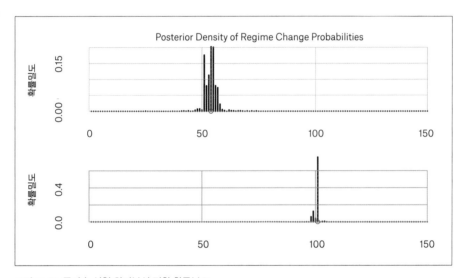

그림 11.13 푸아송 선형 회귀분석 전환 확률분포

전환 확률분포의 기대값은 54와 101로 참값인 50과 100에 매우 가깝다. 전환 확률분포를 시각화한 그림 11.13을 보면, 두 번의 전환이 매우 빠른 속도로, 짧은 시간 동안 진행되었음을 확인할 수 있다.

제5절

패널 회귀분석 전환점 모형

지금까지 우리는 하나의 관측단위로부터 얻은 자료를 이용하여 전환점을 분석하였다. 그러나 사회과학 자료는 다수의 관측단위로부터 동시에 관측되는 경우가 많다. 그 대표적인 예가 바로 패널 자료(panel data)이다. 예를 들어 다수의 국가 단위로부터 관측된 국가 간 시계열 자료(cross-national time series or time series cross-national data)는 정치학에서 가장 광범위하게 사용되는 패널 자료이다.

　　패널 자료에 대한 분석을 어렵게 하는 요인은 그룹 내 상관성과 그룹 간 상관성이다. 먼저 그룹 내 상관성에 대해 간단히 정리해 보자.

그룹 내 상관성(within-group correlation)

같은 그룹 안에서 관측된 관측치들은 서로 일정한 상관성을 가질 가능성이 매우 높다. 그 이유는 크게 두 가지이다.

- 역사 종속(history dependence): 하나의 관측 단위 내에서 관측된 자료가 기억을 가지고 있어서 이전에 일어난 사건이 이후의 사건에 영향을 주는 경우를 통칭해서 부르는 것이다. 자기상관성(autocorrelation)이란 역사 종속의 한 가지 사례에 불과하며 역사 종속은 동일 독립 분포(또는 교환 가능성)를 따르지 않는 모든 경우 중에서 시계열적 종속성이 존재하는 경우를 말한다. 마르코프 체인은 매우 특수한 역사 종속으로 기억(memory)이 매우 짧은 역사적 과정을 나타내며 경로의존성(path dependence)은 기억이 매우 긴 역사 종속의 예이다.
- 개별효과(individual effects): 관측되지 않은 관측단위 고유의 특성으로 인해 관측되는 종속변수의 고정값 또는 설명변수와 종속변수의 관계의 굴절 등을 가리킨다. 개인의 취향이나 유전적 특징, 국가의 지리적 특징이나 문화적 특징이 이에 해당된다. 개별효과는 역사 종속과 달리 시간성이 없는 고정된 것으로 보는 경우가 많다. 패널 모형의 고정효과(fixed-effects)가 대표적이다.

그룹 간 상관성은 그 원인이 매우 다양하다. 모형을 통해 이를 통제한다고 할 때, 대략 4가지의 그룹 간 상관성 요인을 생각해 볼 수 있다.

그룹 간 상관성(between-group correlation)

같은 시점에 서로 다른 그룹으로부터 관측된 자료들도 일정한 상관성을 가질 가능성이 매우 높다. 그 이유는 다음과 같이 나누어 생각해 볼 수 있다.

- 동시성(contemporaneity): 다른 관측단위가 같은 시점에 내린 결정이나 선택은 유사성이 높을 수 있다. 이 동시성을 고려하지 않으면 분석에 오류가 발생 할 수 있다. 동시방정식 모형(simultaneous equation model)이나 VAR(vector auto-regression model)이 동시성을 반영하기 위한 모형으로 개발되었다. 동시방정식 모형에 대해서는 Wooldridge(2002), VAR에 대해서는 Sims(1972)과 Hamilton(1994)을 참조하라.

- 전략적 효과(strategic effect): 한 단위의 결정에 대한 다른 단위의 기대는 서로의 결정에 동시적인 영향을 준다. 이러한 전략적 상호작용은 관측단위가 서로 소통 가능한 사회적 공간에 노출되어 있고 의사결정 능력이 있는 행위자가 개입된 경우에 고려되어야 한다. 만약 전략적 효과가 큰 자료를 전략적 효과를 무시하고 분석하면 누락 변수에 의한 오류를 범할 수 있다. Signorino(1999), Lewis and Schultz(2017), 그리고 Signorino(2017) 등의 연구를 예로 들 수 있다.

- 예산제약(budget constraint): 서로 다른 관측단위가 외적 제약에 의해 행동범위나 결정범위가 제한되면 한 단위로부터 관측된 자료는 다른 단위의 자료와 서로 독립적일 수 없다. 관측단위 전체의 예산이 한정되어 있는 예산제약이 가장 대표적인 예이다. Zellner(1962)는 집합적 수준에서의 제약을 반영하기 위해 SUR(seemingly unrelated regression) 모형을 개발하였다.

- 파급효과(spill-over effect): 한 단위의 결정이나 선택이 다른 단위의 결정이나 선택에 순차적인 영향을 주는 것이다. 전략적 효과와는 달리 파급효과는 일방향으로 순차적으로 발생한다. 파급효과는 공간회귀 모형(spatial regression model)이나 네트워크 모형으로 추정하는 것이 일반적이다.

이와 같은 요인들을 적절하게 고려하지 못하면 패널 자료분석은 심각한 오류에 직면할 수 있다. 패널 모형에 대한 일반적인 논의는 Gelman and Hill (2007)나 Wooldridge(2002), 또는 Cameron and Trivedi(2005)를 참고하라.

Laird and Ware(1982)를 따라서 일반적인 패널 모형을 다음과 같이 표현할 수 있다:

$$y_{it} = \boldsymbol{x}_{it}^\top \beta + \boldsymbol{w}_{it}^\top \mathbf{b}_i + \varepsilon_{it}, \ \varepsilon_{it} \sim \mathcal{N}(0, \ \sigma^2), \ b_i \sim \mathcal{N}(0, \ \mathbf{D}).$$

- y_{it}: 관측단위 i의 t 시점에서의 관측치
- $\boldsymbol{x}_{it}$: $p \times 1$ 벡터의 설명변수
- $\boldsymbol{w}_{it}$: $q \times 1$ 벡터의 임의효과 설명변수. $\boldsymbol{x}_{it}$의 부분집합
- $\boldsymbol{b}_i$: $q \times 1$ 임의효과 계수벡터
- $\boldsymbol{D}$: $\boldsymbol{b}_i$의 분산

위 모형은 임의효과 모형을 기반으로 작성되었으나, 고정효과 모형을 나타내기 위해서는 아래와 같이 고쳐 쓸 수 있다.

$$\boldsymbol{x}_{it}^{\top}\beta = \alpha_i + \tilde{\boldsymbol{x}}_{it}^{\top}\tilde{\beta}.$$

여기서 $\tilde{\boldsymbol{x}}_{it}$는 상수를 제외한 설명변수행렬(model matrix)이고 $\boldsymbol{w}_{it} = 0$이다. 이때 $\tilde{\beta}$는 절편을 제외한 회귀분석 계수벡터이다. 여기서 α_i는 관측단위 i의 시간변화 없는 관측되지 않은 개별효과(unobserved time-constant individual effect)이다.

위 모형을 토대로 Park(2012)는 두 가지 패널 전환점 모형을 제시했다.
- 임의효과 패널 전환점 모형: 중대한 역사적 사건으로 인해 개별효과와 함께 패널 모형의 모수 또한 변화했다고 보고 개별효과와 패널 모형의 모수 변화를 모두 추정하는 모형. 개별효과의 변화는 관측단위 전체에 걸쳐 진행됨.
- 고정효과 패널 전환점 모형: 개별효과에 중대한 변화가 발생했다고 보고 시간에 따라 변화하는 고정효과를 통제한 뒤, 패널 모형의 모수를 추정하는 모형. 개별효과의 변화는 관측단위별로 상이함.

5.1 고정효과 패널 전환점 모형

고정효과 패널 전환점 모형은 개별효과 $\alpha_{i,.}$가 고유의 전환점을 갖는다:

$$\boldsymbol{y}_i^* = \alpha_{i,.} + \tilde{\boldsymbol{X}}_i^*\beta + \varepsilon_i, \ \ \varepsilon_i \sim \mathcal{N}(\boldsymbol{0}, \boldsymbol{\Omega}_i) \tag{11.25}$$

$$\alpha_{i,.} = \underbrace{\begin{pmatrix} \alpha_{i,1} \\ \vdots \\ \alpha_{i,M_i} \end{pmatrix}}_{(T_i \times 1)}, \ \Omega_i = \underbrace{\begin{pmatrix} \sigma_{i,1}^2 & 0 & \cdots & 0 \\ \vdots & \ddots & & \vdots \\ 0 & 0 & \cdots & \sigma_{i,M_i}^2 \end{pmatrix}}_{(T_i \times T_i)}. \tag{11.26}$$

여기서 T_i는 관측단위 i의 시계열 관측치의 수이며, M_i는 관측단위 i의 고정효과가 갖는 은닉레짐의 수이다. 고정효과 패널 전환점 모형은 **MCMCpack**의 HMMpanelFE()를 이용해서 추정할 수 있다.

30개의 그룹에서 각각 80개의 관측치를 가진 패널 자료를 생성해 보자. 각그룹은 그룹 고유의 고정값을 가지고 있는데, 이 그룹 고유의 고정값은 샘플 중간 지점에서 각각 새로운 값으로 변한다. 추정해야 할 기울기의 참값은 c(1, 1)로 설정해서 자료를 생성하였다.

```
library(MCMCpack)
set.seed(1974)
n.group <- 30
n.time <- 80
NT <- n.group*n.time

## 자료생성을 위한 모수 및 변수 설정
true.beta <- c(1, 1)
true.sigma <- 3
x1 <- rnorm(NT)
x2 <- runif(NT, 2, 4)
X <- as.matrix(cbind(x1, x2), NT, 2)
y <- rep(NA, NT)
id <- rep(1:n.group, each=NT/n.group)
K <-ncol(X)
true.beta <- as.matrix(true.beta, K, 1)

## 그룹별 전환점 설정: 각 1개, 모형 중간지점
break.point = rep(n.time/2, n.group)
break.sigma=c(rep(1, n.group))
break.list <- rep(1, n.group)

## 전환확률 계산
ruler <- c(1:n.time)
```

```
W.mat <- matrix(NA, n.time, n.group)
for (i in 1:n.group){
  W.mat[, i] <- pnorm((ruler-break.point[i])/break.sigma[i])
}
Weight <- as.vector(W.mat)
## time-varying individual effects를 추출해서 종속변수를 생성
j = 1
true.sigma.alpha <- 30
true.alpha1 <- true.alpha2 <- rep(NA, n.group)

for (i in 1:n.group){
  Xi <- X[j:(j+n.time-1), ]
  true.mean <- Xi%*% true.beta
  weight <- Weight[j:(j+n.time-1)]
  true.alpha1[i] <- rnorm(1, 0, true.sigma.alpha)
  true.alpha2[i] <- -1*true.alpha1[i]
  y[j:(j+n.time-1)] <- ((1-weight)*true.mean +
        (1-weight)*rnorm(n.time, 0, true.sigma) +
        (1-weight)*true.alpha1[i]) +
        (weight*true.mean + weight*rnorm(n.time, 0, true.sigma) +
         weight*true.alpha2[i])
  j <- j + n.time
}
```

분석의 목적은 고정값 변화에 대한 정보(예: 고정값 전환점의 수, 고정값 변화
정도, 변화의 방향 등)가 없는 상태에서 기울기를 정확히 측정하는 것이다. 고정
값 자체는 추정할 필요가 없는 방해변수(nuisance)이기 때문에 고정효과 패널
전환점 모형을 이용하는 것이 적절하다.

전환점을 무시한 고정효과 모형의 경우 기울기에 대한 추정이 어떻게 왜곡
되는지를 먼저 확인해 보자. 아래 코드는 OLS 고정효과 모형(fixed-effects mod-
el)을 이용하여 기울기를 추정한다.

```
FEols <- lm(y ~ X + as.factor(id) -1 )
summary(FEols)$coef[1:2,]
```

```
##      Estimate Std. Error t value Pr(>|t|)
```

```
## Xx1    0.172      0.61   0.282   0.7781
## Xx2   -2.025      1.07  -1.894   0.0583
```

추정 결과 두 변수의 계수가 (0.1718188, -2.0247205)로 나왔다. 이는 참값인 (1, 1)과 매우 다른 추정값이다. 그룹별 고정값의 변화를 무시한 결과 상당한 편향이 발생한 것이다.

이제 고정효과 패널 전환점 모형을 이용하여 기울기를 추정해 보자. 먼저 사전분포를 선택해야 한다. β의 사전 확률분포는 $\mathcal{N}(0, 10)$으로, σ^2의 사전 확률분포는 $\mathcal{IG}(c_0, d_0)$이며 상위모수(hyperparameter)의 값은 종속변수의 분산과 그것의 제곱으로 설정하였다.

```
b0 <- 0
B0 <- 0.1 ## 분산의 역수인 정확도
sigma.mu=var(y)
sigma.var=sigma.mu^2
c0 <- 4 + 2 * (sigma.mu^2/sigma.var)
d0 <- 2 * sigma.mu * (c0/2 - 1)
```

고정효과 패널 전환점 모형을 추정하기 위해 전환점을 무시한 고정효과 모형의 표준화된 잔차(rstandard())를 자료로 활용하여 그룹별 전환점의 개수와 위치를 먼저 확인한다. 이때 필요한 함수는 testpanelSubjectBreak()이다. 그룹별 전환점의 개수(estimated.breaks)를 입력값으로 사용하여 HMMpanelFE()를 추정한다.

```
## OLS 고정효과 모형의 표준화 잔차 추출
resid.all <- rstandard(FEols)
time.id <- rep(1:80, n.group)

## 그룹별 individual effects에서의 전환점 추정
G <- 100
BF <- testpanelSubjectBreak(subject.id=id, time.id=time.id,
                            resid= resid.all, max.break=3, minimum = 10,
                            mcmc=G, burnin = G, thin=1, verbose=0,
                            b0=b0, B0=B0, c0=c0, d0=d0, Time = time.id)
```

```
## 전환점 추정 결과에서 전환점 수 추출
estimated.breaks <- make.breaklist(BF, threshold=3)

## 전체 모형추정
out <- HMMpanelFE(subject.id = id, y=y, X=X, m = estimated.breaks,
                  mcmc=G, burnin=G, thin=1, verbose=0,
                  b0=0, B0=1/10, c0=2, d0=2, delta0=0, Delta0=1/1,000)
```

```
print(summary(out)[1], digits=2)
```

```
## statistics
##      Mean    SD Naive SE Time-series SE
## [1,] 0.99 0.077   0.0077         0.0093
## [2,] 0.91 0.130   0.0130         0.0130
```

추정된 결과를 전환점을 무시한 고정효과 모형과 비교해 보면 큰 차이를 확인할 수 있다. 개별효과의 전환점을 무시한 고정효과 모형의 추정치는 (0.17, -2.02)로 매우 큰 오차를 보여주고 있는 반면, 고정효과 패널 전환점 모형의 사후평균은 (0.99, 0.91)로 우리가 추정해야 할 기울기의 참값인 c(1, 1)에 매우 근접함을 확인할 수 있다.

5.2 임의효과 패널 전환점 모형

임의효과 패널 전환점 모형은 다음과 같이 쓸 수 있다:

$$
y_{it} = \begin{cases}
\boldsymbol{x}'_{it}\beta_1 + \boldsymbol{w}'_{it}\boldsymbol{b}_i + \varepsilon_{it}, \ \boldsymbol{b}_i \sim \mathcal{N}(0, \boldsymbol{D}_1), \ \varepsilon_{it} \sim \mathcal{N}(0, \sigma_1^2) & t_0 \le t < \tau_1 \\
\vdots \qquad \vdots \qquad \quad \vdots \qquad \quad \vdots \qquad \qquad \vdots \\
\boldsymbol{x}'_{it}\beta_M + \boldsymbol{w}'_{it}\boldsymbol{b}_i + \varepsilon_{it}, \ \boldsymbol{b}_i \sim \mathcal{N}(0, \boldsymbol{D}_M), \ \varepsilon_{it} \sim \mathcal{N}(0, \sigma_M^2) & \tau_{M-1} \le t < T.
\end{cases}
$$

$$(11.27)$$

여기서 τ_i는 은닉 상태 $i-1$와 i 사이의 전환점이다. 고정효과 모형과 가장 큰 차이점은 그룹 간 상이성이 방해변수(nuisance)가 아니라 통계적 추론의 대상(substance)이라는 점이다. $\boldsymbol{D}_m$이 그룹 간 임의효과의 크기, 즉 그룹 간 상이성 정도를 측정하고 있다. 임의효과 패널 전환점 모형은 **MCMCpack**의 HM-MpanelRE()를 이용해서 추정한다.

먼저 시뮬레이션을 진행할 자료를 생성해 보자. y절편을 포함한 3개의 입력변수를 생성하고 이 입력변수가 모두 임의효과를 갖는다고 가정하여 종속변수를 생성하자. 기울기는 첫 번째 레짐에서는 모두 1이고 두 번째 레짐에서는 모두 -1을 갖도록 설계한다. 30개의 그룹에서 100개의 관측치를 생성하되 기울기와 임의효과 모두 샘플 중간에서 전환점을 갖도록 설계하였다.

```r
set.seed(1977)
Q <- 3
true.beta1 <-c(1, 1, 1) ; true.beta2 <-c(-1, -1, -1)
true.sigma2 <-c(2, 5);
true.D1 <- diag(.5, Q); true.D2 <- diag(2.5, Q)
n.group = 30;
n.time = 100;
NT <- n.group*n.time
x1 <- runif(NT, 1, 2)
x2 <- runif(NT, 1, 2)
X <- cbind(1, x1, x2)
W <- X
y <- rep(NA, NT)

## 자료 중간지점에 1개의 전환점 생성
break.point = rep(n.time/2, n.group)
break.sigma=c(rep(1, n.group))
break.list <- rep(1, n.group)
id <- rep(1:n.group, each=NT/n.group)
K <- ncol(X);
ruler <- c(1:n.time)

## 가중치 변수를 만들어 전환확률 계산
W.mat <- matrix(NA, n.time, n.group)
for (i in 1:n.group){
  W.mat[, i] <- pnorm((ruler-break.point[i])/break.sigma[i])
}
Weight <- as.vector(W.mat)
```

```
## 은닉 상태별 평균과 분산을 가중치와 곱해서 패널 자료 생성
j = 1
for (i in 1:n.group){
  Xi <- X[j:(j + n.time -1), ]
  Wi <- W[j:(j + n.time -1), ]
  true.V1 <- true.sigma2[1]*diag(n.time) + Wi%*%true.D1%*%t(Wi)
  true.V2 <- true.sigma2[2]*diag(n.time) + Wi%*%true.D2%*%t(Wi)
  true.mean1 <- Xi%*%true.beta1
  true.mean2 <- Xi%*%true.beta2
  weight <- Weight[j:(j+n.time-1)]
  y[j:(j+n.time-1)] <- (1-weight)*true.mean1 +
    (1-weight)*chol(true.V1)%*%rnorm(n.time) +
    weight*true.mean2 + weight*chol(true.V2)%*%rnorm(n.time)
  j <- j + n.time
}
```

모형 추정을 위한 사전 확률분포의 선택은 다음과 같이 진행한다. β의 사전 확률분포는 $\mathcal{N}(0, 10)$으로, σ^2의 사전 확률분포는 $IG(c_0, d_0)$이며 상위모수(hyperparameter)의 값은 종속변수의 분산과 그것의 제곱으로 설정하였다.

```
b0 <- 0
B0 <- 0.1 ## 분산의 역수인 정확도
sigma.mu=var(y)
sigma.var=sigma.mu^2
c0 <- 4 + 2 * (sigma.mu^2/sigma.var)
d0 <- 2 * sigma.mu * (c0/2 - 1)
```

임의효과의 분산에 대한 사전 확률분포는 역위셔트분포(inverse wishart distribution)를 이용하였다.(D)

이 예제에서 역위셔트분포의 자유도는 5로 설정하고 스케일 행렬은

$$R_0 = \begin{bmatrix} 1 & 0 & 0 \\ 0 & 0.1 & 0 \\ 0 & 0 & 0.1 \end{bmatrix}$$

로 설정했다.

역위셔트분포(inverse wishart distribution)

역위셔트분포에 대해 간단히 소개하면,

- 정규분포의 공분산 행렬에 대한 켤레성을 갖는다. 즉, 공분산의 사전 확률분포를 역위셔트분포로 설정하면 공분산의 사후 확률분포 역위셔트분포를 따른다.
- 정규분포의 분산에 대한 켤레분포인 역감마분포의 다변량확장(multivariate extension)이라고 볼 수 있다. 역위셔트분포는 항상 양정치행렬(positive definite matrix)을 생성하기 때문에 공분산행렬의 사전 확률분포로 적절하다.
- 자유도(r)와 스케일 행렬(R)을 모수로 갖는다. 스케일 행렬은 역위셔트분포의 위치를 결정하며 자유도는 스케일 행렬 정보의 확실성을 보여준다. 자유도는 랭크−1보다 커야 한다. 자유도가 증가할수록, 스케일 행렬값이 작을수록, 역위셔트 사전 확률분포는 더 강한 사전 확률분포가 되고 반대로 자유도가 작을수록, 스케일 행렬값이 클수록 더 약한 사전 확률분포가 된다.

```
## 역위셔트분포의 자유도
r0 <- 5
## 역위셔트분포의 스케일 행렬
R0 <- diag(c(1, 0.1, 0.1))
```

먼저 그룹 식별 변수와 시계열 식별 변수를 설정한 뒤 위에서 설정한 사전 확률분포를 이용하여 HMMpanelRE() 추정을 진행해 보자.

```
## 패널 그룹 식별 변수
subject.id <- c(rep(1:n.group, each=n.time))
## 패널 시계열 식별 변수
time.id <- c(rep(1:n.time, n.group))


G <- 5000
subject.id <- c(rep(1:n.group, each=n.time))
time.id <- c(rep(1:n.time, n.group))
out1 <- HMMpanelRE(subject.id, time.id, y, X, W, m=1,
                   mcmc=G, burnin=G, thin=1, verbose=0,
                   b0=b0, B0=B0, c0=c0, d0=d0, r0=r0, R0=R0)
```

추정결과로부터 은닉 상태변수의 사후 확률분포와 전환점의 사후 확률분포를 각각 시각화하면 그림 11.14와 같다. 전환점 사후 확률분포가 $t=50$ 주변에 집중되어 있으며 기대값은 참값인 50과 같다. 전환점이 매우 정확하게 추정되었음을 알 수 있다.

```
par(mfrow=c(1,2), mai=c(0.4, 0.6, 0.3, 0.05), tck=.02)
plotState(out1, main="은닉 상태변수의 확률분포")
plotChangepoint(out1, verbose=TRUE, overlay=TRUE,
                main="전환점의 확률분포")
```

```
@@@@@@@@@@@@@@@@@@@@@@@@@@@@@@@@@@@@@@@@@@@@@@@@@@@@@@@@@@@@@@
## Expected changepoint(s)  50
## Local means for each regime are   4.65  -4.38
@@@@@@@@@@@@@@@@@@@@@@@@@@@@@@@@@@@@@@@@@@@@@@@@@@@@@@@@@@@@@@
```

```
## [1] 50
```

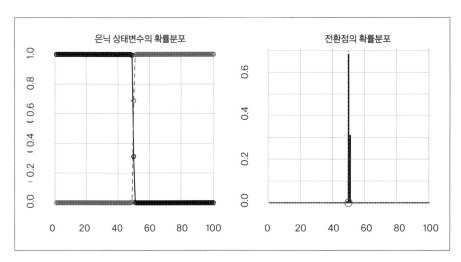

그림 11.14 임의효과 패널 전환점 분석 결과

모수 추정의 정확성을 확인해 보자. 기울기의 참값은 첫 번째 레짐의 경우 모두 1이고 두 번째 레짐의 경우 모두 -1이다.

```
print(summary(out1)[[1]][1:8, ], digits=2)
```

```
##                   Mean   SD Naive SE Time-series SE
## beta1_regime1     0.93 1.26   0.0178         0.0177
## beta2_regime1     1.36 0.71   0.0101         0.0105
## beta3_regime1     0.86 0.75   0.0106         0.0106
## beta1_regime2    -0.34 0.93   0.0131         0.0131
## beta2_regime2    -1.32 0.54   0.0076         0.0076
## beta3_regime2    -1.02 0.54   0.0077         0.0077
## sigma2_regime1    6.82 0.37   0.0052         0.0056
## sigma2_regime2    5.13 0.32   0.0045         0.0051
```

먼저 각 레짐별로 모수평균의 부호가 참값과 정확하게 일치하고 있으며 추정값 또한 상수항(beta3_regime1,beta1_regime2)을 제외하고는 참값과 크게 다르지 않다. 회귀모형의 분산은 두 번째 레짐에 대해서는 정확하게 추정되었지만 첫 번째 레짐은 다소 거리가 있는 값이 추정되었다. MCMC 체인이 너무 짧았거나 사전 분포의 설정이 너무 비현실적이었거나, 아니면 자료에 충분한 정보가 없었거나 등을 원인으로 생각해 볼 수 있다.

그림 11.15는 임의효과 패널 전환점 모형의 사후 확률분포를 보여주고 있다. 기울기의 경우 beta2_regime1을 제외하고는 모두 90% 확률구간이 0을 포함하지 않음을 확인할 수 있다.

```
library("bayesplot")
library("rstan")
posterior <- rstan:::as.data.frame.stanfit(data.frame(out1[,
                    grep("beta", colnames(out1))]))
color_scheme_set("red")
mcmc_areas(posterior, prob = 0.95, point_est = "mean")
```

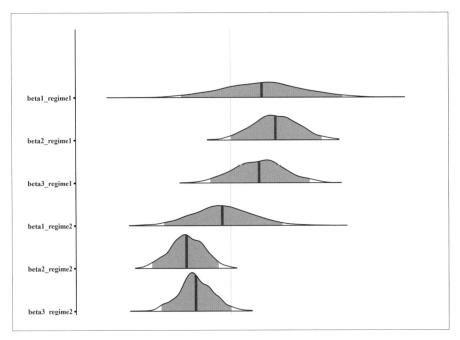

그림 11.15 임의효과 패널 전환점 모형의 사후 확률분포. 90% 확률구간이 음영으로 표시됨

기술적 전환점 분석과 구조적 전환점 분석

전환점 분석에 대한 논의에서 한 가지 주의할 점이 있다. 전환점 분석으로 소개되는 많은 방법들은 종속변수 자체가 언제 급격하게 변화했는지를 확인하는 것을 목적으로 하는 경우가 많다. 예를 들어 기후변화로 인해 지구표면의 온도가 어떻게 변화하였는지, 주식가격이 어떤 사건을 계기로 근본적인 변화를 겪었는지와 같은 질문이 대표적이다. 그러나 사회과학 연구에서 전환점 분석의 관심은 종속변수 자체 또는 종속변수의 평균에 있는 것이 아니라 설명변수와 종속변수의 관계에 있는 경우가 많다.

이런 측면에서 사회과학에서의 전환점 분석은 다음 두 가지 목적으로 나누어 생각해 볼 수 있다.

사회과학 전환점 분석의 목적

- 기술적 전환점 분석(descriptive changepoint analysis): 종속변수 y가 전환점을 갖는지의 여부를 확인하는 것. 종속변수 y의 평균(μ)이 구간마다 차이가 나는지를 확인함으로써 판정
- 구조적 전환점 분석(structural changepoint analysis): 종속변수 y가 생성되는 과정 자체가 전환점을 갖는지의 여부를 확인하는 것. 종속변수 y의 구조적 평균($\mu_t = f(\boldsymbol{x}_t, \theta_t)$)이 구간마다 차이가 나는지를 확인함으로써 판정

분석 목적의 차이가 분석결과에서 어떤 차이를 가져오는지 구체적으로 살펴보기 위해 종속변수의 평균에서는 변화가 없지만 설명변수와 종속변수의 관계에서 전환점이 관측되는 선형 회귀분석 HMM 자료를 생성해 보자.

```
library(MCMCpack)
set.seed(1119)
n <- 200
x1 <- runif(n)
true.beta1 <- c(1, -2)
true.beta2 <- c(-1,  2)
true.s <- rep(1:2, each=n/2)
mu1 <- cbind(1, x1[true.s==1])%*%true.beta1
mu2 <- cbind(1, x1[true.s==2])%*%true.beta2
y <- as.ts(c(rnorm(n/2, mu1, sd=1), rnorm(n/2, mu2, sd=1)))
cat("Regime 1 mean = ", mean(y[true.s==1]), "\n")
```

```
## Regime 1 mean =  0.0774
```

```
cat("Regime 2 mean = ", mean(y[true.s==2]), "\n")
```

```
## Regime 2 mean =  0.0587
```

```
cat("Global mean   = ", mean(y), "\n")
```

```
## Global mean   =  0.0681
```

그림 11.16의 왼쪽 패널은 종속변수(검은 실선)와 레짐별 평균(붉은선)의 움직임을 시각화한 것이다. 레짐 1과 2의 평균 차이는 확인이 어려울 만큼 미미함을 확인할 수 있다.

먼저 앞 장 에서 언급한 빈도주의 전환점 분석 방법을 이용해 기술적 전환점 분석을 진행해 보자. 종속변수를 AR(1)과정으로 가정한 뒤 F검정을 이용한 전환점 분석을 진행해 보면 그림 11.16의 오른쪽 패널과 같이 전환점이 없는 정상적 시계열 자료라는 결론에 이르게 된다.

```
par(mfrow=c(1,2), mai=c(0.4, 0.6, 0.3, 0.05))
plot(y, main="Time series of y with one break", cex.main = 0.5)
lines(ts(c(rep(mean(y[true.s==1]), n/2), rep(mean(y[true.s==2]), n/2))),
      lwd=2, col="brown")
library(strucchange)
lagy <- stats::lag(y, k = -1)
df.y <- cbind(y, lagy)
df.y <- window(df.y, start = 1, end = length(lagy))
colnames(df.y) <- c("y", "lagy")
y.model <- y ~ lagy
fs <- Fstats(y.model, data=df.y)
plot(fs, main="Break test using F-stat and AR(1) model", cex.main = 0.5)
```

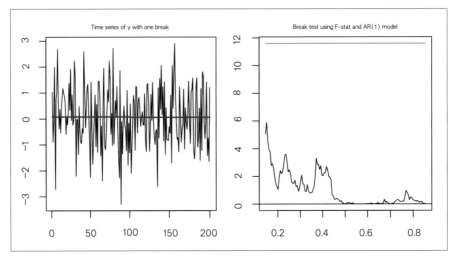

그림 11.16 종속변수만 보는 전환점 분석의 문제

종속변수의 평균만으로는 전환점이 정의되지 않기 때문이다. 이제 MCM-CregressChange()을 이용해서 구조적 전환점 분석을 진행해 보자.

```
b0 <- 0
B0 <- 0.1 ## 분산의 역수인 정확도
sigma.mu=var(y)
sigma.var=sigma.mu^2
formula=y ~ x1
sim0 <-MCMCregressChange(formula, m=0,b0=b0, B0=B0, mcmc=1000, burnin=1000,
    sigma.mu=sigma.mu, sigma.var=sigma.var, marginal.likelihood="Chib95")
sim1 <-MCMCregressChange(formula, m=1,b0=b0, B0=B0, mcmc=1000, burnin=1000,
    sigma.mu=sigma.mu, sigma.var=sigma.var, marginal.likelihood="Chib95")
sim2 <-MCMCregressChange(formula, m=2,b0=b0, B0=B0, mcmc=1000, burnin=1000,
    sigma.mu=sigma.mu, sigma.var=sigma.var, marginal.likelihood="Chib95")
BayesFactor(sim0, sim1, sim2)[3]
```

```
## BF.logmarglike
##                sim0 sim1 sim2
## logmarglike -322 41.6 38.2
```

전환점이 1개 이상인 모형이 전환점이 없는 모형에 비해 더욱 설명력이 뛰어난 것으로 판명되었으나 전환점이 2개인 모형과 1개인 모형 사이에 아직 정확한 판단을 하기는 어렵다. 앞 장에서 설명했듯이 이 경우에는 은닉 상태변수의 확률분포를 비교해서 잉여 레짐이 존재하는지 확인해 보는 것이 필요하다.

그림 11.17을 비교해 보면 전환점이 1개를 초과하면 잉여 레짐이 발생하게 된다는 점을 쉽게 확인할 수 있다.

```
par(mfrow=c(1,2), mai=c(0.4, 0.6, 0.3, 0.05))
plotState(sim1, main="전환점 1개")
plotState(sim2, main="전환점 2개")
```

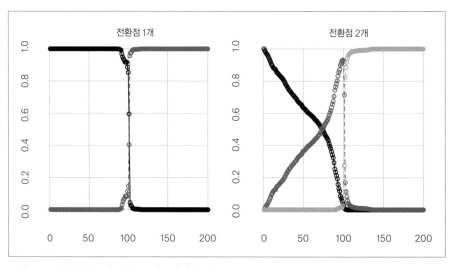

그림 11.17 설명변수를 이용한 구조적 전환점 분석

이와 같은 이유로 이 책에서 설명하는 전환점은 자연과학이나 공학에서 말하는 특이점(outlier)이나 충격(shock), 혹은 펄스(pulse)와는 전혀 다른 개념으로 이해되어야 한다. 사회과학의 전환점은 어떤 사회적 과정의 구조적 변화와 관련된 것으로, 종속변수와 설명변수의 관계가 근본적으로 변화하는 방식으로 정의된다. 사회과학에서 전환점 분석 모형은 사회적 과정의 구조적 변화(structural changes)를 추적하는 도구인 것이다.

요약 │ 베이지안 전환점 분석 모형

- 전환점 분석 모형은 전환점 분석의 목적에 따라 기술적 전환점 분석과 구조적 전환점 분석으로 나눌 수 있다. 사회과학의 주된 관심은 기술적 전환점 분석보다 구조적 전환점 분석에 있다.
- 사전 확률분포의 설정은 전환점 모형의 추정 결과에 큰 영향을 준다. 전이확률은 사전 확률분포의 설정이 비교적 용이한 반면, 회귀분석 모수에 대한 사전 확률분포의 설정은 신중을 요한다. 종속변수를 이용하거나 최대 우도 추정 결과를 참조하여 결과에 큰 영향을 주지 않으면서도 너무 극단적인 값이 나오는 것을 방지하는 것이 중요하다.
- 전환점 분석 모형은 종속변수의 특징에 따라 다양한 모형이 개발될 수 있다. 이 모형

들을 이용해 전환점의 수, 위치, 전환속도, 그리고 전환점 불확실성이 감안된 모수추정이 가능하다. 예를 들어 **MCMCpack**을 이용하여 연속자료, 이분자료, 서수자료, 사건자료, 그리고 패널자료에 대한 기술적 그리고 구조적 전환점 분석이 가능하다.

• 전환점의 수를 판정하기 위해서는 한계우도를 사용하되, 은닉 상태변수의 확률분포를 같이 고려하여 잉여 레짐과 레짐 결핍 여부를 동시에 확인해야 한다. 한계우도가 전환점 수가 많은 모형을 선호하는 편향이 있으므로 잉여 레짐의 존재 여부를 확인하는 것이 특히 중요하다.

• 사회과학에서 전환점 분석은 사회적 과정의 구조적 변화를 추적하는 것을 목적으로 한다.

12

베이지안 방법을 이용한 네트워크 전환점 분석

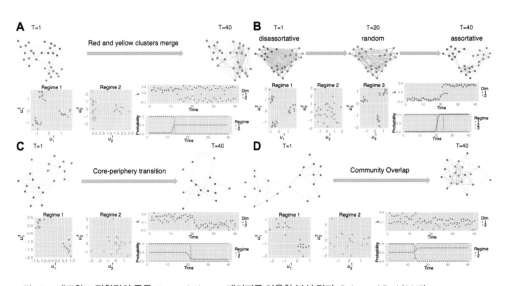

그림 12.1 네트워크 전환점의 종류. NetworkChange 패키지를 이용한 분석 결과. Sohn and Park(2017).

모 든 관측단위가 서로에게 영향을 주고받는 관계를 표현하는 가장 일반적
인 프레임워크는 네트워크 자료 생성 과정(network data generating pro-
cess)이다. 서로 소통이 단절된 개인이나 폐쇄된 공간 속의 실험 대상을 제외하
면 사회과학 연구의 대부분의 모든 관측자료는 네트워크를 통해 생성된다고 볼
수 있다. 예를 들어 국가 간 시계열 자료는 국제체제라는 네트워크에 의해서 생
성되며 투표자료는 유권자들의 네트워크에 의해 생성된다. 조직(예: 기업, 정부,
정당 등)의 성과 자료는 조직의 개별 구성원 네트워크, 조직의 하위부서 네트워
크, 그리고 조직의 대외 네트워크에 의해 영향을 받는다. 이와 같이 네트워크는
연구자가 관측자료의 복잡성을 고민하는 거의 모든 단계에서 조우하게 되는 분
석단위이다.

제1절
네트워크란 무엇인가

네트워크는 복잡한 개별 행위자들의 상호작용을 노드(node)와 연결(link)이라
는 두 개의 개념으로 추상화한 것이다. 네트워크에 대한 과학적 관심의 시작은
그래프(graph)이론으로부터 시작되었다(Erdös and Rényi 1960). 가장 단순하면
서도 기본적인 네트워크는 노드들 간의 연결이 무작위로 결정되는 무작위 네트
워크(random network)라고 볼 수 있다. 무작위 네트워크에 대한 에르도스-레니
모형(Erdös-Rényi model) $G(n, p)$는 n개의 노드를 가진 그래프에서 p의 확률

로 연결이 이루어지는 그래프이다. 이 그래프에서 연결도(degree)는 이항분포를 따른다:

$$P(\deg = m) = \binom{n-1}{m} p^m (1-p)^{n-1-m}. \tag{12.1}$$

즉 노드들이 m개의 연결도를 가진 확률은 $n-1$번의 시도 중에 m개의 성공(연결)확률과 같은 것이다. 이항분포에서 성공확률이 매우 낮아지면 푸아송분포에 근접하듯이 그래프에서도 노드의 숫자가 무한으로 증가하면 연결확률이 낮아지고 연결도는 푸아송분포를 따르게 된다:

$$P(\deg = m) \rightarrow \frac{(\mu)^m \exp(-\mu)}{m!}, \tag{12.2}$$

$$\mu = np. \tag{12.3}$$

식 (12.1)과 식 (12.2)를 이용해 에르도스와 레니는 그래프의 연결도에 대한 많은 중요한 수학적 발견을 했다. 예를 들면, 무작위 네트워크에서 그래프의 모든 노드가 연결되기 위해서는

$$p > \frac{\ln n}{n}. \tag{12.4}$$

여기서 $\frac{\ln n}{n}$는 $G(n, p)$의 전체 연결을 위한 임계점이 된다.

무작위 네트워크 외에도 다양한 네트워크 모형들이 네트워크 이론에 의해 등장했는데, 그림 12.2는 그 중에서 대표적인 네 가지 네트워크를 시각화해서 보여주고 있다.

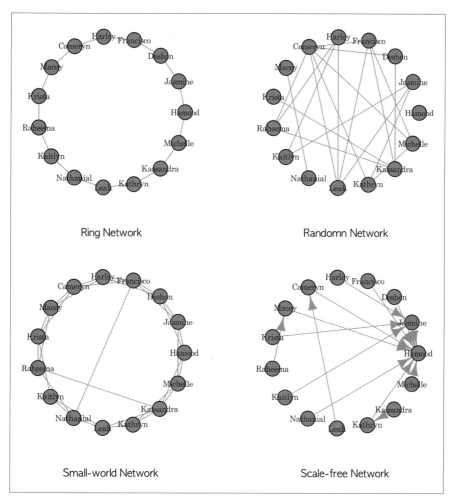

그림 12.2 네트워크의 종류. 링네트워크는 각 노드가 정확히 2개의 노드와만 연결된 네트워크이고, 무작위 네트워크는 에르도스–레니 모형에 의해 생성되는 네트워크로 링크 연결 확률이 모든 모드에 대해 일정한 네트워크이다. 작은 세상 네트워크는 모든 노드가 직접 연결되지는 않지만 몇 번의 연결만 거치면 서로 연결될 수 있는 네트워크이고, 척도 없는 네트워크는 연결도 분포가 멱법칙(power law)분포를 따르는 네트워크이다.

```r
library(igraph)
n = 15
g1 <- graph.ring(n)
g2 <- erdos.renyi.game(n, .2)
g3 <- watts.strogatz.game(1, n, 2, 0.05)
g4 <- barabasi.game(n)

require(randomNames)
vertex.names = randomNames(n, which.names="first")
par(mfrow=c(2,2), mar=c(3,3,2,1), mgp=c(2,.7,0), tck=.02)
```

```
plot(g1, vertex.label.cex= 0.8, vertex.size = 20, vertex.label=vertex.
names,
    layout = layout.circle, xlab = "Ring Network")
plot(g2, vertex.label.cex= 0.8, vertex.size = 20, vertex.label=vertex.
names,
    layout = layout.circle, xlab = "Randomn Network")
plot(g3, vertex.label.cex= 0.8, vertex.size = 20, vertex.label=vertex.
names,
    layout = layout.circle, xlab = "Small-world Network")
plot(g4, vertex.label.cex= 0.8, vertex.size = 20, vertex.label=vertex.
names,
    layout = layout.circle, xlab = "Scale-free Network")
```

Barabasi and Albert(1999)는 우리 주변의 많은 대규모 네트워크가 척도 없는 네트워크의 속성을 지닌다고 설명하였다.[1] 새로운 노드가 계속 추가되고 새롭게 추가된 노드는 기존 네트워크에서 매우 인기 있는 노드들과 연결되려고 하는 선호적 연결 속성(preferential attachment)이 있기 때문에 네트워크 사이즈가 커지면 노드의 연결도가 척도 없는 멱법칙을 따른다고 설명했다. 이 논문은 World Wide Web이나 유전자 네트워크 등을 그 예시로 제시하였다.

여기서 "척도가 없다"라는 표현은 사회과학자에게는 다소 낯선 표현이다. "척도가 없다"라는 말의 의미는 척도 변환에도 분포가 변하지 않는다는 뜻이다. 여기서 척도란 관측값을 나누어주는 미터나 센티미터와 같은 물리학적 개념으로 이해할 수 있다. 이러한 특징을 갖는 분포는 확률분포함수가 멱법칙(거듭제곱)의 형태로 표현되는 경우이다. 즉,

$$p(d) = (\alpha - 1) d_{\min}^{\alpha-1} d^{-\alpha}, \ d \geq d_{\min}. \tag{12.5}$$

척도 없음의 속성은 식 (12.5)에 C를 곱해 주어도 분포가 변하지 않는다는 의미이다. 즉,

....

1   최근 이와 같은 주장을 반박하는 Broido and Clauset(2019)의 논문이 출판된 바 있다. 제목이 말하는 대로 이 논문은 척도 없는 네트워크가 저자가 조사한 경우의 4%에 불과하며 실제로 매우 드물다고 주장하였다. Holme(2019)은 이러한 관측에도 불구하고 여전히 척도 없는 네트워크는 중요한 과학적 개념이라고 주장한다.

$$p(c \cdot d) = (\alpha - 1)d_{\min}^{\alpha-1}(c \cdot d)^{-\alpha} \tag{12.6}$$

$$= c^{-\alpha}(\alpha - 1)d_{\min}^{\alpha-1}d^{-\alpha} \propto p(d). \tag{12.7}$$

igraph 패키지의 static.power.law.game() 함수를 사용하면 Barabasi and Albert(1999)가 설명한 척도 없는 네트워크를 생성할 수 있다.

```
par(mfrow=c(1,2), mai=c(0.4, 0.6, 0.3, 0.05))
require(igraph)
set.seed(1973)
g1 <- static.power.law.game(no.of.nodes = 200,
                            no.of.edges = 400,
                            exponent.out= 2.2,
                            exponent.in = -1, loops = FALSE,
                            multiple = TRUE,
                            finite.size.correction = TRUE)
g2 <- static.power.law.game(no.of.nodes = 500,
                            no.of.edges = 1,000,
                            exponent.out= 2.2,
                            exponent.in = -1, loops = FALSE,
                            multiple = TRUE,
                            finite.size.correction = TRUE)

## 각 노드의 연결도 정보를 추출
deg1 <- igraph::degree(g1)
deg2 <- igraph::degree(g2)

## 네트워크 시각화
plot(g1, vertex.label= NA, edge.arrow.size=0.02,
     vertex.size = deg1/median(deg1), xlab = "", cex.main=0.5,
main="n=200")
plot(g2, vertex.label= NA, edge.arrow.size=0.02,
     vertex.size = deg2/median(deg2), xlab = "", cex.main=0.5,
main="n=500")
```

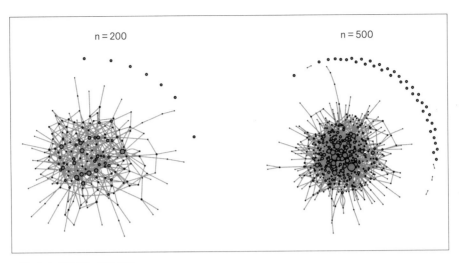

그림 12.3 척도 없는 네트워크

　그림 12.3의 왼쪽 패널은 노드 수가 200인 척도 없는 네트워크이며 오른쪽 패널은 노드 수가 500인 척도 없는 네트워크를 시각화한 것이다. 노드의 크기는 연결도와 비례하도록 설정했다. 척도 없는 네트워크에서는 '허브'라고 불리는 연결도가 높은 노드를 중심으로 네트워크가 급속하게 확장한다. 오른쪽과 같이 네트워크가 매우 커지면 연결도가 아주 높은 소수의 허브들이 등장하고 대부분의 노드들은 연결도가 매우 낮은 상태에 머물게 된다.

　위 두 네트워크의 연결도 분포가 무작위 네트워크에서 가정하는 푸아송분포를 따르는지 아니면 척도 없는 네트워크의 멱법칙분포를 따르는지를 직접 확인해 보자. 이를 위해 먼저 연결도의 빈도분포를 추출한 뒤 푸아송분포와 멱법칙분포의 확률밀도를 이용하여 기대값을 계산하는 함수를 작성하자. 함수의 이름은 degreeGraph()라고 명명하였다.

```
degreeGraph <- function(graph){
    degrees <- igraph::degree(graph)
    node.nb <- length(degrees)
    degrees <- degrees[order(degrees,decreasing=T)]
    ## 연결도 분포 계산
    degree.distrib <- table(degrees)
    ## 연결도 정보 데이터 프레임 저장
    degree.freq <- data.frame(degree=as.numeric(row.names(table(degrees))),
                              frequency=as.vector(table(degrees)))
```

```
        positive.locator <- degree.freq$degree > 0
        ## 로그 변환
        degree.freq$degree.log <- log(degree.freq$degree,base = 10);
        degree.freq$frequency.log <- log(degree.freq$frequency,base = 10);
        ## 푸아송분포 추정
        mean.degree <- mean(degrees)
        degree.freq$poisson.density <- dpois(x=degree.freq$degree,
        lambda=mean.degree)
        degree.freq$poisson.exp <- degree.freq$poisson.density * node.nb
        ## 멱법칙 분포 추정
        degree.freq$power.exp <-  NA
        fit.domain <- positive.locator
        distrib.fitting <- lm(frequency.log ~ degree.log,
        data = degree.freq[fit.domain,])
        degree.freq[fit.domain,'power.exp'] <- 10^(predict.lm(distrib.fitting))
        return(degree.freq)
}
```

degreeGraph() 함수를 이용하여 위에서 생성된 두 개의 척도 없는 네트워크 연결도분포를 살펴보자.

```
plot.powerlaw <- function(degree.freq, main = ",
                          xlab = '연결',ylab = '노드의 수'){
  plot(degree.freq[,'degree'],
    degree.freq[,'frequency'],
    col=NetworkChange:::addTrans('forestgreen',100),
    type = 'p', pch = 19, cex=1,
    main = main, xlab = xlab, ylab = ylab, cex.main=0.5,
    panel.first=grid (col = 'grey80', equilog=F)
    )
  lines(degree.freq$degree, degree.freq$poisson.exp, lwd=1, col = 'navy')
  lines(degree.freq$degree, degree.freq$power.exp, lwd=1, col = 'brown')
  legend ('topright', col = c('navy', 'brown'),
      legend = c('푸아송', '멱법칙'), lwd = 1, bg='white',bty='n')
}
## 연결도 분포 추출
degree.freq1 <- degreeGraph(g1)
degree.freq2 <- degreeGraph(g2)
```

```
## 그래프
par(mfrow=c(1,2), mai=c(1, 1, 0.3, 0.05))
plot.powerlaw(degree.freq1, main="G(200, 0.5)")
plot.powerlaw(degree.freq2, main="G(500, 0.5)")
```

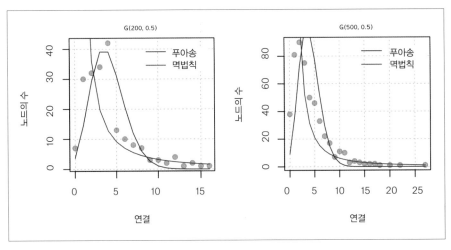

그림 12.4 척도 없는 네트워크의 연결도분포. 관측된 연결도는 녹색점이며 푸아송분포(청색)와 멱법칙분포(적색)가 관측된 연결도분포에 근사됨

그림 12.4의 왼쪽 패널을 보면 관측된 연결도(녹색 점)가 멱법칙분포보다는 푸아송분포에 더 가까운 모습을 보여주고 있다. 반면 오른쪽 패널과 같이 노드의 숫자가 증가하면 푸아송분포보다는 멱법칙분포에 더 가까운 모습으로 변화한다.

노드의 수를 계속 높여가면 푸아송분포와 멱법칙분포의 차이가 계속 작아지지만 여전히 멱법칙분포에 더 가까운 모습을 보여준다는 점을 그림 12.5를 통해서 더욱 분명하게 확인할 수 있다.

```
set.seed(1973)
g3 <- static.power.law.game(no.of.nodes = 10000,
                            no.of.edges = 20000,
                            exponent.out= 2.2,
                            exponent.in = -1, loops = FALSE,
                            multiple = TRUE,
                            finite.size.correction =' TRUE)
g4 <- static.power.law.game(no.of.nodes = 100000,
```

```
                             no.of.edges = 200000,
                             exponent.out= 2.2,
                             exponent.in = -1, loops = FALSE,
                             multiple = TRUE,
                             finite.size.correction = TRUE)
par(mfrow=c(1,2), mai=c(1, 1, 0.3, 0.05))
degree.freq3 <- degreeGraph(g3)
degree.freq4 <- degreeGraph(g4)
plot.powerlaw(degree.freq3, main="G(10000, 0.5)")
plot.powerlaw(degree.freq4, main="G(100000, 0.5)")
```

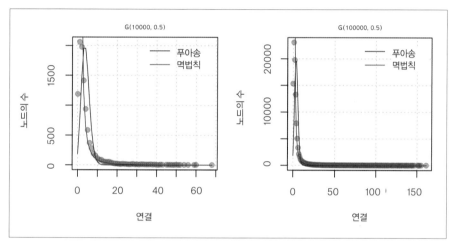

그림 12.5 대규모 척도 없는 네트워크의 연결도분포. 관측된 연결도는 녹색 점이며 푸아송분포(청색)와 멱법칙분포(적색)가 관측된 연결도분포에 근사됨

제2절
네트워크 시각화

이 장에서는 국제정치 동맹 네트워크 자료를 이용하여 네트워크 자료를 시각화하는 몇 가지 방법을 소개할 것이다. 이를 위해 2차 대전 후 동맹 네트워크를 2년 단위로 집계한 PostwarAlly에서 자료를 NetworkChange 패키지에서 다운로드한 뒤, 1980-1981년 자료를 g라는 객체에 저장하였다. 여기에 포함된 동맹관계는 COW자료에서 1타입으로 코딩된 방어조약(defense pact)이다(Gibler

2009). PostwarAlly에서 독일은 1954년부터 1989년까지는 서독과 동독으로, 그 전과 후로는 독일로 코딩되어 있다.

```
require(NetworkChange)
data(PostwarAlly)
Y <- PostwarAlly
year <- dimnames(Y)[[3]]
g <- Y[,,year=="1980"]
```

1980-1981년의 동맹 네트워크를 사회행렬(sociomatrix)로 시각화하기 위해 sna 패키지의 plot.sociomatrix() 함수에 약간의 수정을 가한 뒤, 새로운 함수(plot.sociomatrix.jhp())로 명명하였다. 오픈소스 프로그램의 강점은 이렇게 소스코드를 직접 찾아서 사용자의 편의에 맞게 수정할 수 있다는 점이다. 노드의 수가 많은 경우 효과적인 시각화를 위해서는 레이블의 위치(pos)와 각도(srt)를 통제하는 것이 바람직하다. pos는 1에서 4까지의 입력값을 가지며 각각의 입력값은 축의 하, 좌, 상, 우를 각각 가리킨다. srt는 레이블의 각도값인데 겹침을 방지하기 위해 45도를 디폴트로 정했다.

```
plot.sociomatrix.jhp <-
    function(x, labels = NULL, srt=45, pos=2, lab.col="brown",
             drawlab = TRUE, diaglab = TRUE, drawlines = TRUE,
             xlab = NULL, ylab = NULL, cex.lab = 1, ...) {
        if ((!(class(x) %in% c("matrix", "array", "data.frame"))) ||
            (length(dim(x)) > 2))
            x <- as.sociomatrix.sna(x)
        if (is.list(x))
            x <- x[[1]]
        n <- dim(x)[1]
        o <- dim(x)[2]
        if (is.null(labels))
            labels <- list(NULL, NULL)
        if (is.null(labels[[1]])) {
            if (is.null(rownames(x)))
                labels[[1]] <- 1:dim(x)[1]
            else labels[[1]] <- rownames(x)
```

```
    }
    if (is.null(labels[[2]])) {
        if (is.null(colnames(x)))
            labels[[2]] <- 1:dim(x)[2]
        else labels[[2]] <- colnames(x)
    }
    d <- 1 - (x - min(x, na.rm = TRUE))/(max(x, na.rm = TRUE) -
        min(x, na.rm = TRUE))
    if (is.null(xlab))
        xlab <- ""
    if (is.null(ylab))
        ylab <- ""
    plot(1, 1, xlim = c(0, o + 1), ylim = c(n + 1, 0), type = "n",
        axes = FALSE, xlab = xlab, ylab = ylab, ...)
    for (i in 1:n) for (j in 1:o) rect(j - 0.5, i + 0.5, j +
        0.5, i - 0.5, col = gray(d[i, j]), xpd = TRUE, border = drawlines)
    rect(0.5, 0.5, o + 0.5, n + 0.5, col = NA, xpd = TRUE)
    if (drawlab) {
        ## y axis
        text(rep(0, n), 1:n, labels[[1]], cex = cex.lab,
            col=lab.col, srt = srt, pos = pos)
        ## x axis
        text(1:o, rep(0, o), labels[[2]], cex = cex.lab,
            col=lab.col, srt = srt, pos = pos)
    }
    if ((n == o) & (drawlab) & (diaglab))
        if (all(labels[[1]] == labels[[2]]))
            text(1:o, 1:n, labels[[1]], cex = cex.lab,
                col=lab.col, srt = srt, pos = pos)
}
```

사회행렬은 두 노드 간의 연결 여부를 표시하여 이를 바둑판 모양으로 보여준다. 특정 노드가 어떤 노드와 연결되어 있는지, 어떤 노드가 가장 광범위한 연결을 보이는지를 쉽게 확인할 수 있다. 다만 노드의 순서가 뒤바뀌지 않기 때문에 블록구조를 쉽게 파악하기는 어려운 한계가 있다.

```
plot.sociomatrix.jhp(g, diaglab=FALSE, cex.lab=0.6, pos=3, lab.col="gray40")
```

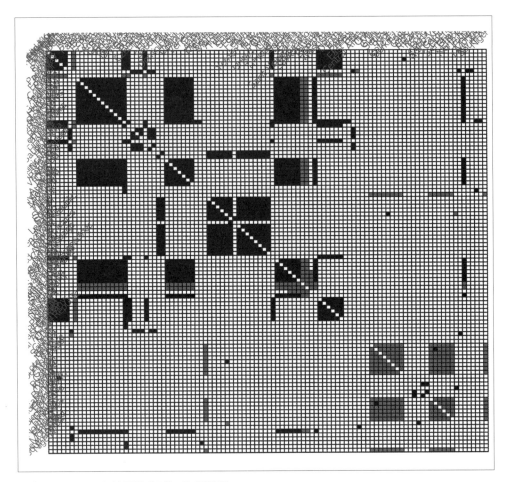

그림 12.6 1980-1981년 동맹 네트워크의 사회행렬

그림 12.6은 1980-1981년 동맹 네트워크의 사회행렬 시각화 결과이다. 색의 명암이 차이가 나는 이유는 1980-1981년 중, 한 해에만 동맹관계가 존재하는 경우가 있기 때문이다. 전체적으로 동맹관계가 매우 희소한 것을 볼 수 있으며 서너 개의 블록구조를 이루고 있다고 추정할 수 있다.

블록구조를 좀더 정확하게 파악하기 위해서 블록모형을 사용해서 위 그림을 다시 그려보자. 앞에서와 마찬가지로 plot.blockmodel()이라는 함수를 수정해서 함수의 레이블을 통제하는 새로운 함수(plot.blockmodel.jhp())를 작성해 보자. 이렇게 패키지에 있는 함수 코드를 직접 수정해서 사용하다보면 함수를 이용한 프로그래밍에 익숙해지고 효율적인 함수 작성에 대한 감을 익힐 수 있다.

```
plot.blockmodel.jhp <-
  function (x, srt=45, pos=2, lab.col="brown",
            cex.lab=cex.lab, drawlab=TRUE, diaglab=TRUE, ...) {
    oldpar <- par(no.readonly = TRUE)
    on.exit(par(oldpar))
    n <- dim(x$blocked.data)[2]
    m <- stackcount(x$blocked.data)
    if (!is.null(x$plabels))
        plab <- x$plabels
    else plab <- (1:n)[x$order.vector]
    if (!is.null(x$glabels))
        glab <- x$glabels
    else glab <- 1:m
    par(mfrow = c(floor(sqrt(m)), ceiling(m/floor(sqrt(m))))))
    if (m > 1)
        for (i in 1:m) {
            plot.sociomatrix.jhp(x$blocked.data[i, , ],
                                 labels = list(plab, plab),
                                 main = "",
                                 srt=srt, pos=pos, lab.col=lab.col,
                                 cex.lab = cex.lab,
                                 drawlab=drawlab, diaglab=diaglab,
                                 cex.main=0.5, drawlines = FALSE)
            for (j in 2:n) {
              if (x$block.membership[j] != x$block.membership[j - 1])
                abline(v = j - 0.5, h = j - 0.5, lty = 3)
            }
        }
    else {
      plot.sociomatrix.jhp(x$blocked.data,
                           labels = list(plab, plab),
                           main = "",
                           srt=srt, pos=pos, lab.col=lab.col,
                           cex.lab = cex.lab,
                           drawlab=drawlab, diaglab=diaglab,
                           cex.main=0.5, drawlines = FALSE)
      for (j in 2:n) {
        if (x$block.membership[j] != x$block.membership[j - 1])
          abline(v = j - 0.5, h = j - 0.5, lty = 3)
```

```
        }
    }
}
```

sna 패키지의 equiv.clust()는 네트워크의 상응성(equivalence)을 고려하여 네트워크를 여러 개의 클러스터로 분할한다. 이때 상응성이란 노드들이 서로 이웃을 공유하는 현상을 말한다. 즉 서로 비슷한 이웃을 가지고 있는 노드들을 하나의 클러스터로 묶는 알고리듬이라고 이해할 수 있다.

```
library(sna)
eq <- sna::equiv.clust(g)
b <- sna::blockmodel(g,eq,h=10)
plot.blockmodel.jhp(b, main="",
                    diaglab=FALSE, cex.lab=0.6, pos=3, lab.col="gray40")
```

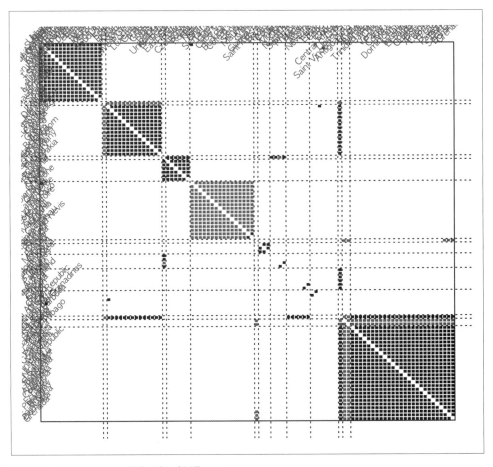

그림 12.7 1980-1981년 동맹 네트워크의 블록구조

사회행렬 그래프와는 달리 분명한 블록구조를 확인할 수 있다. 5개의 블록이 존재하는데 왼쪽 위에서부터 중동, 유럽, 소련과 동구권 국가들, 아프리카 국가들, 그리고 아메리카 대륙의 국가들 순서로 배치되었다. 가장 많은 국가들과 동맹관계를 맺고 있는 미국이 가장 큰 클러스터인 아메리카 국가들에 포함되어 있다.

이제 네트워크를 2차원 공간으로 시각화해 보자. 블록구조 학습 결과와 연결도 정보를 노드 속성(family, importance)으로 추가할 것이다.

```
n <- network(g, directed = FALSE)
n %v% "family" <- as.character(b$block.membership)
n %v% "importance" <- sna::degree(n)
```

여기에서는 ggnetwork 패키지를 이용하여 시각화를 진행할 것이다. 먼저 노드의 블록 수에 맞는 색팔레트를 만들어 mycolors로 정의해 둔다. 노드의 수가 많기 때문에 노드의 이름이 겹쳐져서 잘 보이지 않을 수 있다. 이를 피하기 위해 geom_nodelabel_repel()을 이용해서 최적화된 이름 배치구도를 설정하자.

```
library(ggnetwork)
library(RColorBrewer)
set.seed(1973)
mycolors = c(brewer.pal(name="Dark2", n = 8),
             brewer.pal(name="Paired", n = 6))
g.1 <- ggplot(ggnetwork(n), aes(x = x, y = y, xend = xend, yend = yend)) +
  geom_edges(color = "grey50", alpha = 0.5) +
  geom_nodes(aes(x, y, color = family, size = 5.5 * importance),
             alpha = 0.5,
             show.legend = FALSE) +
  geom_nodes(aes(x, y, color = family, size = 1.5 * importance),
             show.legend = FALSE) +
  guides(size = FALSE) +
  geom_nodelabel_repel(aes(label = vertex.names, color = family,
                       fill = factor(family)), alpha = 0.5,
                       box.padding=0.35, point.padding=0.5, fontface="bold",
                       family="AppleGothic", color = 'black',
```

```
                        size = 4, show.legend = FALSE) +
  scale_color_manual(values = mycolors) +
  theme_blank()
```

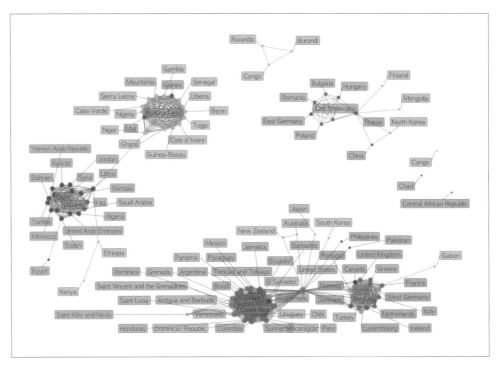

그림 12.8 1980-1981년 동맹 네트워크의 시각화. NetworkChange 패키지에서 제공하는 제2차 대전 이후의 방어동맹 자료를 이용. 원자료는 Correlates of War 프로젝트.

그림 12.8은 시각화 결과를 보여준다. 1980-1981년 동맹 네트워크의 구조적 특징을 요약해 보면 다음과 같다.

- 강한 블록구조와 함께 미국의 중심성이 분명히 확인된다. 미국은 아메리카 대륙의 국가블록과 유럽블록을 잇고 있으며 아시아 국가들과 양자적인 동맹관계를 통해 세 개의 대륙을 잇는 초강대국의 모습을 보여주고 있다.

- 소련(Russia) 역시 강한 중심성을 보이지만 공산권 이외의 국가들에 대해서는 연결성을 갖지 못한 고립된 모습을 보이고 있다.

- 나이지리아(Niger)와 시리아는 중동과 아프리카 국가블록을 잇는 브릿지 역할을 하고 있음을 확인할 수 있다.

네트워크 중심성 분석

사회과학 네트워크 분석에서 가장 중요한 개념 중의 하나가 바로 중심성(centrality)이다. 어떤 노드가 네트워크에서 가장 중요한 지위 또는 역할을 가지고 있는지를 분석하는 것이 오랫동안 사회과학 네트워크 분석의 초점이었다(Wasserman and Faust 1994). 네트워크 중심성을 측정하는 방법은 매우 다양하다. 가장 간단하고 직관적인 연결도 중심성(degree centrality)에서 시작해 매개 중심성(betweenness centrality), 근접 중심성(closeness centrality), 고유벡터 중심성(eigenvector centrality) 등 매우 다양한 중심성 측정 방법들이 개발되었다. 네트워크 자료의 속성에 맞는 중심성 측정치를 보여주는 CINNA 패키지의 proper_centralities() 함수를 이용해서 중심성 분석을 진행해 보자.

```
library(CINNA)
g.graph <- graph.adjacency(Y[,,which(year==1980)], mode="undirected")
## proper_centralities(g.graph)
```

주어진 네트워크에 대해 사용 가능한 모든 중심성 측정치를 보여주는 proper_centralities(g.graph)를 실행하면 다양한 중심성 측정치들이 프린트된다. 중심성 측정치에 대한 자세한 설명은 Wasserman and Faust(1994)나 Newman(2010)을 참고하라. 여기서는 몇 가지 측정치를 추출하는 방법만 간단히 소개하고자 한다.

먼저 가장 중요한 연결도 중심성을 계산해보자. igraph 패키지의 degree() 함수를 이용하면 연결도 중심성을 쉽게 계산할 수 있다.

```
head(igraph::degree(g.graph))
## 에러: calculate_centralities(g.graph, include = "Degree Centrality")
```

그러나 calculate_centralities()를 이용하여 연결도 중심성을 계산하면 에러 메시지가 뜬다. 1980-1981년의 전체 동맹 네트워크가 서로 연결되지 않고 분절되어 있기 때문이다. 앞으로 등장할 좀 더 복잡한 중심성 측정치 계산에서도 이와 같은 문제가 발생할 수 있다. 부분 그래프(sub-graph) 중에서 첫 번째 그룹(g.member [1])의 연결도 중심성을 측정해 보도록 하자.

```
country.names <- dimnames(Y)[[1]]
## find a connected component of the graph
g.comp <- igraph::components(g.graph)
g.member <-
  lapply(seq_along(g.comp$csize)[g.comp$csize > 1],
         function(x) V(g.graph)$name[g.comp$membership %in% x])
## the first group is chosen
locator.member <- is.element(country.names, g.member[[1]])
g.connected <- graph.adjacency(Y[locator.member,locator.member,
                                 which(year==1980)],
                               mode="undirected")
pr_cent <- proper_centralities(g.connected)
```

중심성 측정치의 상관성을 히트맵(그림 12.9)으로 시각화해 보면 미국이 BottleNeck 중심성(Przulj et al. 2004)과 Shortest-Paths Betweenness 중심성(Freeman 1978)에서 가장 높은 스코어를 보이고 있음을 알 수 있다. 반면 미국의 평균 거리(average distance)는 다른 국가들에 비해서 꽤 낮은 수준임을 알 수 있다. 미국은 제1 블록 안에서 동맹관계 네트워크의 주요 경로를 장악하고 있지만 모든 국가들과 직접적인 동맹관계를 유지하고 있지는 않음을 알 수 있다.

```
par(cex = 0.7)
visualize_heatmap(calc_cent, scale = TRUE)
```

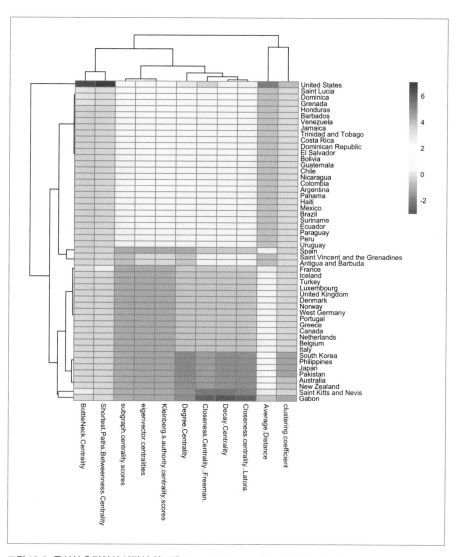

그림 12.9 중심성 측정치의 상관성 히트맵. NetworkChange 패키지에서 제공하는 제2차 대전 이후의 방어동맹 자료를 이용. 원자료는 Correlates of War 프로젝트.

제4절

네크워크 전환점

이제 네트워크 자료가 일련의 관측단위로부터 반복적으로 관측되는 상황을 생각해 보자. 사회과학에서 관측되는 많은 네트워크 자료는 일정한 시간이나 순서를 따라 반복적으로 관측되는 경우가 많다. 고정된 노드들로부터 반복적으로 관측된 네트워크 자료를 네트워크 시계열 자료(network time series data)라고 부른다.

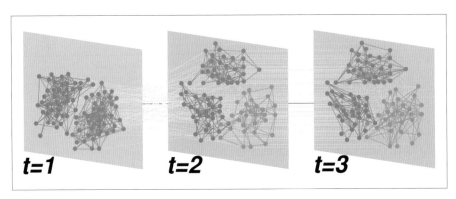

그림 12.10 네트워크 시계열 자료. 노드의 색은 블록을 나타내며, 링크의 색은 블록 내 연결은 블록의 색으로, 블록 간의 연결은 회색 선으로 표시하였다. $t=1$에서 2개의 블록이었던 네트워크가 $t=2$와 $t=3$에서 3개의 블록을 가진 구조로 변화하였다. 네트워크 전환점 모형은 이러한 변화를 추적하고 검증하기 위한 확률모형이다.

그림 12.10은 $t=3$인 네트워크 시계열 자료를 시각화한 것이다. 이 네트워크 시계열 자료에서 우리가 주목하는 것은 노드들 간의 군집구조가 시간에 따라 변화한다는 점이다. 이 시간에 따른 군집구조의 변화를 추정하는 것이 네트워크 전환점 분석의 목적이다.

먼저 네트워크 시계열 자료에 대한 기본 표현을 이해해 보자. 네트워크 시계열 자료의 관측 단위는 $\{y_{i,j,t}\}$라고 쓸 수 있다. 무방향성(undirected) 이분 자료일 경우 $\{y_{i,j,t}\}=1$은 노드 i와 j가 t시점에 연결되어 있음을 나타내며, $\{y_{i,j,t}\}=0$은 노드 i와 j가 t시점에 연결되어 있지 않음을 나타낸다.

베이지안 네트워크 분석은 네트워크 시계열 자료의 연결 여부를 설명하기 위해 은닉 변수를 사용한다. $\{z_{i,j,t}\}$를 t 시점에 노드 i와 j가 연결될 확률을 결정하는 연속 은닉변수라고 가정하면, 이 은닉변수는 프로빗 모형에서 사건의 발생 가능성을 결정하는 은닉변수 z와 유사한 기능을 한다. 직접 관측되지는 않지만 노드들 사이의 연결 여부는 이 은닉변수값에 의해 결정된다고 가정하는 것이다. 예를 들어, $\{z_{i,j,t}\}>0$이면 연결이 관측될 확률이 더 높고, $\{z_{i,j,t}\}<0$이면 연결이 관측되지 않을 확률이 더 높다고 본다.

HMM에서와 유사하게 베이지안 네트워크 모형에서 연속 은닉변수를 가정하는 이유는 크게 두 가지이다. 첫째, 계산적 편의성 때문이다. 모수를 연속변수에 대한 계수로 가정한 뒤, 이를 다시 실제 제한된 종속변수에 조응시키는 것이 제한된 종속변수로부터 직접 모수의 표본을 취하는 것보다 계산적으로 더 편리하다.

연속 은닉변수를 가정하는 두 번째 이유는 해석의 편의성 때문이다. 일반 선형 모형에서 언급한 것처럼 연속 은닉변수를 가정함으로써 제한된 종속변수와 모수와의 관계를 선형 모형에서처럼 해석할 수 있게 된다. 이 경우 은닉변수는 제한된 종속변수의 실현 가능성을 결정하는 연속변수로 해석된다. 예를 들어 투표자료의 경우 연속 은닉변수는 투표자의 이념으로, 이분 사건자료에서 연속 은닉변수는 사건 발생 가능성으로 해석될 수 있다.

네트워크 자료에 대한 모형은 다양한 방법으로 시도될 수 있으나 베이지안 접근이 가장 타당한 프레임워크인 이유는 Aldous(1981)와 Hoff(2009b)에 의해 제시된 네트워크 자료에 대한 드 피네티의 정리를 통해 이해할 수 있다.

┌─ **Theorem** 4.1 ─────────────────────

네트워크 자료에 대한 드 피네티 정리

Y가 줄-열 교환 가능(row-column exchangeable)한 행렬이라면, Y는 전체 평균(grand mean, μ), 줄 효과(row effect, u_i), 열 효과(column effect, v_j), 그리고 독립된 오차($\epsilon_{i,j}$)의 형태를 가진 어떠한 확률 모형에 의해서도 재현 가능하다.
즉, 줄-열 교환 가능한 Y와 함수 $f()$와 독립 확률변수 μ, $\{u_1, ...\}$, $\{v_1, ...\}$, $\epsilon_{i,j}$, $i=1, ..., j=1, ...\}$에 대해, 다음과 같은 관계가 존재한다:

$$y_{i,j} \overset{d}{=} f(\mu, u_i, v_j, \epsilon_{i,j}). \tag{12.8}$$

여기서 $\overset{d}{=}$는 확률분포상 같다는 기호이다.

└───────────────────────────────────

이를 설명변수를 포함한 네트워크 모형에 대입해 보면, 전체 평균은 설명변수의 선형 함수($x:'_{jt}\beta$), 줄-열 효과는 노드수준에서의 임의효과($\{u_1, ..., u_N\}$)로 표현된다. 네트워크 시계열 모형은 여기에 시간대별 임의효과($\{v_1, ..., v_T\}$)가 추가되는데 이는 줄-열에 이은 "쪽"(slice) 효과로 부를 수 있다.[2]

....

2   행렬을 연속으로 붙이면 텐서(tenstor)가 되는데, 텐서의 가로를 row, 세로를 column이라고 하면 세 번

네트워크 시계열 모형의 임의효과를 정리하면 다음과 같다:

- $\{\boldsymbol{u}_1, \ldots, \boldsymbol{u}_N\}$: R-차원의 은닉 노드 위치(latent node position)

- $\boldsymbol{V}_t$: 시간대별 네트워크 생성규칙을 설명하는 대각행렬

$$\boldsymbol{V}_t = \begin{bmatrix} v_{1,t} & \cdots & 0 \\ \vdots & \ddots & \vdots \\ 0 & \cdots & v_{R,t} \end{bmatrix}.$$

이 두 임의효과를 반영한 Hoff(2010a)의 다층 네트워크 모형은 다음과 같이 쓸 수 있다.

호프의 다층 네트워크 모형

$y_{i,j,t}$를 무방향성 다층 네트워크 자료라고 하면 다층 네트워크 자료는 노드수준에서의 임의효과($\{\boldsymbol{u}_1, \ldots, \boldsymbol{u}_N\}$)와 시간대별 임의효과($\{\boldsymbol{v}_1, \ldots, \boldsymbol{v}_T\}$)를 가진 다음과 같은 모형으로 설명될 수 있다:

$$\Pr(y_{i,j,t}=1|\boldsymbol{x}_{i,j,t}, \boldsymbol{u}_i, \boldsymbol{u}_j, \boldsymbol{v}_t) = \Phi(z_{i,j,t}) \tag{12.9}$$

$$z_{i,j,t} = \boldsymbol{x}_{i,j,t}\beta + \boldsymbol{u}_i^T \boldsymbol{V}_t \boldsymbol{u}_j + \epsilon_{i,j,t} \tag{12.10}$$

$$\epsilon_{i,j,t} \sim \mathcal{N}(0, 1). \tag{12.11}$$

만약 우리가 2차원 노드공간(R = 2)으로 자료를 모형화한다고 가정해 보자. $t=1$의 네트워크 생성규칙 정보($\boldsymbol{V}_1$)와 은닉 노드정보 $\boldsymbol{u}_i$를 결합하면 $\boldsymbol{u}_i^T \boldsymbol{V}_1 \boldsymbol{u}_j$라는 복선형(bilinear)구조가 된다. 행렬곱으로 표현된 이 계산값은 1시점에 노드 i와 j사이의 연결 가능성을 결정하는 은닉변수이다. $\boldsymbol{u}_i^T \boldsymbol{V}_1 \boldsymbol{u}_j$는 (1) 시간대별로 변화하는 네트워크 생성규칙과 (2) 시간대별로 쉽게 변화하지 않는 노드의 위치정보를 곱셈분해(multiplicative decomposition) 방식으로 추출한다.

....
째 차원을 slice라고 부른다. slice에 대한 마땅한 번역어가 현재 없는데, 조각이라는 표현은 너무 텐서와 거리가 멀고 줄과 열이라는 표현과도 괴리가 크다. 필자가 제안하는 번역은 "쪽"인데 국립국어원에 따르면 "쪽"이라는 접두사는 "작은 조각으로 만든" 것을 뜻한다고 한다(https://www.korean.go.kr/front/onlineQna/onlineQnaView.do?mn_id=216&qna_seq=174770&pageIndex=1).

곱셈분해 (또는 복선형) 구조가 네트워크 자료를 모형화할 때 유용한 이유를 보다 쉽게 이해하기 위해서는 선형대수에 등장하는 고유벡터분해를 참고하는 것이 유용하다.

4.1 고유벡터분해

고유벡터란 선형변환(linear transformation)을 가해도 그 방향이 변하지 않는 벡터를 말하며 고유값이란 선형변환에 의해 고유벡터가 늘어나거나 줄어드는 정도를 나타내는 상수값 또는 스칼라(scalar)이다. 행렬 Y의 고유벡터 x는

$$Yx = \lambda x \tag{12.12}$$

로 정의된다. 이때 λ는 고유값 스칼라이다. 역변환이 가능한(invertible) $n \times n$ 정방행렬 Y는 다음과 같이 대각화될 수 있다:

$$Y = U^{-1} \Lambda U. \tag{12.13}$$

- U: 고유벡터로 구성된 행렬이다. 각 고유벡터는 고유값에 각각 대응한다.
- Λ: 고유값이 대각원소를 이루고 나머지는 모두 0인 대각행렬로 모두 n개의 고유값이 존재한다.

대칭행렬(symmetric matrix, $Y = Y^T$)인 경우 U는 직교행렬($U^{-1} = U^T$)이 된다. 이 경우 다음과 같은 스펙트럼 정리가 성립한다.

Theorem 4.2

스펙트럼 정리

모든 실수 대칭행렬은 $Y = U\Lambda U^T$ 또는 $Y = U diag(\lambda_1, ..., \lambda_n) U^T$의 형태로 분해할 수 있다. 이때 U는 직교행렬이며 Λ는 고유값(eigenvalue) 행렬이다.

무방향성 네트워크(undirected network)는 실수 대칭행렬이라는 점을 생각하면 노드 i와 j 사이의 연결 가능성을 다층 네트워크 모형에서 곱셈분해 방식

으로 모형화하는 이유(식 (12.10))를 쉽게 이해할 수 있다. 곱셈분해는 스펙트럼 정리를 이용하여 무방향성 네트워크 시계열 자료를 고유벡터와 고유값으로 분해할 수 있다는 아이디어와 일치하는 것이다.

그런데 여기서 몇 가지 곤란한 문제가 발생한다. 먼저 네트워크 시계열 자료는 하나의 행렬이 아니라 여러 개의 행렬이 결합된 텐서(tensor)이다. 텐서 전체에 대한 고유벡터분해는 간단하지 않으며 고유한 해가 존재하지 않을 수 있다. 둘째, 스펙트럼 정리는 통계적 모형화가 아니라 대수적 계산이며 여기에는 오차와 불확실성에 대한 가정이 존재하지 않는다.

이러한 문제점을 개선하기 위해서 제시된 것이 Hoff(2015)의 다층 네트워크 자료에 대한 베이지안 모형이다. 베이지안 다층 네트워크 모형에 대한 보다 자세한 설명은 Hoff(2009a, 2011b, 2015)를 참고하라.

4.2 은닉 마르코프 네트워크 전환점 모형

여기서 우리는 Park and Sohn(2020)의 은닉 마르코프 네트워크 전환점 모형 (hidden Markov network changepoint model, HNC)을 소개할 것이다. 이 모형은 Hoff(2015)의 다층 네트워크 베이지안 모형을 전환점 분석을 위해 변형한 것으로 사회과학 네트워크의 특징인 구조적 변화, 경로의존, 불연속성 등의 측정에 매우 유용하다.

기존 네트워크 전환점 모형들은 대부분 네트워크의 특정 속성을 하나의 벡터로 추출하여 그 벡터의 변화를 살펴봄으로써 네트워크 전환점을 추적했다. 네트워크 정보를 벡터로 축소하는 것은 네트워크 고유의 특징인 상호종속성(in-terdependence)을 분석에서 배제한다는 점 외에도 네트워크의 구조적 변화를 제대로 반영하지 못한다는 근본적인 문제점이 있다. 예를 들어 노드들의 연결도가 증가하는 것을 네크워크의 구조적 변화라고 부르기는 어렵다. 구조적 변화란 네트워크 생성 과정에서의 근본적 변화로 정의되어야 한다. 이런 측면에서 Park and Sohn(2020)는 네트워크의 구조적 변화를 블록구조의 변화로 정의하였다. 이 장의 첫 페이지에 제시된 그림 12.1은 구조적 변화의 대표적인 패턴을 시각화한 것이다.

Park and Sohn(2020)의 HNC는 아래와 같이 표현된다:

$$Y_t = U_{S_t} V_t U_{S_t}^T + E_t \tag{12.14}$$

$$E_t \sim \mathcal{N}_{N \times N}(\mathbf{0}, \sigma_{S_t}^2 I_N, I_N). \tag{12.15}$$

식 (12.14)의 U_{S_t}는 은닉 상태에 따라 변화하는 노드의 위치벡터이다. 각 벡터의 사전분포는 다중 정규분포를 따르며 U_{S_t} 행렬전체는 정규 행렬분포(matrix-variate normal distribution)를 따른다. 샘플링은 이 정규 행렬분포를 벡터로 나누어 진행한다.

U_{S_t} 샘플링

$$U_{S_t} \equiv (\boldsymbol{u}_{1,S_t}, \ldots, \boldsymbol{u}_{N,S_t}) \tag{12.16}$$

$$\boldsymbol{u}_{i,S_t} \sim \mathcal{N}_R(\mu_{u,S_t}, \Psi_{u,S_t}) \tag{12.17}$$

$$\mu_{u,S_t} | \Psi_{u,S_t} \sim \mathcal{N}_R(\mu_{0,u_{S_t}}, \Psi_{u,S_t}) \tag{12.18}$$

$$\Psi_{u,S_t} \equiv \begin{pmatrix} \psi_{1,u,S_t} & \cdots & 0 \\ 0 & \psi_{r,u,S_t} & 0 \\ 0 & \cdots & \psi_{R,u,S_t} \end{pmatrix} \tag{12.19}$$

$$\psi_{r,u,S_t} \sim \mathcal{IG}\left(\frac{u_0}{2}, \frac{u_1}{2}\right). \tag{12.20}$$

V는 대각행렬로 각 벡터는 다중 정규분포를 사전분포로 취한다.

V 샘플링

$$V_t \equiv \begin{pmatrix} v_{1,t} & \cdots & 0 \\ 0 & v_{r,t} & 0 \\ 0 & \cdots & v_{R,t} \end{pmatrix} \tag{12.21}$$

$$\boldsymbol{v}_t \equiv (v_{1,t}, \ldots, v_{R,t}) \tag{12.22}$$

$$\boldsymbol{v}_t \sim \mathcal{N}_R(\mu_v, \Psi_v) \tag{12.23}$$

$$\mu_v | \Psi_v \sim \mathcal{N}_R(\mu_{0,v}, \Psi_v) \tag{12.24}$$

$$\Psi_v = \begin{pmatrix} \psi_{1,v} & \cdots & 0 \\ 0 & \psi_{r,v} & 0 \\ 0 & \cdots & \psi_{R,v} \end{pmatrix} \tag{12.25}$$

$$\psi_{r,v} \sim \mathcal{IG}\left(\frac{v_0}{2}, \frac{v_1}{2}\right). \tag{12.26}$$

그 외의 모수에 대한 추정은 앞 장에서 언급한 선형 회귀분석 전환점 모형과 매우 유사하다. 자세한 알고리듬에 대한 설명은 Park and Sohn(2020)을 참고하라.

4.3 HNC 추정

NetworkChange 패키지를 이용하여 HNC를 추정해 보자. 인풋자료는 네트워크 시계열 자료로 $N \times N \times T$ 차원의 어레이(array) 형태를 취한다. 여기서 N은 노드의 수이며, T는 시계열 분석단위의 수이다. 현재 NetworkChange 패키지는 대칭행렬, 즉 무방향 네트워크 자료에 대한 분석만을 지원하고 있다.

MakeBlockNetworkChange() 함수를 이용해서 노드의 수가 10이고 시계열 길이가 20인 작은 네트워크 시계열 자료를 생성해 보자. 분석을 위해서 전환점은 자료의 중심에 놓고 블록구조가 2개에서 3개로 나눠지는(block-splitting) 변화로 생성규칙을 정하였다. 블록 내 노드의 연결확률(block.prob)은 0.7이고 블록 외부 노드의 연결확률(base.prob)은 0.05로 정해서 강한 블록구조를 가정했다. block.prob=0로 정하면 에르도스-레니의 무작위네트워크가 생성된다.

```
set.seed(11173)
n <- 10 ## number of nodes in each cluster
Ysplit <- MakeBlockNetworkChange(n=n, break.point = .5,
                                 base.prob=.05, block.prob=.7,
                                         T=20, type ="split")

dim(Ysplit)
```

[1] 30 30 20

MakeBlockNetworkChange()는 다섯 가지 네트워크 변화형태(type)를 지원한다.

- constant: 블록 수가 3개로 유지되는 네트워크
- merge: 블록 수가 3개에서 2개로 변화하는 네트워크
- split: 블록 수가 2개에서 3개로 변화하는 네트워크
- merge-split: 블록 수가 3개에서 2개로, 그리고 2개에서 다시 3개로 두 번 변화하는 네트워크

- split-merge: 블록 수가 2개에서 3개로, 그리고 3개에서 다시 2개로 두 번 변화하는 네트워크

plotnetarray()를 통해 생성된 네트워크 시계열 자료를 시각화할 수 있다. 자료 전체의 시각화가 어렵기 때문에 n.graph를 통해 출력되는 네트워크의 수를 조절할 수 있다. 디폴트 값은 4이다. ggnet의 그래프세팅을 통해 그림을 변형할 수 있다.

```
plotnetarray(Ysplit)
```

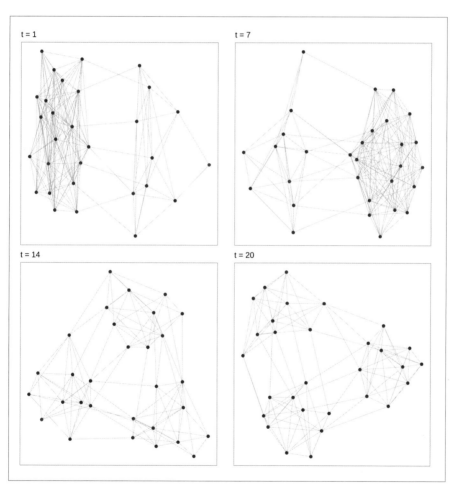

그림 12.11 블록 분열 네트워크 시계열 자료. $N = 30$, $T = 20$. 전환점 위치는 $t = 10$.

위 코드를 통해 생성된 블록 분열 네트워크 시계열 자료는 그림 12.11에 시각화되어 있다. 전체 자료 중에서 등간격으로 4개의 대표 시점을 선정해서 시각화한 것이다. 전환점($t = 10$) 이전에는 1개의 큰 블록과 1개의 작은 블록에 의해

설명되던 네트워크가 전환점을 거친 후에는 같은 규모의 3개 블록으로 나누어졌음을 쉽게 확인할 수 있다.

이제 비슷한 방식으로 전환점 후에 블록 수가 3개에서 2개로 감소하는 네트워크 시계열 자료를 생성해 보자. 그림 12.12는 네트워크의 블록 수가 3개에서 2개로 줄어드는 자료를 보여준다. 앞서와 마찬가지로 전환점은 $t=10$에 설정되었다.

```
set.seed(11173)
Ymerge <- MakeBlockNetworkChange(n=n, break.point = .5,
                                  base.prob=.05, block.prob=.7,
                                  T=20, type ="merge")

plotnetarray(Ymerge)
```

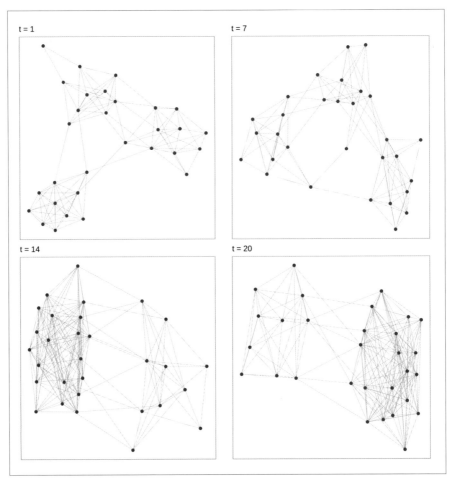

그림 12.12 블록 통합 네트워크 시계열 자료. $N=30$, $T=20$. 전환점 위치는 $t=10$.

이제 위에서 생성된 블록분열 네트워크를 자료를 이용해서 HNC추정을 진행해 볼 것이다. 생성된 자료이기 때문에 우리는 블록의 수, 전환점의 위치, 전환의 속도 등에 대해 모두 정확히 알고 있다. HNC 추정은 이 모든 정보를 모른다고 가정하고 네트워크 자료만 주어져 있는 상태에서 이 정보를 추론하는 것을 목적으로 한다.

본격적인 분석에 앞서 한 가지 유의할 점이 있다. 네트워크 자료에서 블록 추정을 위해서는 연결중심성에 상응하는 정보를 제거해 주어야 한다. 연결도 보정(degree correction)이라고 불리는 이 방법은 네트워크 블록구조 분석에서 매우 중요한 전처리방법이다. 이에 대한 내용은 Sohn and Park(2017)과 Park and Sohn(2020)에 간단히 소개되어 있으며 보다 자세한 내용은 Karrer and Newman(2010)와 Chaudhuri et al.(2012)을 참고하라. NetworkChange는 연결도 보정을 위한 디폴트 방법으로 원자료에서 주요고유행렬(the principal ei-gen-matrix, Ω_t)을 빼주는 방법을 사용하고 있다.

블록추정을 위한 네트워크 연결도 보정

주요고유값 $\lambda_t^{princ} = \max(|\lambda(\boldsymbol{Y}_t)|)$ $\tilde{\boldsymbol{u}}_{it}$과 이에 해당되는 i번째 줄의 고유벡터에 대해,

$$\omega_{i,j,t} = \lambda_t^{princ} \tilde{\boldsymbol{u}}_{i,t} \tilde{\boldsymbol{u}}_{i,t}^T \tag{12.27}$$

를 정의하고 이를 주요고유행렬이라고 부른다.

블록추정을 위한 연결도 보정을 위해서 원 자료에서 주요고유행렬을 빼준 값,

$$B_{i,j,t} = y_{i,j,t} - \omega_{i,j,t} \tag{12.28}$$

를 자료로 사용한다.

이 예제에서는 시간절약을 위해 100번의 초기화 시뮬레이션(burn-in) 뒤에 100번의 MCMC 시뮬레이션을 진행하였다.

```
G <- 1000
Yout <-   NetworkChange(Ysplit, R=2, m=1, mcmc=G, burnin=G, verbose=0)
```

시뮬레이션의 결과는 Yout 객체에 저장되어 있다. 먼저 drawPostAnalysis() 함수를 이용해서 은닉 노드 공간에 대한 정보를 추출해 보자. drawPostAnalysis()은 추정된 은닉 노드 공간에 대해 k-평균 클러스터링 방법(k-means clustering method)을 사용하여 블록구조를 시각화한다.

```
par(cex.main=0.5)
Ydraw < drawPostAnalysis(Yout, Ysplit, n.cluster=c(2,3))
multiplot(plotlist=Ydraw, cols=2)
```

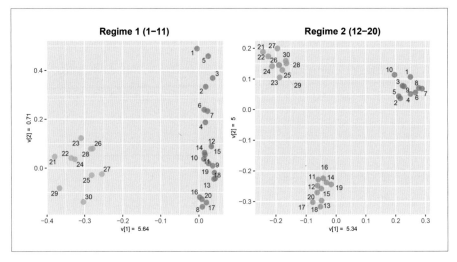

그림 12.13 HNC 분석으로 확인된 은닉 노드 공간의 구조적 변화

그림 12.13에 추정된 은닉 노드 공간과 그 블록구조가 시각화되어 있다. 왼쪽 패널은 레짐 1에서의 은닉 노드 공간이며 오른쪽 패널은 레짐 2에서의 은닉 노드 공간이다. 2개의 블록에서 3개의 블록으로 분화되었음을 쉽게 확인할 수 있다. 노드 1-10과 노드 11-20이 같은 블록에 속하다 서로 다른 그룹으로 분화되는 변화가 있었는데 HNC는 이를 매우 정확하게 추정하고 있다. HNC 분석을 통해 학습할 수 있는 네트워크 정보는 다음과 같이 정리할 수 있다.

HNC 분석을 통해 학습할 수 있는 정보

- 구조적 변화의 수: HNC 모형비교를 통해 학습 가능하다.
- 구조적 변화의 시점: HNC 추정결과에서 나온 은닉 상태변수를 통해 학습 가능하다.

- 구조적 변화의 내용: HNC 추정결과에서 나온 은닉 노드 공간변수를 통해 학습 가능하다.
- 구조적 변화의 속성: HNC 추정결과에서 나온 네트워크 생성규칙을 통해 학습 가능하다.

예를 들어 구조적 변화의 속성을 알기 위해 HNC 추정결과에서 나온 네트워크 생성규칙을 시각화해 보자. plotV()는 네트워크 생성규칙(V_t)의 시간적 변화를 시각화해 주는 함수이다.

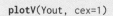

```
plotV(Yout, cex=1)
```

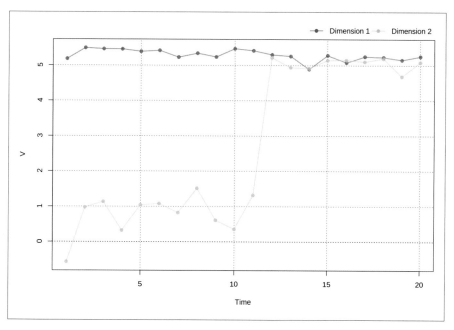

그림 12.14 HNC 분석으로 확인된 네트워크 생성규칙의 시간적 변화

네트워크 생성규칙은 고유벡터분해(스펙트럼 정리)에서 고유값과 유사한 역할을 한다. 양과 음의 값으로 노드공간좌표를 연결하며 그 절대값의 크기는 해당 차원(dimension)의 중요성을 나타낸다. 그림 12.14로부터 다음 세 가지 정보를 학습할 수 있다.

첫째, 1차원과 2차원 생성규칙 모두 양의 값을 띠고 있다. 즉 노드공간에서 노드끼리의 거리가 가까울수록 연결 가능성이 증가하는, 즉 블록 내 노드의 연결 가능성이 높은 호모필리(homophily) 네트워크의 특성을 보인다고 할 수 있다. 우리가 생성한 네트워크 규칙이 호모필리였음을 고려하면 이는 매우 정확

제12장 베이지안 방법을 이용한 진화하는 네트워크 모형분석

한 분석결과라고 볼 수 있다.

둘째, 1차원 생성규칙은 매우 안정된 큰 값을 유지하는 반면 2차원 생성규칙은 처음에는 매우 낮은 값을 가지다가 중간 이후부터 크게 증가한다. 이는 블록이 2개인 경우 1차원만으로 충분히 노드들의 배치를 설명할 수 있는 반면 블록의 수가 3개로 증가하면 새로운 차원이 하나 더 필요하다는 점을 의미한다. 새로운 차원이 자료의 중반 이후부터 등장했다는 점으로부터 블록의 수가 2개에서 3개로 변화하는 시점이 자료의 중반 이후임을 확인할 수 있다.

셋째, 자료의 중반 이후에 1-2차원의 생성규칙이 거의 같은 값을 보이고 있다. 즉 어느 하나의 차원이 보다 많은 자료의 변이를 설명하는 것이 아니라 2개의 차원이 모두 팽팽하게 균형을 이루고 있다. 이는 세 블록들의 크기가 대칭적임을 반영하는 것이다.

4.4 전환점의 수 추정

전환점의 수를 추정하는 것은 모형비교의 문제와 직결된다. 혼합모형이나 측정모형의 근본적인 문제는 요인의 수, 전환점의 수, 혹은 차원의 수를 일반적으로 확정하는 방법이 존재하지 않는다는 점이다.

다양한 모형비교, 요인수 추정에 대한 방법이 개발되었고 이 중에서 가장 강건한 방법을 쓰면 가능할 수 있다고 생각할 수 있다. 그러나 모형 중에서 가장 타당한 모형을 고르는 문제는 이론, 자료, 그리고 사전정보라는 맥락에서 영원히 자유로울 수 없다. 즉 아무리 기술적으로 정교한 방법이 등장한다 해도 전환점의 위치, 맥락, 그리고 해석이 그 정교한 방법의 결론과 배치될 수 있다. 자료의 한계우도를 이용한 베이지안 모형비교 방법 역시 예외가 아니다. 필자가 생각하는 모형비교에 대한 가이드라인을 요약하면 다음과 같다.

모형비교 가이드라인

- 모든 모형비교 방법은 모형 타당성에 대한 불확실한 추정치를 제공할 뿐이다.
- 참 또는 거짓 모형은 있을 수 없다. 자료와 이론에 기반할 때 가장 타당한 모형을 찾는 것이 목적이다.

- 여러 가지 지표를 검토하고 이들이 공통적으로 보내는 신호에 주목할 필요가 있다.
- 모형비교의 기준은 다양하다. 예측적 정확성(predictive accuracy), 설명력(explanatory power), 강건성(robustness) 또는 민감성(sensitivity) 등을 종합적으로 고려해야 한다.
- 가장 단순한 비교로부터 보다 복잡한 비교로 진행하는 것이 좋다. 전환점 분석의 경우, 전환점이 없는 모형과 있는 모형 전체를 비교한 뒤, 전환점이 있다는 가정이 더 타당하다고 생각되면 전환점이 있는 모형 안에서 타당성을 비교하는 것이 좋다.
- 결정은 보수적으로(conservative) 내리는 것이 좋다. 새로운 주장이 기존 주장과 상충될수록 더 엄격하게 검정을 진행하는 것이 바람직하다.

HNC의 경우 BreakDiagnostic() 함수를 이용하여 다양한 모형비교를 진행할 수 있다. 모든 전환점의 수를 다 고려할 수는 없기 때문에 break.upper로 검색할 전환점 수의 상한점을 먼저 정한 뒤 전환점이 없는 모형부터 전환점 상한점까지 모든 모형을 검토한다. 그 결과를 시각화한 것이 그림 12.15이다.

```
set.seed(1223)
G <- 100
detect <- BreakDiagnostic(Ysplit, R=2, mcmc=G, burnin=G, verbose=0,
          break.upper=3)
save(detect, file = "data/break_network_detect.RData")
load("data/break_network_detect.RData")
detect[[1]]
```

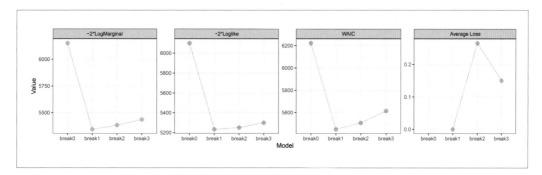

그림 12.15 블록 분열 네트워크의 전환점 수 추정을 위한 시뮬레이션 결과

비교를 쉽게 할 수 있도록 모든 모형 추정값은 낮은 값이 더 타당한 모형을

가리키도록 변환되었다. 먼저 가장 왼쪽 그래프는 로그 한계우도에 −2를 곱한 값으로 베이지안 모형(자료분포모형과 사전분포를 포함)을 기반으로 할 때 해당 자료를 관측할 가능성을 나타낸다. 작은 값일수록 자료와 모형이 더 긴밀한 관계라고 할 수 있다. 전환점의 수가 0에서 1로 증가함에 따라 자료와 모형의 관계가 더 긴밀해짐을 알 수 있다. 그러나 전환점의 수를 1 이상으로 늘리면 오히려 모형의 자료에 대한 설명력이 점차 약화된다.

두 번째 지표는 로그 우도에 −2를 곱한 값으로 자료로부터 자료분포 모형의 이탈 정도(deviance)라고 부를 수 있는 값이다. 역시 전환점의 수가 1일 때 자료분포 모형과 자료의 관계가 가장 긴밀하고 이로부터 멀어지면 이탈 정도가 증가함을 확인할 수 있다.

세 번째 지표는 WAIC(Watanabe-Akaike Information Criterion, Watanabe 2010)이라고 불리는 예측적 정확성 지표이다. 앞서와 마찬가지로 모형의 전환점 수가 1일 때와 그렇지 않을 때의 차이가 쉽게 관측된다. M개의 은닉 상태를 갖는 HNC의 WAIC은 아래와 같이 계산된다.

HNC에 대한 WAIC 계산

$$WAIC = -2\left(\underbrace{\sum_{t=1}^{T}\log\left[\frac{1}{G}\sum_{g=1}^{G}p\left(\mathcal{B}_t^{upper}\,|\,\mu_u^{(g)},\,\psi_{\cdot,u}^{(g)},\,\mu_v^{(g)},\,\psi_{\cdot,v}^{(g)},\,\sigma^{2,(g)},\,P^{(g)},\,S^{(g)}\right)\right]}_{\text{관측점별 기대 로그 예측 밀도}}\right.$$

$$\left.-\underbrace{\sum_{t=1}^{T}V_{g=1}^{G}\left[\log p\left(\mathcal{B}_t^{upper}\,|\,\mu_u^{(g)},\,\psi_{\cdot,u}^{(g)},\,\mu_v^{(g)},\,\psi_{\cdot,v}^{(g)},\,\sigma^{2,(g)},\,P^{(g)},\,S^{(g)}\right)\right]}_{\text{실제 모수 개수를 위한 편향}}\right). \tag{12.29}$$

$\mathcal{B}_t^{upper}$는 무방향 네트워크 자료가 대칭적이므로 상삼각행렬(upper triangular matrix) 자료를 입력값으로 취한다는 것이고 G는 MCMC 시뮬레이션 횟수이며 $V[\cdot]$는 분산, $\Theta^{(g)}$, $P^{(g)}$는 g번째 시뮬레이션된 샘플이다.

마지막 지표는 평균손실(average loss)이라고 부르는 값으로 추정된 전환점의 분산으로 계산된다. 추정된 전환점의 평균($\bar{\tau}_m$)을 기준으로 얼마나 불안정하게 전환점이 추정되었는지를 점검함으로써 잉여 레짐(필요한 수 이상으로 가정된 레짐)의 존재 여부를 확인할 수 있다.

> HNC의 전환점 수에 대한 평균손실
>
> $$\text{Average Loss} = \frac{1}{M} \sum_{m=1}^{M} \left(\frac{1}{G} \sum_{g=1}^{G} (\bar{\tau}_m - \tau_m^{(g)})^2 \right). \tag{12.30}$$

만약 추정된 전환점이 한 지점에만 계속 머물렀다면 평균손실은 0이 된다. 평균손실이 커질수록 잉여 레짐의 존재에 대한 강한 신호가 된다.

모형비교 결과를 모두 출력해 보면 아래와 같은 정보를 얻을 수 있다.

```
print(detect[[2]])
```

```
## LogMarginal
## [1] -3075 -2651 -2659 -2697
##
## Loglike
## [1] -3050 -2594 -2589 -2610
##
## WAIC
## [1] 6224 5402 5439 5514
##
## $`Average Loss`
## [1] 0.00 0.00 0.04
```

네 가지 지표 모두 전환점의 수가 하나인 경우가 가장 타당한 모형임을 가리키고 있다. 우리가 처음 자료를 생성한 규칙과도 일치하는 결과이다.

제5절
강대국 동맹 네트워크에 대한 응용

이제 강대국 동맹 네트워크 자료를 이용해서 네트워크 전환점 분석을 진행해 보자. 국제정치학자들은 동맹의 형성 과정은 양자적인 과정이 아니라 체제 수준의 현상이라는 점에 공감한다. 두 국가가 동맹을 형성하는 이유는 바로 제3의 국가로부터의 공격에 대비하기 위해서이거나 제3의 국가의 부상을 견제하기 위해서인 경우가 많기 때문이다. 또한 두 국가의 동맹 체결은 체제 내의 모든 국가들에게 외부성을 갖게 된다. 동맹 체결로 인해 국제체제 내의 무력의 배분상태가 변화하거나 위협인식이 달라지게 되는 것이다(Snyder 1997). 따라서 동맹 네트워크의 변화를 이해하기 위해서는 체제 수준의 구조적 변화를 찾는 것이 중요하다.

HNC를 이용하여 강대국 동맹 네트워크에서의 역사적 전환점을 찾아보도록 하자. 분석에 사용될 자료는 NetworkChange 패키지의 data(MajorAlly)이다. 이 자료는 Gibler(2008)의 원자료를 2년 단위로 합산한 것이다. 동맹 네트워크는 매우 드물게 변하기 때문에 불필요한 계산비용을 줄이기 위해 자료를 변환한 것이다. 강대국은 Correlates of War 프로젝트(https://correlatesofwar.org/) 자료의 "major powers" 정의를 따라 9개 국가(United Kingdom, Germany, Austria-Hungary, France, Italy, Russia, the United States, Japan, and China)로 선정하였다.

먼저 강대국 동맹 네트워크 자료를 가져온 뒤에 시간 정보를 따로 저장하였다.

```
data(MajorAlly)
time <- dim(MajorAlly)[3]
```

다음으로 분석을 위한 사전분포를 설정한다. 네트워크 전환점 모형의 경우 쪽(slice)에 대한 사전분포값을 설정하는 것이 쉽지 않다. 이를 위해 간단한 파일럿 분석을 진행하여 v_t에 대한 역감마분포의 모수정보를 파일럿 분석 결과로부터 추출한다.

```
G <- 100
set.seed(1990)
test.run <- NetworkStatic(MajorAlly, R=2, mcmc=G, burnin=G, verbose=0,
                          v0=10, v1=time*2)
V <- attr(test.run, "V")
sigma.mu = abs(mean(apply(V, 2, mean)))
sigma.var = 10*mean(apply(V, 2, var))
v0 <- 4 + 2 * (sigma.mu^2/sigma.var)
```

```
v1 <- 2 * sigma.mu * (v0/2 - 1)
set.seed(11223);
detect2 <- BreakDiagnostic(MajorAlly, R=2, break.upper=2,
                           mcmc=G, burnin=G, verbose=0,
                           v0=v0, v1=v1)
```

다음으로는 전환점 수를 추정한다. 0개에서 2개까지 서로 다른 전환점 수를 갖는 전환점 모형을 추정한 뒤 베이지안 모형비교를 진행하여 가장 자료를 잘 설명하는 모형의 전환점 수를 선택한다.

```
detect2[[1]]
```

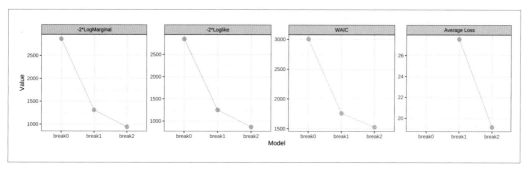

그림 12.16 강대국 동맹 네트워크 자료의 전환점 수 추정을 위한 모형비교

모든 모형비교의 결과가 2개의 전환점을 가진 HNC 모형이 가장 타당한 모형이라는 신호를 보내고 있다. 2개 이상의 모형에서는 심각한 비수렴(non-convergence)의 징후가 확인되어 모형비교가 어려웠다. 따라서 아래에서는 전환점이 2개인 HNC를 이용해서 해석을 진행한다.

메모리를 절약하기 위해 BreakDiagnostic() 함수는 전환점 수 추정 결과를 저장하지 않는다. 따라서 결과 해석을 위해서 전환점이 2개인 HNC를 다시 추정할 것이다. 결과 해석의 첫 작업은 은닉 상태변수의 사후 확률분포($p(S|\mathcal{Y}, \Theta)$)를 확인하여 전환점의 위치와 전환속도, 잉여 레짐의 여부 등을 확인하는 것이다.

그림 12.17을 보면 전환점의 위치가 1894년과 1950년 근처이며 전환의 속도는 매우 빨랐고 잉여 레짐은 발견되지 않는 것을 확인할 수 있다.

```
G <- 100
K <- dim(MajorAlly)
m <- 2
initial.s <- sort(rep(1:(m+1), length=K[[3]]))
set.seed(11223);
fit <- NetworkChange(MajorAlly, R=2, m=m, mcmc=G, initial.s = initial.s,
                     burnin=G, verbose=0, v0=v0, v1=v1)
attr(fit, "y") <- 1:K[[3]]
```

```
par(mai=c(0.4, 0.6, 0.3, 0.05), tck=.02)
plotState(fit, main="")
```

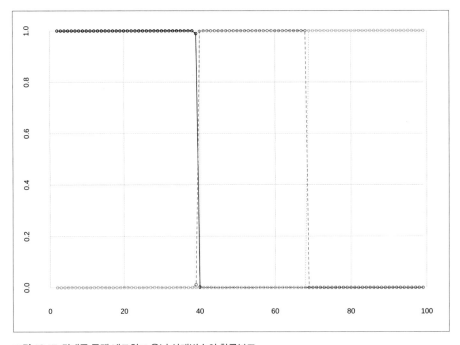

그림 12.17 강대국 동맹 네트워크 은닉 상태변수의 확률분포

```
dimnames(MajorAlly)[[3]][c(40, 68)]
```

```
## [1] "1894" "1950"
```

이제 강대국 동맹 네트워크의 은닉 노드공간을 살펴보도록 하자. drawPostAnalysis()을 이용하면 레짐별 은닉 노드 공간과 블록구조를 확인할 수 있다.

```
p.list <- drawPostAnalysis(fit, MajorAlly, n.cluster=c(3, 3, 3))
multiplot(plotlist = p.list, cols=3)
```

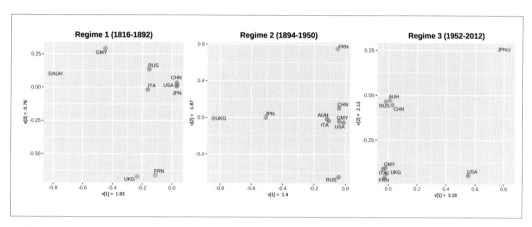

그림 12.18 강대국 동맹 네트워크의 은닉 노드 공간과 블록구조

그림 12.18은 세 개의 은닉 레짐에서 강대국들의 군집구조 변화를 보여주고 있다.

drawRegimeRaw()은 해당 레짐별 동맹 네트워크를 시각화해서 보여준다.

```
drawRegimeRaw(fit, MajorAlly)
```

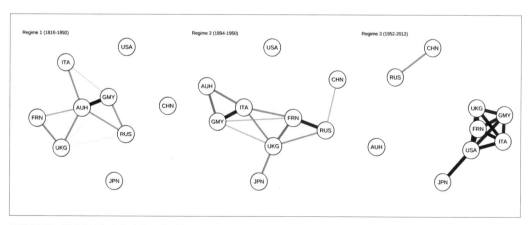

그림 12.19 은닉레짐에서의 강대국 네트워크 구조

위 결과는 국제정치를 공부하는 학자들에게는 매우 흥미로운 결과이다. 이 결과가 함의하는 바는 Park and Sohn(2020)에서 자세히 논한 바 있다. HNC를 통해 확인되는 가장 주목할 만한 발견은 레짐 1에서 오스트리아-헝가리의 중심성이다. 오스트리아-헝가리는 1816년에서 1892년까지의 강대국 네트워크에서 흡사 브로커와 같은 중심적인 역할을 담당하고 있음을 확인할 수 있다. 소위 메테르니히의 시대("the age of Metternich"(1815-1848)(Rothenberg 1968))라고 불리는 유럽협조체제 하에서 오스트리아-헝가리는 강대국들 간의 세력균형을 조율하는 "정직한 브로커"(honest broker) 역할을 했음은 주지의 사실이다. 그러나 삼국동맹(Tripartite Pact 1882) 이후 강대국 동맹 네트워크는 뚜렷한 중재자나 브로커가 없는 블록구조로 서서히 변화했으며 2차 대전 후에는 완벽하게 분리된 두 개의 블록으로 나누어졌다.

요약 | 베이지안 방법을 이용한 네트워크 전환점 분석

- 네트워크는 복잡한 개별 행위자들의 상호작용을 노드(node)와 연결(link)이라는 두 개의 개념만으로 추상화한 과학적 개념이다.
- 네트워크 분석은 노드의 속성, 블록구조, 연결도의 분포, 생성규칙, 그리고 은닉 노드 정보 등 다양한 주제에 걸쳐 진행되고 있다.
- 네트워크 전환점 분석은 반복되어 관측된 네트워크의 블록구조가 급격하게 변화하는 구조적 전환점을 찾는 것을 목적으로 한다.
- HNC는 Hoff(2009b)의 다층 네트워크 모형을 이용하여 네트워크 블록의 구조적 변화를 추적하는 베이지안 모형이다.

13

결어

20세기 과학철학에 중요한 족적을 남긴 라카토스(Imre Lakatos, 1922-1974)는 "*The Methodology of Scientific Research Programmes*"에서 사회과학에서 통계적 방법의 사용을 아래와 같이 힐난하였다.

"밀(Meehl 1967)과 릭켄(Lykken 1968)을 읽고 난 후, 사회과학에서 통계적 기법이 하는 일이라는 것이 거짓된 확증(phoney corroborations) 또는 유사지식 쓰레기(pseudo-intellectual garbage)의 증강을 통해 과학적 진보를 흉내내려는 것이 아닌가 의심스럽다. 밀은 물리학에서 실험적 디자인에서의 개선, 도구화, 그리고 대량 자료의 축적은 물리학적 이론이 넘어야 할 관측적 어려움의 수준(observational hurdle)을 강화하는 것으로 이어진다고 보았다. 그러나 심리학이나 그와 유사한 행동과학에서는 실험적 정교함의 개선이 관측자료가 넘어야 할 관측적 어려움의 수준을 되려 낮추는 방향으로 이어진다는 것이다. 이것은 릭켄이 말한 다음과 같은 논점과 일맥상통하다: '[심리학에서의] 통계적 유의성은 바람직한 실험의 관점에서 볼 때 가장 하찮은 것이라고 볼 수 있다. 통계적 유의성은 결코 이론의 확증 여부나 의미 있는 경험적 사실의 확보, 또는 논문의 출판 여부에 대한 충분조건이 되지 않는다(Lakatos 1978, 88-89, 각주 4).

1978년에 발표된 라카토스의 위와 같은 발언은 대다수의 사회과학 경험연구자들을 분노하게 했으며 사회과학에서 통계적 방법을 사용한 연구를 조롱할 때 종종 인용되곤 한다. 사회공학적 접근이 난무하던 19세기가 아니라 "고전파 통계학"이 경험연구의 황금률과 같은 특권적 위상을 누리던 20세기 말에 나온 라카토스의 이와 같은 힐난은—비록 그것이 사회과학에 대한 무지에서 비롯된 것이기는 하지만—많은 사회과학자들을 당황시키기에 충분하다.

그러나 라카토스의 힐난은 사실 사회과학 경험연구 전체가 아니라 연구자에게 한없이 관대한 '통계적 관행'을 만들어 영가설 검정이나 통계적 유의성에 과학적 지위를 흉내내려는 유사과학적 태도를 향한 것이다.

사회과학 경험연구는 지금까지 골튼의 회귀분석, 피어슨의 상관성과 독립성 검정, 고셋의 표준오차를 이용한 t검정, 피셔의 실험방법과 최대 우도 추정법, 맥컬러와 넬더(McCullagh and Nelder 1989)의 일반선형모형, 마르코프 체인 몬테 카를로 추정법, 루빈의 인과적 추론모형(Imbens and Rubin 2015), 팁시랴니의 라쏘(Lasso) 추정법(Tibshirani 1996) 등과 같은 혁신적인 분석방법을 수용해서 이를 중요한 사회과학 경험연구 방법으로 재탄생시켰다.

21세기 자료분석 환경의 급격한 변화는 사회과학 경험연구자들에게 엄청난 도전이자 기회가 될 것이다. 기계학습, 빅데이터, 인공지능을 향한 열광이 또 한 번의 "유사지식 쓰레기"를 양산하게 될지 아니면 사회과학 경험연구의 과학성(scientificity)을 향상하는 중대한 기회가 될 것인지는 사회과학 경험연구자들의 손에 달려 있다.

이 책은 21세기 사회과학 경험연구 방법을 새롭게 정립하기 위해 20세기 사회과학 경험연구 방법 중에서 핵심이 되는 내용을 정리하고 이를 베이지안 사회과학 방법론으로 종합하기 위한 논의를 전개했다. Part 1~3에서는 독립성을 검증하기 위한 분석으로부터 시작된 사회과학의 통계적 분석방법이 회귀분석과 일반선형모형, 그리고 최대 우도 추정을 거치면서 어떻게 하나의 통일된 체계를 갖추게 되었는지 살펴보았다. Part 4~5에서는 베이지안 방법의 기초와 추정방법에 대한 논의를 거쳐 은닉 마르코프 모형을 이용한 역사자료 분석방법을 소개했다. 은닉 마르코프 모형이 일반선형모형이나 패널모형, 네트워크모형과 결합하여 사회사적 과정의 구조적 변화를 설명하는 중요한 방법론적 도구가 될 수 있음을 밝혔다.

　책을 갈무리하는 시점에 돌이켜보니 21세기 사회과학 방법론을 논의하기 위해서 반드시 언급해야 할 중요한 주제들(예: 패널모형, 누락자료모형, 다수준모형, 이념형 추정모형, 사건역사모형, 인과적 추론, 상태공간모형(state-space mode), 정칙화 방법(regularization methods), 텍스트 분석방법 등)이 누락되었다는 점이 아쉬운 점으로 다가온다. 한 권으로 묶을 수 있는 지면의 한계도 있거니와 무엇보다도 이 방대한 주제를 정리하려면 체력과 정신력을 다시 가다듬어야 할 것 같다. 주변을 다시 정리하여 이 주제들을 모은 다음 책을 하루 빨리 독자들에게 선보일 것을 약속하며 책을 마친다.

참고문헌

안재흥. (2005). "수(數)와 이야기" 한국정치학회보 39집 3호. 105-127쪽.

최정운. (2016). 『지식국가론: 영국, 프랑스, 미국에서의 노동통계 발달의 정치적 의미』 서울: 이조.

Abbott, A. (2001). *Time Matters: On Theory and Method*. University of Chicago Press, Chicago.

Agresti, A. (2010). *Analysis of Ordinal Categorical Data*. Wiley-Interscience.

Agresti, A. and Finlay, B. (2008). *Statistical Methods for the Social Sciences*. Prentice Hall.

Ahn, J. H. (2005). Number and story. *Korean Political Science Review*, 39(3):105-127.

Albert, J. H. and Chib, S. (1993). Bayesian analysis of binary and polychotomous response data. *Journal of the American Statistical Association*, 88(422):669-679.

Aldous, D. J. (1981). Representations for partially exchangeable arrays of random variables. *Journal of Multivariate Analysis*, 11(4):581-598.

Aldrich, J. (2000). Fisher's "inverse probability" of 1930. *International Statistical Review / Revue Internationale de Statistique*, 68(2):155-172.

_____. (2008). R. a. fisher on bayes and bayes' theorem. *Bayesian Analysis*, 3(1):161-170.

Aminzade, R. (1992). Historical sociology and time. *Sociological Methods and Research*, 20(4):456-480.

Andrews, D. W. (1993). Tests for parameter instability and structural change with unknown change point. *Econometrica*, 61(4):821-856.

Andrews, D. W. and Ploberger, W. (1994). Optimal tests when a nuisance parameter is present only under the alternative. *Econometrica*, 62(6):1383-1414.

Bai, J. and Perron, P. (1998). Estimating and testing linear models with multiple structural changes. *Econometrica*, 66(1):47-78.

_____. (2003). Computation and analysis of multiple structural change models. *Journal of Applied Econometrics*, 18(1):1-22.

Barabasi, A.-L. and Albert, R. (1999). Emergence of scaling in random networks. *Science*, 286(5439):509-512.

Baum, L. E. and Petrie, T. (1966). Statistical inference for probabilistic functions of finite state markov chains. *The Annals of Mathematical Statistics*, 37(6):1554-1563.

Baum, L. E., Petrie, T., Soules, G., and Weiss, N. (1970). A maximization technique occurring in the statistical analysis of probabilistic functions of markov chains. *The Annals of Mathematical Statistics*, 41(1):164-171.

Bentley, J. H. (1996). Cross-cultural interaction and periodization in world history. *American Historical Review*, 101:749-770.

Berger, J. (2006). The case for objective bayesian analysis. *Bayesian Analysis*, 1(3):385-402.

Besag, J. (1974). Spatial interaction and the statistical analysis of lattice systems. *Journal of the Royal Statistical Society. Series B (Methodological)*, 36(2):192-236.

Bickel, P. J., Hammel, E. A., and O'Connell, J. W. (1975). Sex bias in graduate admissions: Data from berkeley. *Science*, 187(4175):398-404.

Bishop, C. M. (2006). *Pattern Recognition and Machine Learning*. Springer.

Brambor, T., Clark, W. R., and Golder, M. (2006). Understanding interaction models: Improving empirical analyses. *Political Analysis*, 14(1):63-82.

Brandt, P. T. and Sandler, T. (2009). Hostage taking: Understanding terrorism event dynamics. *Journal of Policy Modeling*, In Press.

Braudel, F. (1980). *On History*. University of Chicago Press.

Broido, A. D. and Clauset, A. (2019). Scale-free networks are rare. *Nature Communications*, 10(1):1017.

Byrd, R. H., Lu, P., Nocedal, J., and Zhu, C. (1995). A limited memory algorithm for bound constrained optimization. *SIAM Journal on Scientific Computing*, 16(5):1190-1208.

Cameron, A. C. and Trivedi, P. K. (2005). *Microeconometerics: Methods and Applications*. Cambridge University Press.

Cappe, O., Moulines, E., and Ryden, T. (2005). *Inference in Hidden Markov Models*. Springer-Verlag.

Casella, G. and George, E. I. (1992). Explaining the gibbs sampler. *American Statistician*, 46(3):167-174.

Caves, C. M., Fuchs, C. A., and Schack, R. (2002). Unknown quantum states: The quantum de finetti representation. *Journal of Mathematical Physics*, 43(9):4537-4559.

Chambers, J. M. (1998). *Programming with Data: A Guide to the S Language*. Springer.

Chang, H. (2004). *Inventing Temperature: Measurement and Scientific Progress*. Oxford University Press.

Chaudhuri, K., Graham, F. C., and Tsiatas, A. (2012). Spectral clustering of graphs with general degrees in the extended planted partition model. In *COLT*, volume 23, pages 35-1.

Chib, S. (1998). Estimation and comparison of multiple change-point models. *Journal of Econometrics*, 86(2):221-241.

———. (2001). Markov chain monte carlo methods: computation and inference. In Heckman, J. J. and Leamer, E. E., editors, *Handbook of Econometrics*, volume 5. Elsevier.

Chib, S. and Greenberg, E. (1995). Understanding the Metropolis-Hastings algorithm. *Journal of the American Statistical Association*, 49(4):327-336.

Chow, G. C. (1960). Tests of equality between sets of coefficients in two linear regressions. *Econometrica*, 28(3):591-605.

Christensen, R. and Utts, J. (1992). Bayesian resolution of the "exchange paradox". *The American Statistician*, 46(4):274-276.

Cleveland, W. S. (1979). Robust locally weighted regression and smoothing scatterplots. *Journal of the American Statistical Association*, 74(368):829-836.

Cowles, M. K. (1996). Accelerating monte carlo markov chain convergence for cumulativelink generalized linear models. *Statistics and Computing*, 6:101-111.

Dawid, A. P. (2000). Causal inference without counterfactuals. *Journal of the American Statistical Association*, 95(450):407-424.

de Finetti, B. (1990). *Theory of Probability*. John Wiley.

Dempster, A. P., Laird, N. M., and Rubin, D. B. (1977). Maximum likelihood from incomplete data via the em algorithm. *Journal of the Royal Statistical Society. Series B (Methodological)*, 39(1):1-38.

Donoho, D. (2017). 50 years of data science. *Journal of Computational and Graphical Statistics*, 26(4):745-766.

Eckhardt, R. (1987). Stan ulam, john von neumann, and the monte carlo method. *Los Alamos Science*, 15:131-137.

Efron, B. and Hastie, T. (2016). *Computer Age Statistical Inference: Algorithms, Evidence, and Data Science*. Cambridge University Press.

Einstein, A. (2015). *Relativity: The Special and the General Theory*. Princeton University Press.

Eldredge, N. and Gould, S. J. (1972). Punctuated equilibria: An alternative to phyletic gradualism. In Schopf, T. J. M., editor, *Models in Paleobiology*, pages 82-115. Freeman Cooper & Co.

Engle, R. F. and Granger, C. W. J. (1987). Co-integration and error correction: Representation, estimation, and testing. *Econometrica*, 55(2):251-276.

Erdös, P. and Rényi, A. (1960). On the evolution of random graphs. In *Publication of the Mathematical Institute of the Hungarian Academy of Sciences*, pages 17-61.

Firth, D. (1993). Bias reduction of maximum likelihood estimates. *Biometrika*, 80(1):27-38.

Fisher, R. A. (1930). Inverse probability. *Mathematical Proceedings of the Cambridge Philosophical Society*, 26(4):528-535.

Fox, E. B., Sudderth, E. B., Jordan, M. I., and Willsky, A. S. (2011). A sticky HDP-HMM with application to speaker diarization. *Annals of Applied Statistics*, 5(2 A):1020-1056.

Freeman, L. C. (1978). Centrality in social networks conceptual clarification. *Social Networks*, 1(3):215-239.

Frühwirth-Schnatter, S. (2006). *Finite Mixture and Markov Switching Models*. Springer Verlag, Heidelberg.

Frühwirth-Schnatter, S. and Frühwirth, R. (2010). *Data Augmentation and MCMC for Binary and Multinomial Logit Models*, pages 111-132. Physica-Verlag HD, Heidelberg.

Frühwirth-Schnatter, S. and Wagner, H. (2006). Auxiliary mixture sampling for parameter-driven models of time series of small counts with applications to state space modelling. *Biometrika*, 93:827-841.

Gelfand, A. E. and Smith, A. F. M. (1990). Sampling-based approaches to calculating marginal densities. *Journal of the American Statistical Association*, 85(410):398-409.

Gellner, E. (1992). *Plough, Sword, and Book: The Structure of Human History*. University of Chicago Press, Chicago.

Gelman, A., Carlin, J. B., Stern, H. S., Dunson, D. B., Vehtari, A., and Rubin, D. B. (2012). *Bayesian Data Analysis*. CRC Press, New York, 3rd edition.

Gelman, A., Carlin, J. B., Stern, H. S., and Rubin, D. B. (2004). *Bayesian Data Analysis*. Chapman and Hall, New York, 2nd edition.

Gelman, A. and Hill, J. (2007). *Data Analysis Using Regression and Multilevel/Hierarchical Models*. Cambridge University Press, New York.

Gelman, A. and Imbens, G. W. (2018). Why high-order polynomials should not be used in regression discontinuity designs. *Journal of Business & Economic Statistics*, Forthcoming.

Gelman, A. and Stern, H. (2006). The difference between "significant" and "not significant" is not itself statistically significant. *The American Statistician*, 60(4):328-331.

Geman, S. and Geman, D. (1984). Stochastic relaxation, gibbs distributions, and the bayesian restoration of images. *IEEE Transactions on Pattern Analysis and Machine Intelligence*, 6:721-741.

Gibler, D. (2008). *International Military Alliances, 1648-2008*. CQ Press.

Gigerrenzer, G. (2004). Mindless statistics. *The Journal of Socio-Economics*, 33:587-606.

Gosset, W. S. (1908). The probable error of a mean. *Biometrika*, 6(1):1-25.

Greenberg, E. (2007). *Introduction to Bayesian Econometrics*. Cambridge University Press.

Hacking, I. (1975[1998]). *The Emergence of Probability: A Philosophical Study of Early Ideas about Probability, Induction and Statistical Inference*. Cambridge University Press, Cambridge.

_____. (1983). *Representing and Intervening: Introductory Topics in the Philosophy of Natural Scienec*. Cambridge University Press.

_____. (1990). *The Taming of Chance*. Cambridge University Press, Cambridge.

Hainmueller, J., Mummolo, J., and Xu, Y. (2019). How much should we trust estimates from multiplicative interaction models? simple tools to improve empirical practice. *Political Analysis*, 27(2):163-192.

Hamilton, J. D. (1994). *Time Series Analysis*. Princeton University Press, Princeton.

Hansen, B. E. (2001). The new econometrics of structural change: Dating breaks in u.s. labor productivity. *Journal of Economic Perspectives*, 15(4):117-128.

Hastie, T., Tibshirani, R., and Friedman, J. (2009). *The Elements of Statistical Learning*. Springer.

Hastings, W. K. (1970). Monte carlo sampling methods using markov chains and their applications. *Biometrika*, 57(1):97-109.

Herndon, T., Ash, M., and Pollin, R. (2013). Does high public debt consistently stifle economic growth? A critique of Reinhart and Rogoff. *Cambridge Journal of Economics*,

38(2):257-279.

Hlavac, M. (2018). *Stargazer: Well-Formatted Regression and Summary Statistics Tables*. Central European Labour Studies Institute (CELSI), Bratislava, Slovakia. R package version 5.2.2.

Hoff, P. D. (2009a). Multiplicative latent factor models for description and prediction of social networks. *Computational & Mathematical Organization Theory*, 15(4):261-272.

Hoff, P. D. (2009b). Simulation of the matrix bingham-von mises-fisher distribution, with applications to multivariate and relational data. *Journal of Computational and Graphical Statistics*, 18(2):438-456.

_____. (2011a). Hierarchical multilinear models for multiway data. *Computational Statistics & Data Analysis*, 55:530-543.

_____. (2011b). Hierarchical multilinear models for multiway data. *Computational Statistics & Data Analysis*, 55:530-543.

_____. (2015). Multilinear tensor regression for longitudinal relational data. *Annals of Applied Statistics*, Forthcoming.

Holme, P. (2019). Rare and everywhere: Perspectives on scale-free networks. *Nature Communications*, 10(1):1016.

Huddy, L., Mason, L., and Aarøe, L. (2015). Expressive partisanship: Campaign involvement, political emotion, and partisan identity. *American Political Science Review*, 109(1):1-17.

Hyndman, R. and Khandakar, Y. (2008). Automatic time series forecasting: The forecast package for r. *Journal of Statistical Software, Articles*, 27(3):1-22.

Imbens, G. W. and Rubin, D. B. (2015). *Causal Inference for Statistics, Social, and Biomedical Sciences: An Introduction*. Cambridge University Press.

Jaynes, E. T. (1957). Information theory and statistical mechanics. *Physical Review*, 106:620-630.

_____. (2003). *Probability Theory: the Logic of Science*. Cambridge University Press.

Jones, O. P., Alfaro-Almagro, F., and Jbabdi, S. (2018). An empirical, 21st century evaluation of phrenology. *bioRxiv*.

Karrer, B. and Newman, M. E. (2011). Stochastic blockmodels and community structure in networks. *Physical Review E*, 83(1):016107.

Kass, R. E. and Raftery, A. E. (1995). Bayes factors. *Journal of the American Statistical Association*, 90(430):773-795.

Katznelson, I. (1997). Reflections on history, method, and political science. *Political Methodologist*, 8:11-14.

Kazama, M. and Noda, T. (2012). Damage statistics (summary of the 2011 off the pacific coast of tohoku earthquake damage). *Soils and Foundations*, 52(5):780-792.

Kim, C.-J. (1994). Dynamic linear models with markov-switching. *Journal of Econometrics*, 60(1-2):1-22.

Kim, S., Shephard, N., and Chib, S. (1998). Stochastic volatility: Likelihood inference and comparison with arch models. *Review of Economic Studies*, 65(3):361-393.

Kindleberger, C. P. (2005[1978]). *Manias, Panics, and Crashes: A History of Financial Crises*. Wiley.

King, G., Keohane, R., and Verba, S. (1994). *Designing Social Inquiry: Scientific Inference in Qualitative Research*. Princeton University Press.

Kitchin, R. (2014). Big data, new epistemologies and paradigm shift. *Big Data & Society*, 1:1-12.

Kolmogorov, A. N. (2013). *Foundations of the Theory of Probability*. Martino Fine Books, reprint of 1956 second edition.

Kuhn, T. S. (1996). *The Structure of Scientific Revolutions*. University of Chicago Press, third edition.

Kwiatkowski, D., Phillips, P. C., Schmidt, P., and Shin, Y. (1992). Testing the null hypothesis of stationarity against the alternative of a unit root: How sure are we that economic time series have a unit root? *Journal of Econometrics*, 54(1):159-178.

Lakatos, Imre. (1978). *The Methodology of Scientific Research Programmes*. Cambridge University Press.

Laird, N. M. and Ware, J. H. (1982). Random-effects models for longitudinal data. *Biometrics*, 38(4):963-974.

Lewis, J. B. and Schultz, K. A. (2017). Revealing preferences: Empirical estimation of a crisis bargaining game with incomplete information. *Political Analysis*, 11(4):345-367.

Lieberman, E. S. (2001). Causal inference in historical institutional analysis: A specification of periodization strategies. *Comparative Political Studies*, 34(9):1011-1035.

Liu, J. S. and Wu, Y. N. (1999). Parameter expansion for data augmentation. *Journal of the American Statistical Association*, 94(448):1264-1274.

Long, J. S. (1997). *Regression Models for Categorical and Limited Depedent Variables*. Sage Publications.

Lucas, Jr, R. E. (1976). Econometric policy evaluation: A critique. *Carnegie-Rochester Conference Series on Public Policy*, 1:19-46.

Lykken, D. T. (1968). Statistical significance in psychological research. *Psychological Bulletin*, 70(3):151-159.

Mahoney, J. and Rueschemeyer, D., editors (2003). *Comparative Historical Analysis in the Social Sciences*. Cambridge University Press.

Malthus, T. (1798). *An Essay on the Principle of Population* (available through http://www.esp.org/books/malthus/population/malthus.pdf). J. Johnson, in St. Paul's Church-Yard, London.

Martin, A. D., Quinn, K. M., and Park, J. H. (2016). MCMCpack, version 1.3-8. http://mcmcpack.berkeley.edu/

McCullagh, P. and Nelder, J. A. (1989). *Generalized Linear Models*. Chapman and Hall.

Meehl, P. E. (1967). Theory-testing in psychology and physics: A methodological paradox. *Philosophy of Science*, 34(2):103-115.

Metropolis, N., Rosenbluth, A. W., Rosenbluth, M. N., Teller, A. H., and Teller, E. (1953). Equation of state calculations by fast computing machines. *The Journal of Chemical Physics*, 21(6):1087-1092.

Metropolis, N. and Ulam, S. (1949). The monte carlo method. *Journal of the American Statistical Association*, 44(247):335-341.

Murphy, K. P. (2012). *Machine Learning: A Probabilistic Perspective*. The MIT Press, Boston, M.A.

Newman, M. E. (2010). *Networks: An Introduction*. Oxford University Press.

Osborne, N. and Aiton, H. (2014). *What skeletons are in your closet?-the statistical accounts of scotland*. Significance.

Park, J. H. (2010). Structural change in u.s. presidents' use of force. American *Journal of Political Science*, 54(3):766-782.

_____. (2011). Changepoint analysis of binary and ordinal probit models: An application to bank rate policy under the interwar gold standard. *Political Analysis*, 19(2):188-204.

_____. (2012). A unified method for dynamic and cross-sectional heterogeneity: Introducing hidden markov panel models. *American Journal of Political Science*, 56(4):1040-1054.

Park, J. H. and Sohn, Y. (2020). Detecting structural changes in longitudinal network data. *Bayesian Analysis*, 15(1):133-157.

Park, T. and Casella, G. (2008). The bayesian lasso. *Journal of the American Statistical Association*, 103(482):681-686.

Pierson, P. (2004). *Politics in Time: History, Institutions, and Social Analysis*. Princeton University Press, New Jersey.

Poirier, D. J. (1976). *The Econometrics of Structural Change*. North-Holland, Amsterdam.

Polanyi, K. (1944). *The Great Transformation: The Political and Economic Origins of Our Time*. Beacon Press.

참고문헌

Porter, T. M. (1986). *The Rise of Statistical Thinking, 1820-1900*. Princeton University Press.

Potter, C. C. and Swendsen, R. H. (2015). The myth of a universal acceptance ratio for monte carlo simulations. *Physics Procedia*, 68:120-124. Proceedings of the 28th Workshop on Computer Simulation Studies in Condensed Matter Physics (CSP2015).

Pratt, J. W. (1976). F. y. edgeworth and r. a. fisher on the efficiency of maximum likelihood estimation. *Ann. Statist.*, 4(3):501-514.

Przulj, N., Wigle, D. A., and Jurisica, I. (2004). Functional topology in a network of protein interactions. *Bioinformatics*, 20(3):340-348.

Qu, Z. and Perron, P. (2007). Estimating and testing structural changes in multivariate regressions. *Econometrica*, 75(2):459-502.

Reinhart, Carmen M. and Kenneth S. Rogoff. (2010). Growth in a Time of Debt. *American Economic Review: Papers & Proceedings*, 100(2): 573–578.

Reinhart, C. M. and Rogoff, K. S. (2011). *This Time Is Different: Eight Centuries of Financial Folly*. Princeton University Press.

Robert, C. and Casella, G. (2011). A short history of markov chain monte carlo: Subjective recollections from incomplete data. *Statistical Science*, 26(1):102-115.

Robert, C. P., Ryden, T., and Titterington, D. M. (2000). Bayesian inference in hidden markov models through the reversible jump markov chain monte carlo method. *Journal of the Royal Statistical Society, Ser. B*, 62(1):57-75.

Roberts, G. O., Gelman, A., and Gilks, W. R. (1997). Weak convergence and optimal scaling of random walk metropolis algorithms. *The Annals of Applied Probability*, 7(1):110-120.

Robinson, W. S. (1950). Ecological correlations and the behavior of individuals. *American Sociological Review*, 15(3):351-357.

Rothenberg, G. E. (1968). The austrian army in the age of metternich. *Journal of Modern History*, 40(2):156-165.

Royall, R. (1997). *Statistical Evidence: A Likelihood Paradigm*. Chapman and Hall.

Salsburg, D. (2002). *The Lady Tasting Tea: How Statistics Revolutionized Science in the Twentieth Century*. Henry Holt and Company.

Scott, S. L., James, G. M., and Sugar, C. A. (2005). Hidden markov models for longitudinal comparisons. *Journal of the American Statistical Association*, 100(470):359-369.

Sewell, W. H. (2005). *Logics of History: Social Theory and Social Transformation*. University of Chicago Press, Chicago.

Sherlock, C. and Roberts, G. (2009). Optimal scaling of the random walk metropolis on elliptically symmetric unimodal targets. *Bernoulli*, 15(3):774-798.

Signorino, C. S. (1999). Strategic interaction and the statistical analysis of international conflict. *American Political Science Review*, 93(2):279-297.

_____. (2017). Structure and uncertainty in discrete choice models. *Political Analysis*, 11(4):316-344.

Sims, C. A. (1972). Money, income and causality. *American Economic Review*, 62(4):540-552.

Snyder, G. H. (1997). *Alliance Politics*. Cornell University Press.

Sohn, Y. and Park, J. H. (2017). Bayesian approach to multilayer stochastic block model and network changepoint detection. *Network Science*, 5(2):164-186.

Stigler, S. M. (1983). Who discovered bayes's theorem? *The American Statistician*, 37(4):290-296.

_____. (1986). *The History of Statistics*. Belknap Press of Harvard University Press, Cambridge.

_____. (1989). Francis galton's account of the invention of correlation. *Statistical Science*, 4(2):73-79.

_____. (2016). *The Seven Pillars of Statistical Wisdom*. Harvard University Press.

Taddy, M. (2019). *Business Data Science: Combining Machine Learning and Economics to*

Optimize, Automate, and Accelerate Business Decisions. McGraw-Hill Education;.

Taleb, N. N. (2007). *The Black Swan: The Impact of the Highly Improbable*. Random House.

Tanner, M. A. and Wong, W. H. (1987). The calculation of posterior distributions by data augmentation. *Journal of the American Statistical Association*, 82:528-549.

Teh, Y. W., Jordan, M. I., Beal, M. J., and Blei, D. M. (2006). Hierarchical dirichlet processes. *Journal of the American Statistical Association*, 101(476):1566-1581.

Thompson, W. C. and Schumann, E. L. (1987). Interpretation of statistical evidence in criminal trials: The prosecutor's fallacy and the defense attorney's fallacy. *Law and Human Behavior*, 11(3):167-187.

Tibshirani, R. (1996). Regression shrinkage and selection via the lasso. *Journal of the Royal Statistical Society: Series B (Statistical Methodology)*, pages 267-288.

Tilly, C. (1990). How (and what) are historians doing? *American Behavioral Scientist*, 33:685-711.

Tukey, J. W. (1962). The future of data analysis. *Annals of Mathematical Statistics*, 33(1):1-67.

van Dyk, D. A. and Meng, X.-L. (2001). The art of data augmentation. *Journal of Computational and Graphical Statistics*, 10(1):1-50.

Wasserman, S. and Faust, K. (1994). *Social Network Analysis: Methods and Applications*, volume 8. Cambridge University Press.

Watanabe, S. (2010). Asymptotic equivalence of bayes cross validation and widely applicable information criterion in singular learning theory. *Journal of Machine Learning Research*, 11:3571-3594.

Western, B. and Jackman, S. (1994). Bayesian inference for comparative research. *American Political Science Review*, 88(3):412-423.

Western, B. and Kleykamp, M. (2004). A bayesian change point model for historical time series analysis. *Political Analysis*, 12(4):354-374.

Wickham, H. (2015). *R Packages: Organize, Test, Document, and Share Your Code*. O'Reilly Media.

_____. (2016). *ggplot2: Elegant Graphics for Data Analysis*. Use R! Springer International Publishing.

_____. (2019). *Advanced R, Second Edition*. Chapman & Hall/CRC The R Series. CRC Press.

Wickham, H. and Grolemund, G. (2016). *R for Data Science: Import, Tidy, Transform, Visualize, and Model Data*. O'Reilly Media.

Wilkinson, S. (2006). *Votes and Violence*. Cambridge University Press.

Wilks, S. S. (1938). The large-sample distribution of the likelihood ratio for testing composite hypotheses. *The Annals of Mathematical Statistics*, 9(1):60-62.

Wooldridge, J. M. (2002). *Econometric Analysis of Cross Section and Panel Data*. The MIT Press.

Zellner, A. (1962). An efficient method of estimating seemingly unrelated regressions and tests for aggregation bias. *Journal of the American Statistical Association*, 57:348-368.

찾아보기

부록

깃허브 코드 이용하는 방법

여기서는 독자들이 이 책의 코드를 깃허브(http://github.com)에서 내려 받아서 사용하는 방법을 소개한다.

1 R 설치하기

가장 먼저 사용자의 컴퓨터에 **R**과 **R**스튜디오를 설치한다. 윈도우에서는 https://cran.r-project. org/bin/windows/base/로부터, 맥에서는 https://cran. r-project.org/bin/macosx/로부터 내려 받을 수 있다. 우분투 유저는 https:// cran.r-project.org/bin/linux/ubuntu/README.html를 참고하여 내려 받을 수 있다.

　　R스튜디오는 https://rstudio.com/products/rstudio/download/#download로부터 사용자의 환경에 맞는 버전을 내려 받을 수 있다.

2 코드 다운 받기

사용자의 **R** 워킹 디렉토리를 확인합니다. 이곳에 집파일을 다운 받아 풀 것이다.

```
## 현재 워킹 디렉토리가 어디인지 확인
getwd()
## 필요하면 원하는 위치로 변경: "."을 "where/you/want"로 바꾸면 됨.
## setwd(dir = ".")
```

전체 코드를 집파일로 다운로드 받는다. 깃허브의 "Download ZIP" 버튼을 이용해서 수동으로 진행해도 된다.

```
download.file(url = "https://github.com/jongheepark/BayesianSocialScience/
archive/master.zip",destfile = "BayesianSocialScience-master.zip")
```

다운 받은 파일을 푼다(unzip).

```
unzip(zipfile = "BayesianSocialScience-master.zip")
```

폴더 안의 파일들을 확인한다. 확장자가 .R이라고 된 파일은 **R** 코드들로 이 책의 각 챕터별로 하나씩 별도의 파일로 저장되어 있음을 알 수 있다. 확장자가 .md라고 된 파일은 마크다운 파일로 깃허브에 게시된 문서이다. 그림 파일과 데이터 파일은 각 확장자로 쉽게 구분할 수 있다. index.R에 개별 챕터의 코드를 구현하기 위한 준비 파일이므로 개별 챕터의 코드를 따로 구현할 때 반드시 먼저 진행해야 함을 명심하자.

```
list.files("BayesianSocialScience-master")
```

```
## [1] "01-intro.R"
## [2] "02-probability.R"
## [3] "03-distribution.R"
## [4] "04-association.R"
```

```
## [5] "05-regression.R"
## [6] "06-ols.R"
## [7] "07-mle.R"
## [8] "08-bayes.R"
## [9] "09-bayesinference.R"
## [10] "10-history.R"
## [11] "11-extension.R"
## [12] "12-network.R"
## [13] "index.R"
## [14] "long-term-cereal-yields-in-the-united-kingdom.csv"
## [15] "README-1.png"
## [16] "README-2.png"
## [17] "README-3.png"
## [18] "README.md"
```

3 코드 실행하기

해당 폴더로 디렉토리 위치를 변경한 뒤, Ch.5에 나온 회귀분석 예제 코드 전체를 실행하기 위해서는 source() 함수를 사용한다. source()는 워킹 디렉토리에 파일이 있는 경우 바로 실행되지만 그렇지 않은 경우 정확한 경로를 설정해 주어야 한다는 점에 유의하자.

```
setwd("BayesianSocialScience-master")
source("05-regression.R", echo=TRUE)
```

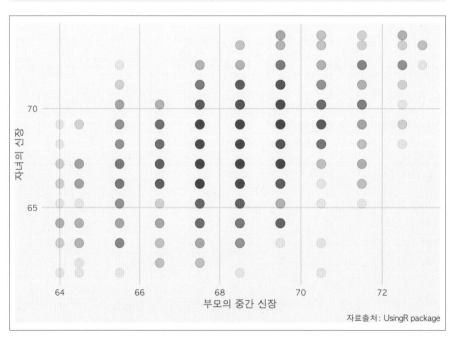

자료출처: UsingR package

```
## R > source("index.R")

## R > library(UsingR)

## R > data(galton)

##

## R > ggplot(galton, aes(x = parent, y = child)) + geom_point(size = 4,

## + alpha = 0.1, col = "brown") + xlab("부모의 중간 신장") +

## + ylab("자녀의 신장") + .... [TRUNCATED]
```

4 코드를 하나씩 불러와서 실행하기

전체 코드를 한꺼번에 실행하는 것은 코딩 공부에 큰 도움이 되지 않는다. R에 대한 지식이 충분하지 않은 경우에는 코드를 한 줄 한 줄 복사해서 실행해 가며 하나씩 이해하는 것이 매우 도움이 된다.

일반적인 텍스트 에디터 환경에서는 해당하는 **R** 파일을 열면 되고 **R**스튜디오를 이용하는 경우 컴퓨터의 탐색창에서 내려 받은 폴더에 있는 Bayesian-SocialScience.RProj라는 파일을 더블 클릭하면 된다. .RProj 파일은 개별 프로젝트에 고유한 작업환경을 만드는 데 매우 유용하다. .RProj 파일을 더블 클릭하면 해당 폴더로 워킹 디렉토리가 자동으로 설정되고 폴더 안의 모든 파일이 자동으로 Files 패널에 나타난다. 프로젝트를 할 때마다 폴더 안에 .RProj를 만들어두면 대단히 편리하다.

그림 1 BayesianSocialScience.RProj를 더블 클릭하면 이와 같은 화면이 나타난다.

워킹 디렉토리에 있는 파일 중에서 01-intro.R이라는 파일을 더블 클릭하면 에디터에 해당 파일이 등장한다.

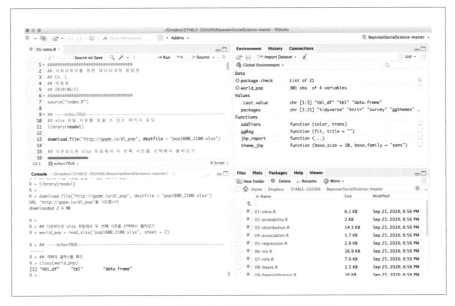

그림 2 01-intro.R이라는 파일을 더블 클릭하면 에디터에 해당 파일이 등장한다.

에디터의 코드를 콘솔(Console) 창에 하나씩 실행해 가면서 결과물을 확인하면 코드 이해에 큰 도움이 된다.

지은이 **박종희**

박종희는 서울대학교 정치외교학부에서 국제정치경제와 사회과학 방법론을 가르치고 있으며 현재 서울대학교 국제문제연구소 산하 국제정치 데이터센터장을 맡고 있다. 서강대학교 정치외교학과를 졸업한 뒤 서울대학교 외교학과에서 석사를 마치고 미국 워싱턴대학교(세인트루이스)에서 무역보조금연구와 베이지안 방법론으로 정치학 박사학위를 취득했다. 2007년부터 2012년까지 미국 시카고대학 정치학과에서 조교수로 부임하며 국제정치경제와 정치학 방법론을 가르쳤으며 미시간대학의 ICPSR(2008-2012 여름)에서 베이지안 방법론을 가르쳤다. 베이지안 전환점 모형에 대한 연구로 2010년 미국정치학회 방법론 분과 최우수논문상인 해롤드가즈넬상을 수상했으며 2013년에는 **MCMCpack**으로 미국정치학회 방법론 분과가 수여하는 통계소프트웨어상을 수상하였다. 주요 방법론 관련 저작으로는 "Bayesian Inference in Political Science" (*The SAGE Handbook of Research Methods in Political Science and International Relations*), "Detecting Structural Changes in Longitudinal Network Data" (*Bayesian Analysis* 2020), "Bayesian Approach to Multilayer Stochastic Block Model and Network Changepoint Detection" (*Network Science* 2017), "A Unified Method for Dynamic and Cross-Sectional Heterogeneity: Introducing Hidden Markov Panel Models" (*American Journal of Political Science*) 등이 있다.